Hoeders van het Hof

door Dolores Cannon

Vertaling: Rabia Lemmens

© 1993 door Dolores Cannon
Eerste Engelse druk - Ozark Mountain Publishing, Inc.-1993
Eerste Nederlandse vertaling-2022

Alle rechten voorbehouden. Geen enkel deel van dit boek, gedeeltelijk of geheel, mag worden geprint, doorgegeven of gebruikt in enigerlei vorm, hetzij elektronisch, fotografisch of mechanisch, inclusief kopiëren, opnemen op band of door enigerlei apparaat met als doel het bewaren en doorgeven van deze informatie zonder voorafgaande schriftelijke toestemming door Ozark Mountain Publishing, Inc., met uitzondering van korte citaten in literaire artikelen en recensies.

Voor toestemming, of serieomzetting, condensatie, aanpassingen, of voor onze catalogus met andere publicaties, kunt u zich wenden tot Ozark Mountain Publishing, Inc., P.O. Box 754, Huntsville, AR 72740-0754, Verenigde Staten van Amerika, t.a.v. : Permission Department.

Library of Congress Cataloging-in-Publication Data
Cannon, Dolores, 1931- 2014
Hoeders van het Hof (Keepers of the Garden) by Dolores Cannon
    De oorsprong van het leven op aarde onthuld door regressietherapie via hypnose. Bevat beschrijvingen van levens op andere planeten en in andere dimensies.

1. Buitenaardsen 2. UFO's 3. Hypnose 4. Reïncarnatie 5. Regressietherapie
I. Cannon, Dolores,1931-2014 II. Buitenaardsen III. Titel
ISBN 978-1-956945-08-9

Ontwerp omslag: Victoria Cooper Art
Illustraties: Joe Alexander
Boek opgemaakt in Times New Roman
Boekontwerp: Nancy Vernon
Vertaling: Rabia Lemmens

Gepubliceerd door:

P.O. Box 754
Huntsville, AR 72740-0754
Verenigde Staten van Amerika
Gedrukt in de Verenigde Staten van Amerika

*We hebben een vreemde voetafdruk gevonden
op de oevers van het onbekende.
We hebben diepgaande theorieën bedacht,
de een na de ander, om deze voetafdruk te
verklaren.
Uiteindelijk zijn we erin geslaagd het wezen
dat de voetafdruk maakte te reconstrueren.
En zie! Het is van onszelf.*

Sir Arthur Stanley Eddington [1882-1944]
Space, Time and Gravitation, hfdst. 12 [1920]

INHOUDSOPGAVE

HOOFDSTUK 1 - De ontdekking van een Sterrenkind	1
HOOFDSTUK 2 - De verloren kolonie	10
HOOFDSTUK 3 - Het ruimteschip	16
HOOFDSTUK 4 - De vreemde stad	26
HOOFDSTUK 5 - De sociale structuur op de buitenaardse Planeet	38
HOOFDSTUK 6 - De energieleider	48
HOOFDSTUK 7 - De vierdimensionalen	64
HOOFDSTUK 8 – Inprenting	75
HOOFDSTUK 9 - De dood in een naald	88
HOOFDSTUK 10 - De doorbraak naar de Drie Torenspitsen	97
HOOFDSTUK 11 - Spoedhulp voor de aarde	114
HOOFDSTUK 12 – Sterrenzaad	132
HOOFDSTUK 13 - De ontdekkers	139
HOOFDSTUK 14 - Onkruid in het Hof	157
HOOFDSTUK 15 - De dinosaurussen	170
HOOFDSTUK 16 - Het kruisen	180
HOOFDSTUK 17 - Gebied voor de hoogwaardigheidsbekleders	193
HOOFDSTUK 18 - Andere soorten wezens	201
HOOFDSTUK 19 - De buitenaardsen zijn hier	214
HOOFDSTUK 20 - Nachtelijke verschrikkingen	231
HOOFDSTUK 21 - Ontdekking van eerdere contacten	255
HOOFDSTUK 22 - De grip op de realiteit verliezen	276
HOOFDSTUK 23 – Toegangsverbod	284
HOOFDSTUK 24 - De mysterieuze zwarte doos	304
Over de auteur	321

Hoofdstuk 1
De ontdekking van een Sterrenkind

Er leven op dit moment buitenaardsen op aarde. We kunnen ze niet langer beschouwen als buitenaardse wezens die alleen maar op verafgelegen sterren leven of in ruimteschepen rondvliegen. Ze zijn overal, onder je vrienden, je buren, en zelfs je familieleden. We zijn allemaal met elkaar verbonden, want ze zijn onze voorouders. Hun bloed stroomt door onze aderen. We zijn net zozeer broeders van de sterrenwezens als van de dieren op de aarde.

Dit werd aan mij onthuld via een jaar lang intensief werk met een echt sterrenwezen. We kwamen in contact via hypnose. Ik ben een regressietherapeut en ik maak regelmatig reizen door tijd en ruimte om het verleden van de aarde te bezoeken en te leren over de geschiedenis zoals deze op dat moment werd beleefd. Maar totdat ik ging werken met Phil D. had ik nog nooit andere planeten bezocht. Het was wel altijd een wens van mij. Ik dacht dat het niet onwaarschijnlijker kon zijn dan wat ik al deed. Er moest toch een menselijk wezen zijn dat een leven had geleid ergens buiten de aarde. Het idee fascineerde me, maar tot dan toe had de juiste persoon nog niet mijn pad gekruist. Ik dacht dat dit type persoon zeldzaam zou zijn. Maar aangezien ik met heel veel mensen werk, dacht ik dat er een kans was dat ik zo iemand vroeger of later zou vinden, of dat ze mij zouden vinden (wat meestal meer van toepassing is). Ik kon op geen enkele manier weten dat die kans veel groter was dan ik dacht. Deze mensen zijn echter moeilijk te herkennen. Ze zijn goed vermomd, zelfs voor zichzelf, door hun beschermende onderbewustzijn.

Toen ik met deze compleet onverwachte reis begon, was ik bevooroordeeld, zoals we allemaal zijn. Ik dacht dat alles wat buitenaards was, eng en slecht was. We vrezen van nature datgene wat we niet kennen. Het verbaasde me nogal dat ik een totaal ander beeld kreeg van deze wezens dan dat wat door films, TV en science-fiction verhalen wordt geschetst. Het duurde een tijdje voordat ik de jarenlange hersenspoeling opzij kon zetten en kon inzien dat diep van binnen, aan onze spirituele kant, er geen verschil is, alleen maar misverstanden.

Mijn werk met Phil begon bij toeval, voor zover je ook maar iets als toeval kunt beschouwen. Ik neem afspraken aan van heel veel verschillende soorten mensen die onder hypnose regressietherapie willen om vorige levens te ervaren. Er bestaat in feite geen echt "type" persoon bij wie deze methode het beste werkt. Mijn klanten zijn echt een brede afspiegeling van de maatschappij. Ze hebben allemaal hun eigen redenen om de mogelijkheid van reïncarnatie te onderzoeken. Ik ga vaak naar hun huis voor de sessie omdat mensen zich meer op hun gemak voelen in hun eigen omgeving en zich dan niet zo bedreigd voelen door het hele idee. Ik heb regressiesessies onder hypnose gehouden in bijna elke denkbare omgeving, van het indrukwekkendste tot het simpelste huis, in hotelkamers en zelfs in bedrijven en winkels na sluitingstijd. Ik heb moeten leren mezelf aan te passen en me op mijn gemak te voelen in ongemakkelijke omstandigheden, omdat ik geloof dat het comfort van mijn cliënten het belangrijkste ingrediënt is bij het bouwen van een vertrouwensband. Mijn werk in dit ongebruikelijke werkveld heeft me op vreemde plekken gebracht en uiteindelijk moest ik een grens trekken. Ik reisde zo ver dat ik er langer over deed om naar een locatie te rijden dan om de sessie te houden. Dus heb ik een grens gesteld: ik zou niet verder rijden dan ongeveer 80 kilometer. Iedereen die verder weg woonde, moest iets regelen zoals afspreken bij een vriend thuis. Ik durfde bijna niemand te weigeren, omdat die ene persoon mij misschien informatie kon geven waarmee ik weer een nieuwe spannende ontdekkingsreis kon starten. Ik kan van buitenaf niet zien wat er gaat gebeuren en ik weet nooit waar ik naar op zoek ben totdat ik het vind. Het gaat hier om normale doorsnee mensen met geen enkele van buitenaf zichtbare aanwijzing voor de avonturen die hun ziel heeft beleefd in andere levens en tijden.

Ik had een afspraak met een jonge, gescheiden zakenvrouw en ik had bijna mijn grens bereikt qua afstand (80 kilometer) om bij haar thuis een sessie te houden. Ze had al twee keer eerder een afspraak gemaakt, maar op het laatste moment weer afgezegd. Ik vermoedde dat ze nog niet klaar was voor de regressietherapie. Vaak is het te onthullend. Misschien was ze onbewust bang voor wat ze zou tegenkomen als ze in haar verborgen verleden zou gaan wroeten, en deze excuses waren haar uitweg. Toen ik het kleine stadje in reed, bedacht ik me dat ze deze keer eindelijk zou doorzetten omdat ze me niet meer had gebeld om af te zeggen.

Maar toen ik haar straat inreed en haar huis naderde, zag ik haar auto niet staan. In plaats daarvan stond er een onbekende gele vrachtwagen op haar oprit met de opdruk van een lokale elektronicawerkplaats aan de zijkant. Mijn eerste gedachte was dat ze onze afspraak was vergeten en iemand had laten komen om haar TV te laten repareren. Het zou typisch iets voor haar zijn, en ik wist dat ik geen hypnosesessie zou kunnen houden in een dergelijke omgeving. Toen ik uit mijn auto stapte, zag ik dat er een briefje op de deur zat. Ze was weggeroepen door haar werk, maar ze had een vervanger geregeld zodat ik de lange reis niet voor niks had gemaakt. Op het briefje stond dat mijn cliënt, Phil D., binnen zat te wachten. Het zat in haar karakter om zoiets op het laatste moment te doen, dus ik was niet heel erg verbaasd.

En zo zou mijn cliënt dus een totale vreemde zijn, niet bepaald ideaal. Ik verwachtte niet veel van de sessie. Nieuwe cliënten kunnen soms lastig zijn om mee te werken, vooral als ze nog niets van hypnose weten. Hij zou waarschijnlijk op zijn hoede zijn, en ik verwachtte dat het grootste deel van de sessie zou worden besteed aan het opbouwen van een vertrouwensband en een goede verstandhouding, wat heel belangrijk is bij een dergelijke werkrelatie. Ik verwachtte echt dat dit een eenmalige ervaring zou zijn en dat ik Phil waarschijnlijk nooit meer zou zien.

Phil bleek een goed uitziende jongeman met donker haar te zijn van 28 jaar oud, rustig en naar ik vermoedde nogal verlegen. Later kwam ik erachter dat dit vooral een rustig zelfvertrouwen was. Hij had zijn eigen werkplaats voor elektronica in de garage van zijn ouders. Hij kwam uit een grote familie, was één van de vijf kinderen en woonde nog thuis. Het enige ongewone aan hem was dat hij een eeneiige tweeling was. In de loop van de tijd leerde ik veel over Phil. Hij had blijkbaar weinig interesse in meisjes en had nog nooit een serieuze relatie gehad, wat verbazingwekkend was aangezien hij best aantrekkelijk was. Hij had een tijdje bij de marine gezeten waar hij zijn kennis van elektronica had opgedaan. Een van de eerste dingen die mensen me vragen over een extreem goede cliënt is wat zijn of haar geloof is. Op de een of andere manier nemen ze aan dat iemand een onorthodox religieuze opvoeding moet hebben gehad om dergelijke capaciteiten te hebben. Dit is verre van waar, elk geloof is vertegenwoordigd. Het schijnt weinig invloed te hebben op het soort informatie dat ik krijg. Phil was opgegroeid in een strikt katholieke omgeving en was misdienaar geweest in de lokale kerk, waarbij hij deelnam aan missen, begrafenissen en de viering van feestdagen. Hij ging naar een katholieke nonnenschool tot de leeftijd van ca. 12-13 jaar, dus hij kende het catechismus goed. Dit was niet bepaald een sfeer waarin reïncarnatiegedachten werden aangemoedigd. He was geïnteresseerd in het occulte, had veel gelezen en wilde uit nieuwsgierigheid eens regressie proberen. Hij was erg vriendelijk en leek vanaf het begin op zijn gemak bij mij en met het idee van hypnose.

De eerste sessie verliep zoals ik had verwacht. Hoewel hij gemakkelijk in een gemiddeld trance niveau ging, was hij niet zo communicatief. Hij mompelde en zijn gebromde antwoorden maakten het erg moeilijk om uit te maken of hij ja of nee antwoordde. Dit is een gebruikelijk probleem en het komt vaak voor als een cliënt zo ontspannen is. Hun antwoorden komen langzaam alsof ze een beetje lui praten in hun slaap. Ze raken erg opgeslokt door wat ze zien maar geven niet vrijwillig informatie tenzij ze wordt verteld dat te doen. Ik wil liever niet meer zo hard moeten werken. Ik geef de voorkeur aan een vrijere stroom informatie en dat is één van de redenen dat ik slaapwandelaars zoek.

Phil herbeleefde het saaie en kleurloze leven van een man die door de woestijn zwierf. Op een gegeven moment was hij op zoek naar water en later toen hij wakker werd, zei hij dat hij echt dorst voelde, en het hete droge klimaat en de ellende van de mensen om hem heen. Dit was typisch voor een eerste regressie. Het is vrij gebruikelijk dat een simpel en gewoon leven wordt beleefd terwijl het onderbewuste deze nieuwe ervaring onderzoekt. Toen hij wakker werd, zei hij dat de indrukken die hij had vrij levendig waren, maar dat hij zo ontspannen was, dat het veel moeite kostte om te proberen tegen mij te praten. Hij zei dat hij nu wist hoe het was om oud te zijn, omdat hij zich echt zo voelde tegen het einde van het leven van de man – oud en moe en uitgewoond.

Hij was opgewonden door de ervaring en wilde het graag nog een keer proberen. Ik wou dat ik kon zeggen dat ik ook enthousiast was, maar destijds was ik niet opgetogen om weer met hem te werken. Het was te moeilijk om antwoorden van hem te krijgen. Ik werk liever met mensen die spontaner en spraakzamer zijn. Maar als iemand dit soort werk wil doen, ga ik meestal akkoord. Ik hou er niet van iemand af te wijzen, want ik heb geen idee welk inzicht iemand uit de sessie kan halen. Dus maakte ik met tegenzin een afspraak voor de week erna. Ik nam aan dat zijn nieuwsgierigheid na een paar sessies wel bevredigd zou zijn en ik weer naar productievere cliënten kon gaan zoeken.

In mijn techniek gebruik ik veel verschillende procedures en ik probeer er diverse totdat de cliënt er eentje vindt die het beste past. Een specifieke methode werkt met een lift. Als de cliënt voelt dat hij of zij bij de juiste verdieping is aangekomen en de deur opengaat, voelen ze de wens om eruit te stappen en te onderzoeken wat ze zien. Deze methode werd uitgeprobeerd tijdens de tweede sessie met Phil en het bleek zijn favoriet te zijn. We gebruiken hem nog steeds en het is een erg waardevolle tool geworden om de diverse plaatsen en niveaus die we hebben bezocht te vinden.

Tijdens de tweede sessie was hij wat spraakzamer. Hij vertelde over een leven in München in het Duitsland in oorlogstijd. Hij en anderen waren joden die in dienst waren bij de overheid. Hoewel hun families waren uitgemoord, mochten zij blijven leven omdat ze nuttige vaardigheden hadden. Ze moesten armbanden dragen om ze te identificeren, wat hij beledigend vond. Hij was een technisch tekenaar die Karl Brecht heette. Hij en de anderen waren betrokken bij een geheim project dat te maken had met het ontwerpen van onderzeese bases, maar omdat het verboden informatie was, wilde hij er niet graag over praten. Hoewel deze joden van nut waren voor de Duitsers, werden ze vernederd en slecht behandeld door hun meerderen. Hierdoor voelde hij zich verbitterd. Hij vertelde dat hij Hitler eens had gezien bij een parade en dat hij dacht dat de man gek was. Phil's alter ego Karl overleed toen hij en een andere man in een klein vliegtuig vlogen bij de Franse grens. Ze waren onderweg naar de onderzeese basis en werden per ongeluk neergeschoten door vijandelijk luchtafweergeschut. Ze stortten midden in een klein dorpje neer.

Toen hij wakker werd, zei hij dat deze sessie van betekenis was voor hem. Hij had een zeer levendige droom gehad die erg leek op de scène met het overlijden. De droom had een sterke en blijvende indruk op hem achtergelaten. Hij had gedacht dat hij een Duitse militair was en dat hij in een gevechtsvliegtuig was neergeschoten omdat hij had gezien dat er swastika's op stonden. Maar nu realiseerde hij zich dat het een burgervliegtuig was. Wat hem het meest dwars had gezeten in de droom was de complete apathie van de mensen in het dorp waar het vliegtuig was neergestort. Ze stonden er gewoon bij te kijken hoe hij doodging. Blijkbaar waren de mensen blij dat het vliegtuig was neergeschoten. Ze leken niet beroerd door wat er gebeurde en probeerden helemaal niet te helpen. Hun vijandigheid maakte hem kwaad, maar hij zei dat hij meer emoties voelde toen hij droomde dan onder hypnose.

Tijdens deze sessie waren zijn antwoorden nog steeds langzaam en soms moeilijk te horen, maar het werd beter. Hij voelde zich nu op zijn gemak bij mij.

De derde sessie ging voornamelijk over het herbeleven van een leven als vrouw in een oude cultuur die zich concentreerde rondom een enorme piramide en ergens in Zuid-Amerika leek te zijn gesitueerd. Er kwam veel informatie door over de priesters en wat ze destijds aanbaden. Hij vertelde over een interessante ceremonie die plaatsvond toen de koningin overleed. Haar vrouwelijke assistentes kregen drugs en werden toen in het hart gestoken. Dit werd als een eer beschouwd en ze werden allemaal bij elkaar begraven om haar te kunnen volgen naar het hiernamaals. Tijdens deze sessie herbeleefde Phil de ervaring van het krijgen van een baby. Het was een vreemde ervaring om een man te zien die alle emoties doormaakte die een vrouw ervaart tijdens de bevalling. Hij (zij) overleed toen een groep Spaanse soldaten het dorp bestormde en de mensen begon te vermoorden.

Dit is het soort levens dat de meeste mensen in het begin herbeleven. Ik ben er zo bekend mee, dat ik ze niet meer ongewoon vind, tenzij ze informatie bieden die belangrijk kan zijn. Ik heb honderden van deze ervaringen verzameld en hoewel ze misschien op een bepaalde manier nuttig kunnen zijn voor de cliënt, zijn ze alleen nuttig voor mij in de zin van een groeiend historisch overzicht.

Er gebeurde echter iets vreemds aan het begin van deze derde sessie. Toen de liftdeuren voor het eerst opengingen, zag hij een onbekende skyline. Het silhouet van een scherpgetand en ruig terrein tegen een rode lucht. Toen hij het zag, voelde hij zich om de een of andere reden ongemakkelijk. Hij had er last van en hij kwam ertegen in opstand. Hij wilde het niet onderzoeken en vroeg of hij terug mocht naar de lift om ergens anders naartoe te gaan. Ik vraag nooit iemand om iets te doen waar ze zich niet goed bij voelen, dus ik liet hem gaan waar hij ook maar naartoe wilde gaan. Vervolgens arriveerde hij bij de voet van een piramide. Dit is onderdeel van het opbouwen van vertrouwen, wanneer ik de cliënt laat doen waar hij of zij zich het beste bij voelt. Het laat zien dat zij werkelijk de controle hebben tijdens de regressie. Ik geloof dat als er iets te zien is dat voor hen belangrijk is, ze er uiteindelijk wel heen gaan als ze niet worden gedwongen. Ik was nieuwsgierig naar wat hij had gezien, omdat het vreemde landschap niet klonk als iets waar ik mee bekend was. Toen hij wakker werd, vroeg ik hem waarom hij het niet wilde onderzoeken.

Hij zei dat hij ook geen idee had waar het was. Er was iets vreemds met het landschap dat hij niet begreep. De horizon was niet glad zoals met bomen, maar scherp en dat verontrustte hem. Rechts had hij een torenspits of zoiets gezien met iets ronds eromheen. De enige manier waarop hij het kon omschrijven was dat het leek alsof een grote donut bij de top rondom een monoliet zat. (zie tekening) "Er was iets met het geheel dat ongemakkelijk was", zei hij met een starende blik in zijn ogen. "Een gevoel als in de schemerzone, iets donkers.... Iets donkers dat niet leek te veranderen." Zijn blik gleed weer terug naar het nu. "Ik ben erg blij dat je me niet hebt gedwongen het te onderzoeken, dat je me de mogelijkheid gaf terug te gaan naar de lift. Ik weet niet waarom, maar ik voelde me daar veiliger."

De ervaring had iets onaards. Waar was het en waarom verontrustte het hem? Blijkbaar liet zijn onderbewuste de eerste flitsen van een andere wereld doorsijpelen. Het zou enkele weken duren voordat we de betekenis van dit beeld konden ontdekken en de reden van zijn terughoudendheid om het te ontdekken.

In de volgende sessies leek hij aangetrokken te worden door het leven in Duitsland, ook al had hij daar bittere gevoelens bij. Hij voelde dat deze herinneringen veel emoties oproepen. Er waren levendige gevoelens van boosheid, frustratie en ongeluk. Hij wilde deze heel graag loslaten terwijl hij in trance was, maar hij was bang dat hij mij zou beledigen als hij zijn emoties zou laten zien. Hij gaf toe dat hij in zijn huidige leven ook veel moeite had om met emoties om te gaan.

Hij voelde zich gedwongen alles binnen te houden. Hij wilde zijn gevoelens zelfs niet aan zijn familie laten zien. Ik verzekerde hem dat dat mijn taak was, zodat hij alles veilig kon uiten. Deze ontlading kan vaak erg heilzaam zijn.

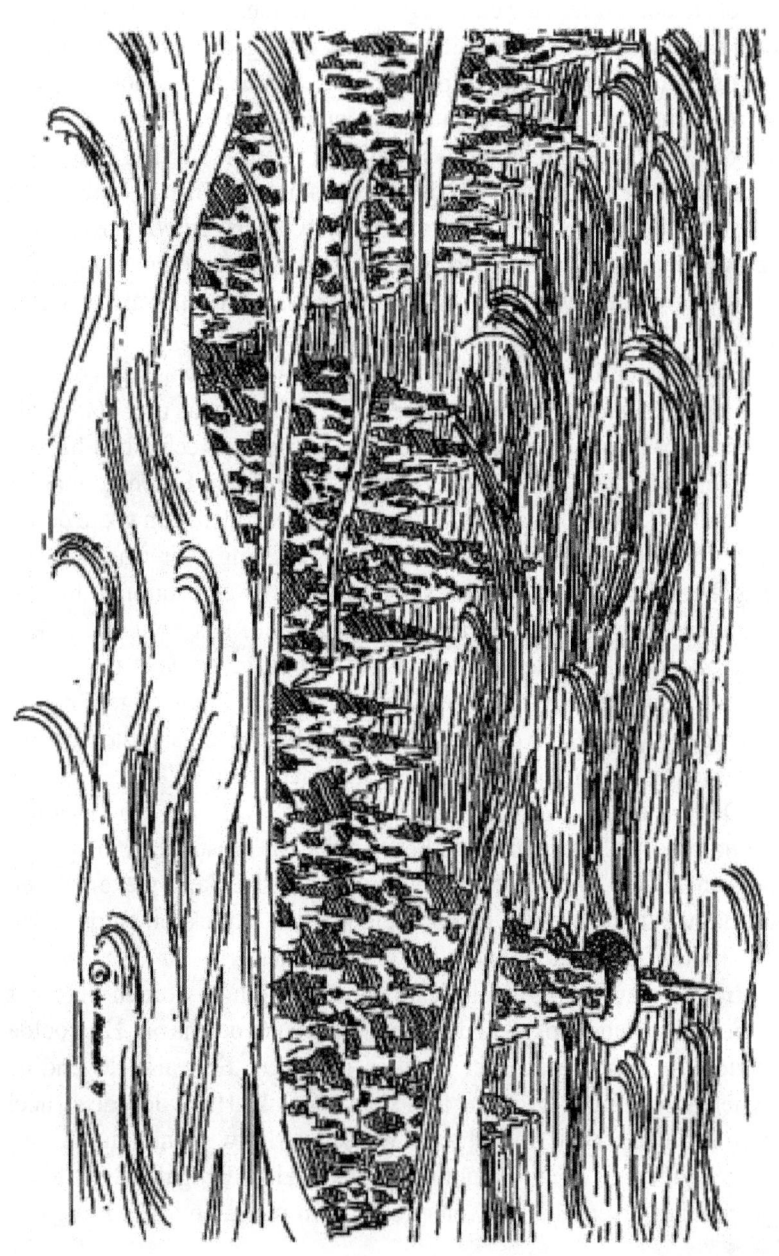

Tijdens de volgende sessies zag hij soms nog meer scenes die hem verontrustten. Af en toe een glimp van een vreemde stad met veel torens en auto's die vlogen als vliegtuigen en in de lucht hingen. De stad zag er kleurloos, grijs en saai uit met witte lichten die erdoorheen schenen. Elke keer als deze scene naar voren kwam, trok hij zich eruit terug. Hij vroeg dan of hij terug mocht naar de veilige lift en ergens anders heen mocht gaan. Ik was geïntrigeerd, want de scenes klonken zeker buitenaards of in ieder geval futuristisch en ik wilde ze graag onderzoeken. Maar ik wist uit ervaring dat ik mijn nieuwsgierigheid niet tussenbeide moest laten komen. Het was beter om de cliënt niet te overhaasten en deze vaardigheden en levens in zijn of haar eigen tempo te laten ontdekken. In mijn werk wordt geduld altijd beloond.

Phil was in de war. "Ik voel alsof er iets net onder de oppervlakte zit dat probeert omhoog te komen en dat gebeurde ook een paar keer bijna." Hij voelde dat wat het ook was via de lift bereikt kon worden, als hij de juiste verdieping of het juiste niveau maar kon vinden en de moed had om dit te onderzoeken. Ik geloofde dat het op de een of andere manier te maken had met de diverse scenes met de scherpe horizon en de vreemde stad.

We bouwden vertrouwen en een goede verstandhouding op en ik bleef sessies houden met Phil bovenop de andere mensen met wie ik werkte. Zijn antwoorden werden steeds spontaner en door deze vreemde scenes dacht ik dat er misschien iets boven zou komen dat het waard zou zijn om te ontdekken. Ze hadden in ieder geval mijn nieuwsgierigheid gewekt. Ik had toen nog geen idee welke avonturen ons nog te wachten stonden.

Hoofdstuk 2
De verloren kolonie

Na een aantal weken kwam Phil weer dezelfde scene tegen toen de liftdeuren opengingen. Hij zag het scherpe, verlaten en op de een of andere manier afschrikwekkende silhouet tegen een rode hemel. Blijkbaar dacht zijn onderbewuste dat het tijd was voor hem om dat leven onder ogen te zien en het bleef af en toe een glimp ervan in de sessies laten doorsijpelen. Deze keer besloot hij de lift te verlaten en in de scene te stappen. Om het te onderzoeken en uit te zoeken wat er nu precies mee was wat hem dwarszat. Hij had al geleerd dat ik hem de optie gaf zich terug te trekken als er iets was waar hij zich niet op zijn gemak bij voelde. Dit gaf hem een gevoel van veiligheid, zelfs in zo'n vreemde omgeving. En zo stond hij zichzelf toe in de scene te stappen, waar hij meteen overrompeld werd door een gevoel van grote droefheid. Hij beschreef wat hij zag.

P: Het is winderig... vol met zand en stof. Ik voel het en ik zie het. De lucht is een beetje rood-oranje gekleurd. Ik sta naast een ruimteschip. Er is een stuk schoongeveegd waar wij zijn geland. Ik kijk naar de torenspits. Hij is rechts van mij.

De eerste keer dat hij deze scene beschreef, dacht ik al dat het niet klonk als enige plek op aarde. Het had een duidelijke buitenaardse zweem om zich heen. Nu hij het ruimteschip had genoemd, wist ik zeker dat hij een vorig leven zag waarin hij buiten de aarde leefde. Eindelijk leek het erop dat mijn wens om andere werelden te ontdekken zou uitkomen.

De torenspits was blijkbaar de vreemde monoliet die hij eerder had beschreven. Deze onderscheidde zich van de rest van de scherpe pieken door de vreemd gevormde donutachtige vorm die om de punt heen zat. Hij ging door met zijn beschrijving.

P: Er zijn een paar schuurtjes of hutten aan mijn rechterkant die voorraad- of opbergplaatsen waren ... (bedroefd) en die nu leeg zijn.
D: Zijn er anderen bij jou?
P: (Zijn stem had een sombere klank.) Alleen degenen op het schip. We zijn hier om de voorraden aan te vullen en om het welzijn van de wetenschappers op deze planeet te checken. Het zijn kolonisten van de planeet waar wij vandaan komen. Onze normale routes liggen op gevestigde handelsroutes. Dit ligt buiten de gebaande paden, zogezegd, in een geïsoleerd deel van dit melkwegstelsel. Dit is een geïsoleerde test-, mijn- en wetenschapskolonie, uitsluitend voor wetenschappelijke doeleinden en niet in de eerste plaats voor kolonisatie.
D: Weet je hoe lang ze al op deze planeet zijn?
P: De tijd komt niet overeen met aardjaren, maar het is ...... zeven chronometers, hoewel ik niet kan uitleggen wat chronometers zijn. Ze zijn er al gedurende zeven aan het koloniseren en testen.
D: Is dat lang?
P: Om op een planeet te zijn, ja.
D: Is het al een tijd geleden dat jullie op deze planeet zijn geweest om te bevoorraden?
P: We komen ongeveer om de twee chronometers.
D: Doen deze mensen dit werk vrijwillig?
P: Ja, al het werk is vrijwillig. Er is geen dienstplicht.

Hoewel ik graag het verhaal wilde horen en uit wilde zoeken waarom Phil bedroefd was, nam mijn nieuwsgierigheid het over en vroeg ik om een beschrijving van hoe de mensen op het schip eruitzagen. Hij zei dat ze klein van stuk waren met grote kale hoofden, met een lichte huid en niet zo gespierd.

D: Lijken ze lichamelijk gezien op mensen met een bloedsomloop, of zijn ze anders?
P: Ze lijken erop ja. Ze hebben twee armen en twee benen, en ogen en oren en een mond, maar ze hebben geen neus. Een neus is niet nodig. Dit is zo geëvolueerd. De mond is slechts een spleet en is alleen bedoeld om lucht in te ademen. Er is geen tong of

stembanden om te spreken, want het hele communicatieproces is telepathisch.

De beschrijving van het lichaam klonk een beetje akelig, maar het leek Phil geen moeite te kosten naar hen te kijken. Hij vertelde later dat hij zich erg op zijn gemak voelde bij deze vreemde wezens.

D: *Eten deze mensen voedsel?*
P: Ja. Dat gaat via de spleet.
D: *Zijn deze mensen mannelijk en vrouwelijk?*
P: We zijn androgyn, iedereen van dit ras is zo.

Destijds wist ik vaag wat dat woord betekende. Ik wist niet helemaal zeker of het betekende dat het om een wezen ging met beide seksen zoals een hermafrodiet, of om een wezen met geen enkele sekse. In ieder geval betekende het dat het een wezen was dat zich op een andere manier voortplantte dan hoe wij gewend zijn.

P: We zijn meer een combinatie van beide seksen in één, dus een mix van mannelijke en vrouwelijke eigenschappen.
D: *Daar ben ik nieuwsgierig naar. Hoe planten androgyne wezens zich voort? Of leven ze langer en hoeven ze zich niet voort te planten?*
P: Ze leven langer, maar niet voor altijd, dus ze moeten zich wel voortplanten. Ze spelen daarbij een rol. Het onderscheid is echter niet zo duidelijk als waar wij op aarde aan gewend zijn.

Aangezien mijn nieuwsgierigheid tijdelijk was bevredigd, ging ik terug naar het verhaal.

D: *Je zei dat je naar deze planeet was gekomen om voorraden naar de wetenschappers te brengen? Waar zijn de wetenschappers?*
P: (Bedroefd) Ze zijn allemaal in de grond begraven, behalve één. Ze waren in totaal met twaalf en zijn nu allemaal, behalve die ene, begraven. De laatste overlevende nam de taak op zich om de anderen te begraven. Het was een gedeelde verantwoordelijkheid totdat de laatste en zijn overblijfselen bij die van de anderen ligt, alleen dan boven de grond.

D: Weet je wat er met deze mensen is gebeurd?
P: Ja, de monoliet, de torenspits bevatte de telepathische verslagen van wat hier is gebeurd. Ze zijn gestorven van honger en dorst, of iets wat erop lijkt. Een zeer langzame en pijnlijke dood.

Was dit de reden van zijn eerdere terughoudendheid om deze scene te bekijken en opnieuw te ervaren? Het leek te pijnlijk voor hem om erover te praten. Ik gaf hem suggesties dat het hem niet zou raken als hij eraan dacht en erover sprak. Ik vertelde hem dat het vaak erg helpt om deze herinneringen te uiten.

D: Konden deze wetenschappers op enige manier zelf hun eten verbouwen?
P: Er was niets op de planeet dat kon helpen bij een natuurlijke groei. Stel je als je wilt een tuin voor in het zuidwestelijke woestijnlandschap. Het zou hetzelfde zijn. De rotsen en het land zijn onvruchtbaar, zo onvruchtbaar als elke woestijn die je je kunt voorstelle op de planeet aarde. Het gebied zat echter wel vol mineralen, en daarom waren de wetenschappers hier. Ze waren mijnwerkers.
D: Je zei "dorst of wat erop lijkt." In andere woorden: er waren ook geen vloeistoffen of vloeibare middelen?
P: Dat klopt. Alles was op – het was nooit gebeurd als we op tijd waren gekomen. Het schip dat de voorraden mee moest nemen, ging vlak na vertrek uit de haven kapot, dat wil zeggen een ruimtehaven en niet op de thuisplaneet. Het probleem was enorm en verstrekkend. De storing was zo groot dat hij niet lokaal, "ter plekke" gerepareerd kon worden. We moesten terugkeren om de reparatie mogelijk te maken. Door deze terugkeer waren we zo extreem vertraagd. Want we werken nu op afstand, zoals jullie nu op aarde doen. Onze snelheid is echter veel groter, dus we kunnen grotere afstanden afleggen in minder tijd. Ik heb het over de situatie in 1984, zowel als het gaat om tijd als om afstand. Ik moet deze twee verschillende tijden integreren zie je, want ik ben nog steeds de persoon hier in deze kamer. Het wordt noodzakelijk om de verschillen af te kaderen of uit te leggen, want dit is iets dat ik – wij – aan het leren ben/zijn. En dat is dat we al deze dingen tegelijkertijd zijn.

Dit was een vreemd verschijnsel voor mij. Ik had nog nooit een cliënt gehad die tijdens een regressie in staat was de tijd die hij bekeek te vergelijken met zijn huidige leven, tenzij deze in een heel lichte trance was. In een lichte trance vinden ze wat ze zien verwarrend en dan proberen ze het vaak te rechtvaardigen of te vergelijken met iets dat ze kennen. Dit gebeurt niet in een diepere trance, dus ik was er niet op voorbereid. Normaal gesproken, als ze zo diep in trance zijn als Phil nu was, bestaat het heden niet meer voor hen. Ze worden volledig ondergedompeld in dat wat ze ervaren. Maar ik leerde al snel dat ik met een totaal ander soort energie te maken had dan ooit tevoren. Deze zou bij elke sessie sterker worden. Uiteindelijk vond ik deze vergelijkingen erg behulpzaam. Anders zou ik misschien de weg kwijtgeraakt zijn, met niets bekends om mee te vergelijken. Dit was iets dat niet eens in mij op was gekomen toen ik zo graag buitenaardse levens wilde ontdekken. Het feit dat de cliënt misschien niet in staat zou zijn om wat hij zag te vertalen door een gebrek aan vergelijkingsmateriaal.

D: *Tja, ondanks dat de vertraging de oorzaak was van de dood van de wetenschappers, wil ik dat je begrijpt dat het niet jouw schuld was. Er was niets dat wie dan ook eraan had kunnen doen.*

P: Nee, maar ik draag nog steeds de last. Het is geen schuldgevoel, het is verdriet. Bedroefdheid en verdriet.

D: *Wat ga je nu doen?*

P: (Zucht) We bespraken of we de lichamen mee terug moesten nemen naar de thuisplaneet of daar laten. We waren het erover eens om ze daar te laten... voor hen, om hen te laten liggen, omdat we dachten dat ze dat gewild zouden hebben. We dachten dat ze hun leven vol trots zouden hebben gegeven voor zo'n missie en dus namen we de beslissing ze te laten blijven. En de twaalfde deelnemer werd begraven. De verslagen en monsters die tot dan toe waren verzameld – alleen dat wat belangrijk was – werden verzameld om mee te nemen van deze planeet. We deelden met zijn zevenen het gevoel dat er geen kolonies meer zo ver weg zouden moeten worden gesticht, zo dat dit niet meer kon gebeuren.

D: Maar je weet hoe pioniers en ontdekkingsreizigers zijn. Ze willen altijd verdergaan.
P: Wij zouden diegenen die op een dergelijke afstand ontdekkingen willen doen niet tegen willen houden. De wetenschappers doen wat ze willen en wij steunen ze volledig. Maar wij als bevoorraders zijn het erover eens dat het niet zou moeten worden toegestaan om verder te gaan dan nodig.

Ik wilde niet dat hij deze schuldgevoelens mee zou nemen in zijn huidige leven. Ik ben heel voorzichtig en zorg ervoor dat niets uit vorige levens doorsijpelt in dit leven en dit onrechtmatig beïnvloedt.

D: Ik wil dat je beseft dat dit buiten jouw schuld om is gebeurd. Dat weet je toch? Jij was hier zelf niet persoonlijk verantwoordelijk voor.
P: Dat begrijp ik.

Het was al overduidelijk dat er een last van hem was afgevallen, een last waar hij zich niet eens van bewust was geweest.

Ik vond het interessant dat, ondanks dat deze wezens vreemd leken in vergelijking met aardlingen en ons ongetwijfeld angst zouden hebben aangejaagd als we er één tegen waren gekomen, ze toch heel menselijke emoties en bewonderenswaardige trekken hadden waar we ons eenvoudig mee kunnen identificeren. Ik weet niet wat ik verwachtte. Door de manier waarop wij geconditioneerd zijn, denk ik dat ik niet verwachtte dat ze zo menselijk zouden zijn. Veel verhalen lijken deze wezens af te schilderen als totaal emotieloos en dat idee maakt dat ze nog buitenaardser lijken.

Ik dacht dat Phil het idee dat hij ooit als zo'n vreemd uitziend wezen had geleefd afstotelijk zou vinden, maar verbazingwekkend genoeg maakte het hem helemaal niet uit. Hij zei dat het een heel diepgaande ervaring was omdat het zo echt voelde. Hij voelde zich erg verbonden met de mensen op het ruimteschip, hij wist dat ze heel goed samenwerkten. Dus de reden dat hij deze scene niet wilde onderzoeken had niets te maken met hun uiterlijk of het feit dat hij een vorig leven als buitenaards wezen had gehad, maar met de emoties die aan het incident waren verbonden.

Hoofdstuk 3
Het ruimteschip

Mijn nieuwsgierigheid stak weer de kop op. Ik had altijd gewild dat iemand terug zou gaan naar een leven op een andere planeet en ik zou deze gelegenheid om meer te weten te komen over buitenaardse wezens zeker niet voorbij laten gaan. Dus om zijn aandacht af te leiden van de pijnlijke herinneringen, vroeg ik naar het ruimteschip.

P: Het is rond en zilverkleurig. Er zit in het midden een koepel op. Deze is niet bedoeld voor de besturing, maar om naar buiten te kijken. Aan de linkerkant zit een raam en een bedieningspaneel. Helemaal vooraan het luik zitten een paar buizen. Het schip heeft twee niveaus. Het bovenste bestaat uit één grote ruimte. De besturingsapparatuur bevindt zich hier. Beneden zijn vier slaapkamers en een wetenschappelijk laboratorium.

De hoofdruimte was een ronde kamer met een diameter van ongeveer 10 meter. Er werd een ladder gebruikt om van de ene verdieping naar de andere te gaan.

D: *Van wat voor materiaal is het schip gemaakt?*
P: Het materiaal is heel donker, saai grijs; het glimt niet. Het is veel harder en veerkrachtiger dan het materiaal dat wordt gebruikt voor gebouwen op de thuisplaneet. Dit is geen metaal dat van de planeet afkomstig is, het is geïmporteerd. De bestaande handelsroutes nemen dit materiaal mee van andere naburige planeten waar het wordt gedolven en in ovens omgesmolten.
D: *Zou het een equivalent op aarde hebben?*
P: Niet op dit moment. Misschien in de toekomst, maar het lijkt op niets dat op dit moment hier bestaat. De samenstelling kan worden vergeleken met het sterkste metaal dat gemaakt kan worden op aarde. Ik kan het qua sterkte vergelijken met diamant, maar dat

zou niet helemaal kloppen. Diamant heeft diverse zichtbare eigenschappen die ervoor zorgen dat het zo sterk is. Zelfs als het mogelijk zou zijn, zou een diamant niet zo sterk blijven als het in de vorm van een folie zou worden omgezet.

D: Worden deze schepen op jouw thuisplaneet gemaakt?

P: (korte pauze) Dat is moeilijk te zeggen. Ik denk dat ik dat nu niet kan beantwoorden. Hier mag ik niet over praten... om de een of andere reden. Het is niet zozeer dat dit wordt afgekeurd, maar meer een gebrek aan kennis, aangezien ik niet voldoende van het productieproces afweet.

D: Kun je zien hoe het schip wordt bestuurd?

P: De knoppen worden door middel van aanraking bediend.

D: Wordt het op deze manier bestuurd?

P: Zo worden de opdrachten gegeven. Dit is niet hoe het wordt uitgevoerd. Er moet een koppeling zijn tussen hen die besturen en datgene dat bestuurt, en deze koppeling is aanraking. Zo kan de bediener de apparatuur vertellen wat deze moet doen. Er zijn gebieden op het bedieningspaneel die aangeraakt worden voor een bepaalde opdracht. Ik kan het idee van bedieningspanelen met aanraking verduidelijken door te laten zien hoe sommige apparaten hier op aarde op aanraking reageren. Er bestaan wat men in technische kringen noemt aanrakingsgevoelige apparaten, wat geen beweegbare delen zijn. Ze zijn gevoelig voor of worden gewijzigd door aanraking. Ken je dit? Heb je de televisies gezien waarbij je het kanaal kan veranderen door hem alleen maar aan te raken?

D: Ik denk van wel. Dat zijn de nieuwe.

Het was overduidelijk dat Phil zijn kennis van TV-reparatie gebruikte om een vergelijking te maken met de apparaten die hij zag.

P: Het schip wordt aangedreven door ... het gebruikt de kracht van kristallen. Het kristal is het kanaal of een filter dat kosmische energie bundelt en dit richt om stuwkracht te genereren. Het kristal is ongeveer 60 cm lang en iets groter in omtrek. Het heeft de vorm van twee ronde piramides met de onderkant tegen elkaar aan en waarvan de punten naar buiten wijzen in de vorm van een trapezium.

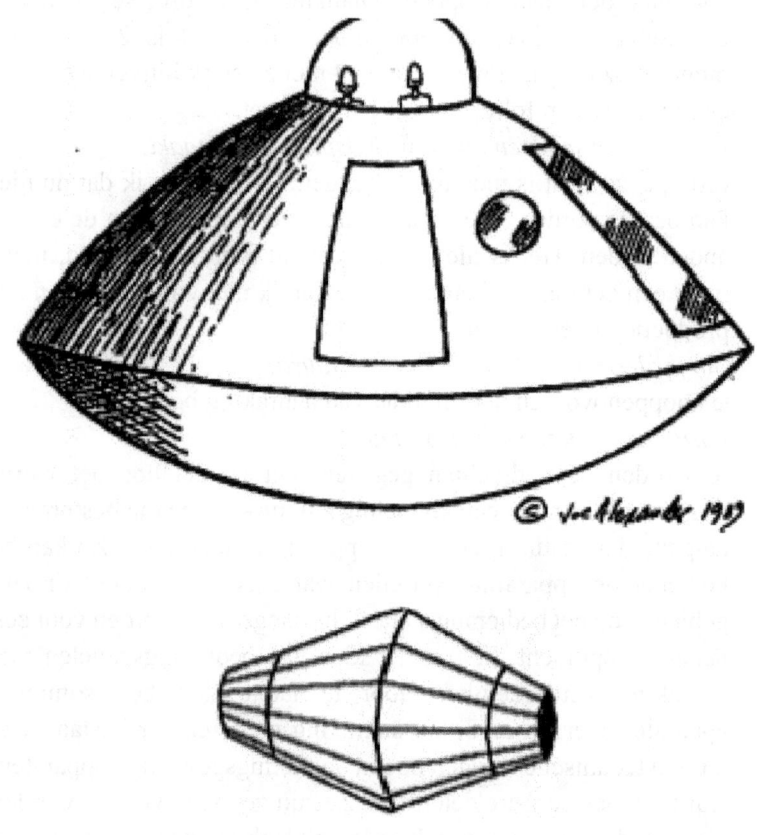

D: *Zijn de piramides rond met gladde zijdes, of hebben ze facetten?*
P: De zijdes zijn gefacetteerd. En ze zijn plat aan het uiteinde van de trechter.

Toen hij later wakker werd, liet ik hem een tekening maken van het kristal om de vorm duidelijker te maken. De uiteinden van de piramides hadden geen punt, maar waren afgevlakt. (zie tekening)

P: Dit zijn natuurlijke kristallen die gevormd zijn voor hun specifieke doel. Ze zijn speciaal voor dit doel gemaakt of geslepen. Verschillende doelen zouden een verschillende vorm nodig hebben. Eigenlijk doen we dit nu op kleine schaal op planeet aarde. De kennis was verloren en komt nu terug.
D: *Waar bevindt het kristal zich in het schip?*

P: Het kristal bevindt zich precies in het midden van het schip, op de eerste verdieping.
D: *Kun je het kristal zien, of is het afgeschermd?*
P: Het wordt ondersteund, maar je kunt het zien.
D: *Is het veilig om bij het kristal in de buurt te zijn?*
Ik herinner me van de gegevens van Jezus (Jezus en de Essenen) dat mensen uit de buurt moesten blijven en het enorme kristal in Qumran niet aan mochten raken. Ik dacht dat dit kristal mensen in de buurt misschien zou kunnen verbranden of pijn doen.

P: Het is niet veilig om het aan te raken of er iets mee te doen terwijl het in werking is, omdat de uitstraling dan verandert. Het zou iemand niet fysiek verwonden, maar het schip zou van koers veranderen. De uitstralingen worden gericht en als je het kristal verplaatst, veranderen de uitstralingen.
D: *Gebruiken ze waar jij vandaan komt de kristallen nog voor iets anders?*
P: Voor van alles - voor verwarming, voor het koken en om te reizen – voor net zoveel dingen als waar jullie je krachtbronnen voor gebruiken.
D: *En voor elk gebruik wordt het op een andere manier gevormd?*
P: Dat is een ruwe overeenkomst, ja. Als een kristal eenmaal is gevormd, staat het vast. Behalve bij een klein aantal speciale gevallen of omstandigheden zou het kristal kapotgaan als je probeert het een andere vorm te geven. Het is hetzelfde soort kristal, maar je kunt het voor verschillende energieën gebruiken. De voortstuwingsenergie is anders, het is een andere soort energie dan die voor koken en verwarmen. Het verschil tussen verwarmen in het algemeen en koken in het algemeen zou een meer centrale richting zijn. Bij het koken zou de richting meer vastgelegd zijn.
D: *Als een kristal kan worden gebruikt om te koken en te verwarmen, zou zo'n soort kristal dan niet gevaarlijk zijn voor een fysieke persoon?*
P: Zeker. Het continent Atlantis op deze aarde werd vernietigd door een kristal. Dat geeft je een idee van de beschikbare kracht. Elke soort energie kan ten goede worden aangewend of niet, afhankelijk van de gebruiker. Mensen kan zeker schade

berokkend worden door deze energieën, maar aan de goede kant kunnen ze er ook enorm door geholpen worden.

D: *Genereert het kristal op het schip zijn eigen energie, of haalt het deze ergens anders vandaan?*
P: Het richt gewoon de energie van het universum. Het is overal om ons heen, zelfs nu, dus je ziet dat het niemand schade toebrengt om zich hierin te bevinden, want het schaadt ons nu ook niet. Het is geen energiebron waar iemand van ons op aarde op dit moment ervaring mee heeft. Het komt van veel bronnen. Van zonnen, van de energie van het universum die God is en genoemd zou kunnen worden. De energie van God dringt overal en in alles door. Er zijn kosmische energieën, astrale energieën, focale energieën; er zijn veel soorten energieën die voor veel verschillende doelen gebruikt kunnen worden.

Dit werd verwarrend voor mij, dus ik veranderde het onderwerp.

D: *Welke functie heb je op dat schip?*
P: Bemanningslid. Geen kapitein, maar iemand die helpt bij de dagelijkse werkzaamheden van de bemanning. Het is mijn werk om ervoor te zorgen dat de verschillende systemen van het schip werken zoals ze zouden moeten. In andere woorden, letten op de machines en niet op de kaarten, want dat doet de navigator.
D: *Zijn er veel machines op het schip?*
P: Er zijn genoeg apparaten om het werk te kunnen doen en dat is alles wat nodig is. Het is niet te vol. Het is niet oncomfortabel om op het schip te zijn.
D: *Is de apparatuur mechanisch, elektrisch?*
P: Het is fysiek, ja. Het werkt met energieën: elektrisch, hydraulisch, pneumatisch, statisch, dynamisch. Op net zoveel manieren als een schip tegenwoordig in de moderne tijd hier op aarde zou hebben. Dezelfde natuurkundige principes.
D: *Maar als iets bewegende onderdelen heeft, kan het kapot gaan.*
P: Absoluut. Ze gaan soms kapot en het is mijn werk om deze kapotte onderdelen te repareren of vervangen als ze niet gerepareerd kunnen worden. We hebben alles bij ons wat nodig is om reparaties uit te kunnen voeren. Onze onderdelen gaan niet zo vaak kapot. Het productieproces is tot zo'n hoog niveau verfijnd

dat gebreken zeldzaam zijn. Ze komen echter wel voor en dit is jammer want dat is wat gebeurde in het geval van de wetenschappers op deze mijnbouwplaneet. Dit was zo'n voorval.

D: *Zijn er systemen op het schip waar jij specifiek voor zorgt?*

P: Mijn werk zijn vooral de navigatie- en voortstuwingsapparatuur, het kristal en de ondersteunende systemen hiervan.

D: *Is dit voornamelijk één systeem? Het loopt niet door het hele schip heen?*

P: Er zijn verscheidenen systemen. Verscheidene verschillende systemen die deze samengestelde taken uitvoeren. Maar ze bevinden zich voornamelijk in een deel van het schip.

D: *Kun je naar een aantal van deze systemen kijken en hun functie beschrijven?*

P: Die in het midden, het kristal, heeft een tweeledige doelgerichte aansturing en voortstuwing. In andere woorden, dit kristal kan richting en positie aanvoelen en ook voortstuwing genereren. Er zijn ondersteunende systemen die dit mogelijk maken. Maar het kristal zelf voert deze functie uit.

D: *Ik probeer de manier waarop deze dingen werken te visualiseren en probeer het zo goed mogelijk te begrijpen. Zitten er draden aan het kristal vast?*

P: Nee, er is geen directe verbinding. Er zijn energievelden die de kracht en de informatie overbrengen, zogezegd.

D: *Gebruiken jullie het principe van elektriciteit in het schip?*

P: Niet zoals jullie het hier op aarde kennen. We gebruiken energie, maar het is niet hetzelfde als elektriciteit.

D: *En de verlichting op het schip?*

P: Die komt ook van kristallen, of soorten kristallen die licht geven als ze door bepaalde energieën gestimuleerd worden. Dit zijn geen aparte, individuele kristallen. Er zijn veel stukken van ... (hij vond het moeilijk het uit te leggen). Het lijkt het meest op fosfor in een fluorescerende buis. Maar dit equivalent van fosfor bevindt zich niet in een vacuüm. Het bevindt zich op het plafond en in het plafond. De energie wordt door het plafond geleid om ervoor te zorgen dat deze kristallen licht geven. Dus eigenlijk wordt het hele plafond een lamp.

Toen hij wakker werd, zei hij dat het licht op het schip kon worden gezien als matglas op de muren of het plafond. De kristallen waren zo klein -vele kleine stukjes- en als de energie erdoorheen ging, gingen ze gloeien.

D: *Is er iets in het schip dat lijkt op een computer zoals wij die kennen?*
P: Niet in de zin van een processor. De computer hier op aarde neemt informatie tot zich en verwerkt deze. De systemen op het schip nemen energie tot zich en richten deze. Er is geen sprake van verwerken of veranderen, slechts van richten.

D: *Is dit het soort schip dat antizwaartekracht gebruikt?*
P: De term "antizwaartekracht" klopt voor het grootste deel. De betekenis is echter geen antizwaartekracht. Ik bedoel hiermee dat antizwaartekracht wordt bereikt. De energie die wordt gebruikt is kosmische energie. Er bestaat geen kracht die het tegenovergestelde is van zwaartekracht. Er is, of zijn, krachten die kunnen worden gebruikt om de aantrekkingskracht van zwaartekracht te verslaan. Dit is echter niet de donkere kant of het spiegelbeeld van zwaartekracht.

D: *Dat is wat ik heb gehoord; dat deze schepen op de een of andere manier zwaartekracht moeten verslaan om te kunnen vliegen.*
P: Niet zozeer verslaan, maar overwinnen. Het gaat meer in de richting van magnetisme waarbij het gaat om aantrekken of afstoten. Snap je?

Eerlijk gezegd niet, ik probeerde informatie te vergaren die iemand anders met meer kennis over deze dingen misschien zou kunnen begrijpen.

D: *Ik neem aan dat dit hetzelfde soort schip is dat mensen in de atmosfeer van de aarde hebben gezien.*
P: Er worden heel veel verschillende soorten schepen gezien rondom deze planeet. Sommige zijn driedimensionaal, sommige vierdimensionaal. Het is niet noodzakelijkerwijs elke keer hetzelfde dat wordt gezien.

D: *Mensen begrijpen de enorme snelheden niet die worden waargenomen bij deze voertuigen.*

P: Dit wordt gedaan door energiecircuits te berijden. Er zijn energiecircuits die verschillende delen van de melkwegstelsels met elkaar verbinden, en door gewoon op deze circuits te gaan staan en de energie goed te richten kun je met extreem hoge snelheid worden voortgestuwd. Deze schepen gebruiken de principes van levitatie en gewoon ruimtereizen via de zonnewinden of –rivieren. Tussen sterrenstelsels en planeten zijn enorme rivieren van energie die door het universum stromen en dus is het eenvoudig om je schip af te stemmen op deze enorme rivieren en gewoon zoals gezegd "met de stroom mee te gaan". Het lijkt een beetje op het concept van navigeren op een rivier op deze planeet aarde.

D: *Komt hun enorme wendbaarheid door deze verschillende stromingen?*

P: Dat klopt. Het is het equivalent van een magneet. Rijden op een magnetisch veld.

D: *Ik kan me voorstellen dat het nog lang gaat duren voordat de mensen van de aarde deze prestaties kunnen reproduceren.*

P: Niet zo lang. Niet zo lang als je zou denken. Er zijn op dit moment mensen die met deze energie werken. Dit is niet zo ver weg in de evolutie van de aarde. Er is een trein in Japan die een ruwe analogie van dit fenomeen gebruikt. Hij hangt op magnetisme. Hij wordt voortgestuwd over een magnetisch veld. Op de plaats van de rails bevinden zich magneten, die elektromagneten bevatten. En de magneten worden om en om aan en uitgezet, waarbij de magneten altijd vooruit bewegen richting de bestemming, waardoor de trein mee wordt getrokken. De magneten op de trein worden afgestoten door de magneten op de rails, en zo wordt de trein of liever gezegd het magnetisch veld ervan voortgestuwd richting zijn bestemming.

D: *Dus jouw schip werkt volgens hetzelfde principe?*

P: Ongeveer hetzelfde. Aan het uiteinde van het schip wordt getrokken richting de bestemming en aan het andere uiteinde wordt afgestoten vanaf het punt waar het zojuist is geweest. Zodoende trekken deze stromingen het schip automatisch in de richting waarop het schip is gepolariseerd.

D: *Dus het is geen magneet, maar een vergelijkbaar principe.*

P: Dat klopt.

D: *Wat ga je doen als je er met het schip op uit gaat?*
P: We doen verkenningen, kolonisaties, bevoorradingen, helpen, onderwijzen. Er zijn vaste routes. Er zijn verkenningsroutes en onderwijsroutes. Er zijn productieroutes met productie -bedrijven is niet het juiste woord- productiefaciliteiten op andere planeten.
D: *Bedoel je dat je de gemaakte goederen heen en weer vervoert?*
P: De gemaakte goederen, ja. Er zijn handelsroutes, wat geen verrassing zou moeten zijn. De kosmos is veel drukker bevolkt dan een normale persoon maar kan bedenken, of waar hij ook maar enig idee van heeft. De kosmos is extreem drukbevolkt en er wordt veel gereisd en er wordt goed gebruik van gemaakt. Het gebied waarin onze thuisplaneet zich bevindt, bevat wat meer zogenoemde "onbewoonde" planeten. Er zijn meer onbewoonde planeten per ruimtesector. In andere woorden: het is daar nogal druk. Echt.
D: *Ik vroeg me af of de aarde zich op één van deze routes bevindt?*
P: Nee. Ze wisten toen nog niet eens van het bestaan van deze planeet.
D: *Was hij te ver weg?*
P: Hij bevond zich simpelweg niet in de buurt van onze verkenningen of transportroutes.
D: *Ik neem aan dat het erg lijkt op hoe wij ons niet bewust zijn van andere planeten. We zijn ons waarschijnlijk niet bewust van die waar jij vandaan komt.*
P: Precies. Wij bevinden ons hier op aarde zo ver van de gebaande paden en daarbij komt het feit dat onze technologie nog niet zo ver gevorderd is dat we deze activiteit kunnen zien of ontdekken.

We hadden de deur geopend, of misschien zou je het beter een "sluis" kunnen noemen, om herinneringen van buiten de aarde binnen te laten. In eerste instantie was het niet wat ik ervan verwacht had. De beschrijving van de werking van het ruimteschip was te technisch voor mij om te kunnen begrijpen. Ik hoopte dat ik met mijn onhandige vragen iets belangrijks zou kunnen onthullen voor iemand die dit soort dingen kan begrijpen. De rijke informatie die ik heb kunnen ontvangen bij regressies met andere cliënten was altijd afhankelijk van mijn vermogen om diepgaand in te gaan op de tijd of het land waar de gebeurtenis die we tegenkwamen zich afspeelde. Ik begon me af te vragen of ik wel goede vragen zou kunnen bedenken bij zulke vreemde onderwerpen. Zonder de juist geformuleerde vragen komen er geen antwoorden of de antwoorden komen gefragmenteerd.

Hoofdstuk 4
De vreemde stad

Ik wist dat we vooruitgang boekten toen we het leven van het bemanningslid dat de planeet van de verloren kolonie bezocht konden herbeleven. Hij stond eindelijk toe dat deze begraven herinneringen naar boven kwamen. Zijn onderbewuste zag dat er geen schade werd berokkend en de informatie was snel en onstuimig losgekomen, niet met horten en stoten zoals eerst. Het leek alsof de blokkades waren geslecht en hij amper kon wachten om me alles te vertellen. Er was nu geen sprake van terughoudendheid- het stroomde eruit.

En zo aarzelde hij geen moment op verkenning uit te gaan toen aan het begin van de volgende sessie de liftdeuren zich openden en opnieuw de vreemde stad met de torens onthulden. Hij stapte enthousiast uit de lift in de andere wereld. Ik zag dit meteen als een uitstekende gelegenheid om een buitenaards wezen te ondervragen en meer te weten te komen over zijn leven op een andere planeet.

P: Ik sta weer bij de stad. Er is groen gras en ik kan een stukje in de stad kijken. Het is een centrum of woonwijk in deze stad. Ik heb hier eerder geleefd, veelvuldig in een ander bestaan. De gebouwen zijn ronde torens, dit is de gebruikelijke architectuur, maar van verschillende grootte en hoogte. En hier en daar zijn ze onderling met elkaar verbonden. Ze hebben op verschillende niveaus ramen aan de buitenkant. Deze zijn allemaal rond en in groepen geclusterd, maar de gebouwen zijn niet allemaal hetzelfde. Sommige ervan zijn magazijnen of opslagruimtes en deze zijn plomp en rond. (zie tekening) De hogere gebouwen zijn woonruimtes voor de bewoners. De buitenkant is gemaakt van een zilverachtig metaal dat op de planeet gedolven wordt. Het is niet het metaal zilver, maar het heeft een zilveren uitstraling. Het is een glinsterende kleur die gloeit en reflecteert in het zonlicht. Als het wordt gezuiverd tot het niveau dat nodig is voor de bouw, is het plooibaar en gemakkelijk te vormen en mee te werken, zelfs in de atmosfeer of op kamertemperatuur, zoals we hier zouden zeggen.

D: *Heeft het een equivalent op aarde?*

P: Aluminium is een onderdeel van dit metaal; maar er zijn nog andere elementen en mineralen op deze planeet die niet op aarde bestaan. Maar aluminium komt het dichtst in de buurt. Dit is alleen voor de buitenkant. Er zijn stevigere en zwaardere metalen voor de frames van het gebouw, die ongeveer gelijk zijn aan staal. Je hebt een raamwerk of skelet aan de binnenkant waar dan iets aan wordt toegevoegd om de muren en de vloeren en de plafonds te maken. En dan komt de buitenkant erop om er een glanzend uiterlijk aan te geven.

D: *Waarom willen ze dat het glanzend is?*

P: Er is geen reden om dit te doen. Dit is de huidige architectuur en het is aantrekkelijk. Er heerst grote conformiteit in de gemeenschap. Er is een algemene consensus dat dit de manier is waarop het gedaan moet worden en bijna iedereen vindt het mooi. En dus gebeurt het zo.

D: *Het klinkt mooi, maar ik dacht dat er misschien een praktische reden was.*

P: De functionaliteit is ondergeschikt aan het uiterlijk.

Aangezien hij de gebouwen zo goed kon beschrijven, was het tijd om meer te ontdekken over deze planeet. Ik vroeg of deze een zon had.

P: Ja, die heeft hij. Hij lijkt erg op deze planeet eigenlijk. Niet zoveel heuvels. Er zijn vlaktes, meestal gelaagde vlaktes. Het ontstaan van deze planeet was lang niet zo gewelddadig als die van de aarde. We zijn een planeet met twee manen. De lucht heeft een groenige tint, zoals de aarde een blauwige heeft. Er is water en wind en planten en bomen. En een sociale structuur, een [onbekend woord: nefer?] structuur. We zouden de inwoners "menselijk" noemen. Technisch gezien zijn ze menselijk, hoewel ze niet zo erg op de mensen hier lijken. Het zijn aardwezens. In andere woorden, het zijn fysieke wezens in plaats van geestelijk of energetisch. Dit zijn fysieke wezens die geïncarneerd zijn in fysieke lichamen op deze fysieke planeet. Ze lopen rechtop en ze hebben dezelfde of een vergelijkbare bloedsomloop en een vergelijkbaar ademhalingsstelsel.

D: *Hebben ze armen en handen en benen?*

P: Ja, twee benen, twee armen en handen met vijf vingers. Erg vergelijkbaar qua vorm met de mensen op deze planeet, maar met langgerekte, slanke vingers in vergelijking met jullie. Hun buitenkant ziet er echter anders uit. Hun lichamen zijn lang en slank, kaal met een beetje puntige oren. Ze hebben een glanzende huid, een beetje leerachtig of stug naar menselijke maatstaven, maar erg soepel en plooibaar. De kleur is erg licht, erg licht en glanzend. Ze hebben een veel grotere hersencapaciteit en hun voorhoofd en hun schedel is extreem groot naar menselijke maatstaven. Dit komt door de grotere mentale capaciteit. De ogen zijn erg rond, staan dicht bij elkaar en kunnen erg goed in het donker zien.

D: *Hebben de ogen pupillen net als bij mensen?*

P: Ze zijn bruin – ze zijn helemaal bruin en rond maar ze werken ongeveer hetzelfde.

D: *Hoe communiceren deze mensen? Praten ze?*

P: Er bestaan woorden om iets te benadrukken of een bepaalde bijbetekenis te geven, maar het grootste deel van de communicatie gebeurt mentaal. Eigenlijk zou empathisch een beter woord zijn. Het lijkt op het veroorzaken van trillingen in elkaar. Een zoemend gevoel dat veel mensen op aarde tegenwoordig beginnen op te merken. Deze mensen zijn erg telepathisch en bewust met alle zintuigen, vooral gevoel.

D: *Bedoel je dat hun handen heel gevoelig zijn?*

P: Ja, en niet alleen hun handen maar hun hele lichaam is erg gevoelig. De huid is in zijn geheel gevoeliger dan bij mensen. Vooral in de handen, want daar wordt energie mee gericht. (Ik vroeg om uitleg) Energie wordt via de handen gericht en ontvangen. Het lijkt op een chakra, gewoon de handen gebruiken als knooppunten van energie.

D: *Waar gebruiken ze deze energie voor?*

P: Voor veel dingen – healing, communicatie, manifestatie of iets verplaatsen. Veel dingen worden door middel van de energie in de handen waargenomen.

D: Je zei "communicatie met de handen", bedoel je dat hun mentale communicatie via de handen wordt gericht?
P: Nee. Want deze communicatie is telepathisch en komt uit het hoofd. Voelen op afstand kan echter met de handen worden gedaan. Ze kunnen ook dingen op afstand verplaatsen met de energie die via hun handen loopt. Een manifestatie van beweging.
D: Bedoel je zoals levitatie?
P: Dat klopt. Telekinese.

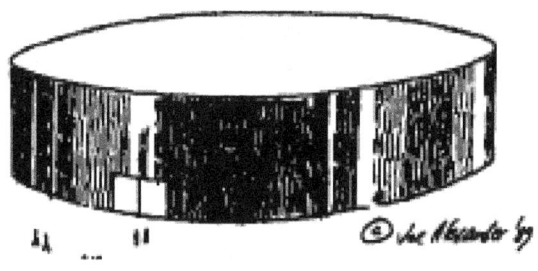

D: *Wordt dit in een groot gebied gedaan, over lange afstanden?*
P: Het kan het beste in de directe omgeving worden gedaan. Echter met de juiste training en afstemming kan het ook over grote afstanden, zelfs ruimtelijke afstanden buiten de planeet.
D: *Je zei dat ze een ademhalingsstelsel hebben dat op dat van ons lijkt?*
P: Dat is waar. Het lijkt erop, maar niet helemaal, of niet gelijk aan die hier vanwege de samenstelling van de gassen. De longen hier op aarde nemen zuurstof op uit de lucht en ademen koolstofdioxide uit. De hele fysiologische structuur op de planeet is anders omdat de atmosfeer en de structuren anders zijn. Daarom zijn de mechanismen of de uitwisseling tussen de atmosfeer en de structuren anders.
D: *Heeft het soort gassen dat zij inademen een equivalent op aarde?*
P: Je hebt helium, stikstof, zuurstof, koolstofdioxide. Het verschil zit hem echter in de relatieve hoeveelheden van deze gassen. Er is naar verhouding meer helium op aarde dan op die planeet. Het gas dat wordt uitgeademd is een gas dat op dit moment niet bekend is op aarde. Ik ben niet helemaal bekend met deze wetenschap, want ik heb er niet voor gekozen mij daarmee bezig te houden.
D: *Dan zou iemand van de aard blijkbaar niet kunnen ademen op die planeet.*
P: Dat klopt. Ze zouden stikken door een gebrek aan zuurstof.
D: *Functioneren hun lichamen min of meer op dezelfde manier als die van mensen?*
P: Dat is correct. Ze nemen voedsel in, verwerken of verteren dit en scheiden afvalstoffen uit. Ze hebben voortplantingsorganen. Ze hebben veel dezelfde functies die menselijke lichamen tegenwoordig op deze planeet ook hebben.
D: *Is er ook een verschil in het functioneren van het lichaam?*
P: De chemie van het lichaam is een beetje anders. Er zijn echter geen verschillen van betekenis. De kleine verschillen komen door de andere atmosfeer en de verschillende combinaties van elementen in de planeten waar het fysieke lichaam van is gemaakt. Dus er is een klein verschil in fysieke samenstelling van de lichamen.
D: *Zijn er mannen en vrouwen of iets vergelijkbaars?*
P: Er zijn mannen en vrouwen. Het zijn seksuele wezens. Ze planten zich voort om het ras te laten voortbestaan. Op de leeftijd waarop

ze nog geen kinderen baren lijken ze erg op elkaar omdat ze geen haar hebben, hetgeen hier op aarde een groot onderscheid maakt tussen de seksen. Hier hebben de mannen een soort ruwheid die voortkomt uit rijkelijk aanwezig haar, terwijl vrouwen geen haar hebben. Dus als beide seksen totaal geen haar hebben, gaan ze erg op elkaar lijken behalve als ze zwanger zijn, wat natuurlijk erg zichtbaar wordt.

D: *Dus een kind wordt op ongeveer dezelfde manier geboren als op aarde en groeit op als baby?*
P: Dat klopt. Wij zijn menselijk en zij zijn menselijk.
D: *Zou mensachtig een beter woord zijn?*
P: Lijkend op mensen, zelfde verschil. Ze zijn van het menselijk ras – dat zijn we allemaal. Maar dit soort persoon of wezen zou erg opvallen in deze omgeving. Het zou een akelige ervaring zijn om een van deze mensen op aarde op straat te zien lopen.
D: *Vooral door hun lengte, of ...*
P: Hun lengte, hun houding, hoe ze zich gedragen. Hun hele mentaliteit is anders omdat hun rassenbewustzijn zich tot een zodanig hoog niveau heeft ontwikkeld dat ze geen afweer meer hebben in hun manier van doen en hun gebaren. Wij hier op aarde zijn zo gewend aan afwerende lichaamstaal dat het ongemakkelijk zou zijn om iemand te zien of bij iemand te zijn die totaal geen afwerende lichaamsbewegingen maakt.
D: *Anders gezegd, ze staan erg open voor mensen en trillingen? Is dat wat je bedoelt?*
P: Ze staan open voor elkaar – volledig open. Ze zouden voor de mensen hier intimiderend zijn.

Dit was een nogal moeilijk te begrijpen concept. Blijkbaar hadden ze een psychisch bewustzijn dat ze in staat stelde altijd de waarheid te zien. Er zouden geen voorwendselen of schone schijn zijn. Als je met deze mensen omging, zou je totaal eerlijk moeten zijn. Je zou niets kunnen verbergen. Dit zou voor ons intimiderend zijn, want we zijn er niet aan gewend dat iemand onze diepste gedachten kent. Mensen zouden zo iemand zeker als een bedreiging zien. Onze verdedigende houding is in onze genen gaan zitten vanaf onze verre voorouders. Het zou een heel lastige karaktertrek zijn om af te leren.

D: *Ik denk dat ik begrijp wat je bedoelt. Hoe oud worden deze mensachtigen ongeveer?*
P: Honderdtwintig jaar gemiddeld; sommigen veel langer, sommigen veel korter. Er bestaan nog steeds ziektes, hoewel lang niet zoveel als hier op aarde. Het proces van selectieve voortplanting heeft ervoor gezorgd dat het ras bijna zijn fysieke limiet heeft bereikt, wat betreft gezondheid of evolutie.
D: *Als het lichaam ouder wordt, verandert dan hun fysieke verschijning?*
P: Ja. De huid gaat rimpelen en uitzakken. De botten ontkalken. Er bestaat een vorm van artritis, hoewel deze niet zo ernstig is als hier doordat de zwaartekracht van de planeet ongeveer één zesde is van de zwaartekracht van deze aarde. Daarom is het gewicht van het lichaam zelf lang niet zo zwaar. Maar er is zeker sprake van veroudering.
D: *Je had het over enkele ziektes die nog niet overwonnen zijn. Zijn er bepaalde soorten die erger waren dan andere?*
P: Spreek je in de verleden tijd of in de tegenwoordige tijd?
D: *Nou ja, allebei. Waren er ernstige ziektes die jullie hebben overwonnen?*
P: Er was een ziekte die we hebben opgepikt op een planeet die we onderzochten en koloniseerden, waar we geen biologische verdediging tegen hadden. En dit veroorzaakte nogal wat opschudding, op zijn zachtst gezegd. Zeker een derde van de bevolking – een kwart komt meer in de richting- een kwart van de bevolking stierf een vreselijke dood door onachtzaamheid en het gebrek aan aandacht voor details. Dit zou een les moeten zijn. De oorzaak werd gevonden. Het was een ziektekiem die op een andere planeet was gegroeid onder een zon met een ander lichtspectrum of lichtsterkte. Deze ziektekiem werd niet ontdekt, was erg kwaadaardig en had een krachtige uitwerking op de lichamen van de bezoekers.
D: *Ze hadden geen immuunsysteem tegen zoiets. Nemen ze nu voorzorgsmaatregelen om ervoor te zorgen dat zoiets niet meer gebeurt?*
P: Ja, natuurlijk! Natuurlijk!
D: *Je zei dat er ook ziektes bestonden die nog niet waren overwonnen?*

P: Dat klopt. Deze worden voornamelijk veroorzaakt door onachtzaamheid en het niet letten op voeding en goede gezondheidsmaatregelen. Als iemand goed let op zijn voedingsbehoefte en aan lichaamsbeweging doet – zoals we hier zouden zeggen, als ze zich bewust zijn van hun gezondheid – dan zullen ze een gezond leven hebben.

D: *Maar onder normale omstandigheden en als ze op deze dingen letten, worden ze allemaal ongeveer 120 jaar oud?*

P: Dat is een gemiddelde, ja.

D: *Hebben jullie ziekenhuizen en gebruiken jullie medicijnen?*

P: Ja. Ondanks onze pogingen om ze uit te roeien, bestaan er nog steeds, zoals altijd, bepaalde ziektes en lichamelijke problemen, stoornissen aan organen en ongelukken. Hierdoor zijn er apparaten en medicijnen nodig om te genezen.

D: *Gebruiken jullie vaccinaties tegen ziektes?*

P: Ja, net zoals we die hier op deze planeet kennen. Injecties zou je kunnen zeggen. De manier waarop ze worden toegediend is anders, maar het idee .... in andere woorden om het medicijn in iemands lichaam te injecteren of toe te dienen is hetzelfde.

D: *Je hebt het over stoornissen aan organen. Doen jullie aan orgaantransplantatie?*

P: Nee, dat doen we niet. Hier zijn we nog niet mee begonnen. Ik weet niet of het technisch gezien onmogelijk is. Ik zou zeggen dat het moreel gezien niet onmogelijk is. Het wordt gewoonweg niet gedaan.

D: *En het gebruik van kunstmatige organen?*

P: Er bestaan machines die kunnen worden aangesloten om de functie van een ziek of beschadigd orgaan over te nemen. Ik weet echter niets over getransplanteerde of geïmplanteerde machines met dat doel.

D: *Dus jullie hebben dokters en verpleegkundigen?*

P: Ongeveer hetzelfde, ja. Sommigen hebben ervoor gekozen op dat gebied werkzaam te zijn, en je zou hen dokters en verpleegkundigen kunnen noemen. Ze worden echter lang niet zo hooggeacht als op deze planeet. Hier op aarde hebben dokters een goddelijk aura om zich heen, maar dat is op die planeet overduidelijk niet zo. Ze worden gezien als mensen die dat vakgebied hebben gekozen en hier kennis van hebben en dat is het.

Aangezien ze op een telepathische manier communiceerden, vroeg ik me af of ze ook met hun geest konden genezen.

P: Er wordt zeker gebruik gemaakt van genezing met energie, één van de gebruikte methoden. Dat is echter niet het complete antwoord. Het werkt zo goed als elke andere methode, maar is niet de enige. Het wordt gebruikt als het kan, als het zinvol is om het te gebruiken. Het zou niet handig zijn om een gewonde arm met gedachtenenergie te proberen te genezen, bijvoorbeeld. Dit is een voorbeeld van incorrect gebruik van gedachtenenergie. Het evolutieniveau op die planeet is op dit moment niet zodanig dat iets meteen genezen kan worden met gedachtenenergie. Ze zijn gewoon nog niet zover.

D: Je zei dat deze mensen wel doodgaan. Wat gebeurt er met hun lichaam als ze sterven?

P: De lichamen worden begraven en teruggegeven aan het land. Ze worden niet gebalsemd en in tombes geplaatst zoals hier. Het is een grote eer om de planeet de chemische stoffen en mineralen terug te geven die men van de planeet heeft geleend om in te wonen of om als een voertuig te gebruiken. Het is simpelweg het teruggeven aan de planeet van deze energieën en materialen, zodat deze opnieuw kunnen worden gebruikt.

D: En crematie?

P: Dat is gangbaar, het kan worden gedaan. Soms is het wenselijk. Er bestaan ziektes die in de grond kunnen overleven, en als iemand aan deze ziektes is overleden is dit de methode die wordt gebruikt om ervoor te zorgen dat de grond niet besmet wordt.

D: Ik snap het. Je had het over metalen gebouwen. Wordt er ook hout gebruikt bij het bouwen?

P: Nee, we gebruiken geen hout. De bomen zijn niet sterk genoeg. Er zijn wel planten, maar die zijn niet geschikt om mee te bouwen omdat het hout niet sterk genoeg is om gewicht te kunnen dragen. Het is flexibel, zie je. De zwaartekracht op deze aarde is de reden dat bomen gebruikt kunnen worden als bouwmateriaal omdat hun evolutie ervoor gezorgd heeft dat ze steviger moesten worden om de zwaartekracht te kunnen weerstaan. De zwaartekracht op deze planeet is maar één zesde van die van de aarde; en dus zijn de bomen niet zo sterk. Ze worden wel heel groot en vol. Maar ze zijn een beetje sponsachtig in vergelijking met de bomen op aarde. Ze hebben iets soortgelijks als bladeren en gebladerte. Ze gebruiken het proces van fotosynthese, wat betekent dat ze zonlicht omzetten in voedingsstoffen voor de planten.

Dit deed me denken aan bananenbomen. Ze groeien heel snel, maar hun stengels hebben niet de juiste dichtheid om als bouwmateriaal gebruikt te kunnen worden.

D: *Hebben jullie voedsel dat door de bomen wordt geproduceerd?*
P: Deze bomen produceren geen voedsel, niet de bomen waar we het nu over hebben. Maar andere planten produceren wel fruit en groente, ongeveer zoals op de planeet aarde. De meeste planten zijn meer klimplanten. Dit zijn inheemse planten. Er bestaan echter wat soorten fruit en groente die vanuit andere zonnestelsels zijn geïmporteerd.

D: *Lijken ze op de groente die op aarde wordt verbouwd?*
P: Er bestaan soorten die erop lijken. Tomaten hebben bijvoorbeeld een tegenhanger hier. Maar er zijn veel meer soorten die totaal onbekend zijn hier op aarde. Er worden veel gewassen geteeld, want velen zijn hier boeren die de groenten kweken. We eten helemaal geen vlees. Dat wordt gewoon niet gedaan. Het wordt als ongezond beschouwd om vlees te eten, dus we eten uitsluitend vegetarisch.

D: *Drinken ze vloeistoffen?*
P: Ja. Er bestaan bijvoorbeeld planten die een vloeistof afgeven die erg voedzaam is. Dit is een plant die iets produceert dat geen tegenhanger is van de koeienmelk hier, maar er wel op lijkt. Het is een vloeistof die van een plant komt en erg lekker is.

D: *Maar het enige bouwmateriaal dat jullie gebruiken komt uit de grond?*
P: Er is iets dat op glas lijkt. Er bestaat elektrische bedrading en geleiders. Er bestaat een geleider die geen koper is, maar prima dienstdoet. Koper wordt op deze planeet niet gebruikt. Het is niet

in de benodigde hoeveelheden beschikbaar. Koper is een soort half edelmetaal en wordt alleen ter decoratie gebruikt.
D: *Oké, dus jullie gebruiken elektriciteit. Bestaat er een equivalent voor het metaal dat jullie als geleider gebruiken?*
P: Aluminium komt weer het dichtst in de buurt, maar het is geen gelijkwaardige analogie. Het komt in de buurt. Het is een heel veel voorkomend metaal. Het wordt overal in de industrie van de planeet gebruikt vanwege zijn gecombineerde eigenschappen als lichtheid van gewicht, plooibaarheid en overvloedige beschikbaarheid.

Hij was zo open geweest en had zoveel informatie gegeven over zo'n grote verscheidenheid aan onderwerpen dat ik verbaasd was over zijn reactie op mijn volgende vraag, die ik heel gewoontjes vond.

D: *Hebben jullie meubels zoals wij die kennen?*
P: (Pauze) Dit is geen geschikt gespreksonderwerp. Simpelweg vanwege de wens om bepaalde zaken te censureren die ongemakkelijk te vertalen zouden zijn.

Het leek me vreemd om materiaal te censureren dat met meubilair te maken had. Ik kon niet bedenken wat er ongemakkelijk zou kunnen zijn aan zo'n normaal onderwerp.

D: *Ik vraag me af waarom het ongemakkelijk zou zijn? Weet je dat?*
P: Het is gewoon niet aangenaam om te vertalen.
D: *Ik wil je niet onder druk zetten. Ik was gewoon nieuwsgierig waarom meubilair een ongemakkelijk onderwerp zou zijn. (Geen antwoord). Maar als je het niet wilt bespreken, dan is dat prima.*
P: Dat klopt.

Dit leek me nogal vreemd, maar aangezien hij het er verder niet over wilde hebben, kon ik op geen enkele manier uitvogelen waarom deze informatie gecensureerd werd. Ik moest van onderwerp veranderen.

D: *Hebben jullie ook entertainment?*

P: Er zijn toneelstukken of iets dat daarop lijkt; verhalen, liedjes, decor. Veel dingen die we hier op deze planeet in overvloed hebben.
D: *Dus je denkt dat je in een ander bestaan op deze planeet was?*
P: (Hij had moeite de zin te vormen). Er is wat verwarring over het woord "denkt", want dit voertuig (Phil) was inderdaad meerdere keren in zijn verleden een bewoner van deze planeet.

Dit is een voorbeeld van hoe letterlijk de persoon in trance, zijn onderbewustzijn of wat er dan ook antwoord geeft, mijn vragen neemt. Je moet heel duidelijk zijn in je vragen.

Hoofdstuk 5
De sociale structuur op de buitenaardse planeet

D: *Hebben jullie een regering op die planeet?*
P: Niet zozeer een regering zoals hier, omdat iedereen aardig zelfregulerend is. De landelijke wetten zijn ongeschreven en onuitgesproken. Men weet gewoon wat je wel en niet moet doen, daarom is er geen equivalent van politici en wetshandhaving. Er is echter wel handel.
D: *Hebben jullie een leider?*
P: Er is geen aparte leider of land. Het is een wereldwijde gemeenschap. Er zijn raden met personen die het beleid uitzetten. Ze worden gekozen door de bevolking.
D: *Is dat dan geen vorm van politiek?*
P: Niet echt. Dat stemmen is een onderdeel van de politiek hier op aarde, een onderdeel van het hele verhaal. Terwijl het complete plaatje op die planeet overeenstemming is. Er is wel concurrentie, maar er is geen – ik probeer te bedenken hoe ik dit moet uitleggen. De baan of de functie is een gemeenschappelijk doel. Er zijn geen politieke partijen. Er is geen geruzie, geen geroddel of met modder gooien. Er is overeenstemming, dus in dat opzicht is er een verschil. Zie je?
D: *Ik probeer het concept te begrijpen. Zijn ze voor een bepaalde periode in dienst?*
P: Dat verschilt per functie. Sommigen zijn "in ambt" totdat ze besluiten dat ze genoeg hebben gedaan of iets anders willen doen.
D: *Komt het weleens voor dat de mensen iemand uit zijn functie willen ontheffen, uit de raad willen zetten?*
P: Dit is wel eens gebeurd, maar zeer zelden. Het was erg ongebruikelijk, maar het is gebeurd.
D: *Dus de raad bestuurt de planeet, als je die term "bestuurt" zou willen gebruiken? Stelt richtlijnen op?*

P: "Bestuurt" is geen goed woord. Het is eerder "stelt richtlijnen op", ja.
D: *Zijn er nooit problemen met mensen die hun richtlijnen niet willen accepteren zeg maar?*
P: Onenigheid, in andere woorden. Dat is wat je bedoelt? Het is mogelijk om een privé onenigheid te hebben. De regels, de ongeschreven leefregels, zeggen dat je zogezegd "het systeem niet ontduikt". De overeenstemming van het volk is ten bate van iedereen, dus het zou jezelf tegenwerken om een privé onenigheid te hebben.
D: *Het is moeilijk voor mij om te begrijpen dat mensen zo meegaand zijn. Wij hebben zoveel wrijving.*
P: Het hart overheerst hier en niet het hoofd. Het innerlijk is veel meer verfijnd; daardoor kan het algemeen welzijn veel gemakkelijker tot uitdrukking komen.
D: *Hebben jullie een geloof op die planeet?*
P: Zoiets bestaat hier niet. Religie en politiek bestaan niet. Het is niet nodig. Religie en politiek zijn uitgevonden wegens een behoefte. Als er geen behoefte is, is er geen instrument of wat dan ook.
D: *Geloven jullie in een Schepper of God?*
P: Zeker. Het is meer dan een geloof, het is een weten, een gewaarwording, een bewustzijn. Dat lijkt echter niet erg op wat we hier op aarde "religie" noemen. Religie is vooral een politieke instelling op dit moment op deze planeet aarde. De associatie met een Hoger Wezen of Scheppingskennis lijkt religie naar deze hoogstaande positie te verheffen. Maar het is niet belangrijker dan Democraat of Republikein zijn, zie je.
D: *Bedoel je dat jullie dichter bij God zijn?*
P: Dichterbij is niet … het is niet zo dat iemand dichterbij God is. Het bewustzijn is hier het punt.
D: *Komt dat door jullie vermogen om telepathisch te communiceren?*
P: Dat heeft ermee te maken, maar het is geen kwestie van oorzaak en gevolg.
D: *Hebben jullie zoiets als scholen op die planeet?*
P: Zeker. Er zijn groepen mensen die willen leren in alle leeftijdsgroepen en ze leren veel verschillende dingen. Er is geen onderscheid naar leeftijd. De mensen met een gemeenschappelijke interesse worden bij elkaar gezet en krijgen

samen les. De leraren kunnen van andere planeten of zonnestelsels komen en zijn gekwalificeerd om les te geven. Er zijn veel verschillende onderwerpen waar les in wordt gegeven, zoals buitenaardse culturen, geschiedenis, productieprocessen, verschillende wetenschappen.

D: *Is onderwijs verplicht? Hier moet een kind verplicht naar school vanaf een bepaalde leeftijd.*

P: Dat is een volkomen onbekend concept omdat iedereen van nature wil leren. Dat is hun persoonlijke ontwikkeling. Het hoeft niet verplicht te zijn. Iedereen wil leren omdat ze daarvan groeien, net zozeer als ze lichamelijk groeien. Mensen willen graag leren en er wordt graag lesgegeven. Dit komt door een andere kijk op onderwijs; onderwijs wordt hier op aarde niet op dezelfde manier bekeken.

D: *En als iemand niet wil leren, dan hoeft hij dat niet?*

P: Nee, het is niet verplicht. Je zou het kunnen vergelijken met een situatie hier op aarde waarin je ervoor kunt kiezen om een buitenstaander te worden of iemand die niet met andere mensen kan omgaan. Dit is puur een vergelijking, in de zin dat iedereen vrienden wil hebben en gerespecteerd en aardig gevonden wil worden. Dit is een diepgewortelde natuurlijke motivatie op deze planeet, en op die planeet is het hetzelfde. Er zijn mensen die buiten hun eigen schuld om hersenstoornissen hebben; of je zou kunnen zeggen achterlijk zijn. En de motivatie is niet uitgesproken bij deze mensen, wat zoals ik zeg niet hun eigen schuld is. Het is gewoon zo.

D: *Mogen deze mensen een normaal leven leiden of worden ze ergens opgesloten of...*

P: Dat hangt een beetje af van de ernst van hun disfunctioneren. Zij die een plekje kunnen vinden in de gemeenschap worden aangemoedigd dat te doen. Zij die zelfs dat helaas niet kunnen, worden opgevangen en verzorgd. Hier wordt al vele lange jaren aan gewerkt. Vele duizenden jaren om het ras door selectieve voortplanting vooruit te brengen, om de bevolking te bevrijden van deze ongelukkige gevallen.

D: *Dus dit is geen planeet met perfecte mensen. Hebben jullie het equivalent van politieagenten? Iemand om de wet te handhaven?*

P: Nee, er bestaat geen equivalent omdat iedereen zelf de wet naleeft. Er is geen leger of politie nodig. Een sfeer van wetshandhaving of militairen is gewoonweg niet nodig als iedereen zichzelf handhaaft.

D: Dus jullie hebben geen problemen met negatieve mensen?

P: Er zijn soms mindere mensen en het gebeurt soms dat iemand die best goed functioneert niet zozeer helemaal niet meer functioneert, maar slecht gaat functioneren. Geestelijk ziek zou je het kunnen noemen. Er zijn mensen die door omstandigheden zelfdestructief worden of dingen gaan doen waardoor ze slecht gaan functioneren.

D: Je bedoelt dat ze dan misschien anderen kwaad kunnen doen?

P: Niet zozeer anderen, maar zichzelf. Ze worden zo goed mogelijk geholpen en ze krijgen alle liefde die ze kunnen ontvangen, zodat ze hun ... fout kunnen accepteren. En dan worden ze geholpen met hun herstel.

D: Dus jullie hebben geen gevangenissen?

P: Nee, het zijn eerder een soort ziekenhuizen. Deze mensen, deze arme ongelukkigen worden opgenomen in het ziekenhuis en krijgen speciale aandacht. Er is echter geen straf, want ze doen het niet expres. Ze begrijpen het gewoon niet goed.

D: Dus het komt niet voor dat iemand expres wangedrag vertoont?

P: Dit is zo zeldzaam en komt zo weinig voor dat het zo goed als niet bestaat. Als het ooit al is gebeurd, weet ik er niets vanaf, dat het bewust is gebeurd.

D: Dan zijn ze dat gedrag ontstegen.

P: Dat klopt, het is een evolutionair iets.

D: Zijn er nog andere rassen?

P: Er is een minderwaardig soort wezens dat op een goedaardige manier wordt gebruikt voor taken en ondergeschikte werkzaamheden. Ze zijn niet echt minderwaardig. Men kijkt niet op ze neer. Ze worden niet als minder beschouwd, maar ze worden simpelweg beschouwd als minder ontwikkeld. Ze hebben minder geestelijke vermogens maar ze zijn erg nuttig. Ze werken in de mijnen waar het metaal dat wij gebruiken wordt gedolven. Het zijn "bedienden", tussen haakjes, maar ze worden goed verzorgd. Ze behoren tot een ras dat al op de planeet leefde voordat het superieure ras arriveerde en ze werden meegenomen in de toename van het bewustzijn van de planeet. Het lijken dieren, bedekt met een vacht, klein en met een beetje gebogen rug. De kleine mensen, zoals we ze vriendelijk noemen, zijn geliefd en worden verzorgd als broeders.

D: *Maar ze worden gebruikt voor verschillende taken?*

P: Ze worden niet zozeer "gebruikt", maar ... (hij stopte, alsof hij het juiste woord zocht). Dit is moeilijk te vertalen omdat er hier geen concept bestaat waarin ik het kan vertalen. De dichtstbijzijnde vertaling zou zijn "slavernij", maar dit klopt helemaal niet. Het is totale integratie. Ze kennen hun plaats, wij kennen hun plaats en we accepteren elkaar. Er is sprake van harmonie, waarvan hier op aarde zo weinig bestaat. Ze hebben hun plaats met veel waardigheid geaccepteerd. Als er af en toe een van deze wezens niet functioneert, of zogezegd uitvalt, is dat niet bewust. Ze worden wel ziek, net als anderen. Dit doen ze niet expres, maar het veroorzaakt wel lijden. De intentie is hier belangrijk, maar ze hebben geen intentie. Ze willen alleen dienen. Vanwege hun dierlijke aard kunnen ze gewelddadig worden als ze overwerkt zijn of geprikkeld worden en daarom moet er goed met ze worden omgegaan. Dit is echter ook niet bewust. Het is een emotionele reactie op omstandigheden. Je hoeft alleen de oorzaak te verwijderen en de overreactie zal verdwijnen. Als ze niet worden geprikkeld of getreiterd zullen ze deze reactie niet laten zien. Ik heb het over mogelijkheden. Deze komen zelden voor, maar ze zijn mogelijk. Ze komen niet zo vaak voor, zoals ik zei, omdat het ras zogezegd "zijn zaken op orde heeft gebracht".

D: *Dus wapens zijn niet nodig?*

P: Er bestaan geen wapens voor gevechten van man tot man. Maar in de bossen bestaan reptielen van een enorme omvang, ongeveer 10 meter lang, vergelijkbaar met de dinosaurussen op deze planeet. Als je je in het wild bevindt op de planeet, moet je jezelf tegen hen beschermen. In bepaalde omstandigheden, als iemand hun nest verstoort, vallen ze aan om hun jongen te beschermen. Ze kunnen met behulp van stroomstoten op worden verjaagd. Het uitzonderlijke apparaat is rond en buisvormig met een knop aan het uiteinde om de lading mee te veranderen. Je draagt hem bij de schacht (niet zeker over dat woord) en je drukt de ene kant tegen het lichaam van het dier dat je wilt verjagen. Dit specifieke apparaat is ter bescherming, een verdedigingswapen, niet om aan te vallen. Het doodt het dier niet: het verjaagt het. Ze leren al snel dat er niet te spotten valt met de staf. Ze leren dat ze niet dichterbij moeten komen nadat ze een schok hebben gekregen. Nadat ze zo dichtbij iets zijn geweest dat zoveel pijn veroorzaakt, gaat het dier meteen de andere kant op. Maar niet alle dieren zijn zo groot. De meeste zijn niet zoveel groter dan de mensen die de staf gebruiken. Ze leven in de dichtbegroeide onbevolkte gebieden ver weg van de steden. De meeste zijn reptielen, maar niet allemaal. Er zijn ook behaarde dieren of dieren met een vacht. En deze staven werken uitstekend op vachten of reptielen.

D: Maar je hoeft nooit iets te doden?

P: Het zou zover kunnen komen. Als dat zo was, zouden we het doen, maar we proberen altijd het dier af te schrikken. De lading is niet voldoende om te doden. Er bestaan wel een soort geweren. Dit zijn wapens die gebruikmaken van dingen die op kogels lijken. Ze worden alleen gebruikt als dat nodig is.

D: Waarom gaan mensen naar de plekken waar deze dieren leven?

P: De planeet wordt nog steeds ontdekt en sommigen kiezen ervoor om in die omgeving te leven.

D: Zijn dit de enige soorten wilde dieren?

P: Dit zijn vooral de gevaarlijke. Er zijn heel kleine tot heel grote dieren of wezens. Veel verschillende soorten, hoewel niet zoveel soorten als op deze planeet aarde. De dieren in de beboste gebieden zijn vooral reptielen en vegetarische soorten. Er zijn vlaktes op de planeet met behaarde wezens. Er zijn een soort vissen of dieren die in het water leven, en dieren die in de lucht leven.

D: Hebben jullie huisdieren?

P: Er zijn huisdieren. Er zijn een soort paarden, die kunnen worden gebruikt om te trekken, zie je. Dit is de enige soort die wordt gebruikt. Er zijn huisdieren die lijken op apen. Er zijn er die op aarde als zeer vreemde wezens zouden worden beschouwd en die een jongeman doodsangst zouden aanjagen. Maar ze zijn vrij onschuldig en ook vriendelijk. Het zijn kleine vriendjes. Alle dieren zien er anders uit dan de dieren hier op aarde. Er zijn overeenkomsten, maar voor zover ik weet zijn er geen gelijken. Er zijn verschillen met de kenmerken van de dieren die ik heb gezien. Maar ik ken niet alle dieren van deze aarde dus ik kan het niet met zekerheid zeggen. Maar van degene die ik heb gezien zijn er geen gelijken. Er zijn er die meer op andere lijken dan andere, bijvoorbeeld, zoals ik zei, het paard dat een soort equivalent heeft op die planeet. De koe heeft niet echt een gelijke.

D: *Dus jullie gebruiken geen melk of zoiets van dieren?*

P: Er zijn dieren die melk geven, maar deze wordt niet geconsumeerd.

D: *Waren deze dieren al op de planeet toen deze voor het eerst werd gekoloniseerd?*

P: Sommige wel, en andere werden uit andere zonnestelsels meegenomen. Er is hier veel. We hebben steden, we hebben platteland, we hebben watervallen, vogels, bomen en picknicks. We hebben geen auto's en vervuiling, of aanplakborden. Dat zijn zaken uit de huidige cultuur op aarde die simpelweg niet bestaan op die plek.

D: *Wat voor transportmiddelen hebben jullie?*

P: We hebben voertuigen die uit zichzelf over de wegen rijden. Voertuigen die door de lucht vliegen, en er zijn voertuigen die over water varen.

D: *Wat voor aandrijfkracht gebruiken deze?*

P: De voertuigen die door de lucht vliegen gebruiken meestal kristallen voor de voortstuwing. Er zijn ook luchtkussenvoertuigen die met magnetisme werken. Het omhulsel wordt gemaakt van aluminiumachtig materiaal. Dit zijn kleine voertuigen die over energiestromen of -paden glijden. Deze paden zijn net zoiets als de snelwegen die op dit moment op deze planeet bestaan.

D: *Bedoel je zoiets als elektrische stroom?*

P: Zoiets ongeveer, ja.

D: *Kunnen ze er niet vanaf?*

P: Dat is niet juist, want ze kunnen zich los daarvan verplaatsen. Het is echter efficiënter om deze paden te gebruiken omdat je dan geen externe energiebron nodig hebt, wat het geval is als je buiten het pad gaat.

D: *Ik snap het, ze gaan gewoon met de stroom mee en ze gebruiken een andere energiebron als ze ervan af willen gaan. Welke energiebron is dat?*

P: Dat is een opslagcel, net zoiets als een aardse accu die deze zelfde energie opslaat, die vervolgens door het voertuig gaat en gericht wordt op de magnetische krachtlijnen van de planeet. En zo kun je reizen simpelweg door je energie te polariseren al naar gelang de gewenste richting, dwars op of in lijn met de krachtlijnen, of elke combinatie daarvan.

D: *Wordt het voertuig op enige manier bestuurd, of is het automatisch?*

P: Er is een handmatige bediening, ja. Zeer vergelijkbaar met de besturing van auto's in deze tijd op deze planeet. Op een bepaalde tijd in de toekomst zal de aarde informatie ontvangen over het bouwen van deze voertuigen, want deze gebruiken de natuurlijke energie van de planeet. Dit is niet het soort energie dat nietherbruikbare bronnen gebruikt zoals kolen of olie. Maar dit is het soort energie dat oneindig of zeer overvloedig is en behoorlijk efficiënt. Deze moeten worden gebruikt en zijn niet vervuilend voor het milieu. Dit zijn universele concepten die in de toekomst naar de planeet aarde worden gebracht.

D: *Hebben jullie seizoenen?*

P: Nee, die hebben we niet. Gedurende een periode van een aantal jaren verandert het klimaat enigszins, veroorzaakt door de lange baan rond de zon. Een veel langere baan dan deze planeet aarde rond zijn zon maakt. De seizoenen zijn veel minder opvallend of extreem, aangezien het van warm naar heet gaat. Of ter vergelijking op deze planeet, van vroeg in augustus tot laat in de zomer en weer terug naar vroeg in de zomer.

D: *Je bedoelt dat het nooit koud wordt zoals in onze winters?*

P: Dat klopt. Zie je, de verandering van de seizoenen op aarde wordt veroorzaakt door de kanteling van de as. Net zoals jullie maan nooit zijn donkere kant laat zien aan de aarde, kantelt deze planeet nooit zijn as en kan dus niet de seizoenen veranderen. Het is altijd aangenaam of heet. Ter vergelijking, het blijft warm of aangenaam en dan te heet of zeer warm. Dit is gewoon een vertaling, want het wordt niet gevoeld als oncomfortabel op die planeet. Om de ervaring te kunnen vertalen moet ik het echter vergelijken met variaties in temperatuur op deze planeet. De stand en omwenteling van de planeet staat vast, zodat het weer hetzelfde blijft. Er zijn geen verschillende seizoenen, maar er zijn wel verschillende klimaten op de verschillende delen van de planeet. Ze blijven op dat deel van de planeet echter hetzelfde. De donkere kant is dichter begroeid en onbewoond. De bevolking bevindt zich voornamelijk aan de lichte kan van de planeet.

D: *Is de planeet kouder aan de donkere kant?*
P: Een beetje, maar niet heel erg. De planeet heeft een interne warmtebron die warmte genereert voor de hele planeet.
D: *Dus hij is niet volledig afhankelijk van het licht van de zon voor de warmte?*
P: Dat klopt.
D: *Ben je ooit aan de donkere kant geweest?*
P: Ik heb me daar weleens begeven. De begroeiing is veel dichter. De topografie is niet heel erg anders. Op de gehele planeet ontbreken bergen of hogere gebieden.
D: *Ik vraag me af hoe de planten kunnen groeien aan de donkere kant zonder de zon.*
P: Zijn er hier op aarde geen planten die in het donker groeien, op de bodem van de oceanen? Het komt dus vaker voor. Deze planten groeien door de gassen in de atmosfeer. Ze zijn niet afhankelijk van licht voor voedsel, wat ze uit de grond halen. Licht is slechts één manier waarop planten werken.
D: *En het dierlijk leven aan de donkere kant, is dat anders?*
P: De donkere dieren gaan niet het licht in, want ze zijn zodanig geëvolueerd dat ze zich hebben aangepast aan het donker. In die zin zijn ze anders. Er zijn ook dieren die heen en weer kunnen bewegen en even goed in het donker als in het licht kunnen zijn.
D: *Zijn allebei jullie manen tegelijkertijd in de lucht te zien?*
P: Ze roteren. Soms staan ze allebei tegelijkertijd in de lucht en soms staat er één of helemaal geen in de lucht.
D: *En regen? Hebben jullie ook zoiets dat uit de lucht valt?*
P: Niet zoiets als op aarde. De regen op aarde komt door de zwaartekracht. Zoals ik zei, is de zwaartekracht één zesde. Op deze planeet lijkt het meer op mist met grote druppels. Het is een extreem geval van vochtigheid. Dit gebeurt bij sommige wijzigingen in de windrichting en zo. Het weer is veel stabieler, maar het verandert wel. Het schopt een picknick wel in de war. Wij hebben plezier, we hebben vakantie, we hebben te maken met vogels en mieren.

D: *Dus jullie hebben insecten. Zijn er rivieren en oceanen?*
P: Ja, dat klopt. Er zijn rivieren en grote wateroppervlakken; echter niet zoveel als op deze planeet. Het klimaat is veel droger, omdat er lang niet zo'n grote wateroppervlakken zijn. Ze kunnen hun gewassen het hele jaar verbouwen, er is veel minder vocht nodig.
D: *Hebben jullie dagen en nachten? Hier worden deze veroorzaakt door de omwenteling van onze planeet.*
P: Het antwoord is nee, er is geen verandering in de dag op dat deel van de planeet. Ik voel me bijna bedroefd dat we dat niet hebben. De ene kant bevindt zich voor altijd in het donker, het andere niet. Dit komt door de evolutie van de planeet, zie je. Deze was lang niet zo heftig als de evolutie van de aarde.

Ik bedacht me later dat hij had gezegd dat de mensen die op deze planeet leefden ogen hadden die zeer goed in het donker konden zien. Dit zal wel geen tegenstrijdigheid zijn, want hij heeft ook gezegd dat zijn mensen de planeet hadden gekoloniseerd en daar niet vandaan kwamen. Alleen de "kleine mensen" en de dieren en planten waren inheems. Misschien was hij daardoor zo bedroefd, een herinnering vanuit zijn genen aan de nacht op zijn originele thuisplaneet.

Hoofdstuk 6
De energieleider

D: *Je had het over handel. Kun je me daar wat meer over vertellen?*
P: Er is handel tussen de mensen op de planeten en de mensen die van andere planeten en zonnestelsels komen. Sommige metalen die op de planeet worden gedolven zijn er in overvloed en zijn nodig in andere gebieden waar deze metalen niet zo overvloedig aanwezig zijn, en dus wordt er handel gedreven in de mijnbouw.
D: *Is dit het belangrijkste exportgoed of is dat wel het juiste woord?*
P: Dat is een volledig geschikte benaming. Het is echter niet het enige. Er worden ook groente en fruit geëxporteerd.
D: *Wat voor soort zaken wordt er geïmporteerd, die jullie niet hebben op die planeet?*
P: Er worden metalen geïmporteerd die nuttig zijn voor de bouw en die wij niet op de planeet hebben. Ook medische voorraden. Er zijn andere zonnestelsels die een zeer hoog niveau hebben bereikt op het gebied van medische technologie en zij importeren hun "medicijnen", tussen haakjes. Er wordt ook kennis en overlevingstechniek geïmporteerd, kennis hoe je het leven beter en gemakkelijker kunt maken.
D: *Wat gebruiken jullie als ruilmiddel bij de import en export?*
P: Er bestaat niet zoiets als geld. Het is een ruilhandel. Vijf pond erts kan worden geruild voor vijf pond kennis. Dit is slechts een voorbeeld dat je niet letterlijk moet nemen.
D: *Omdat je kennis moeilijk kunt wegen.*
P: Precies.
D: *Zijn er ooit problemen met mensen die bedrog proberen te plegen in dit soort systeem?*
P: Dat zou onmogelijk zijn gezien de openheid waarmee we handelen. We zijn volledig eerlijk, zoals we eerder al besproken hebben. Wij bevinden ons op een niveau waarbij bedrog of het verbergen van iets, fopperij of wat voor donkere, lage instincten dan ook zoals egoïsme of persoonlijk gewin uitgesloten zijn.

Ik kon me voorstellen dat dit ras zulke eigenschappen had, vooral aangezien ze telepathisch communiceerden. Maar de mensen van andere planeten dan waarmee ze te maken hadden? Waren die allemaal tot hetzelfde hoge niveau ontwikkeld?

P: In de directe omgeving van de planeet waar ik het over heb, is de evolutie op hetzelfde niveau. Het is zoals je zou kunnen zeggen een ontwikkelde kant van het universum. Er wordt wel gehandeld met planeten die niet tot dat hoge niveau ontwikkeld zijn. Maar het voordeel ligt bij degenen die het bedrog kunnen doorzien. Het is veel eenvoudiger om iemand die bedriegt te doorzien als je je op een niveau bevindt dat daarboven staat. Het zou geen enkel nut hebben om het te proberen, want bedrog wordt meteen doorzien.

Hij deed het allemaal zo eenvoudig, logisch en voorstelbaar klinken, ondanks dat dit concept ons vreemd is.

D: Je had het erover dat er handelsroutes zijn en dat jullie schepen gebruiken die door de ruimte vliegen. Hebben jullie ook de kennis om door de tijd te reizen?
P: Je kunt niet door de tijd reizen. Tijd bestaat eerlijk gezegd niet. Tijd is een concept, tijd is geen... (hij zocht naar woorden) bestaand iets. Het is gewoon een concept. Als je door een concept kunt reizen, ja, dan zou het mogelijk zijn. Dit hebben wij op ons niveau echter nog niet bereikt.
D: Mensen op aarde denken altijd aan vooruit of achteruit reizen naar hun verleden en hun toekomst.
P: Deze uitlijning of opvolging van gebeurtenissen is slechts zodat mensen het kunnen begrijpen. Alles bestaat tegelijkertijd, dus alles dat is gebeurd of zal gebeuren gebeurt nu. Tijd is slechts een concept dat mensen hebben bedacht om wat er om hen heen gebeurt beter te begrijpen of tot hun niveau terug te brengen.
D: Het is erg moeilijk voor mij om zo'n concept te begrijpen omdat wij denken dat gebeurtenissen uit het verleden het heden en de toekomst beïnvloeden.
P: Dit is slechts een manier om het te begrijpen. Als dat werkt, is het prima. Het dient zijn doel. Als het ongemakkelijk voelt om te

proberen te zien wat er niet is, doe dat dan niet. Blijf op het niveau dat prettig voelt. Als je meer wilt weten, ga er dan naar op zoek en je zult het vinden, in gebeurtenissen in je leven, in de mensen die je ontmoet. Er zijn zeker veel concepten die op deze planeet onbekend zijn en in trek in andere gebieden van het melkwegstelsel. De waarheid is wat je ervan maakt.

Dat concept van gelijktijdigheid heeft me altijd dwars gezeten omdat het zo moeilijk te begrijpen is. Dus ging ik over op normalere onderwerpen.

D: *Als jullie geen geld of gelijksoortig systeem hebben, hoe komt een normaal mens dan aan eten en materiële zaken?*
P: Iedereen doet iets bruikbaars dat ze kunnen verhandelen. Er zijn zoveel verschillende dingen die je kunt doen. Het is gewoon een keuze die ieder individu maakt om iets te doen, en zo hebben ze het vermogen om te handelen. Er zijn mensen die landbouw bedrijven, die onderwijzen, die genezen, die bouwen. Kies een bezigheid en je vindt een manier om voedsel, kleding en onderdak te verkrijgen. Dit is strikt persoonlijk. We hebben geen geld, dus hebben we geen supermarkten of bedrijven in onze handel. Die bestaan niet op die planeet. Er zijn mensen die voedsel verbouwen, dus als je voedsel nodig hebt, ga je naar diegenen die voedsel verbouwen.

D: *Wat voor kleding dragen jullie op die planeet?*
P: De algemene beschrijving zou zijn strakke, maar niet te strakke, glimmende, zilverkleurige kleding. Net zoiets als een jumpsuit, maar dan strakker, meer zoals lang ondergoed uit één stuk. Het is elastisch en rekbaar, zodat je het over je hoofd aan kunt trekken en dan over je benen en je hele lichaam trekt. Het is gemaakt van metaal, een soort glimmend zilverachtig metaal. Maar toch is het zo zacht als enige stof hier op aarde.

D: *Is dat niet warm?*
P: Nee, deze kleren zijn om te bedekken en voor de sier en niet zozeer om het warm te krijgen, aangezien het niet zo koud is op de planeet. Zoals ik al zei heeft deze planeet grotendeels een gematigd klimaat. Het heeft eigenschappen die op aarde niet bestaan door het verschil in lichtsterkte van de zon. De

zonnestralen zijn niet zo sterk, of beter gezegd hebben niet hetzelfde effect op deze planeet.

D: *Dus de kleding is niet bedoeld als bescherming tegen het weer.*

P: De kleding beschermt wel tegen het weer, maar het zonlicht is slechts één aspect van het weer. Er zijn deeltjes in de lucht die door de wind worden weggeblazen en die iemand zouden kunnen verwonden als deze geen beschermende kleding aan had. Dat kunnen deeltjes van steen of glas zijn, er zijn veel verschillende soorten. Ze vallen niet zo gemakkelijk op de grond als op deze planeet door de lagere zwaartekracht en worden daardoor sneller door de wind meegenomen. Je kunt ze beschouwen als projectielen.

D: *Bevinden deze deeltjes zich op natuurlijke wijze in de lucht?*

P: Sommige wel, andere ontstaan per ongeluk.

D: *En jullie gezicht? Is dat op de een of andere manier bedekt?*

P: Als het echt nodig is, dan zijn er maskers. Deze kleding wordt meestal op een luchtige manier gedragen. Als je een storm in zou gaan, zou je extra bescherming nodig hebben.

D: *Hoe kun je dan nog ademen? Ademen ze die deeltjes dan niet in?*

P: Dit is slechts een voorbeeld. Ademen is verder net zo eenvoudig als op deze planeet. Als je hier in een zandstorm zou zitten, zou je toch ook moeite hebben met ademhalen? Het antwoord zou "ja" zijn en hetzelfde geldt hier ook.

D: *Ik dacht dat je bedoelde dat de deeltjes altijd in de lucht zaten.*

P: Niet vaker dan dat hier altijd een zandstorm is.

D: *Oké. Hebben ze iets aan hun voeten, zoals laarzen of schoenen?*

P: Ja, er bestaat kleding voor de lichaamsuiteinden, maar dit is afhankelijk van de smaak van de persoon en ook van de omgeving waar ze zich in bevinden. Het is heel normaal om thuis of in je eigen huis rond te lopen zonder schoenen. In het openbaar is het normaal om iets aan je voeten te hebben.

D: *Dragen mannen en vrouwen dezelfde kleding?*

P: Hun kleding lijkt erg op elkaar ja.

D: *Heb je een naam die je gebruikt op die planeet?*

P: Ik wil mijzelf op dit moment geen naam geven. Er bestaan bewoordingen die bij een individu horen die het niveau van bepaalde prestaties of specifieke successen kunnen aangeven.

Maar meestal hoeven we niet overal een etiket op te plakken zoals hier gebeurt, inclusief namen.

D: Ken je de naam van deze planeet?

P: Aangezien onze communicatie telepathisch is, zou het onmogelijk zijn om deze te vertalen naar een gelijkwaardige geluidsenergie.

Dit is een lastig concept om te begrijpen. Op aarde zijn we er zo aan gewend overal namen en labels voor te hebben. Het is moeilijk je een plaats voor te stellen waar namen niet nodig zijn.

D: Bevindt deze planeet zich in een melkwegstelsel dat op aarde bekend is?

P: Het bevindt zich in het Sirius stelsel. Het bevindt zich in een deel van het uitspansel dat is onderzocht, maar de grenzen van dit stelsel zijn nog niet gezien. Er bestaan geen fysieke grenzen. Er zijn – en dit is geen goede vertaling maar eentje die kan worden begrepen – politieke grenzen of eerder spirituele invloedsgrenzen. Er bestaat namelijk een hiërarchie van spirituele sferen die grotendeels onbekend is op deze planeet aarde op dit moment.

D: Vindt de meeste handel plaats in dit gebied van het Sirius stelsel?

P: Dit is simpelweg het dichtst bij wat je een druk gebied in de lucht zou kunnen noemen vanuit het oogpunt van de aarde. Er zijn veel handelsroutes die zich over meerdere melkwegstelsels en andere universa uitstrekken. Sirius is echter het dichtstbijzijnde bewoonde stelsel.

D: Dit is een van de drukste gebieden?

P: Nee, het is niet correct om te zeggen dat het één van de drukste gebieden is, omdat er vele zijn die nog veel drukker zijn. Maar dit is simpelweg de dichtstbijzijnde voor de planeet aarde. Maar van hieruit zie je geen activiteit.

Let weer op de behoefte die hij in zijn antwoorden laat zien om volledig correct te zijn. Deze behoefte bleef constant aanwezig tijdens de sessies.

D: Zou de aarde radiosignalen of zoiets kunnen oppikken die bewijzen dat daar activiteit is?

P: Er zijn een aantal minder ontwikkelde planeten die zelfs ver van Sirius af staan die misschien ontdekt zouden kunnen worden. Het is niet waarschijnlijk, maar het is mogelijk. De communicatie die tussen planeten op dit niveau plaatsvindt is veel meer dan wat iemand op deze planeet ook maar kan waarnemen met de machines die ze op dit moment hebben. Het zou zeer goed mogelijk zijn om de kennis op aarde te verhogen om die communicatie te ontvangen en dan zou het met zeer sterke signalen worden ontvangen.

D: *De wetenschappers op aarde proberen tekenen van leven op te vangen door naar radiosignalen te luisteren.*

P: Ze proberen tekenen van leven op te vangen zoals zij dat kennen of op een niveau waarop zij zichzelf bevinden. Als ze wisten hoe ze tekenen van leven op moesten pikken op een niveau dat dat van hen ver overstijgt, zouden ze misschien blij verrast zijn. Ze zouden nogal ontzet zijn als ze maar een deel zouden begrijpen van wat er werkelijk speelt.

D: *Bedoel je dat ze op geen enkele manier op dat niveau kunnen communiceren?*

P: Niet op dit moment, maar er is vooruitgang. Het probleem met de wetenschap op deze planeet is dat deze zich afsluit voor elke idee dat afwijkt van datgene dat op aarde gebeurt. In andere woorden, er kan alleen datgene bestaan dat met de huidige beschikbare instrumenten kan worden waargenomen.

D: *Dan kunnen deze signalen, als dat het juiste woord is, niet worden opgemerkt door hun instrumenten.*

P: Dat klopt. Dus de veronderstelling is dat ze niet bestaan. Dit is een struikelblok voor de wetenschappers op deze planeet.

D: *Komen ze wel in de buurt om het te ontdekken door hun huidige methoden met radiosignalen te gebruiken?*

P: Ze zouden er nooit achter komen met hun huidige technologie omdat het niet hetzelfde soort radiosignaal is.

D: *Kun je me enige vergelijking geven zodat ik kan begrijpen hoe er wordt gecommuniceerd?*

P: De communicatie maakt gebruik van natuurlijke krachten zoals gammastralen of kosmische straling, wat betekent dat ze gebruik maken van een natuurlijk fenomeen en dit niet opwekken, zoals wetenschappers op deze planeet nu doen. Begrijp je?

D: *Vaag. Dus ze hebben een manier om deze stralen op te vangen en te interpreteren?*

P: De wetenschappers kunnen deze stralen nu waarnemen, deze natuurlijke stralen in hun natuurlijke staat. Bijvoorbeeld, als je een radio afstemt, krijgt je statische ruis tussen de stations. Je zou kunnen zeggen dat de achtergrondstraling in de kosmos deze ruis is. De wetenschappers hebben het vermogen nog niet ontwikkeld om deze signalen in dit natuurlijke fenomeen dat bekend staat als kosmische straling te detecteren. Gammastralen, röntgenstralen, dat soort dingen, de communicatie die plaatsvindt gebruikt deze, deze bandbreedte of dit spectrum van straling om te communiceren. Dus om die hier op aarde te ontvangen, zou de apparatuur de communicatie in dit energiespectrum moeten detecteren.

D: *Zelfs als ze het zouden kunnen detecteren, zouden ze het kunnen begrijpen? Ik bedoel, is het zoiets als een stem?*

P: Dat is moeilijk te zeggen, want dat is zoiets als proberen de oplossing van een probleem te voorspellen voordat het probleem ooit is opgelost. Of ze het nu zouden kunnen begrijpen of niet, het is zeer goed mogelijk dat het niet in exact dezelfde vorm van communicatie is als het gesproken woord op aarde.

D: *Als ze het zouden horen, zouden ze het dan herkennen als communicatie?*

P: Zeker weten. Het is geen achtergrondgeluid. Dit zou heel anders zijn dan het natuurlijke geluid. Het zou ongetwijfeld worden herkend als een vorm van intelligente communicatie. Er zou een patroon in zitten. Of ze het patroon zouden begrijpen is een andere vraag.

D: *Zou het op onze morsecode lijken?*

P: Er is hier geen sprake van het bewust verbergen van informatie (wat de letterlijke vertaling of betekenis van het woord "code" is). Dat is gewoon de manier van communiceren die wordt gebruikt in dat deel van het melkwegstelsel. Er is geen noodzaak om de communicatie te verbergen. Als je het nu met jouw oren zou horen, zou je tonen horen, veel verschillende tonen. (Phil haalde zijn ervaring met elektronica aan om te proberen het uit te leggen en te illustreren). Er wordt hier op dit moment een gelijkwaardige manier van communicatie gebruikt die "Frequency Shift Keying" (frequentieverschuivingsmodulatie) of FSK wordt genoemd, wat simpelweg inhoudt dat je een vaste toon moduleert en communiceert door de frequentie van die toon te veranderen, wat heet "frequency shift keying".

D: Dan is het een geluid dat een machine of een computer zou maken?
P: Zo zou je het kunnen zien, maar het klopt niet helemaal. Er is niets gelijkaardigs. Er bestaat op dit moment op deze aarde geen geluid dat in communicatiemethoden wordt gebruikt dat eraan gelijk is. Maar er zijn wel geluiden die als analogie kunnen worden gebruikt, namelijk zoals ik zei FSK.

Later, toen Phil wakker was, zei hij dat hij dacht dat de tonen meer op muziekakkoorden leken dan op een enkele toon. Een akkoord waarbij de noten veranderen in frequentie en in hoogte.

D: Denk je dat iemand ooit deze geluiden heeft gehoord en niet wist wat het was?
P: Er is geen enkel apparaat op aarde dat dit kan ontvangen. Het is mogelijk dat er mensen zijn die van die planeten komen die het zich herinneren, maar het wordt op dit moment niet ontvangen.
D: Dan moet er dus iets nieuws worden uitgevonden.
P: Nieuw voor deze planeet ja.

Toen ik dit boek maakte, kwam ik een krantenartikel tegen dat aangeeft dat de wetenschappers misschien proberen in de juiste richting te kijken door het microgolfspectrum te onderzoeken:

"ENORME POGING GEPLAND OM TE SCANNEN NAAR BUITENAARDS LEVEN.
'De meest ambitieuze en verfijnde poging ooit wordt gepland om de hemel af te speuren naar buitenaardse signalen, maar één expert twijfelt of mensen ooit slim genoeg zullen zijn om de boodschappen te begrijpen als ze deze horen.

Het project zal als het klaar is tegen het einde van de eeuw zoeken naar buitenaardse signalen, zei Jill Tarter van de Universiteit van Californië, Berkeley, tijdens de jaarlijkse bijeenkomst van de American

Association for the Advancement of Science (Amerikaanse Associatie ter Bevordering van de Wetenschap).

'Dit zijn de eerste stappen naar een grote verkenning van het microgolfsysteem, waarbij gezocht wordt naar bewijs van een kunstmatig opgewekt signaal. Onze beschaving kan voor het eerst nadenken over het, puur uit nieuwsgierigheid, ondernemen van zo'n zoektocht die wellicht vele generaties lang niets zal opleveren', zei ze.

"Tarter zei dat de buitenaardse zoektocht zich in het derde jaar bevindt van een vijfjarig onderzoeks- en ontwikkelingsprogramma.

"Het programma, dat gefinancierd wordt door de National Aeronautics and Space Administration (NASA), zal luisteren naar microgolfstraling die vanuit de ruimte de aarde bereikt.

"Machines en computers zullen naar microgolfpatronen luisteren die de natuur nooit produceert maar mensen, met hun ruwe technologie, vaak wel. Het programma breekt het microgolfspectrum op in 10 miljoen of 100 miljoen kanalen en doorzoekt deze systematisch."

(Het artikel verscheen in een krant van 29 mei 1986)

D: Ik weet dat de wetenschappers heel graag willen communiceren.
P: Ze hebben eerlijk gezegd niets te zeggen. De mensen op aarde zouden weinig bruikbaars uitbrengen voor hen die op andere planeten leven.
D: Dat is waarschijnlijk waar. Maar ik denk dat ze op zoek zijn naar kennis, als ze die ooit zouden kunnen begrijpen.
P: Ze zijn ernaar op zoek ja, maar deze kennis zou op de verkeerde manier gebruikt kunnen worden. Dat is in principe de kern van de situatie op dit moment. Deze planeet moet zijn bewustzijn ontwikkelen voordat deze kennis kan worden gedeeld en toegepast. Velen hier op aarde denken dat we alleen zijn. Net zoals een kluizenaar die alleen is opgegroeid in de bossen of in de

woestijn, geïsoleerd, natuurlijk zou denken dat hij de enige is. Want de kluizenaar in de woestijn zou niets leren als kluizenaar als hij door de straten van de stad liep. En dus is jullie planeet een kluizenaarsplaneet. De individuen die op deze planeet leven, leren veel lessen, zoals het gevoel dat ze alleen zijn in het universum. De evolutie van jullie wereld was zodanig dat het nodig was om deze planeet te isoleren zodat de lessen konden worden geleerd. Veel mensen worden op deze wereld geboren om een eenzaam leven te leiden zodat ze deze lessen kunnen leren. En het is gewoon hetzelfde op planetair niveau, want elke beschaving heeft zijn eigen lessen te leren. Jullie lessen als beschaving zijn het leren van de lessen van de eenzaat en vervolgens zogezegd in de echte wereld te stappen, en deze lessen van de eenzaat te gebruiken. De aarde bevindt zich in de achterhoede van het universum, helemaal niet in het centrum. Dit is geen toeval, het is zo bedoeld. Het is de bedoeling dat dit ras zich in deze achterhoede bevindt, niet dat dit een achtergebleven gebied is. We willen jullie niet beledigen. We willen dat jullie dit niet op een neerbuigende manier zien. We wilden alleen zeggen dat er niet zoveel gebeurt hier. Dit ras is hier in afzondering geplaatst om zelf vooruit te komen. Zie je omdat wij – ik zeg nu "wij" omdat ik bij jou ben. Wij, het menselijk ras hier, is een buurras of een groeiend ras. Het is niet het enige ras. Het is een ras dat voorbestemd is om zich op deze afgezonderde planeet te ontwikkelen om zo een buur te worden in het universum, wat uitstekend is.

D: *Ken je andere planeten in ons zonnestelsel die leven bevatten waarmee we zouden kunnen communiceren?*

P: Nou, allereerst vraag ik mij af waarom je dat zou willen, gezien de stand van zaken op dit moment op deze planeet. Maar daarnaast moet ik vragen, bedoel je een planeet met een gelijkwaardig ontwikkelingsniveau?

D: *Ik denk dat dat is waar wetenschappers naar op zoek zijn; iets waarmee ze kunnen communiceren.*

P: Er zijn planeten waarvan de ontwikkeling ver onder die van deze planeet ligt. Op dit moment willen wetenschappers alleen maar iets zien te vinden dat als bewijs van ander leven kan worden beschouwd. Dit is echter nogal ... ik wil niet zeggen belachelijk, maar het is een bedroefde zaak als je de toestand van de planeet op dit moment in beschouwing neemt. Het zou beter, veel beter zijn om te proberen te leren met elkaar te communiceren op de planeet, dan te proberen de extra last van het leren van een buitenaardse cultuur op zich te nemen.

D: *Ja, maar zijn er planeten in het zonnestelsel die verder ontwikkeld zijn?*

P: Nee, niet in dit zonnestelsel nee. Er zijn zoals ik zei planeten in het Sirius stelsel die verder ontwikkeld zijn dan de aarde. Die bevinden zich op dit moment het dichtst bij de aarde. Als je de mentaliteit hier echter als een ziekte beschouwt, zou je jezelf niet willen besmetten door je met een ziek persoon te bemoeien. Deze mentaliteit is een zeer serieuze verplichting voor de mensheid. Dit wordt in het universum niet lichtzinnig opgenomen. Het hart van het bestaan van de mensheid wordt geraakt door deze mentaliteit en de complete evolutie wordt afgeremd door deze "ziekte", als je het zo wilt zeggen. Er is op dit moment echter geen ander intelligent leven in dit specifieke zonnestelsel nee. Op microscopisch niveau, zeg maar, ken ik geen anderen. Het is mogelijk, maar in mijn persoonlijke bestaanswereld is dit niet zo.

D: *Dan moeten ze ergens anders zoeken.*

P: Ze zouden, zoals we eerder zeiden, op plekken kunnen zoeken waar ze nog nooit eerder hebben gezocht. Maar het zou veel beter zijn om hier orde op zaken te stellen dan ergens anders iets nieuws te leren.

D: *Ja, ik snap wat je bedoelt, maar het blijft moeilijk om de wetenschappelijke geest er niet naar te laten zoeken. Het klinkt alsof jouw planeet die jij beschreef heel erg hoog ontwikkeld is.*

P: In vergelijking. Er bestaan zeker vele planeten die veel meer ontwikkeld zijn dan die planeet. Maar in vergelijking met de aarde zou deze als hoog ontwikkeld worden beschouwd ja.

D: *Eerder, toen we het over landbouw hadden, zei je dat je hier niet zoveel vanaf wist omdat dit niet jouw gekozen aandachtsgebied was. Wat is jouw aandachtsgebied?*

P: Mijn persoonlijke gebied is altijd wetenschappelijk geweest, net als wat ik nu doe op deze planeet. Op die planeet werkte ik met energieën, ik richtte deze energieën en gebruikte ze voor verschillende doeleinden. Energieën zoals die kunnen worden gebruikt voor communicatie of navigatie of industriële doeleinden. Iedereen heeft een zelfgekozen specifiek aandachtsgebied. Dit is het specifieke gebied dat ik heb gekozen, wat zeker niet betekent dat het beter of slechter is dan een andere. Het is gewoonweg mijn persoonlijke keuze.

Ik leidde hem naar dat leven en liet hem kijken naar zichzelf terwijl hij dat soort werk deed. Ik had geen idee wat voor soort werk dat zou kunnen zijn.

P: Dit was in de rol van energieleider. Iemand die de energieën hanteerde om ergens anders op de planeet gebruikt te worden. Een ontvanger en verspreider van energieën. Want er zijn veel energieën, kosmische en planetaire, die gericht kunnen worden en naar diegenen gestuurd die ze willen gebruiken.

D: *Hebben ze laboratoria of plaatsen waar ze aan zulke dingen werken?*

P: Ja, er zijn onderzoeksgebieden. We hebben nooit alle kennis van dit fysieke niveau. Er kan altijd nieuwe kennis gevonden worden, zelfs op ver ontwikkelde planeten. Er is altijd iets nieuws, het nieuwste van het nieuwste om te vinden of te ontdekken.

D: *Zelfs zij weten niet alles dus. Je zou zeggen dat ze alle mogelijke manieren om energie te gebruiken hadden geleerd.*

P: De wezens die op het goddelijke niveau, het ultieme niveau, het Scheppersniveau zijn, zouden deze kennis terecht kunnen opeisen. Wij zijn echter nog ver van dat niveau en moeten dat door hard werken zelf ontdekken.

D: *Werk je in een gebouw?*

P: Er is een afgebakend gebied ja. Een wat laag en rond gebied met een verhoogd – vertaling – altaar, wat precies het midden is van de werveling. Er is momenteel namelijk een werveling van energieën op deze planeet. Je moet gewoon in de werveling zijn en de energieën sturen naar de individuen die aan het gebruik van deze energieën willen deelnemen. Vandaar de ronde vorm, om geen enkele richting af te bakenen.

D: *Ik probeer me voor te stellen hoe het eruit ziet. Zit of sta je in dat middelste deel?*

P: Er is een verhoogd altaargebied, en de priester – vertaling – gaat gewoon in deze werveling staan en stuurt de energieën mentaal naar diegenen die deze wilden ontvangen.

D: *Gebruik je hier iets fysieks bij, een machine of bedieningspaneel of zoiets?*

P: Er zijn instrumenten die ons daarbij helpen ja. Dit zijn kristallen instrumenten of gewoon gemaakt van kristallen en kristalachtige materialen. Het werk is echter meer van mentale aard dan fysiek.

D: *Zou je een tekening kunnen maken van de instrumenten als je wakker bent?*

P: Ik zou een ruwe schets van het altaar kunnen maken. Het is op dit moment echter niet passend om de aard van de instrumenten in een tekening te proberen te vertalen.

Ik gaf Phil posthypnotische suggesties dat hij een tekening zou kunnen maken van het gebied waar hij werkte. (zie tekening)

D: *Ga je elke dag naar deze plek om te werken?*

P: Er zijn soms periodes waarin het werk voor langere tijd nodig is en er zijn momenten waarop het niet nodig is. Dus het is op basis van de vraag. Er zijn anderen op andere plekken in andere wervelingen die gelijkaardig zijn en ook kunnen helpen.

D: *Ik dacht dat het misschien iets was wat je constant moest doen.*

P: Dat klopt niet, want het zou niet gezond zijn voor de geleider om continu in de werveling te blijven, aangezien dit een snelle achteruitgang van het lichaam of veroudering zou veroorzaken.

D: *Was er veel training nodig om dit te leren?*

P: Veel ... (een lange pauze – hij had moeite om het juiste woord te vinden).

D: *Scholing?*

P: Een moreel karakter in zijn puurste vorm, zodat de energie zo puur mogelijk is. De zender kan de energieën namelijk verpesten als hij niet het allerhoogste morele karakter heeft. Dit is een gelijkaardige vertaling. Het mist wat in de breedte van het begrip. Het zou echter volstaan te zeggen dat de zenders een zuiver karakter moeten hebben. Er was een stage bij een meesteronderwijzer. Diegenen die een hoge geschiktheid lieten zien werden al vroeg herkend, en ze werden ... (hij had weer moeite met zijn woorden) getest of gescreend op ... geschiktheid. Dit was een grote eer voor diegenen die doorzetten, want het beleid was erg streng en veeleisend.

D: *Kostte het veel tijd om te leren?*

P: Het kostte het grootste deel van de jeugd of zelfs een deel van de jongvolwassenheid, zoiets als het doorlopen van school tot en met de middelbare school.

D: *Moest je op een bepaalde plek wonen om deze dingen te leren?*

P: Je kon thuisblijven bij je familie. Maar de school bevond zich in een centraal gebied. Men vond namelijk dat het nodig was de persoonlijkheid van het individu af te ronden door getraind te worden in huishoudelijke en opvoedingszaken door de ouders en om op te groeien met broers en zussen. Dit lijkt erg op de aardse cultuur op dit moment.

D: *Ik dacht dat je misschien je familie moest achterlaten en ergens anders heen moest gaan.*

P: Dat is niet correct. Je zou dan niet het gezonde karakter ontwikkelen zoals je dat thuis wordt aangeleerd.

D: *Vond je dit soort werk leuk?*

P: Het was erg bevredigend ja, want met het verzenden van de energieën raakte je ook afgestemd op de ontvanger en zo kon je dus gemakkelijk op een telepathische manier communiceren met de ontvanger. En op die manier ontving je dankbaarheid en kon je gewoon energieën uitwisselen op een telepathische manier.

D: *Werd deze energie ergens opgeslagen om deze te kunnen versterken? Of werd deze gewoon direct verstuurd?*

P: Nee, dat was niet nodig, want er is een oneindige voorraad van deze energie in het universum. De energie stroomde uit zichzelf op deze planeet, van binnenuit de planeet en zonder de planeet. Je hoefde alleen de energiestromen te leiden naar de gebieden waar deze gewenst was.

D: *Je hebt gewoon bepaalde mensen nodig die weten hoe je het moet gebruiken en geleiden.*

P: Dat klopt.

D: *Wat deed je als je hier niet mee bezig was?*

P: Er was familie met wie ik veel interessante en bevredigende zaken kon ondernemen. Er was een familieleven net als op deze planeet en tijd om met geliefden door te brengen.

D: *Hoe ging je dood op die planeet?*

P: Dit kwam doordat ik mij in de energieën bevond. Het fysieke leven van een energieleider was korter doordat deze zich in de intense energieën bevond. Dit was echter bekend voordat de verantwoordelijkheid werd aanvaard en was een lage prijs die voor de dienst moest worden betaald.

D: *Ik neem aan dat het stress veroorzaakte en de organen aantastte.*

Dit hele verhaal over hoe het leven op een buitenaardse planeet was, zou ongetwijfeld saai en flets lijken voor een generatie die gewend is om bestookt te worden door sciencefiction. Maar voor mij is het precies waardoor het waarde krijgt. Phil is een normale jonge man die is opgegroeid met Star Wars en gelijksoortige films en tv-programma's. Er was zeker genoeg zeer vruchtbare informatie in zijn verhaal over de planeet waar hij, als hij had gewild, een fantastisch verhaal van had kunnen maken. In plaats daarvan leek hij een normaal, ordinair leven te hebben geleid net als de gemiddelde persoon op aarde, met uitzondering van de hoger ontwikkelde moraal en geestelijke vermogens. Dit geeft mij een gevoel van waarheid en geloofwaardigheid. Zijn onderbewuste probeerde mij op geen enkele manier te imponeren, het vertelde alleen maar wat er in zijn geheugen vastlag.

Hoofdstuk 7
De vierdimensionalen

Na de gedetailleerde beschrijving van de andere planeet wilde ik graag andere levens onderzoeken die Phil misschien in de ruimte had geleefd. Ik had geen idee dat sommige daarvan op plaatsen konden zijn die niet driedimensionaal of fysiek waren, zoals we hier op aarde gewend zijn. Aangezien dit de enige soort is waar wij bewust bekend mee zijn, had ik nooit de mogelijkheid overwogen van leven in andere dimensies. Ons is geleerd dat er maar drie dimensies zijn in onze materiële wereld: lengte, breedte en diepte. De enige andere dimensie waar ik van had gehoord was de vierde dimensie die "tijd" werd genoemd, en die zeker niet fysiek of vast is. Het onderzoeken van de ruimte bleek ingewikkelder te zijn dan ik in eerste instantie had gedacht. We zouden gebieden betreden die mijn verstand moeilijk kon begrijpen. Ik had niet verwacht dat Phil de bekende grond zou verlaten en zou gaan rondzwerven in zulke vreemde concepten. Het sciencefiction gebied zou veel veiliger zijn geweest. Maar het was tenminste nooit saai als deze nieuwe en uitdagende ideeën naar voren kwamen. Ik wist nooit wat ik kon verwachten.

TIJDENS DE VOLGENDE SESSIE, zag Phil toen de liftdeuren opengingen lange, scherpe, puntige torenspitsen aan de horizon. Ik dacht meteen dat hij was teruggekeerd naar dezelfde omgeving die hem eerder parten had gespeeld, de planeet waar de wetenschappelijke expeditie was gestorven. Maar hij zei dat dit een stad was. Het klonk echter niet als dezelfde stad met de torens en de vreemde voertuigen die hij in de andere sessies had gezien.

P: Het is een silhouet, de omtrek van de gebouwen in de stad. Het zijn torenspitsen, maar met verschillende hoogtes.

Toen ik hem vroeg of hij de lift wilde verlaten om deze vreemde plek te ontdekken, ging hij akkoord. Zijn onderbewustzijn had gezien dat de andere sessies hem niet bewust hadden verontrust en blijkbaar dacht het dat het tijd was om sneller informatie los te laten. Hij trof zichzelf wandelend op straat aan. Hij naderde iemand die hij leek te kennen, die naar hem zwaaide. Het was een kaal persoon met een donkerblauw, strak kledingstuk uit één stuk aan met een hoge kraag. Toen hij omlaag keek naar zichzelf, zag hij dat hij dezelfde soort kleding droeg.

P: Het schijnt dat we aan de buitenkant van de stad zijn. Ik denk dat ik niet in de stad woon, maar ik ga naar de stad. Alsof ik op het platteland woon maar in de stad werk.

Ik telde af tot waar hij werkte en vroeg hem mij te vertellen voor welke beroep hij was opgeleid.

P: Het lijkt een ovaal of rond gebied en het heeft richels in de muren ... vanaf het dak naar beneden. Ik krijg het gevoel van fluweel of iets zachts bij de muren. Er is een podium voor een spreker en er zijn banken waar publiek op kan zitten. Het is een kamer, ik krijg de indruk dat het een raadskamer is. Het is voor rechtspraak ... of zoiets, misschien bemiddeling.

D: *Zijn er andere mensen die hier met jou samenwerken?*
P: Ja, er zijn assistenten. Er zijn anderen die de – ik wil niet zeggen "ondergeschikte" want hun werk is net zo belangrijk, maar hun taken zijn niet zo ingewikkeld.

D: *Heeft het werk dat je moest doen een naam?*
P: Advocaat of zoiets. Het werk houdt in het oplossen van conflicten wanneer er afwijkende standpunten zijn. Om beide kanten te helpen de gegrondheid van het standpunt van de ander te zien. Om beiden te helpen een gemeenschappelijke overeenkomst te accepteren.

D: *Heb je een onderscheiding of kantoor of iets dat jou onderscheidt? Iets waardoor anderen weten wie jij bent?*
P: De persoonlijkheid zou je als een soort onderscheiding kunnen zien, want de persoonlijkheid past bij de baan. Je weet meteen wie iemand is en wat hij doet als je hem ontmoet. Mensen hier op

aarde dragen werkkleding om te laten zien wij zij zijn omdat jullie dit niet hebben ... onmiddellijke herkenning. Als je een politieagent zou ontmoeten en je wist meteen of intuïtief dat hij een politieagent was, dan zou je geen uniform nodig hebben. Snap je wat ik bedoel?

Blijkbaar waren we weer op een plek waar telepathie en intuïtie een normale zaak waren en ver ontwikkeld.

D: *Je zei dat je werk inhield dat je conflicten oplost. Is dat moeilijk?*
P: Soms ja. Soms zijn de onderwerpen erg ingewikkeld.
D: *Luisteren anderen altijd naar jou?*
P: Meestal wel. Ze respecteren mijn autoriteit en wijsheid. Het zou geen nut hebben om het er niet mee eens te zijn. Het hele doel van bemiddeling is het probleem op te lossen. En in discussie gaan met de bemiddelaar zou het doel tegenwerken.
D: *Je weet hoe mensen zijn, ze vinden het moeilijk het met elkaar eens te worden over dingen.*
P: Mensen hier zijn zo. Daar is het niet hetzelfde want de mensen daar accepteren sneller iemand anders' standpunt.

Ik vroeg hem of hij me een voorbeeld kon geven van het soort conflict dat hij moest oplossen en hij vertelde het volgende geval.

P: In het Signus stelsel vindt op dit moment een – we zeggen liever niet "oorlog", want dat is niet correct. Er is een groot meningsverschil tussen de rassen die ... Het voertuig heeft geen referentiekader waarmee ik dit kan vertalen. We hebben geen achtergrond waarmee ik deze concepten kan vormgeven. We zullen gewoon proberen de situatie weer te geven. Het gaat hier om twee rassen. Dit is een meningsverschil over wie de territoriale rechten heeft over een stelsel met onbewoonde planeten. Eén ras vindt dat zij de rechten hebben omdat zij de eersten waren die dit stelsel hebben ontdekt. Het andere ras vindt dat zij rechten hebben omdat zij afstammelingen zijn uit dit stelsel. De situatie is als volgt: er heeft transmigratie plaatsgevonden uit dit stelsel naar andere planeten. En de transmigratie had een ras met wezens tot gevolg die al snel een interstellaire vloot ontwikkelden of het vermogen hadden om dat te doen. De beschaving was al snel alle kennis kwijt over hun nalatenschap uit dit stelsel. En dus beseften ze dat ze verwant waren aan dit systeem nadat dit door de eerste onderzoekers was ontdekt en nu claimen ze hun titel als afstammelingen.

D: Je zei dat het zoiets was als een oorlog?

P: Het is geen oorlog, want er wordt geen geweld uitgeoefend. Er is gewoon sprake van een zeer intensief conflict en onenigheid. Er worden raden bijeengeroepen ... bijeenkomsten in raden met vertegenwoordigers van elk ras waarbij wordt geprobeerd een vorm van overeenstemming te bereiken om ergens in het midden uit te komen waarbij beide partijen het gevoel hebben dat ze hun doel bereikt hebben. Er staan hier ook rechten op mineralen op het spel in deze zaak. Het gaat ook om het hoederschap over de bewoners van deze stelsels, die niet zo ontwikkeld zijn als degenen die in conflict zijn over het stelsel. En dus moet aan één van beiden het hoederschap worden toegewezen, aan wie dan ook de verantwoordelijkheid neemt voor dit stelsel. De afstammelingen worden geleid door iemand met een leiderschapsstatus en hij wordt erg bewonderd en vereerd door zijn ras. Hij is hun leider. Hij zet druk om totale soevereiniteit te verkrijgen over het hele stelsel vanuit het verwantschapsrecht en claimt deze terecht. De ene kant vindt dat ze rechten hebben door hun verwantschap en ze vinden dat ze deze rechten hebben omdat het om hun voorouders gaat en de minder ontwikkelde inwoners bij hun volk horen. En de anderen zeggen dat zij de rechten hebben omdat zij het als eerste ontdekt hebben.

D: Zou dit in oorlog uitbarsten als ze er niet uitkwamen?

P: Dat doen ze niet. Ze hebben onenigheid en zeer verhitte discussies hierover, maar ze nemen niet hun toevlucht tot geweld. Ze hebben van elke kant vertegenwoordigers gestuurd en ze moeten tot overeenstemming komen. De onenigheid is terecht in beide gevallen omdat in dit deel van het heelal of van het universum territorialiteit uit voorrang voortkomt: deze wordt geclaimd door de eerste ontdekking. De zorg van de afstammelingen ligt bij de veiligheid en het welzijn van hun voorouders, wat niet wil zeggen dat de ontdekkers hun verantwoordelijkheid voor de veiligheid van de inwoners zouden laten varen. Want dat is niet het geval.

Het zou zoiets zijn als wanneer je je voorouders zou terugvinden op een eiland dat wordt geclaimd door een ander land. Dan zou je natuurlijk een gevestigd belang hebben in veiligheid en zorg. Dit is de situatie op dit moment.

D: *Dit lijkt erg op de indianen die een gebied claimen dat de Verenigde Staten tegelijkertijd claimt.*

P: Deze situatie is op veel plekken in het universum voorgekomen en is niet nieuw. Het stelsel is, zoals eerder gezegd, rijk aan mineralen. Er groeit vegetatie op sommige planeten die bruikbaar is voor het maken van medicijnen. Dus is er een gevestigd commercieel belang en ook een voorouderlijk belang. Op dit moment is het besluit de verantwoordelijkheid te delen. Dat wil zeggen dat de ontdekkers verantwoordelijk zijn voor de commercialisering en verkenning van het stelsel. En dat de voorouders of de aanverwanten verantwoordelijk zijn voor het sociale en culturele welzijn van de stelsels. We streven altijd naar harmonie en op deze manier wordt harmonie bereikt. Maar elke partij moet het ermee eens zijn.

D: *Moet je weleens straf geven of zoiets?*

P: (Er was een lange pauze). Ik kan heir niet over praten.

D: *Bedoel je dat je daar niet over mag praten?*

P: Dit is iets .... waar ik gewoon niets over te zeggen heb. Blijkbaar heb ik daar niets mee te maken.

D: *Ik vroeg me gewoon af of er geen straf was in jullie maatschappij of dat jullie geen problemen hadden op dat gebied.*

P: Het zou niet hetzelfde zijn als in deze maatschappij, het zou verschillend zijn.

Ik probeer altijd vast te leggen waar we zijn met namen, data en plaatsen. Dit komt doordat ik zoveel jaar met normale regressies met aardse levens heb gewerkt. Toen ik hem vroeg naar de naam van de stad of de planeet, liet hij me opnieuw weten dat het onmogelijk was dit soort zaken om te zetten in verbale geluiden.

P: Namen kunnen niet worden vertaald, want ze hebben geen gelijkwaardige vertaling in vibratie in de aardse taal.

Ik had kunnen weten dat hetzelfde probleem zou opduiken als bij het beantwoorden van vragen over tijd, maar mijn gewoonte nam de overhand.

D: *Kunnen jullie waar jullie zijn op de een of andere manier de tijd bijhouden? Bijvoorbeeld, hebben jullie jaren zoals wij die kennen?*
P: Nee, wij kennen geen tijd want wij bevinden ons in de vierde dimensie, waar tijd niet bestaat. Er is geen noodzaak iets te meten dat niet van toepassing is.

Dit was een vreemde ontwikkeling. Ik had nog nooit meegemaakt dat iemand mij vertelde dat hij uit de vierde dimensie kwam, maar ik had ook nog nooit gesproken met iemand van een andere planeet. Ik had aangenomen dat we het over een driedimensionale wereld hadden door het voorbeeld dat hij gaf. Het leek erop dat ingewikkelde geschillen ter bemiddeling naar vierdimensionale gerechtshoven werden verwezen. Misschien werden deze als minder bevooroordeeld beschouwd.

In deze omstandigheden, als het wezen een andere dimensie beschrijft waar ik absoluut niets van weet, wordt het moeilijk om vragen te formuleren die zinnig zijn voor het wezen met wie ik spreek. De concepten zijn dan vreemd en er is niets om mee te vergelijken of zich mee te verhouden.

D: *Juist, dus je lichaam heeft geen leeftijd in jaren of iets dergelijks waarmee je dingen kunt beoordelen. Klopt dat?*
P: Dingen veranderen. Dit is moeilijk uit te leggen maar er vindt zeker verandering plaats in wat je tijd zou kunnen noemen.
D: *Begint het lichaam als een baby en groeit het dan verder?*
P: Het wordt gemaakt. Het wordt niet geboren. Het wordt samengesteld om het werk te doen dat het moet doen en met het verstrijken van de tijd, zoals jullie zouden zeggen.
D: *In andere woorden wordt het dus volgroeid gemaakt. Klopt dat?*
P: Nee, in de zin dat in het begin nog niets is geleerd. Het idee of het doel is leren. Dus aan het begin van het maakproces is er gebrek aan leren, dat door ervaring komt. En door de ervaring verandert

het lichaam, om de veranderingen in persoonlijkheid weer te geven.

D: *Oké, ik probeer dit te begrijpen. In onze maatschappij begin je als baby en groeit het lichaam langzaamaan om een volwassene te worden. Dit gebeurt niet in jullie maatschappij?*

P: Dat klopt. Het verschil is: hier op aarde verandert en groeit het fysieke lichaam en geeft in zekere zin de innerlijke groei van de ziel weer naarmate deze leert. Dit is een fysiek aspect van deze derde dimensie.

Ik was nog steeds in de war door deze zaken, maar besloot door te gaan met mijn vragen en hopelijk zou ik later het licht zien, als ik tijd had om deze vreemde ontwikkeling te bestuderen en te overdenken.

D: *Bestaan er mannen en vrouwen als verschillende seksen in jullie maatschappij?*

P: Nee, een sekse is niet nodig aangezien we ons niet voortplanten zoals mensen. Snap je?

D: *Ik weet het niet zeker. Hoe worden de lichamen dan gemaakt? Gebeurt dit op een aparte plek of zoiets?*

Ik denk dat ik dacht aan een laboratorium zoals bij klonen. Aangezien ik dit concept niet begreep, greep ik me vast aan strohalmen.

P: Dit gebeurt allemaal op een mentaal niveau. Het is gedachtenenergie die wordt geprojecteerd. Als er een lichaam nodig is, is er een lichaam, dat dan een voertuig wordt dat die persoon kan gebruiken om de lessen te leren die die persoon moet leren.

D: *Dus de ziel kan het lichaam ingaan als het lichaam materialiseert?*

P: Nee, dit is geen fysieke materialisatie. Het is alleen maar energie. De ziel is het lichaam. Snap je?

D: *Dit concept is nogal vreemd voor mij, maar ik doe mijn best. Dus als het lichaam van energie is gemaakt en vooral uit de ziel bestaat, hoe zit het dan met het omhulsel, zijn ze fysiek, materieel?*

P: Ze zijn energie. Alles is energie. Energie kan worden verplaatst en gehanteerd net als fysiek materiaal. Je hoeft je er alleen van bewust te zijn dat het kan om het te doen.

D: *Dus de groep materialiseert gezamenlijk wat ze nodig hebben?*

P: Dat klopt. Ze voldoen aan hun karma door hun gezamenlijke inspanning.

D: *Dus jullie moeten nog steeds jullie karma inlossen?*

P: Dat klopt, iedereen moet dat.

D: *Dus in dit soort maatschappij heb je geen familie, zogezegd.*

P: Jawel, die hebben we wel, want we zijn hetzelfde als hier op aarde. Het is geen fysieke familie nee. Maar we proberen bij bekende mensen te blijven zou je kunnen zeggen. Wij, en ik spreek in het algemeen voor alle levende wezens, hebben vriendschap en familiebanden tussen wezens.

D: *Dus zelfs in een staat van pure energie bestaat er emotie en gevoelens.*

P: Zeker. Precies. Liefde en empathie maken deel uit van de persoonlijkheid van elk bestaan.

D: *En eten? Moeten jullie op de een of andere manier voeding tot jullie nemen?*

P: Nee, voedsel is niet nodig. We hebben entertainment en wat je "voedsel" zou kunnen noemen als entertainment. Het is echter niet noodzakelijk want dit is geen fysieke bestaansvorm waar ik het over heb. Je moet begrijpen dat het puur energie is. Terwijl jullie fysieke lichamen in de fysieke wereld voedsel nodig hebben voor hun biologische processen. Maar in dit bestaan is energie ... het heeft geen levensonderhoud nodig.

D: *Ik heb altijd gedacht dat de andere planeten net als de onze zouden zijn. Ze zouden nog steeds fysieke benodigdheden hebben.*

P: Op driedimensionale planeten klopt dat.

D: *Ik probeer dit te vergelijken met wat ik heb geleerd over de staat tussen verschillende levens, de zogenaamde staat van "dood". Als mensen zich tussen hun fysieke levens bevinden. In die toestand is een lichaam niet meer nodig en wordt de ziel bevrijd uit het lichaam. Is dit anders dan waar jij het over hebt? Of lijkt jouw vierdimensionale wereld op het leven op verschillende bestaansniveaus tussen levens in?*

P: Nou, dat is zo. Het lijkt er niet op, het is hetzelfde ja. Als iemand hier sterft, krijgen ze de keuze op een andere planeet te gaan leven als deze aan hun eisen voldoet. Er is geen verschil tussen hier of daar, het gaat er gewoon om of je je op het ene niveau bevindt of het andere.
D: Juist.

Ik begreep het echt niet. Deze vreemde concepten duizelden me. Ik had moeite om zinnige vragen te bedenken.

D: *Hoe sterf je dan als je uit pure energie bestaat?*
P: Je sterft niet als zodanig. Je haalt je voertuig uit elkaar. Bijvoorbeeld, als iemand niet nuttig meer is of als ze hun lessen hebben geleerd, dan is dat voertuig niet meer nodig. Dus wordt het ontmanteld en wordt de energie teruggegeven aan ... waar het dan ook nodig is. Maar de persoonlijkheid van het wezen blijft apart.
D: *Het lijkt mij dat als je in een maatschappij leeft waar je niet kunt sterven, mensen daar voor altijd willen blijven.*
P: Nee, je zou je heel snel vervelen. Als je les in de derde klas bijvoorbeeld is afgerond, waarom zou je dan voor de rest van je leven in de derde klas willen blijven?
D: *Sommige mensen zijn zo bang om dood te gaan, ze zijn zo bang voor het onbekende dat ze daar willen blijven waar het bekend is...*
P: (Onderbreekt) Het kan comfortabel zijn, maar je zou er niets leren.
D: *Geen uitdagingen?*
P: Dat klopt, dat klopt.
D: *We hadden het over de stad. Gebruiken jullie voertuigen?*
P: Dit zijn voertuigen van pure energie net als alles in de vierde dimensie. Ze kunnen worden gemaakt en ontmanteld naar behoefte.
D: *Wat ik probeer te begrijpen: waarom zou je voertuigen nodig hebben als je pure energie en pure gedachten kunt gebruiken?*
P: Het is niet anders dan hier, of je nu een stationwagen gebruikt of een pick-up truck. Je gebruikt driedimensionaal materiaal om met driedimensionaal materiaal te werken. Hier is het hetzelfde. Je hebt vierdimensionaal – niet materiaal – maar dingen nodig om

met vierdimensionale dingen te werken. Net als de lichamen die worden gemaakt. Het zijn hulpmiddelen bij het werk. Het is niet heel anders dan het bestaan hier op aarde, behalve dat het vierdimensionaal is in plaats van driedimensionaal. Op hogere niveaus, hogere dimensies en bestaanswerelden, is dit niet meer nodig, tot een punt waar alles gedachten is. De zielen op deze hogere niveaus hebben deze behoefte niet en dus bestaan ze uitsluitend en alleen maar in gedachten.

D: *Dat is wat ik probeer te begrijpen. Ik dacht dat wezens die puur uit energie bestaan verder niets nodig zouden hebben. Blijkbaar is dit een soort van tussen het pure fysieke en het pure mentale in. Ze hebben geleerd hun geest te beheersen zodat ze hun behoeften kunnen materialiseren.*

P: Dat klopt. We willen je laten weten dat je veel dingen gaat zien. Je zult toegang krijgen tot veel informatie en gegevens. Een deel daarvan kan concepten bevatten die moeilijk te vertalen zijn, maar we proberen het zo eenvoudig mogelijk te begrijpen te maken. Het spijt me echter dat ik moet zeggen dat er onderwerpen zijn die we niet kunnen behandelen. Maar die zouden ook niet goed zijn voor jou of mij. In feite zouden ze ons zelfs beiden kunnen schaden.

Deze onverwachte aankondiging verbaasde me en wekte ook mijn nieuwsgierigheid. Hoewel mijn eerst zorg altijd mijn cliënt is, vroeg mijn menselijke kant zich af wat er allemaal nog kon zijn dat verboden gebied was. Ik had nog nooit zo'n waarschuwing gehad. Ik probeerde nooit erachter te komen, want ik zou waarschijnlijk toch uitgeschakeld worden. Sommige dingen kun je waarschijnlijk beter met rust laten.

P: Het plan is om te helpen, dus dit kan niet worden toegestaan. Er zou echter voldoende materiaal moeten zijn om al jouw nieuwsgierigheid te bevredigen.

D: *Oké, we laten dat aan jouw oordeel over.*

P: Het is niet zozeer mijn oordeel wat .... "niet goed" is wil ik zeggen. Het is geen bewuste beslissing van mij. Er zijn gegevens waar ik gewoon geen toegang toe heb om die reden. Er zijn wezens die veel machtiger zijn dan ik die voor ons kunnen oppassen. Die in feite nu in deze kamer op ons passen en ons helpen met onze vragen en antwoorden. Onze gidsen, zou je kunnen zeggen, en zelfs hoger.

Dit zorgde ervoor dat de haartjes in mijn nek rechtovereind gingen staan, want ik voel vaak de aanwezigheid van onzichtbare "anderen" in de kamer wanneer ik aan het werk ben.

P: Het doet ze genoegen omdat ze dit zien als hulp voor de mensen van de aarde. Als ze dachten dat het schadelijk kon zijn, zou het niet gebeuren. Dan zouden ze mij niet toestaan te spreken. Zo simpel is het. En dus zullen er "verboden gebieden" zijn die we niet kunnen betreden en waar ik niet over zal mogen spreken of toegang toe hebben.

Ik verzekerde hem dat, hoewel ik nieuwsgierig was en kennis wilde vergaren over alles wat mijn pad kruiste, wij nooit iets wilden doen dat hem schade zou berokkenen of ongemakkelijk zou laten voelen, ik heel graag wilde leren wat voor informatie er in toekomstige sessies naar voren zou mogen komen. Deze sessie had mijn geest al opgerekt door een vreemd nieuw concept te laten zien en een dimensie die mij tot dan toe onbekend was.

Hoofdstuk 8
Inprenting

Dit gepraat over andere dimensies was verwarrend en maakte het me lastig om vragen te stellen. Ik hoopte op een beetje uitstel, even tijd om mijn gedachten bij elkaar te rapen, door hem terug te leiden naar aardse levens. Daar zou ik mij weer op bekend gebied bevinden. Maar ik kwam erachter dat, nu de deur naar andere werelden en vreemde bestaansvormen was geopend, we niet meer terug konden naar de gewone en veilige bekende wereld. De reden was de verbazingwekkendste die ik ooit was tegengekomen en deed mijn geloof in wat ik aan het doen was tijdelijk op zijn grondvesten schudden. Misschien is het waar dat niets is wat het lijkt.

D: Heb je veel levens gehad op deze planeet aarde?
P: Dit is mijn eerste fysieke leven, mijn eerste echte incarnatie op deze planeet. Ik heb inprentingen gehad van vele andere en ik heb andere geassisteerd. Dit is echter mijn eerste echte fysieke incarnatie op aarde.

Wacht even! Wat bedoelde hij? Eerder had hij gezegd dat hij nieuw was in deze aardse wereld, dat hij meer bekend was met andere planeten en andere dimensies. Maar hoe kon dit zijn eerste leven op aarde zijn? Dit was verwarrend omdat toen we voor het eerst gingen samenwerken we ongeveer vier andere levens hebben afgetast die zeker op deze planeet hadden plaatsgevonden. Wat was er gebeurd tijdens deze eerdere sessies?

D: Waren de andere die we hebben besproken dan niet echt?
P: Het waren inprentingen en hulpverleningen, het waren geen echte fysieke incarnaties.

Dit bracht mij echt in verwarring. Ik had nog nooit van een inprenting gehoord. In mijn werk met regressies had je een leven geleefd of niet. Het enige andere alternatief is dat de cliënt aan het fantaseren was of zich alles inbeeldde. Ik was er altijd trots op dat ik het verschil kon zien. In alles dat ik heb gelezen over mogelijke verklaringen voor herinneringen aan andere levens had ik nog nooit gehoord van iets dat "inprenting" heette. Phil speelde ineens een heel nieuw spel. Maar ik herinnerde mezelf eraan dat ik niet moest vergeten dat ik niet werkte met gewone aardenergie. Ik was in de war. Als een leven niet wordt beschouwd als een echte fysieke incarnatie, hoe moest ik dan weten waar ik mee te maken had?

D: Bedoel je dat wanneer sommige zielen in een leven komen, ze niet precies deze levenservaring hebben gehad, maar ...
P: Ze kunnen informatie ophalen uit de Akashakronieken en deze informatie in hun ziel prenten, en dan wordt het hun ervaring.

Andere onderzoekers hebben gezegd dat de Akashakronieken geen tijd benoemen, alleen gebeurtenissen, emoties en de lessen die zijn geleerd.

D: Oké... kun je me uitleggen hoe ik het verschil kan zien als ik dit soort werk doe?
P: Nee, want zelfs ik kan het verschil niet zien. Als ik in een inprenting zit, is die inprenting net zo echt als wanneer ik het zelf had ervaren. Alle emoties, de herinneringen, de gevoelens, vrijwel alles van dat leven zit in die inprenting. Dus vanuit mijn gezichtspunt zou ik het niet kunnen zeggen omdat ik volledig opgeslorpt zou worden door de ervaring. Dat is het hele idee van een inprenting. Het is het vermogen om duizenden, honderdduizenden jaren op een planeet te leven zonder er ooit echt geweest te zijn.
D: Wat zou de reden daarvoor zijn?
P: Als je zonder de hulp van inprentingen op deze planeet zou komen van een andere planeet of dimensie, zou je totaal verloren zijn. Je zou de gebruiken, religies en politiek niet begrijpen of hoe je je moet gedragen in een sociale omgeving. Dat is de noodzaak van inprentingen. Wanneer sterrenmensen naar deze planeet komen,

hebben ze geen eerdere aardse ervaring van een menselijk leven in hun onderbewuste. Om ervoor te zorgen dat deze persoon zich comfortabel en op zijn gemak voelt, moet er iets zijn om op terug te vallen en te vergelijken met de dagelijkse ervaringen die hij meemaakt. Want als dat niet zo was, zou het gevoel van totale verlorenheid vrijwel elke dag aanwezig zijn totdat het moment was gekomen dat iemand terug kon kijken op iets van een verleden. Dat is later in het leven. De verwarring en disharmonie die worden veroorzaakt door dit te moeten meemaken zouden echter elk leerproces tenietdoen, omdat er altijd disharmonie zou zijn waar elk leerproces door gefilterd zou worden. Elk leerproces zou gekleurd worden door deze disharmonie en zou daarom helemaal geen leerproces zijn. Er moet dus spraken zijn van inprenting om ervoor te zorgen dat het voertuig zich op zijn gemak voelt in zijn nieuwe omgeving en bij deze ervaringen die totaal vreemd zouden zijn. Want zelfs zoiets simpels als een conflict zou zo beangstigend zijn voor het voertuig dat hij zich er totaal waardeloos door zou voelen. De sterrenmensen hebben geen ervaring met woede of angst zoals jullie die kennen. Het zou hen uitschakelen. Het zou ze verlammen. Ze zouden volledig getraumatiseerd zijn.

Veel mensen geloven dat dit toch al allemaal wordt gevormd door de omgeving. Dat de geest van een baby helemaal vers is en dat alle informatie geleerd en opgenomen wordt wanneer hij groeit en zijn leven leeft. Blijkbaar vertrouwen we meer op onze onderbewuste herinneringen dan we denken. Het lijkt op een databank waar we continu vergelijkingen uithalen in ons dagelijks leven. Volgens dit nieuwe idee, moet een buitenaards wezen dat voor de eerste keer in een aards lichaam komt en geconfronteerd wordt met een vreemde nieuwe cultuur iets in zijn herinneringen hebben dat hem helpt zich te oriënteren en mee te vergelijken. Dit hele concept was verbazingwekkend voor mij en opende een volledig nieuwe manier van denken. Het kon mijn hele kijk op reïncarnatie veranderen.

D: Maar, bestaat er een manier om wanneer ik met mensen werk te kunnen zien of ze zich een echt leven herinneren en herbeleven of een ingeprent leven?

P: Wij vragen waarom zou je dat willen weten?
D: *Nou, waarschijnlijk om te helpen bewijzen wat ik dan ook probeer te bewijzen?*

Ik moest lachen vanbinnen, want het kwam neer op: wat probeer ik überhaupt te bewijzen? Het leek alsof hij mijn gedachten kon lezen.

P: En wat probeer je te bewijzen?

Ik schudde mijn hoofd en lachte verbijsterd, "Dat is een goede vraag."

P: We zullen binnenkort laten zien dat je je eigen vraag zult beantwoorden.
D: *Nou, ik probeer de realiteit van reïncarnatie te bewijzen, omdat veel mensen niet in het concept geloven. Door iemand een leven te laten doorlopen en in staat zijn te bewijzen dat die persoon inderdaad bestond in die tijd, probeer ik deze dingen te verifiëren. Maar als iemand zich een inprenting herinnert, zouden we deze dan ook kunnen verifiëren?*
P: Dat klopt, want de ervaring werd daadwerkelijk beleefd, ook al werd deze niet beleefd door het voertuig waarmee je op dat moment zou spreken. Alle informatie zou echter hetzelfde zijn, alsof je daadwerkelijk gesproken had met de ziel die in die tijd in dat voertuig aanwezig was. Inprentingen worden echt een deel van die ziel en worden zo in die ziel meedragen.
D: *Zou dat een verklaring zijn voor de theorie dat soms meer dan één persoon hetzelfde vorige leven lijkt te hebben geleefd? Bijvoorbeeld meerdere Cleopatra's, diverse Napoleons. Neemt inprenting dit in beschouwing?*
P: Absoluut. Want er is geen ... (hij vond het moeilijk het juiste woord te vinden) eigenaarschap van deze inprentingen. Ze staan open voor iedereen. En dus wordt het zinloos om te proberen vast te stellen wie eigenlijk echt die persoon was, want dit heeft geen betekenis.

Dit is mij nog nooit overkomen, maar het is één van de argumenten die sceptici gebruiken.

D: *Dit is één van de argumenten die mensen hebben tegen reïncarnatie. Ze zeggen dat als ze zoveel mensen vinden met dezelfde levens, het dan niet waar kan zijn.*
P: Ze worden uitgedaagd hun kennis te verbreden. Ze krijgen feiten die hun kortzichtige overtuigingen tegenspreken en worden zo uitgedaagd om hun bewustzijn uit te breiden.
D: *Dan maakt het niet uit of iemand echt Cleopatra was of wat dan ook. We hebben nog steeds toegang tot de informatie over hun leven.*
P: Het kan net zo gemakkelijk worden geverifieerd met de echte ziel als met één van de honderden andere die dezelfde inprenting hebben beleefd. Het maakt geen verschil.
D: *Maar zouden verschillende mensen de inprenting misschien op een andere manier bekijken? Als iemand die het leven als Cleopatra werd ondervraagd, en iemand met hetzelfde leven, zou hun beeld dan verschillend kunnen zijn?*
P: Een heel goede vraag. Wij zouden zeggen dat de menselijke ervaring als een filter is die deze waarnemingen kleurt. Dus als een ervaring in die incarnatie van Cleopatra verwerpelijk zou worden gevonden door het bewustzijn van de persoon die erover vertelt, zou het ofwel verwijderd worden of veranderd om het op een zodanige manier te laten zien dat het geen verstoring veroorzaakt voor het wezen.

Dat klinkt als zelfcensuur. Zou dit dan de fouten kunnen verklaren die soms opduiken? Is dat dan niet hetzelfde als de manier waarop mensen onderzoek begrijpen en voor hun eigen doeleinden gebruiken om hun eigen verschillende standpunten te bewijzen?

D: *Het zou toch waar zijn, het zouden gewoon verschillende manieren zijn om het te bekijken.*
P: Dat klopt. Het zou zo nauwkeurig mogelijk worden weergegeven, maar ook zo gemakkelijk mogelijk.
D: *Zou dit ook de kwestie van parallelle levens verklaren, twee levens die schijnbaar tegelijkertijd plaatsvinden of elkaar overlappen?*
P: Ja, dit is hoe de paradox of de tegenstelling over parallelle levens ontstaat. Het gaat er gewoon om ervaring op te doen op sociaal,

juridisch en wettelijk gebied en met de gebruiken om zodoende effectief de incarnatie uit te kunnen voeren.

D: Dan maakt het niet echt uit of het kan worden bewezen, of wel?

P: Precies. Waarom zou je? Je zou millennia terug kunnen gaan om iemands "vorige levens", tussen haakjes, na te gaan, en het zou totaal zinloos zijn. Er kan echter veel opgestoken worden van deze herinneringen. Niet alleen persoonlijk voor degene die de regressie ondergaat, maar voor degenen die erover lezen en horen. Er kan veel kennis worden gedeeld dus het heeft veel nut voor iedereen.

D: Sommige mensen hebben veel baat bij het opnieuw beleven van vorige levens, bijvoorbeeld het begrijpen van hun persoonlijke relatie met anderen.

P: Ja, dat is waar.

D: Hoe wordt besloten welke inprentingen jij of iemand anders krijgt? Worden bepaalde inprentingen gekozen voor bepaalde individuen?

P: De inprenting wordt bepaald door wat de doelen zijn van de incarnatie. Bijvoorbeeld, als je een leider, een president zou worden bijvoorbeeld, zou je inprentingen kunnen hebben van leiders van verschillende niveaus van stamhoofden helemaal tot aan of mogelijk boven presidenten, misschien een burgemeester, misschien een boevenleider. Als de nadruk op leiden ligt, zouden veel inprentingen met een leidend karakter gebruikt kunnen worden zodat het wezen bekend is met het aspect of het concept van wat het betekent om een leider te zijn. Er bestaat ook een secondair of tertiair voordeel in het leren van bescheidenheid, geduld, plezier en entertainment. Alle massa's ervaringen bevinden zich in deze inprentingen. De methode van inprenten gaat me boven de pet. Het effect is dat meerdere levens worden beleefd, misschien tegelijkertijd, misschien na elkaar. Maar het effect is dat wordt geleerd van de ervaringen van andere mensen. De lessen worden gedeeld. De ervaringen die ieder van ons opdoen in dit leven zullen aan het eind van dit leven beschikbaar komen om te worden ingeprent bij iedereen die er gebruik van kan maken. Het is als het lenen van boeken van een bibliotheek als je elk leven als een boek beschouwt en het meteen kunt begrijpen en lezen.

D: Zeg je dus eigenlijk dat de levensenergie wordt opgeslagen als in een boek en in een bibliotheek gezet en beschikbaar is om in andere mensen ingeprent te worden als ze die informatie willen gebruiken?

P: Dat klopt. Er is geen beperking op hoeveel mensen één specifiek leven kunnen gebruiken. Duizenden mensen zouden dezelfde ervaring tegelijkertijd kunnen inprenten.

D: Dus het is mogelijk dat ik meer dan één persoon naar een specifiek leven terugbreng als die inprenting toevallig voor beide individuen beschikbaar zou zijn?

P: Dat is waar. De inprentingen worden gekozen voor de incarnatie. Er bestaat een methode die veel te ingewikkeld is om te begrijpen. Maar je zou kunnen zeggen dat er een computer is, een grote computer die toegang heeft tot alle levens, alle vorige levens. En dan wordt de informatie ingevoerd over wat er wordt verwacht van dit leven, waarna de geschikte inprentingen worden geselecteerd en overgeschreven. Er bestaat een hiërarchie van geesten wiens baan het is om dit te doen. Een raad die dit overziet. Ze helpen de ziel. Deze computer of raad ontvangt alle informatie over de missie en de opgedane ervaring uit het verleden van de voertuigen waaruit geput kan worden. En dan wordt er gekozen tussen dat vorige leven dat in de databank staat en een match tussen dat wat blijft en de ervaring die op het punt staat te beginnen. Elke herinnering, alle gedachten, alle gevoelens, alles dat een echt leven bevat zit erin. Het is een hologram, een driedimensionale opsomming van dat leven. Alle ervaringen, herinneringen, emoties worden in die ziel ingeprent en worden onderdeel van die ziel. Deze informatie wordt meegedragen als de incarnatie voorbij is en is een geschenk van het leven in deze bestaanswereld en wordt zo een deel van het permanente verslag van de ziel.

D: Zou het kloppen als ik zeg dat de inprenting een soort patroon is? Is dat een vertaling? Dat je die patronen uitzoekt en ze gebruikt om te proberen je leven een patroon te geven?

P: Dat zou je kunnen gebruiken.

D: Ik had net een interessant idee. Het is een beetje alsof je onderzoek doet in een bibliotheek, of niet?

P: Ja. Je krijgt boeken over veel verschillende onderwerpen en met die kennis in de hand ga je verder.

D: Maar als iemand een leven echt leeft pikt hij veel op van de dagelijkse ervaring van het leven. Zouden ze zogezegd dezelfde waarde meekrijgen van de inprenting?

P: Jij spreekt vanuit een oogpunt van karma en wij zouden zeggen dat dat niet correct is. Want de inprenting geeft slechts referenties waaruit je kunt putten. Het helpt niet bij het afwerken van enig karma. Het is simpelweg een extra tool waarmee je karma af kunt werken. Als iedereen inprentingen kreeg, dan zou er stilstand zijn waarbij niemand echte levens zou ervaren. En er zou uiteindelijk niets meer zijn om inprentingen van te krijgen. Dus zijn er of moeten er echte levens worden geleefd waarmee deze bibliotheek van gegevens wordt uitgebreid.

D: Ja, na een tijdje zou de ziel de voorkeur geven aan een echte ervaring.

P: Voor sommige zielen is de kortere weg geschikt, voor andere niet. Dit voertuig leeft nu bijvoorbeeld een leven dat geschikt is. Je zou kunnen zeggen dat hij gewoon had kunnen wachten totdat iemand anders een incarnatie in deze tijd had beleefd en dan die inprenting had kunnen ontvangen, of niet? De echte ervaring zou dan niet zijn geleerd. De vrije wil van de ziel bestaat erin, dat de inprenting wordt gedaan vanuit de vrije wil van de ziel en niet door iemand anders' vrije wil. Alle relevante informatie wordt in die computer opgeslagen en die geschikte incarnaties worden dan vrijgegeven voor inprenting. De inprentingen zijn beschikbaar uit deze bron maar het individu maakt de uiteindelijke beslissing. De ziel kan weigeren als hij een inprenting niet aanvaardbaar vindt, voor welke reden dan ook. Als hij gewoon besluit zijn recht te gebruiken om "ik wil die niet" te zeggen, dan is dat zo.

D: Ik vind dit een beetje verwarrend. Zeg je dus dat er niet zoiets als reïncarnatie bestaat zoals wij het kennen?

P: Ik zou zeggen, er is vooruitgang van lichaam naar lichaam. Er zijn ook inprentingen. Iemand kan vijf levens echt geleefd hebben, maar toch de ervaring van 500 levens hebben. Het is een combinatie van indrukken.

D: In andere woorden, dat is informatie die je bezit bij je geboorte en die door jou wordt gebruikt tijdens je leven.

P: De inprentingen zijn compleet bij de geboorte. Maar extra inprentingen zijn ook beschikbaar indien nodig. Het is vergelijkbaar met bagage inpakken voor een reis en er tijdens de reis achter komen dat je iets bent vergeten. En dus zijn er onderweg winkels. Ben je bekend met transparante kaarten? Je hebt bijvoorbeeld de fysieke grenzen van de Verenigde Staten zonder politieke grenzen zoals staten of regio's. Maar deze staan op doorschijnende vellen. Elk vel wordt dan achtereenvolgend neergelegd en je krijgt een compleet plaatje. Dit kan als analogie van de inprentingen worden gebruikt. De inprentingen kunnen op veel verschillende manieren worden neergelegd, bijvoorbeeld in een droom of een of andere fysieke ervaring. Een traumatische ervaring zoals een overlijden in de familie of het verlies van je baan of op elk moment waarop je van binnen openstaat door een ervaring. Of het nu een blije of een verdrietige gebeurtenis is of iets daar tussenin, het zichzelf openstellen is hier de sleutel. En die inprenting die nodig is zal netjes ingepast worden, zonder dat het lichaam dit merkt. Maar in feite kun je ook gewoon vele levens leven zonder ooit een inprenting te hebben. Inprentingen zijn gewoon hulpmiddelen. Niet iedereen heeft ze nodig, maar ze zijn absoluut noodzakelijk voor sterrenmensen.

Blijkbaar gebruikte Phils onderbewustzijn weer een beschermingsmiddel toen ik voor het eerst met hem begon te werken. Het zorgde ervoor dat de inprentingen als eerste naar voren kwamen tijdens de regressie zodat Phil pas over zijn buitenaardse connecties zou leren als hij er klaar voor was en ze kon begrijpen. Als ik niet met hem verder zou hebben gewerkt, zouden de verhalen over zijn levens op andere planeten nooit naar boven zijn gekomen. Dit geldt ook voor andere cliënten. Ik zou op geen enkele manier kunnen weten, en zij zouden zelf zeker niet weten, dat we met sterrenmensen te maken hadden. Het was een heel uniek beschermingsmiddel. Ik heb dit gezien toen ik met andere cliënten werkte. De beste informatie kwam pas nadat ik lange tijd met ze gewerkt had. Er moet eerst een verstandhouding worden opgebouwd voordat de cliënt deze kan vrijgeven. Dit werk vraagt veel geduld. Als ik moe was geworden en te vroeg had opgegeven, zou ik geen enkele van de verhalen hebben ontvangen waarover ik in mijn boeken heb geschreven.

D: *Komen de sterrenmensen of de andere buitenaardsen ooit naar de aarde zonder als geest in een lichaam geboren te worden? Ik bedoel, komen ze ooit naar de aarde en maken ze daar een lichaam of zetten ze er één in elkaar om zich onder de mensen te begeven?*

P: Dat klopt. Het is vele malen gedaan en zal opnieuw worden gedaan. Het is heel eenvoudigweg het assimileren van aardse energie om te laten zien wat gezien moet worden. Geen moeilijke opgave.

D: *Zou dit een echt vast lichaam zijn of alleen een zichtbaar lichaam?*

P: Het zou aspecten van beide bevatten. Het zou niet zo vast zijn als een echt fysiek lichaam, want het zou onderhouden worden door mentale energie.

D: *Waarom zouden ze dit doen?*

P: Dit zou zijn om een speciale boodschap te verkondigen, misschien aan een aantal speciale individuen of aan iemand die actief probeert met deze mensen samen te leven.

D: *Zouden ze ooit een lichaam maken en een tijdje op aarde blijven?*

P: Als het nodig zou zijn, zou het onbeperkt gedaan kunnen worden. Er zit geen tijdsbeperking op. De tijd die wordt doorgebracht zou worden bepaald door de opdracht die wordt uitgevoerd.

D: *Ik begrijp het. We hebben verhalen gehoord over dat er misschien mensen onder ons leven die eigenlijk geen mensen zijn, zogezegd.*

P: Dat is heel goed mogelijk.

D: *Zijn deze mensen die lichamen maken en onder ons komen leven gevaarlijk voor het menselijk ras?*

P: Ze zijn net zo gevaarlijk als het menselijk ras voor zichzelf is. Zelfs minder, want ze zijn hier om te helpen. Hun opdracht is simpelweg verlichting en als dat niet als hulp wordt beschouwd, dan is er geen hulp voor het ras.

D: *Kunnen we sterrenmensen op de een of andere manier herkennen?*

P: We maken liever geen onderscheidend kenmerk bekend, want dat is er niet. Eigenlijk zijn ze net zo echt en van vlees en bloed als elk mens. Er zijn aanwijzingen die als kenmerk kunnen worden beschouwd. We vinden echter dat we deze niet vrij kunnen geven. Want dit zou een heksenjacht veroorzaken en inbreuk maken op de privacy van hen die zich nog niet bewust zijn van hun erfenis. Het zou onnodig veel zorg of verdriet voor hen veroorzaken.

Dit is waar. Er moeten veel mensen zijn die, net als Phil, geen idee hebben dat ze oorspronkelijk van de sterren afkomstig zijn.

P: Want als het zoeken naar zulke mensen het vervolgen van hen beoogde, zouden we een heksenjacht creëren, en daar willen we niet aan meewerken. We willen het lokken van individuen met deze informatie niet aanmoedigen, zodat ze een of andere persoonlijke afwijkende wens kunnen najagen ten koste van iemand anders. Ze zouden hen als buitenaardsen zien en niet als mensen. Iedereen die nu op aarde rondloopt heeft het recht gekregen dat te doen.

D: *Wij zijn door onze films en de TV geconditioneerd dat alles wat buitenaards is slecht moet zijn.*

P: Dat klopt precies, jullie zijn geconditioneerd. Het zijn geen feiten, het is slechts conditionering. Wij vinden dat het zeer raadzaam zou zijn om in je boek uit te leggen waarom je geen informatie hebt opgenomen over hoe je deze mensen kunt onderscheiden en dit onderwerp te belichten. Want velen zouden hier niet eens over nadenken. Er zijn mensen, zoals we zeiden, die niets liever willen dan iemand vinden om op te jagen, zogezegde "menselijke buit". Er bestaan wetten tegen zaken zoals segregatie en openlijk racisme etc. Er bestaan momenteel echter geen wetten die sterrenmensen beschermen en daarom zouden ze zogezegd opgejaagd wild zijn. Die mentaliteit is aanwezig.

D: *Die mensen die hier komen en lichamen maken en een tijdje onder ons leven hebben geen emoties zoals wij, of wel? Of ze zouden geen kennis uit inprentingen hebben?*

P: We hebben het hier niet over geassimileerde personen, we hebben het over gewone sterrenmensen. Zij zouden kennis uit inprentingen hebben over wat emoties zijn en hoe je ermee om moet gaan. Dat is precies waarom er inprentingen bestaan. Wat de assimilaties betreft, is het een ander verhaal. Zij hebben geen inprentingen nodig. Dit zijn speciale individuen die het menselijk ras zo goed hebben bestudeerd dat zij zich helemaal op hun gemak voelen en zich onder hen kunnen begeven zonder ogenschijnlijk onderscheid van degenen om hen heen.

D: Maar ze hebben geen emoties waar ze op terug kunnen vallen. Ze hebben alleen hun waarnemingen?
P: Daar zijn wij het niet mee eens, want ze zijn heel menselijk en kunnen stampen en snuiven als de beste.
D: Ik geloof dat dat is wat mensen denken, dat buitenaardsen geen emoties hebben maar min of meer net zoals robots zijn. Dat idee beangstigt mensen.
P: Ze zouden met plezier kijken naar een samenkomst van rassen van verschillende planeten voor een viering. Want dan zouden ze heel veel emoties zien, zoals huilen en lachen en zingen en dansen. Want dat zijn niet alleen aardse ervaringen. Mensen lijken altijd te denken dat alles wat ze doen helemaal uniek is. Dit is wat we onder andere bedoelen met universele broederschap, dat zelfs emoties worden gedeeld in het universum en niet slechts onderdeel zijn van de menselijke ervaring. Want er is vreugde in het hele universum. Er is verdriet in het hele universum. Er is woede in het hele universum. Er is angst in het hele universum. Deze worden alleen op verschillende manieren waargenomen in deze verschillende werelden. Het menselijke equivalent van woede en angst is zwart. Dit kun je niet op gelijkwaardige manier vertalen naar andere frequenties in vibratie, want in dit opzicht is de aarde ongeëvenaard. De mensheid is te lang vastgeketend in angst en nu is het tijd om die ketens te doorbreken en de mens te bevrijden zodat hij zijn eigen verantwoordelijkheid kan aanvaarden en een universele broeder kan worden. Want als deze slavernij los zou worden gelaten op de algemene bevolking van het universum, dan zou deze angst zich verspreiden. Dus worden jullie vastgehouden in jullie achterbuurt om op jullie eigen manier met deze angst om te gaan. Als jullie deze angst beheersen en ermee op jullie eigen kleine planeet om kunnen gaan, dan krijgen jullie toestemming om door het universum te dwalen en andere beschavingen te ontmoeten die nooit door deze angst geketend zijn. Want angst is besmettelijk en we willen geen angst veroorzaken onder deze gevoelige wezens die kapot zouden gaan door alleen maar de gedachte aan angst, die ze nog nooit vanuit jullie oogpunt hebben ervaren. Want zij zijn echt heel gelovig en hebben jullie soort angst niet nodig.
D: Angst is alleen iets menselijks?

P: Op dit moment op deze planeet wel, het is een ziekte. Het is een afgezonderde ziekte die jullie vasthoudt in jullie eigen kleine hoekje van het universum. Het is geen ziekte in andere gebieden. Er bestaat zoiets als het teveel gebruiken of misbruiken van alle energieën of de mogelijkheid daartoe en dit is een voorbeeld van het misbruiken van angstenergie op deze planeet. Het is vernietigend en niet opbouwend. Daarom wordt het dus verkeerd gebruikt. Het is moeilijk om een goede vergelijking hiervoor te vinden omdat het onmogelijk is jullie angst te laten begrijpen op een opbouwende manier. Als deze ziekte is overwonnen gaan de poorten open en mogen jullie andere planeten bezoeken etc.

D: *Hoe lang komen deze wezens al naar onze planeet?*

P: Ze zijn af en toe verschenen gedurende de geschiedenis van de aarde. Er is altijd bezoek geweest van hen die niet geïncarneerd zijn maar alleen op bezoek kwamen en er is een duidelijk verschil. Het bezoek kan een dag duren of het kan jaren duren, maar het zou nooit een incarnatie zijn. De wezens die zijn geïncarneerd zijn recenter. De grote toestroom van hen is de afgelopen tientallen jaren op gang gekomen.

D: *Dus de theorie dat er mensen van andere planeten kwamen om onze voorouders te beïnvloeden en nieuwe dingen te leren en hun levens te verbeteren is waar?*

P: In feite zou het menselijk ras nooit geëvolueerd zijn. Er zou geen menselijk ras zijn zonder bezoekers. Dit is al zo vanaf het begin van het menselijk ras en daarvoor.

Hoofdstuk 9
De dood in een naald

Na deze inprentingssessie was ik in de war. Ik had een heleboel ongebruikelijk materiaal ontvangen om te proberen in me op te nemen, te verwerken en te begrijpen. Ik zou mijn hele manier van denken opnieuw moeten evalueren en kijken hoe dit paste in de informatie die ik van honderden anderen had gekregen. Het is een schok als je geloofsstructuur wordt bedreigd. Maar ik realiseerde me dat je flexibel moet zijn, want we weten echt niet alles. We hebben waarschijnlijk geluk als we het topje van de ijsberg al begrijpen. Ik wist dat ik, door me vast te houden aan de theorieën die ik kende, net zo bevooroordeeld zou worden als bepaalde religieuze dogmatici die blijven volhouden dat hun manier de enige manier is. Het is zeer moeilijk om een open geest te blijven behouden, maar het is de enige manier om naar ultieme kennis te zoeken.

Phil was ook diep in gedachten verzonken. Aangezien hij zich veel van wat hij tijdens een sessie had gezegd herinnerde, hoefde ik niet te proberen het hem uit te leggen. Ik betwijfel of ik dat toen überhaupt had gekund. Na een paar minuten nagedacht te hebben, zei hij: "Weet je, ik denk dat ik voor het eerst veel dingen die in mijn leven zijn gebeurd begin te begrijpen. Ik snap nog niet alles, maar veel begint duidelijk te worden. Dit is een verklaring waar ik in geen miljoen jaar aan gedacht zou hebben."

Ik vertelde hem dat dat belangrijk was, dat hij iets uit een sessie haalde dat hem hielp, hoe gek het ook zou klinken voor iemand anders. Regressietherapie via hypnose is een zeer persoonlijk iets. Hij besloot mij in vertrouwen te nemen en me een aantal van zijn vreemde ervaringen te vertellen waar maar weinig mensen vanaf wisten, ervaringen die tot nu toe geen rationele verklaring hadden.

Als ik langere tijd met een cliënt werk ontwikkelt zich op natuurlijke wijze een relatie, anders zouden we niet op die manier toegang hebben tot het onderbewuste. Ik word meestal een soort "biechtmoeder", iemand die luistert, een klankbord waarop ze kunnen reflecteren. Ik ga nooit snuffelen of vragen stellen over hun privéleven. Ik oordeel ook nooit over hen. Wat er ook gebeurt buiten onze werkrelatie is niet mijn zaak. Misschien is dit allemaal onderdeel van het vertrouwen en de band die geleidelijk wordt opgebouwd tussen de cliënt en mijzelf. Maar in de loop van de tijd nemen ze me meestal toch in vertrouwen, vooral omdat ze weten dat ik het niet verder vertel en het helpt vaak om dingen in ons werk te verklaren die anders verwarrend zouden zijn. Deze bekentenissen komen gewoonlijk spontaan voor. De aanleiding is vaak een bijzonder onthullende sessie.

Phil sprak over zijn jeugd waarin zijn beste vriend zijn tweelingbroer Paul was. Hij was zich ervan bewust dat eeneiige tweelingen meestal een soort van psychische band moeten hebben, maar hij voelde nooit iets ongewoons. Er was een natuurlijke strijd om de aandacht van zijn vader, waarin zijn broer Paul heel goed was. De tweelingbroers hadden totaal verschillende interesses. Paul was atletisch en geïnteresseerd in sport en allerlei buitenactiviteiten zoals jagen en vissen, wat dezelfde interesses waren die zijn vader ook had. Phil was precies het tegenovergestelde, meer introvert en geïnteresseerd in boeken, lezen en geestelijke activiteiten. Dit kan de oorzaak zijn geweest van het gevoel van niet op zijn plek zijn. Hij wist alleen dat hij altijd een vaag gevoel had dat hij er niet bij hoorde, of dat hij anders was, of niet "goed". Hij kon zich geen enkele gebeurtenis uit zijn kindertijd herinneren die dat gevoel veroorzaakt had kunnen hebben. Het leek gewoon altijd aanwezig te zijn. Hij raakte eraan gewend. Hij had er niet echt last van, het was gewoon iets waar hij zich bewust van was en hij probeerde niet het te onderzoeken of er heel diep in te graven. Hij zei dat het een gevoel was alsof hij niet vertrouwd was met deze plek, maar het leek niet echt problemen te veroorzaken voor hem. Hij was bang voor emoties en kon zichzelf niet openlijk op die manier uiten. Hij vond veel dingen verwarrend, vooral menselijk gedrag. Hij kon niet begrijpen waarom mensen zich gedroegen zoals ze deden, waarom ze de dingen zeiden die ze zeiden, waarom ze elkaar pijn konden doen alsof het ze niets deed. Gedurende zijn hele middelbare schoolperiode probeerde hij vele malen erbij te horen, te doen wat de anderen deden, zich op dezelfde manier te gedragen. Maar van binnen wist hij dat het maar schijn was, alleen maar een masker. Hij kon gewoon niet zijn zoals zij en de pogingen maakten het alleen maar erger. Hij raakte meer in de war dan ooit. Hij had afspraakjes met meisjes, maar liet geen van hen erg dichtbij komen: hij was bang voor emotionele betrokkenheid. Zijn relaties uit die tijd en later waren erg oppervlakkig. Ik denk dat hij bang was om gekwetst te worden als hij zich op de een of andere manier zou binden.

NADAT ZIJN MIDDELBARE SCHOOLDIPLOMA had behaald, zijn hoogste opleiding, verhuisde hij voor een tijdje naar Kansas City en ging toen bij de marine, vooral om op zichzelf te kunnen zijn. Hij genoot van deze verschillende ervaringen en de vage gevoelens werden naar de achtergrond verdrongen en gedurende die tijd had hij er geen last van. De aantrekkingskracht van het thuisfront was zeer sterk en hij keerde altijd terug naar het huis waarin hij was opgegroeid. Hij voelde zich altijd eenzaam als hij erg lang weg was.

De climax van zijn leven kwam toen hij 22 jaar oud was en naar Californië was verhuis om bij zijn zus te gaan wonen. Rond die tijd begon hij vreemde dromen te hebben en uittredingen. Hij had over zulke dingen gelezen, maar had het er nooit met iemand over gehad. Hij denkt nu dat alles misschien anders was geweest als hij in die tijd iemand had gehad om deze dingen mee te delen. Iemand die hem kon vertellen dat deze ervaringen niet ongewoon waren, maar dat veel mensen deze hadden.

Een van zijn eerste uittredingen vond op een middag spontaan plaats toen hij een dutje probeerde te doen. Met een vreemde ruk kwam hij uit zijn lichaam en zweefde hij omhoog uit het bed. Hij zweefde vervolgens omhoog door het plafond en door het appartement erboven. Hij legde uit dat de ervaring een vreemd gevoel gaf, een korrelig gevoel, alsof je in water bent terwijl er zand op wordt geworld. Toen bevond hij zich op onverklaarbare wijze in de aanwezigheid van een vrouw die iets reciteerde. Hij zei: "Het was een soort litanie of geschiedenis. Het was de geschiedenis van mijn ziel, mijn bestaan of bestaansvormen. En alles wat ik mij er echt van herinnerde was dat ze zei: "Jij was iets hogers in een ander universum." Het was niet beangstigend, maar het was juist een zeer prettige ervaring.

Hierna had hij er nog een aantal, waarin hij meestal terugreisde om bij iemand thuis rond te kijken, bij zijn broer of zijn vrienden. Zijn dromen werden echter, levendiger. Ze werden krachtiger. "Het leek alsof ik hier niet met mensen kon communiceren zoals ik dat daar kon. De woorden schoten zoveel tekort om dingen uit te drukken omdat ik bij voorbaat al niet zo'n expressief persoon was. En als ik weer op dit niveau was, voelde ik mij altijd zo beperkt en afgescheiden van mensen. Ik bedoel, daar is alles compleet. Een gedachte wordt ontvangen en compleet gevoeld. Weet je wel, alle nuances en alles dat bij die gedachte hoort. En hier drukken woorden maar zo'n klein deel van de hele gedachte uit. In een droom die ik had was het alsof ik dit zag. We kijken hier naar dromen in onze wakkere toestand, maar in die droom was ik mij ervan bewust dit niveau vanuit dat perspectief te zien. En het was niet eens zwart-wit, maar gewoon grijs. Dit was gewoon zo oppervlakkig in vergelijking met de diepte van de realiteit aan de andere kant. Ik was echt teleurgesteld in dit hele bestaansniveau. En ik wilde hier gewoon niet blijven. Ik begon veel te lezen over deze dingen en hoe meer ik te weten kwam, hoe meer ik hier weg wilde."

Het idee van zelfmoord was niet helemaal nieuw voor hem. Hij had er gedurende zijn leven al diverse keren aan gedacht, maar alleen en passant, nooit als iets serieus. Maar nu werden zijn periodieke depressies frequenter en ze duurden langer. Hij beschreef het als: "gewoon een vaag soort beklemmend gevoel. Weet je, dit leven is heel leuk en het kan heel zwaar en frustrerend zijn, maar het voelde gewoon niet echt als dit is waar ik ben, dit is mijn thuis. Ik heb nooit gevoeld dat dit mijn thuis was." In plaats daarvan begon hij een verlangen te voelen, een vreemd soort heimwee naar dat andere niveau waarvan hij een glimp had mogen zien. Aangezien dit allemaal nergens op sloeg, werden verwarring en depressie zijn beste vrienden.

Gedurende deze periode besloot hij terug naar huis te gaan om zijn motor op te halen. Alles liep goed in zijn leven. Hij deelde een appartement met zijn zus, en hij had een heel goede verantwoordelijke baan als leidinggevende over diverse medewerkers. Hij kwam niets tekort als het gaat om de gemakken die wij in ons leven nodig achten. Maar het was niet genoeg.

Hij dacht dat de reis naar huis ervoor zou zorgen dat hij zich beter zou voelen, maar de depressie was nog steeds aanwezig. Zijn tweelingbroer besloot samen met hem mee terug te komen toen hij de motor teruggreed naar Californië. Niemand in zijn familie was zich ervan bewust dat er iets anders was. Phil was altijd stil en zwaarmoedig geweest. Maar toen hij zijn bezittingen inlaadde, raapte hij een vreemd voorwerp op, een injectienaald die zijn familie gebruikte om hun dieren mee in te enten. Hij stopte hem in zijn koffer, met het excuus dat hij hem misschien nog een keer nodig zou hebben. Dit liet zien dat een deel van hem op zoek was naar een manier om zelfmoord te plegen en een manier voorbereidde, zelfs zonder dat hij zich ervan bewust was.

Er was iets met Californië. Hij voelde zich daar zo eenzaam en afgescheiden. Zelfs in een mensenmassa voelde hij zich alleen. Toen hij daar terugkeerde, werd de depressie erger tot deze hem volledig in beslag nam. Zelfs de aanwezigheid van zijn broer en zus maakten geen verschil. Het gevoel van niet op de juiste plek zijn, dat er iets niet 'goed' was, werd langzaamaan erger. "Het was er altijd, maar daarvoor was het nooit zo erg dat ik het gevoel had dat ik het niet aankon. Het was er niet continu. Ik ben een zeer zwaarmoedig persoon. Ik voel mijn stemmingen zeer intens. Zonder reden kon ik mij ineens heel droevig en melancholisch voelen. Maar destijds voelde ik het echt sterk daar in Californië. Het was dat allemaal bij elkaar en de depressie, en ik besloot dat ik gewoon over wilde gaan naar de andere kant en daar blijven. Dat ik genoeg had geleefd en genoeg had gezien om er klaar mee te zijn."

Hij ging die dag naar zijn werk, maar hij begon zich emotioneel helemaal uitgeput te voelen, zeer depressief en op. Hij wist dat hij geen werk gedaan kon krijgen; hij wilde geen werk doen. Hij zei dat hij ziek was zodat hij weg kon en naar huis kon gaan. Het was niets lichamelijks, het was allemaal emotioneel en mentaal, maar hij voelde zich echt helemaal niet goed.

Thuis begon het plan dat zich achter in zijn hoofd had gevormd naar de oppervlakte te komen. Hij vond de injectienaald en na wat te hebben rond gerommeld in de keuken, vond hij een fles met PGA, een soort whisky met een zeer hoog alcoholgehalte. Hij vulde een pillenflesje met de whisky en stopte deze samen met de injectienaald in zijn zak.

Phil reed doelloos rond op zijn motor terwijl zijn hoofd in beslag werd genomen door zijn plan. "Ik heb gehoord van mensen die het op een heel flitsende manier hebben gedaan zoals van een gebouw springen met een massa mensen eromheen en zo. Ik wilde niemand in de buurt hebben. Ik vond dat wat ik wilde doen iets wat privé was, en ik was op zoek naar een heel afgelegen plek om het te doen. Ik meende het echt. Ik was tot de conclusie gekomen dat ik er genoeg van had. Ik was gewoon klaar met leven ... ik was er gewoon klaar mee, punt. "

Hij wist echt niet waar hij heen ging, totdat hij bij een klein slingerend overgroeid pad kwam dat omlaag leidde naar het strand. Er zat een ketting voor de ingang en er was maar net genoeg ruimte om zijn motor doorheen te rijden. Het pad was zo smal dat een auto er onmogelijk doorheen had gekund. Het leidde naar een groep verlaten huisjes in een afgelegen baai. Jaren geleden was het waarschijnlijk een zomerverblijf geweest, maar nu waren het gewoon 12 kleine huisjes die vervallen en aan het wegrotten waren. De baai werd aan drie kanten omzoomd door hoge rotswanden, en aan de vierde kant was een heel schoon zandstrand. De enige toegang was het nauwe slingerende pad. De setting was perfect: volledige afzondering, geen levende ziel te bekennen. Hij zou alleen zijn met zijn gedachten en zijn doel.

Een tijdje lang onderzocht hij lui de verlaten huisjes, liep langs het strand, gooide stenen in de branding en genoot gewoon van de zon. Maar de angstaanjagende reden waarom hij daar was liet zich niet in slaap sussen. Deze kwam weer boven en zijn gedachten keerden steeds terug naar zijn plan. Hij vertelde mij resoluut: "Ik pakte het flesje en vulde de spuit met de whisky. Ik ging zitten op het zand, starend naar de naald en dacht er even over na. Ik wilde zeker weten dat dat was wat ik wilde doen. Ik wilde niet het gevoel hebben dat ik gehaast werd of dat ik dit om de een of andere reden verkeerd deed. Ik besloot dat ik de plek en de spullen had om het te doen en dat als ik het wilde doen, dit het beste moment was. Ik was zeer vastbesloten om ermee door te gaan."

Sommige mensen zeggen dat alcohol in je ader spuiten niet genoeg zou kunnen zijn om je te doden. Anderen zeggen dat het afhangt van de sterkte van de alcohol, de hoeveelheid die je hebt ingespoten en het lichaamsgewicht van de persoon en andere variabelen. Dus dit punt is omstreden. Phil zei dat hij nooit had bedacht dat het niet zou kunnen werken. Hij had zelfs nooit rekening gehouden met die mogelijkheid. Ik denk dat het belangrijkste is dat hij had besloten zichzelf te doden. De manier waarop, hoewel ongebruikelijk, is niet het belangrijkste. Hij had een afgelegen plek gekozen, zo afgelegen dat zijn lichaam lange tijd niet eens gevonden zou worden. Het feit dat er niemand in de buurt was om hem tegen te houden liet zien hoezeer het hem ernst was. Nee, de enige manier waarop hij kon worden tegengehouden bij zijn zelfdoding zou zijn als iets anders dan een menselijke, lichamelijke kracht in actie zou komen. "Ik prikte de naald in een ader in mijn arm ... en hield mijn duim op de zuiger." Hij stopte even terwijl hij zich de gebeurtenis herinnerde. "En toen dacht ik aan mijn broer, mijn tweelingbroer, en dat is wat mij echt heeft tegengehouden. Ik dacht dat ik met alles rekening had gehouden, alle mogelijkheden en dat ik alle voor- en nadelen had overwogen. Maar ineens zag ik het gezicht van mijn broer voor me. Het was geen specifieke gedachte. Het was gewoon dat ik aan Paul dacht en of ik hem echt wilde verlaten of niet. Of ik hem dat aan kon doen. Wat zou hij van mij denken en hoe zou hij zich achteraf voelen? En dus ... trok ik de naald eruit. Ik keek ernaar en ik voelde schaamte en afkeer. Het voelde alsof ik mijzelf op de een of andere manier had verraden door zover te gaan ... en ik gooide alles, beide, het flesje en de naald, in de oceaan."

Phil voelde zich gereinigd, opgelucht, een beetje herboren. Maar dit was niet het eind van het verhaal. Toen hij terugkwam bij het appartement van zijn zus, kwam hij erachter dat zich een paar kilometer verder weg op datzelfde strand op exact dezelfde tijd dat hij zijn leven of dood beslissing nam, een ander drama had afgespeeld.

Zijn broer Paul was aan het duiken en werd gegrepen door een mui. Hij werd onder water getrokken en verdronk. Vervolgens was hij, als door een wonder dat hij nooit heeft kunnen verklaren, net in staat uit de branding te komen waarna hij uitgeput op het strand in elkaar stortte. Was het toeval? Phil denkt van niet. Hij zei: "Ik geloof echt dat als ik had besloten door te zetten en te gaan, hij ook zou zijn verdronken. Maar ik weet het niet. Het kan ook andersom zijn geweest. Misschien heb ik mijzelf in een situatie gebracht waarin ik klaar was voor het geval hij zou verdrinken. We zijn heel close met elkaar geweest, als tweelingbroers, maar we zijn nooit echt zo lichamelijk met elkaar verbonden geweest. Het is alsof we allebei helemaal tot onze grens zijn gegaan en tegelijkertijd terug zijn gekomen."

Toeval? Wie weet? Er bestaat een theorie die zegt dat eeneiige tweelingen dezelfde ziel delen. Ik heb door mijn werk geleerd dat je, voordat je in een leven incarneert, bepaalde overeenkomsten en verplichtingen aangaat met andere mensen, vooral met degenen in een familiegroep. Het kan zijn dat zij overeen zijn gekomen net zo lang te blijven als ieder van elkaar wilde. Wat het ook was, het had zeker invloed op het veranderen van Phils gedachten over het verlaten van dit leven.

Die nacht had hij nog een vreemde ervaring. Nog een incident om een zeer ongewone dag af te sluiten. Toen hij naar bed ging, had hij een zeer sterke uittredingservaring. "Ik stond op uit bed, zag mijzelf en ging omhoog door de lucht en zelfs ver voorbij de aarde. Ik herinner me dat ik omkeek en de aarde achter mij heel klein zag worden. En daarna weet ik het niet meer. Maar ik herinner me dat ik wakker werd en wist dat ik ergens geweest was. Het was alsof ik mijn volledige bewustzijn meegenomen had ergens naartoe. Wat er die nacht ook gebeurd is, ik wist toen dat ik moest blijven. Ik weet niet meer wat daar is gebeurd, maar ik wist dat het nog geen tijd was om te gaan. En dat ik mijzelf niet moest laten gaan. Als het mijn tijd is, gebeurt het. Ik heb nooit gevoeld dat ik een speciale missie of doel heb in het leven, behalve gewoon hier zijn en doen wat ik dan ook doe. Ik voel dat ik hier gewoon moet zijn. Het lijdt geen twijfel dat alleen al het weten dat die andere niveaus bestaan zijn leven verrijkt en hem helpt ermee om te gaan. Maar tegelijkertijd ben je je fijntjes bewust van de tekortkomingen van dit leven. Je moet je eigen weg zoeken en het dwingt je verantwoordelijker te worden. Toen ik eenmaal die beslissing had genomen hier te blijven, moest ik dit leven accepteren met al zijn tekortkomingen – dit bestaansniveau. Dus in dat opzicht ben ik heel blij dat ik heb gedaan wat ik heb gedaan. Dat ik zo dichtbij kwam."

Ik vond dat Phil een belangrijk punt aankaartte. Er moeten andere mensen zijn met dezelfde gevoelens. Hij zei dat hij nooit had vermoed dat hij anders was dan iemand anders. Hij voelde zich gewoon het grootste deel van zijn leven niet op zijn gemak. Dat hij erachter kwam dat hij een buitenaards wezen was, was een verrassing, maar geen schok, omdat hij het gevoel had dat het hielp zijn leven te verklaren en misschien zo eindelijk kon begrijpen waarom hij hier in deze tijd leefde.

Het lijkt erop dat als inprenting een feit is, het geen onfeilbaar systeem is. Er moeten vele anderen zijn die zelfmoord hebben gepleegd die niet teruggeleid kan worden naar enige traumatische gebeurtenis in hun leven, maar simpelweg door deze vage gevoelens van niet op hun plek zijn. Net als Phil konden ze deze emoties niet voldoende begrijpen om hun ongemak aan iemand te kunnen beschrijven. Dit is komt misschien vaker voor dan we denken.

Deze sessies zaten vol verrassingen voor mij, maar als Phil hieruit inzichten haalde en ermee geholpen was, waren ze erg belangrijk.

Hoofdstuk 10
De doorbraak naar de Drie Torenspitsen

Mijn werk met Phil ging goed vooruit en elke sessie bracht vele verrassingen. Ik had nog nooit met een cliënt gewerkt die net zoals Phil in regressie ging. Mijn beste werk was altijd met slaapwandelaars geweest, het soort cliënt dat zich helemaal kan verplaatsen in de persoon uit het vorige leven en zich niets herinnert als ze wakker worden. Hun onderbewuste wordt volledig onderdrukt, ze zijn compleet ondergedompeld in de persoon en het tijdvak uit het verleden en niets anders, vooral hun huidige leven, bestaat voor hen. Mijn werk met Phil was ongewoon, omdat hij tot een opmerkelijk niveau afstand kon nemen van zijn bewuste geest en vragen objectief kon beantwoorden zoals een slaapwandelaar doet. Maar de staat van trance was niet volledig en hij kon nog steeds het verband leggen met zijn huidige leven en zijn bewuste ervaringen gebruiken als vergelijkingsmateriaal en analogieën. Hij herinnerde zich vrij veel van wat er gebeurde tijdens de sessies, terwijl een slaapwandelaar zich vrijwel niets herinnert. Dit soort hypnotische trance waarin informatie doorkomt via een voertuig (lichaam) alsof het van een ander wezen of groep van wezens komt, is bekend geworden als "channeling". Ik had erover gehoord, maar dit was mijn eerste persoonlijke ervaring ermee.

Ik vroeg aan Phil wat hij voelde als dit gebeurde. "Voelt het alsof je opzij wordt geschoven en alleen kunt kijken zonder controle over wat er wordt gezegd?"

"Nee", antwoordde hij nadat hij over de vraag had nagedacht en probeerde te bedenken hoe hij het moest uitleggen. "Dat klopt niet helemaal. Wat ik voel als dit gebeurt is niet dat ik opzij word geschoven, maar dat ik word uitgebreid. Mijn bewustzijn wordt uitgebreid, maar ook gecentraliseerd. Zodat ik heel precies afstem op de indrukken die ik ontvang, en dan vertaal ik het concept in gesproken woord. Ik heb gemerkt dat mijn manier van spreken anders is als ik dit doe. Het is alsof ik niet eerst hoef na te denken wat ik ga zeggen, want het is er al. Het wordt mij in zijn totaliteit gegeven en alles wat ik moet doen is het concept dat wordt gegeven vertalen. In dat opzicht is het veel makkelijker dan gewoon praten. Want je hoeft niet eerst te bedenken welke woorden je wilt gebruiken, en je hoeft niet te bedenken wat je precies wilt uitdrukken. Alles wat je moet doen is de juiste woorden vinden. Het lijkt iets heel spontaans. Ik denk dat ik het niet zelf zou kunnen laten gebeuren. Er is iets anders, een ander proces dat in werking is. Maar als het gebeurt, kan ik alleen de dingen vertalen die in mijn ... woordenschat zitten, in mijn levenservaring en mijn kennis van woorden in de Engelse taal."

"Ik denk dat het veel ingewikkelder is dan mensen denken. Denk je weleens dat dit allemaal uit jouw fantasie voortkomt?"

"In het begin vroeg ik mij dat vaak af, want ik heb een heel levendige fantasie. De hele tijd dat ik dit zag, vroeg ik mij af of het fantasie was of een droom of gewoon iets dat ik verzon om tegemoet te komen aan jouw wens om iets te weten."

"Maar als dat zo was, waarom zou je dan met beelden komen waar je je niet bij op je gemak voelde en die je niet wilde onderzoeken?"

"Daar had ik niet eens over nagedacht. Het is nooit bij me opgekomen. Ik vroeg me gewoon af waar het vandaan kwam. Ik geloof dat het heel eenvoudig zou zijn om een heel andere vertaling te geven en deze wat te verfraaien als ik zou willen. Maar om de een of andere reden kan ik dat niet. Het is alsof ik wat ik zie zo goed mogelijk moet vertalen. Ik zou het niet kunnen veranderen en mijn fantasie erin verwerken, zelfs als ik zou willen. Zo werkt het niet. Het lijkt erop dat er een heel klein verschil is tussen wat dit is en wat fantasie is. Het is heel moeilijk om te weten of je dit verzint of in je eigen hoofd bedenkt of dat het spontaan wordt geproduceerd. Maar door te oefenen kun je wel weten of het spontaan wordt geproduceerd. Ik denk dat ik het op geen enkele manier in woorden kan beschrijven. Het is gewoon dat als iemand het begint te ervaren, met vallen en opstaan begin je het zeer subtiele verschil tussen de twee te voelen. Je moet gewoon ... loslaten. Ik weet niet hoe ik het anders moet zeggen. Maar het is gewoon vertrouwen wat het is en niet proberen iets te rationaliseren, gewoon opslaan wat ik zie. En het eruit laten komen zonder te proberen iets uit te leggen of te verantwoorden of zoiets. Je moet er gewoon in meegaan en er gewoon op vertrouwen."

"Ja, ik zou zeggen dat als je het verzint, dan zou je er meer controle over moeten hebben en het moeten kunnen vormen tot wat je wilt zien, zoals wanneer je dagdroomt."

Het was overduidelijk door zijn beschrijving dat hij er zeker van was dat deze informatie niet uit zijn eigen fantasie voortkwam, maar ergens anders vandaan, ergens waar hij geen controle over had. Hij vertelde ook dat als hij een beeld te zien kreeg, dit veel meer bevatte dan hij me kon vertellen, een grote hoeveelheid aan details waarover hij me niet vertelde. Hij had het gevoel dat hij mijn vragen alleen maar letterlijk kon beantwoorden. Hij wilde vaak vrijwillig informatie geven over wat hij zag, maar als ik niet de juiste vraag stelde, kwamen de antwoorden niet naar boven. Ik denk dat dit ook laat zien dat hij niet fantaseert, anders zou hij alles wat hij me vertelde willen verfraaien en mooier maken dan het was. Dit gaf mij iets wat ik al langere tijd wist: dat het hele proces afhangt van de vragensteller. De juiste vraag moet worden gesteld om het juiste antwoord te verkrijgen, en zo wordt het soort vragen dat wordt gesteld uiterst belangrijk. Bij onderzoek via hypnotische regressie wordt vragenstellen een kunst.

Ik vermoedde ook dat een reden waarom Phil zich anders gedroeg dan enige andere cliënt waarmee ik tot nu toe had gewerkt, was omdat hij een ander soort zielenenergie had, één die afkomstig was van de sterren en andere dimensies en niet hoofdzakelijk van deze aarde. Misschien was dit een reden waarom hij zijn bewuste geest niet toestond om helemaal los te komen. Elke sessie zorgde ervoor dat de andere energie sterker werd en dat er meer herinneringen werden opgewekt, tot zijn en mijn verrassing.

Phil werd ook intuïtiever en paranormaal begaafd in zijn dagelijks leven. Ik weet niet hoe lang we door zouden zijn gegaan met het soort informatie uit andere werelden uit de vorige hoofdstukken, maar er gebeurde opnieuw iets ongewoons.

Mijn vriendin Harriet, een hypnosetherapeute met wie ik een aantal keren had samengewerkt bij regressies, was aanwezig bij deze sessie. Ik was me er altijd van bewust dat haar energie op de een of andere manier het belangrijke "iets" dat ontbrak toevoegde. Er zijn altijd goede en vreemde dingen gebeurd als zij bij een sessie is.

Toen de sessie begon, werkte het extra "iets" dat haar aanwezigheid toevoegt goed. Misschien iets te goed, want de extra versterking zorgde ervoor dat Phil in een zeer emotionele situatie terechtkwam. Toen de liftdeur openging, zag hij drie torens of torenspitsen. Hij beschreef ze als lang, met gladde zijden en puntig, naast elkaar staand. Ze stonden gerangschikt op grootte met de grootste aan de rechterkant (zie tekening).

Ik was me niet meteen bewust van het belang van wat hij beschreef totdat ik zag dat er tranen uit zijn ogen begonnen te stromen. Hij had nog nooit emoties laten zijn tijdens een regressie, en dit is altijd een duidelijk teken dat we iets van belang zijn tegengekomen. Maar wat kon er met drie torenspitsen zijn dat zo'n emotionele reactie kon oproepen? De volgende woorden sprak hij met veel gevoel en een bevende stem, "Dit is thuis! Dit is mijn thuis!"

De woorden zorgden ervoor dat ik kippenvel kreeg. Dit was absoluut iets heel belangrijks voor hem. Ik vroeg om een beschrijving en hoopte dat hij kon antwoorden ondanks de gevoelens die in hem opwelden.

P: Ik kijk vanaf een afstandje over een groen veld naar de torens. Ze staan op zichzelf. Ze vormen een monument ... voor deze beschaving.

Zijn stem leek in het geheel niet op Phils normale stem. Het was de stem van iemand die weer thuis was gekomen na een lange, lange reis. Ik hoopte dat ik hem voorbij de emotie kon praten zodat hij kon uitleggen waarom deze plek hem zo aangreep.

D: "Dit is een monument?"
P: (Zijn stem beefde en hij had moeite de woorden te vormen.) Dit is meer dan een monument; het is een soort antenne. Dit is een knooppunt voor communicatie van deze planeet. Dit is het knooppunt voor mij, voor waar ik mij op zou focussen voor deze planeet.

Ik begreep nog steeds niet wat hij probeerde te zeggen. Waarom waren de drie torenspitsen zo belangrijk?

P: Dit is mijn thuis! Dit is waar ik ...

Zijn stem brak. Hij huilde en ervoer duidelijk iets heel belangrijks. Later, toen hij wakker was, zei hij dat hij zo'n sterke golf van liefde en verlangen naar deze planeet voelde dat het hem had overdonderd. Hij wist zonder twijfel dat hij thuis was gekomen, en dat woord had nog nooit zo'n mooie betekenis gehad. Hij wist dat het zijn echte thuis was en dat hij het onbewust erg gemist had. In een golf van intuïtief weten wist hij waarom hij zich altijd zo misplaatst had gevoeld. De aarde was niet zijn echte thuis; maar in plaats daarvan deze vreemde planeet met de drie torenspitsen. De doorbraak was enorm voor hem.

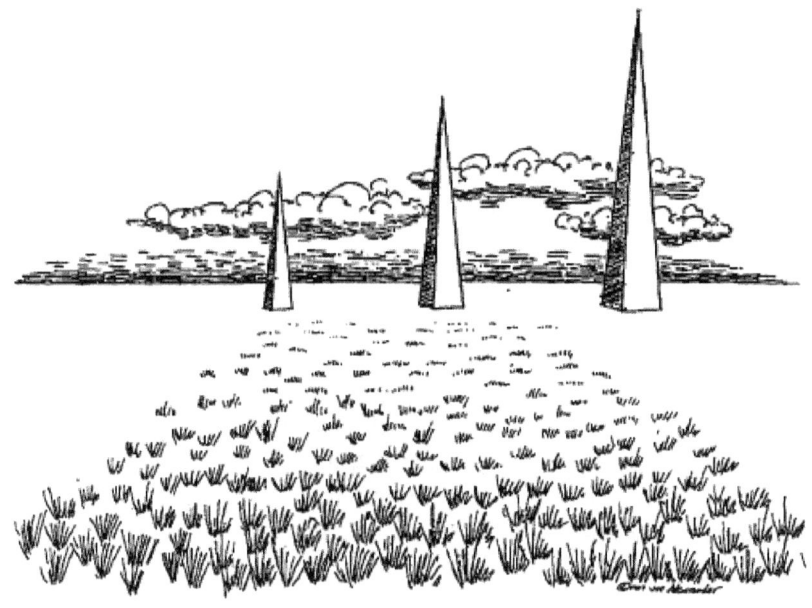

D: *Wil je erover praten, of wil je hier weggaan?*
P: Ik wil het ervaren. Het is alleen zo moeilijk om erover te praten.

Ik geef de cliënt altijd deze keus als ze iets traumatisch tegenkomen. Ze kunnen het ervaren of niet, naar eigen keuze. Als ze zich niet op hun gemak voelen of geprikkeld door wat ze zien, laat ik hen zich terugtrekken totdat ze voelen dat ze het eenvoudig aankunnen. Dit had al goed gewerkt toen Phil voor het eerst beelden van andere werelden tegenkwam.

D: Als je er last van hebt, hoef je er niet naar te kijken. Denk je dat je er iets van kan leren door erover te praten?
P: (Zeer emotioneel) Het is thuiskomen!
D: Als je het als toeschouwer wilt ervaren, kun je het op die manier doen.

Hij protesteerde flink. "Ik wil het liever voelen!" Dit was niets voor Phil. Hij had het altijd moeilijk gevonden zijn emoties openlijk te laten zien. Hij probeerde ze te verbergen en liet zelfs zijn familie deze kant van zichzelf niet zien. Dit was vreemd gedrag en ik besloot voorzichtig verder te gaan en hem dit te laten ervaren, aangezien het erg belangrijk leek te zijn voor hem. Maar bij elk teken dat hij deze vreemde plek niet aankon, zou ik hem onmiddellijk uit deze situatie hebben gehaald.

D: Als je het gevoel hebt dat je erover wilt praten, is dat goed. Er zal wel een reden voor zijn.
P: Ik zal uitleggen wat het voor mij betekent. Doe ermee wat je wilt. Dit is ...

Zijn stem brak weer. Ik gaf hem geruststellende suggesties. Hij begon diep adem te halen alsof hij probeerde sterke gevoelens tegen te houden en niet weer in het openbaar te huilen. Ik vertelde hem dat het goed was om over dingen te praten en ze eruit te gooien en te proberen ze te begrijpen.

P: (Nog steeds snikkend) Het komt wel goed.

Ik moest op de een of andere manier proberen hem in een objectieve toestand te krijgen, weg van de emoties.

D: Was je daar gelukkig? Is dat waarom het een speciale plek is?
P: Ja! (snikkend) Ik heb deze plek lange tijd intens gemist. Het was een prachtig afscheid. Maar het was voor het goede doel van ... iedereen. Het is heel belangrijk voor mij! ... Dit was en is mijn thuis! Een planeet waar ik ... of een plek waar ik een onderdeel van ben.

D: *Ik denk dat we allemaal soms die eenzaamheid voelen. We hebben allemaal zulke plekken die we missen. Is dit dezelfde plek als waar we het eerder over hadden?*
P: Dit is geen plek waar wij eerder zijn geweest. Dit is ... mijn ... thuis!

Elke keer dat hij deze woorden zei, werd hij emotioneel. Zijn gevoelens waren intens.

D: *Is het een driedimensionale plaats? (Ja) Is het in hetzelfde gebied als de andere planeet waar we over gesproken hebben?*
P: Ongeveer.
D: *Waarom beschrijf je het niet voor me – zo word je minder emotioneel.*
P: Het lijkt veel op de aarde. Zoals ik eerder zei, heb ik ervoor gekozen hier te zijn omdat deze planeet aarde lijkt op de andere plaatsen waar ik ben geweest. Het is mogelijk om naar een andere planeet te gaan die vreemd of anders is of kan zijn.
D: *Dat snap ik. Je wilt in een omgeving blijven die redelijk bekend is.*
P: Het gebied waar ik het over heb is een vlakte, een groene vlakte met de drie torenspitsen. Ze zijn vierkant en lopen uit in een scherpe punt, ik weet niet precies van welk materiaal. Ze zijn gebroken wit, saai wit. Eromheen is niets. Ze staan op zichzelf.
D: *Je zei dat het een antenne was, maar het is ook een monument? Weet je waar het een monument voor is?*
P: Het symboliseert de drie evoluties van dit ras. Elke evolutie was hoger of meer vergevorderd dan de vorige. Er zal op een zeker moment een vierde worden toegevoegd wanneer de volgende vooruitgang plaatsvindt. Dus dit is een monument voor de vooruitgang van dit ras.
D: *Ze weten wanneer ze het punt in hun evolutie hebben bereikt waarop ze een monument moeten bouwen?*
P: Ze weten het. Ze weten het intuïtief.
D: *Kun je de mensen die hier wonen beschrijven?*
P: Het zijn geen fysieke driedimensionale wezens met een geslacht. De behoefte aan voortplanting is een fysiek aspect van incarnatie. De noodzaak is duidelijk: om de bevolking in stand te houden, is voortplanting of paring nodig. Op deze plek is het niet nodig

omdat er geen fysieke lichamen zijn om de zielsenergie in te huisvesten. De energie bestaat zonder fysiek lichaam, dus is het niet nodig. Dit is een energieplaneet. Een driedimensionale planeet, maar die bewoond wordt door energieën. Dit is een voorbeeld van energiebinding, waarbij energievormen de omgeving creëren waarin ze willen of moeten leven om hun doel te verwezenlijken. Dit is gewoon een vorm van voortplanting.

Dit klonk anders dan de vierdimensionale stad die hij eerder had beschreven, omdat daar alles, zelfs de planeet, vierdimensionaal of energie was.

D: *Ik dacht dat dat niet voorkwam op een driedimensionale fysieke plaats.*
P: De planeet zelf is driedimensionaal. De wezens die de planeet bewonen zijn geestelijk van aard en gebruiken de energie van de planeet zoals ze willen om hun doel te bereiken.
D: *Dus hun lichamen zijn geen echte fysieke lichamen zoals wij die kennen?*
P: Dat klopt. Dit wezen heeft geen lichamelijk aspect. Het is een energiecomplex waarvan vele vormen bestaan, zelfs op deze planeet. De vorm is een weergave van het doel dat moet worden bereikt of het werk dat gedaan moet worden. Het is als je wilt een uniform van het werk dat uitgevoerd wordt.
D: *Ik probeer het te begrijpen. Ik dacht dat als iemand uit pure energie bestond, hij geen lichaam of vorm nodig had.*
P: We hebben een misverstand. Er bestaat zoiets als een energielichaam, als ik het uit mag leggen. Het wezen zelf kan veel verschillende energieën om zich heen verzamelen om een energielichaam te vormen, wat niet hetzelfde is als een fysiek lichaam. Het energielichaam heeft geen fysieke afmetingen of eigenschappen. Het is pure energie. De energie die het wezen omringt is niet het wezen zelf, het is een bescherming of een voertuig van energie voor het wezen, dat ook energie is. Maakt dit het beeld duidelijker?

Ik werd opnieuw in een denkwijze meegenomen die ingewikkeld was en mijn verstand te boven ging. Ik kon het niet begrijpen, dus koos ik ervoor van onderwerp te veranderen.

D: Dus jullie bevolking staat vast?
P: De bevolking varieert omdat sommigen komen en sommigen gaan. Er zijn ook bezoekers aan de planeet. Je kunt de vergelijking trekken met immigranten op deze planeet aarde of dit land. De bevolking varieert omdat sommige oorspronkelijke bewoners weggaan en sommige buitenlanders binnenkomen. Dus de bevolking fluctueert altijd.

D: Zijn de buitenlanders hetzelfde soort wezens als jullie?
P: Je bedoelt, hebben ze hetzelfde energieniveau? Ze hebben hetzelfde niveau, maar ze komen uit andere gebieden. Het zijn bezoekers.

D: Levert het nog problemen op als ze zich moeten aanpassen aan jullie manier van leven?
P: Er zijn misschien soms problemen vanwege een nieuwe manier van dingen doen, kun je zeggen. Maar het gebeurt om ervan te leren, dus het is goed dat het gebeurt, ook al kan het ongemak veroorzaken. Het woord "vreemdeling" is niet van toepassing op deze planeet. Het algemene idee is dat iedereen die je ontmoet een broer of zus is. Je hebt misschien niet dezelfde achtergrond, maar er bestaat geen vijandigheid tegen iemand die je niet kent. Dit is het idee achter onvoorwaardelijke liefde. Je kent ze misschien niet vanaf het begin, maar je houdt van ze.

D: Als de buitenlanders komen, hebben ze dan ook geen lichaam nodig?
P: Ja, dat klopt.

Dit idee vond ik moeilijk te bevatten. Ik was blij dat Harriet een vraag had.

H: Hoe herken je iemand anders dan?
P: Als jij of iemand anders in deze kamer intuïtief genoeg was, kon je ieder van jullie blinddoeken en in een kamer zetten zonder te zien met wie je je in de kamer bevond. De intuïtieve herkenning is de kracht hierachter. Op energieniveau bestaat er een universeel bewustzijn van de identiteit van andere energieën. Zonder fysieke

kenmerken of identiteit is het en zou het mogelijk zijn om te herkennen bij wie je bent. Wij zien elkaar als persoonlijkheid. Het idee is moeilijk te vergelijken, want elk idee moet gebaseerd zijn op een fysieke referentie die wij kennen. Het is heel moeilijk om een geestelijk concept op een fysieke referentie te baseren. Maar je kunt zeggen dat er onmiddellijk totale herkenning is. Het is geen fysiek zien, maar een alomvattend weten, een mix of herkenning.

H: *Dat vroeg ik mij af: of jullie elkaar zien zoals wij dat doen.*

P: Het is veel meer dan alleen maar zien. Het is een soort vermenging, het verworden en delen van energie en niet slechts het zien ervan.

H: *Was deze planeet lange tijd je thuis?*

P: Ja, ik was daar een eeuwigheid (eonen) lang. Een eon is gewoonweg een beschrijving van een grote hoeveelheid tijd. Deze beschrijving gebruik ik gewoon om te proberen jullie een idee te geven van het lange tijd op de planeet zijn. Dit klopt niet helemaal, want er bestond geen tijd die voorbijging. Het zou beter zijn om te zeggen dat ik veel gedaan heb op die planeet, een werkrelatie met de beschaving. Ik heb daar in veel verschillende vormen gewerkt en op veel verschillende manieren op veel verschillende niveaus.

D: *Ik probeer de eigenschappen van deze planeet te begrijpen. Zijn er steden waarin jullie wonen?*

P: Er is niets. Als je op deze planeet was, zou je geen steden zien, geen gebouwen, alleen maar natuurlijke begroeiing zoals gras en wat struiken of bosjes. Dit is echter niet van belang want dan zou je de hele reden van het daar zijn missen. Er is veel meer dat je niet kunt zien dan wat je als sterfelijke kunt zien. Je moet dit zien in termen van energie. Dit is geen fysieke beschaving, dit is een energiebeschaving. De planeet zelf is er, hij is driedimensionaal. Je kunt bukken en een handvol grond oppakken op deze planeet. De torenspitsen zijn fysiek. Ze zijn driedimensionaal en gemaakt van materiaal van de planeet. De beschaving die deze planeet bewoont zou onzichtbaar zijn voor sterfelijke ogen. Je zou door de beschaving heen kunnen lopen en het niet eens merken. Je zou je midden in een beschaving bevinden en het niet merken. Zelfs zoals we hier zitten. Er is op dit moment in deze kamer op deze plek een beschaving van wezens en energieën om ons heen. We zijn ons er grotendeels onbewust van.

H: *Hebben de torenspitsen nog een ander doel op die planeet behalve een monument zijn?*

P: Dit is zoals ik zei tweeledig. De torenspitsen hebben het effect van een antenne, net als het effect van de piramides op deze planeet. De energie is van een veel hoger niveau waarvoor de fysieke vorm van de torenspitsen nodig is. Ik weet niet of jullie het zullen begrijpen, maar in de elektronica wordt de vorm van de antenne ontworpen naar de frequentie van de golven of de vorm van de golven die deze uitzendt of ontvangt. Hoe hoger de frequentie, hoe korter de antenne. En op dezelfde manier zijn deze torenspitsen antennes precies zoals de piramides hier op aarde. Maar ze zijn antennes voor een heel andere frequentie en dus zijn het torenspitsen in plaats van piramides. Ze worden specifiek gebruikt voor de communicatie van de planeet waar we het eerder over hadden. Het tweede doel ervan, en minder belangrijk, is een eerbetoon aan de evolutie van de drie voorafgaande beschavingen. Het is een eerbetoon aan de strijd of moeite van die beschaving, net als de wolkenkrabbers een eerbetoon zijn aan de technologische ontwikkeling van de mensheid op deze planeet. Het idee is hetzelfde.

D: *Toen de beschaving zich voor het eerst begon te ontwikkelen op deze planeet, had deze toen een andere vorm dan nu?*

P: De beschaving is niet begonnen op deze planeet. Hij is in driedimensionale vorm begonnen op een andere planeet en is vooruitgegaan tot het punt waarop ze nooit meer een fysieke vorm nodig hadden, en toen verhuisden ze naar deze planeet.

D: *Dus deze torenspitsen zijn monumenten voor de tijd waarin de beschaving zich tot dat punt had ontwikkeld.*

P: In tweede zin, ja. De aarde gaat op dezelfde manier vooruit. Er komt een tijd waarin de zielen van deze planeet nooit meer in fysieke vorm hoeven te incarneren en massaal naar een andere planeet zullen verhuizen om hun vooruitgang naar de Schepper voort te zetten. Dit is waar de aarde nu naartoe werkt.

D: *Waarom zouden we moeten verhuizen? Waarom kunnen we die dingen niet bereiken op aarde?*

P: Zou je in de derde klas willen blijven zitten en lessen uit de vierde of zesde klas krijgen? Of zou het beter zijn in een nieuwe omgeving te zijn en te beginnen met een nieuwe gemoedstoestand? Als je in dezelfde klas bleef, zou je geneigd zijn op dezelfde manier te blijven denken. De gemoedstoestand is erg belangrijk. Ongeveer zoals je diploma halen op de middelbare school en dan naar de universiteit gaan en elke keer in een ander gebouw les hebben. Het zich fysiek verplaatsen naar een ander gebouw heeft wel degelijk invloed op de manier van denken en de houding ten opzichte van leren.

D: *Als je in dezelfde omgeving blijft, groei je niet. Is dat wat je bedoelt? Je hebt de uitdaging van iets nieuws nodig, een nieuwe plek, een nieuwe omgeving.*

P: Een nieuwe omgeving is heel belangrijk voor vooruitgang. Herinneringen aan het verleden weerhouden kijken naar de toekomst.

D: *Wat doe je dan nu door je dingen te herinneren; krijg je hier last van?*

P: Zeker niet. We bevinden ons hier niet in ons verleden. We zijn in onze toekomst maar kijken terug, wat gezond is. Om je het verleden te herinneren, hoef je het echter niet te herbeleven of erin te blijven hangen.

D: *Proberen er dingen van te leren en van daaruit verdergaan.*

P: Dit is een ervaring voor mij waarin mijn verleden wordt geïntegreerd in mijn toekomst. Dit is mijn integratie op deze planeet aarde.

D: *Dan kwam de andere planeet waar we eerder naar keken, ook al leek deze mij hoogontwikkeld, niet in de buurt van de planeet waar we het nu over hebben*

P: Die planeet was een aftreksel van relevante ideeën. Het was nog geen tijd voor een volledige herinnering. Het was gebaseerd op feiten, maar het was niet de ... volledige waarheid. Het waren zogezegd de korstjes van de taart, zonder de hele taart te hebben. De korst versus de taart en het was destijds voldoende om het doel te dienen.

D: *(Dit verwarde en verraste mij.) Het was geen echte onwaarheid, het was alleen...*

P: De waarheid in afgemeten hoeveelheden. Het waren delen van het totaalbeeld. Het was belangrijk dat Harriet er was voordat ik de hele ervaring naar boven kon halen. Zij leverde de extra benodigde energie. Het was niet compleet tot nu toe en dus was het nog geen tijd zonder volledig te zijn. De informatie ging wel over echte plaatsen. De ervaringen zijn echt. Het idee dat het op een andere plek is, is een poging van jou om dit zwart-wit te maken. Denk alsjeblieft in grijstinten of verschillende kleurnuances. Er werd gevraagd om informatie. Alles kon niet in zijn geheel onthuld worden, dus werd zoveel vrijgegeven als op dat moment toegestaan was. Het was gedeeltelijk correct, maar niet volledig. Als je er een etiket van waarheid op wilt plakken, dan is het waarheid. Het kan gedeeltelijke waarheid zijn, maar het is toch waarheid. Begrijp je hier iets van?

Ik begreep er niets van. Ik ben gewend aan zwart-wit en niet aan grijze gebieden.

P: Als iemand een verhaal beschreef van een echte gebeurtenis die hen is overkomen, maar alleen bepaalde details van de gebeurtenis vertelde, alleen de delen waar hij over wilde praten, zouden deze delen zelf waar zijn? De delen van het verhaal die werden verteld waren in feite slechts delen van het complete verhaal. De waarneming, hoe jij of ieder van jullie het waarnemen, valt buiten mijn vermogen om in te schatten want dat is iets dat jullie alleen kunnen bepalen. Alles dat ik kan zeggen is dat het slechts delen van het hele verhaal waren. Hoe je die waarneemt, is helemaal aan jou en jouw ervaring of kennis of gevoelens op dat moment.

Het leek erop dat het verhaal dat Phil me had verteld over zijn leven in de vreemde stad in zeker zin waar was. Maar er moet nog veel, veel meer onder de oppervlakte zijn geweest dat hij om de een of andere reden niet aan mij kon vertellen. Dit zou vooral gelden aan het begin van ons werk toen zijn onderbewuste net informatie vrij begon te geven. Het liet alleen die dingen door die Phil aankon. We zijn nooit teruggegaan naar dat leven om uit te zoeken wat hij nu precies verborgen had gehouden. We hadden veel andere wegen om te onderzoeken. Ik probeerde opnieuw deze energiebeschaving op een driedimensionale planeet te begrijpen.

D: Dan klopt het als ik aanneem dat de evolutie die die beschaving (Drie Torenspitsen) nu heeft bereikt, ze geen voedsel of kleding of huisvesting nodig hebben. Ze hebben zich daar bovenuit ontwikkeld.
P: Niet helemaal. Zoals we eerder hebben besproken, zijn er zelfs binnen de beschaving zelf verschillende niveaus van vooruitgang waarbij sommigen meer gevorderd zijn dan anderen. De beschaving in zijn geheel kan worden beschouwd als verder gevorderd dan de menselijke beschaving op dit moment. In alle beschavingen zijn er strebers, waarbij sommigen zich sneller ontwikkelen dan anderen. En dus hebben degenen die langzamer zijn of minder bereiken misschien dingen als voedsel of onderdak of kleding nodig en zij maken dat wat zij nodig hebben. Dus het klopt niet helemaal als je zegt dat ze niet eten, niet drinken, of niet ademen, want hun ervaringen zijn heel echt. Ze zijn niet driedimensionaal, maar ze zijn niet minder echt.
D: Deze wezens die deze dingen nodig hebben, zijn ze zich bewust van de andere wezens?
P: Zeker. Docenten zijn zich bewust van ongeletterden, en de ongeletterden zijn zich zeker bewust van de docenten.
D: Ik snap het. Ik dacht dat ze misschien anders waren in de zin dat ze niet van elkaar wisten dat ze er waren.
P: Het ras is zich bewust van zichzelf. Er zijn niveaus boven dat ras waar ze zich misschien van bewust zijn, maar die ze niet zien. Ze weten misschien dat ze bestaan, maar ze zien het wellicht niet, en zo gaat het verder met het niveau boven hen en het niveau boven hen.
D: Dit wordt een beetje ingewikkeld. Maar als ze voedsel of zoiets nodig hebben, kunnen ze dit maken met hun eigen geest. De meer ontwikkelden zien geen noodzaak om deze dingen te maken?
P: Dat zou je kunnen zeggen. Echter, een behoefte aan voedsel is niet noodzakelijk een teken van ontwikkeling. Het kan gewoon iets plezierigs zijn en er is niets mis met plezier. Entertainment is ook gezond. Het hoeft niet als schadelijk voor iemands ontwikkeling te worden beschouwd om vermaakt te worden. Als voedsel

entertainment is en niet noodzakelijk of een drang, dan is dat zo, ieder zijn ding.

D: Dan worden de wezens daar niet geboren, zoals wij het begrijpen.

P: Precies. Er is geen fysieke geboorte of dood, maar simpelweg een groei in bewustzijn.

D: Is dit wat je bedoelde toen je eerder zei dat ze gewoon een lichaam maakten en ontbonden wanneer ze verder wilden gaan?

P: In de vierde dimensie klopt dat.

D: Sommige mensen willen eeuwig leven. Dus ik begreep niet waarom iemand zichzelf zou willen ontbinden als ze het vermogen hadden om in die vorm verder te gaan. Waarom ze zouden willen veranderen, doodgaan, zo te zeggen, en verdergaan naar iets anders.

P: Begrijp je het nu?

D: Ik denk van wel. Zoals je zei, het zou saai worden, er zou geen uitdaging meer zijn.

P: Ja, als de lessen die je aan het leren was afgerond waren, zouden de ervaringen die deze lessen leerden worden afgeworpen. En er zouden nieuwe ervaringen worden aangenomen om de nieuwe en meer gevorderde lessen te leren. Het is gewoon het beklimmen van een ladder, zogezegd, waarbij elk ervaringsniveau bedoeld is om te groeien in bewustzijn ten opzichte van het niveau eronder. En dus wordt de omgeving die de katalysator is voor deze ervaringen afgedankt omdat er nieuwe ervaringen nodig zijn.

Ik begon het gevoel te krijgen dat ik niet meer vragen zou kunnen bedenken. Ik was niet gewend om over dit soort zaken te spreken. Ik voel me meer thuis als ik door de geschiedenis kan spitten, op zoek naar iets dan kan worden gecheckt en opgevolgd. Zo voel ik dat ik meer grip heb en het verloop van toekomstige sessies kan plannen. Deze metafysische dimensie met zijn vreemde en ongewone concepten lag buiten mijn bereik. Ik had geen idee welke kant de volgende sessies op zouden gaan. Dit was de reden voor mijn onzekerheid toen ik mijn volgende vraag stelde: "Wat is het doel van het doorgaan met dit soort vragen?"

P: Hebben we je meer bewust gemaakt van wat er gebeurt in de onzichtbare werelden?

D: Ik denk het wel. Het zal tijd kosten om het tot mij te nemen en te begrijpen.

P: Dan is het doel duidelijk gemaakt.

D: Heeft het zin om door te gaan?

P: Zeker, als je wilt. Als je niet wilt, dan is dat zo. Er is geen voorschrift of opdracht of wet die zegt of je dit of dat moet doen. Het gaat om wat je wilt doen of waar je je goed bij voelt. Er valt nog veel te leren en we hebben veel informatie die we je kunnen geven. Je hebt meer vragen dan kunnen worden beantwoord, maar ze moeten van binnen komen en niet van buiten. We hopen dat dit doorgaat.

Het leek erop dat Harriet zonder het te weten Phil haar energie tot zich had laten nemen, waarbij ze als een uitstekende accu dienstdeed. Zonder haar op de achtergrond zou deze doorbraak misschien niet mogelijk zijn geweest. Harriet was soms aanwezig bij andere sessies, maar haar aanwezigheid was nooit meer echt noodzakelijk.

Toen Phil wakker werd, zat hij na te denken over zijn vreemde emotionele reactie op de aanblik van de Drie Torenspitsen. Hij had er geen last van nu hij wakker was, maar hij voelde een lichte melancholie. Hij probeerde uit te leggen wat hij voelde. Het was heel echt. Maar ergens heb ik spijt dat ik hierop ben ingegaan. Ik weet niet goed hoe ik het moet omschrijven. Het is een heel bitterzoet gevoel. Aan de ene kant heb ik het sterke gevoel dat ik daar ben, en het spijt mij dat ik mij dat gevoel herinner, want ik was het vergeten en de pijn was gestopt. Maar aan de andere kant ben ik zo blij dat ik me dat heb kunnen herinneren... Ik denk dat je het kunt vergelijken met iemand zien die je erg hebt liefgehad en met wie je jaren geleden een heel hechte en liefdevolle relatie hebt gehad. Twee mensen kunnen bijvoorbeeld heel erg van elkaar hebben gehouden en door een of andere oorzaak zijn ze uit elkaar gegaan of moesten ze ieder hun eigen weg gaan. Je kunt die persoon volledig zijn vergeten en door zijn gegaan met je leven en heel veel andere dingen hebben ervaren. Het was al lang geleden en je hebt zelfs al jaren niet meer aan die persoon gedacht. En dan, vanuit het niets, zie en ontmoet je deze persoon weer en al die gevoelens komen meteen weer terug. Maar ergens vind je het jammer dat je die persoon weer gezien hebt. Maar tegelijkertijd ben je heel blij dat je hem of haar weer ziet. Ik heb natuurlijk nog nooit zoiets meegemaakt, maar zo'n soort gevoel was het. Ik ben bedroefd, maar ik weet dat ik terug kan gaan. Ik bedoel, ik ben daar nooit echt weggegaan. In een bepaald opzicht is het alsof ik daar alleen in mijn denkbeeld weg ben gegaan. En ik ben blij te weten dat ik het weer heb teruggevonden." Dit was een vreemde sessie. Zijn reactie was totaal onverwacht. Normaal gesproken zou de aanblik van een scene met drie torens iemand emotioneel niets doen, tenzij je natuurlijk een sterke persoonlijke band hebt met die plaats. Dit zorgt dat de regressie waarde krijgt. Zelfs zijn uitleg van zijn gevoelens is ingewikkeld en niet het soort dat gewoon wordt verzonnen. Ik geloof dat Phil daadwerkelijk een echte plaats heeft aangetroffen waar hij vele "levens" heeft geleefd. Het leek voor hem meer op een thuis dan de aarde ooit kon worden. Misschien was dit de plek waar hij onbewust naar probeerde terug te keren die dag op het strand toen hij bijna zijn leven beëindigde. Als dat zo was, wist hij nu dat hij het contact hiermee niet echt verloren was. Hij kon er elk moment dat hij wilde naar terugkeren met zijn geest. Hoewel zijn eerste gevoel bitterzoet was, had hij eindelijk rust gevonden. Hij begon zichzelf te begrijpen.

We hadden de deur geopend en we zouden nog nog vele malen teruggaan naar de planeet van de Drie Torenspitsen om zeer belangrijke informatie in te winnen. De weg was vrijgemaakt voor een vloeiende uitwisseling van kennis.

Hoofdstuk 11
Spoedhulp voor de aarde

Phils vermogen om in een diepe trance te gaan en een veelheid aan vragen te beantwoorden was steeds duidelijker geworden. De aanwezigheid van anderen zoals Harriet leek de stimulans te geven die nodig was om zijn mogelijkheden echt te openen. Hij leek zich steeds meer op zijn gemak te voelen en steeds helderder te worden hoe langer we experimenteerden. Maar hij begaf zich op gebieden die vreemd en verwarrend waren voor mij en ik wist geen vragen meer te bedenken. Ik was gewend om de geschiedenis te onderzoeken door middel van vorige levens, niet om met abstracte filosofische ideeën te werken en met totaal onbekende concepten.

In deze periode hadden we allemaal bijeenkomsten bijgewoond met een groep mensen die geïnteresseerd waren in psychische en metafysische onderwerpen. Deze bijeenkomsten waren vrij informeel en werden gehouden bij iemand thuis. Er was vaak geen vooropgezet plan en degenen die erbij waren bespraken elk onderwerp dat toevallig ter sprake kwam. Aangezien Phil deze mensen kende, dacht ik dat hij zich misschien op zijn gemak zou voelen als ik hem onder hypnose zou brengen tijdens de reguliere bijeenkomst. Hij was er niet op uit om bekend te worden; dit was iets heel persoonlijks voor hem. En zo wisten maar heel weinig mensen buiten deze groep wat we hadden ontdekt. Mijn voorstel om hem in het openbaar in trance te brengen had niet de intentie om een show op te voeren. Het was vooral bedoeld om mij een ander perspectief te geven ten opzichte van dit nieuwe fenomeen. Het leek me interessant om te kijken of hij vragen uit een groep kon beantwoorden. Dat zou mij de kans geven achterover te leunen en te evalueren en na te denken over de richting die we in moesten slaan met ons werk. Deze sessie was een experiment en we wisten niet wat voor vragen we konden verwachten, en ook niet wat voor antwoorden.

Zoals te verwachten waren veel vragen die de groep stelde persoonlijk van aard. Mensen maakten gebruik van de situatie om te kijken of ze antwoorden konden krijgen op problemen in hun leven. En Phil was net als een baby die zijn eerste stapjes maakt, terwijl hij aftastte wat hij kon doen en hoe ver hij kon gaan terwijl hij steeds meer gewend raakte aan dit nieuwe vermogen.

Er waren ongeveer tien mensen bij de eerste sessie, maar later groeide de groep tot bijna 30 toen sensatiezoekers over de experimenten hoorden. Ik wist toen niet dat Phil zo populair zou worden tijdens deze bijeenkomsten dat het maanden zou duren voordat we weer een privé sessie konden houden. Tegen de tijd dat we elkaar weer persoonlijk zagen, keek ik er naar uit omdat ik had ontdekt dat de groepssessies geen goede omgeving waren voor mijn soort werk. Er was geen mogelijkheid om nader in te gaan op een interessant idee of vraag die iemand had gesteld. Ik kon alleen aantekeningen maken van dingen waar ik later achteraan wilde gaan. Ik voelde me tenminste wel meer op mijn gemak bij dit soort channelling.

Wat volgt is wat informatie die relevant is voor dit boek die doorkwam tijdens de groepssessies.

Toen de liftdeur openging en hij de vreemde planeet zag, riep Phil opnieuw "Dit is mijn thuis, dit is mijn thuis!" Deze keer was hij niet zo emotioneel. Het was gewoon een vaststaand feit, dat zeer welkom was. Hij werd gevraagd de drie torenspitsen en hun betekenis te beschrijven.

P: De drie torenspitsen staan voor drie prestatieniveaus voor de mensen op deze planeet. Er was een overgang van het fysieke naar het spirituele. Want de hele bevolking hoefde niet meer te incarneren en ging massaal over naar de andere dimensies. De overgang was van het fysieke naar het etherische of spirituele. De bevolking bleef op een fysieke planeet, zij hadden echter geen fysieke vorm meer nodig. Dat is de betekenis van de eerste torenspits. De tweede torenspits is een prestatieniveau op het spirituele vlak. Een promotie van de lagere naar de hogere energieniveaus. Dit is iets dat onbekend is voor fysieke wezens. De derde torenspits staat voor de prestatie die nu is bereikt en behelst simpelweg een andere vooruitgang.

D: *Is er iets gebeurd om dit te veroorzaken? Iets dat ze deed besluiten om te "promoveren"?*
P: Niet zozeer gebeurd of gedaan, maar bereikt. De evolutie was een bijproduct van de promotie, of een effect ervan.
D: *Ze voelden zogezegd geen noodzaak meer om fysiek te zijn of fysiek belast? En ze schudden hun fysieke lichamen van zich af en werden pure energie?*
P: Precies.
D: *Kun je me vertellen wat voor soort energie je was?*
P: Er zijn veel verschillende soorten energie. Een betoog over de details of verschillen zou geen zin hebben.
D: *Ik heb gehoord dat veel mensen het over lichtwezens hebben, energiewezens van licht. Ik vroeg me af of het zoiets was.*
P: Een lichtwezen is een energiewezen dit zichzelf zo moet tonen om zichtbaar te worden voor een sterfelijke. Oftewel, om zichzelf zo te laten zien dat hij door de zintuigen van een sterfelijke kan worden waargenomen. Dit is een uiterlijke verschijningsvorm. De energie is van het universum. Soorten energie zijn zo divers als mensenrassen of zandkorrels. Veel soorten energie kunnen een lichtwezen zijn. Dit is slechts een aspect van de waarneming door de sterfelijke vanuit een fysiek oogpunt, en zo kan een energie als licht verschijnen. Een wezen kan ook een tastbaar of hoorbaar wezen zijn. Een wezen kan ook een sneeuwwezen zijn, wat niet ongebruikelijk is. Licht is simpelweg een van de vijf zintuigen die beschikbaar zijn om het mensen mogelijk te maken te weten dat zij zich in de aanwezigheid van een energiewezen bevinden.
D: *Kunnen ze ook worden waargenomen door ons zogenaamde zesde zintuig?*
P: Zeker. De mens heeft veel niveaus tot zijn beschikking, maar is zich daar grotendeels niet van bewust. De lichtwezens gebruiken gewoon een verschijningsvorm die gebruikelijk en gemakkelijk en bekend is bij mensen. Mensen zullen uiteindelijk ook een stadium zoals dit bereiken, maar dat duurt nog even. Het is nodig op te klimmen en zich aan te passen om de sterfelijke gewoontes of gebruiken af te schudden, en meer gewend te raken aan een wezen.
D: *Als je daar zo gelukkig was, waarom wilde je die planeet dan verlaten?*

P: Het was geen gevoel van noodzaak. Er was geen noodzaak, maar een wens om te helpen. Het was gewoon een keuze, een vrije en vrijwillige keuze. Dit was een missie die velen hebben ondernomen om te helpen. Het doel is hetzelfde als dat van alle anderen die hiernaartoe getrokken zijn: om vooruitgang te brengen, te verlichten, op welke manier en op welk moment dan ook te helpen. We kunnen weer parabelen gebruiken. Als een zoon of dochter uit huis gaat om te studeren, is dat verdrietig omdat er zo'n emotionele band is met thuis. Maar het heeft ook voordelen om weg te gaan, ook al is de band nog zo sterk. Dus dit is een analogie van het uit huis gaan om naar school te gaan. Het is een leerervaring.

D: De geesten van jouw planeet werd gezegd naar de aarde te komen om de lichamen hier te bewonen en de planeet te helpen?

P: Het klopt niet dat het werd gezegd. Het was volledig vrijwillig voor alle transmigranten. Er is geen enkel sterrenwezen op deze planeet die hier niet wilde zijn. Het was volledig vrijwillig. De situatie werd voorgesteld. Je kunt het omschrijven als een kans die werd gepresenteerd. Velen hebben ervoor gekozen, nog meer anderen zouden ervoor hebben willen kiezen om mee te doen, maar konden niet, om wat voor reden dan ook. Sommige redenen waren situaties waarin ze zich op dat moment bevonden. Ze hadden hun werk nog niet af, of er waren gewoon geen voertuigen om zoveel vrijwilligers op te vangen.

D: Als de sterrenwezens nu in zulke toenemende aantallen naar de aarde komen en menselijke lichamen innemen, waar gaan de oorspronkelijke aardse geesten dan heen?

P: Aan de spirituele kant wordt informatie opgenomen, wat een soort wachtstand is voor de wezens. Het is nu tijd om de sterrenmensen op het fysieke niveau toe te laten. En om zo het bewustzijn op het fysieke niveau te verhogen terwijl degenen op het spirituele niveau hun bewustzijn van die kant evalueren en verhogen. Je zou dus kunnen zeggen dat de oorspronkelijke bewoners of de "thuisspelers" wat de individuele voertuigen die ze gebruiken betreft op de reservebank zitten terwijl de bezoekers aan slag zijn.

D: Dus ze gaan niet echt weg, ze gaan alleen in de wachtstand?

P: Dat klopt, of in het spirituele omhulsel van de aarde.

D: Zou het niet nogal een degradatie zijn om weer in een fysiek lichaam te gaan?
P: Het zou anders zijn. Dit is een nieuwe en zeer waardevolle ervaring. Het is geen kwestie van minderwaardigheid. Het is gewoon een nieuwe aanpassing aan een nieuwe omgeving.
D: Ik dacht dat het een achteruitgang zou zijn om terug te gaan naar een zeer beperkt fysiek bestaan.
P: De ervaring hier zou niet worden aangegaan als er geen groei zou zijn. Dus in dat opzicht is elke moeilijkheid of ongemak gewoonweg onderdeel van de ervaring of groei. Laat me een voorbeeld geven. Je zit lekker in je auto op een hete, broeierige dag, en je hebt de airconditioning aan, of het regent. En je komt iemand tegen met een lekke band. Misschien stop je en kom je uit je comfortabele omgeving, stroop je je mouwen op en verwisselt die band voor de vreemdeling die zijn band misschien niet zelf kan verwisselen. Je hebt een wat primitievere omgeving aangenomen dan degene waar je net uitkwam. Het doel is hier echter van belang. Het helpen van de vreemdeling zorgt niet alleen voor vooruitgang van jouw toestand, maar ook van die van de vreemdeling. En zo kunnen jullie allebei verder op jullie reis. Als je wilt parafraseren: de aarde heeft op dit moment een lekke band, en er wordt vanuit het universum moeite gedaan om die lekke band te verwisselen. Binnenkort kan de aarde weer verder, net als alle helpers. Deze concepten lijken misschien erg ingewikkeld. Als het je helpt om ze te begrijpen, kunnen parafrasering of analogieën een handig hulpmiddel zijn om deze concepten te begrijpen. Dus als je wilt dat ik parafraseer, vraag het dan alsjeblieft.
D: *Dat zou erg behulpzaam zijn, want sommige van deze dingen gaan mij boven mijn pet. Je zei dat er vanuit het universum moeite wordt gedaan om de aarde op dit moment te helpen. Betekent dat dat er ook andere planeten en andere mensen bij betrokken zijn?*
P: Jazeker. Onze planeet is niet de enige die erbij betrokken is. Dit is een universele inspanning. De buren van de aarde snellen toe om haar te helpen. De aarde heeft veel vrienden. De buren van de aarde weten in het algemeen wat hier gaande is. Het is geheel vrijwillig om dit te doen. Er vindt communicatie plaats tussen

planeten over wat er gebeurt in verschillende delen van het heelal. En de ervaring zit in die communicatie.

D: *Kun je uitleggen wat je bedoelt?*

P: Net als bij korte golf radio, als je die vergelijking wilt gebruiken, waarbij je kunt afstemmen op andere landen en nieuws kunt horen over wat er gebeurt in dat land.

D: *Wordt voor deze communicatie enige soort machine gebruikt, zoals een radio?*

P: Er zijn machines die dit doen. Maar op het spirituele niveau hoef je alleen maar afgestemd te zijn.

D: *De aarde zit echter niet in dit netwerk, toch?*

P: Jawel, er bestaan echter geen machines op dit aardse niveau die hierop kunnen afstemmen. Het is mogelijk deze machines te bouwen. Er zijn veel mensen hier die deze kennis doorgestuurd zullen krijgen, maar het is nu nog geen tijd om dit door te geven.

D: *Is dit dezelfde machine als waar je het eerder over had die gammastraling gebruikt in plaats van radiogolven?*

P: Ja, de gammastralen of kosmische stralen zijn het medium voor deze uitzendingen. Er zijn, tussen haakjes, "radiogolven".

D: *Ja, je vertelde me eerder dat onze wetenschappers de verkeerde kant op keken wanneer ze probeerden communicatie op te pikken.*

P: De richting is wel goed, maar ze kijken op het verkeerde niveau. Ze kijken naar een veel lager deel van het spectrum dan waar ze moeten zijn. Het voertuig (Phil) wil ook graag op dit moment dat hij naar de drie torenspitsen kijkt iets zeggen wat jij interessante informatie zou kunnen vinden. Jouw planeet heeft namelijk een torenspits met hetzelfde ontwerp als deze drie, en dat is het Washington Monument. Het Washington Monument werkt, net als de torenspitsen, als een zender. Dat is de reden dat de gebouwen in Washington D.C. niet hoger mogen zijn dan de torenspits. Want dan is de torenspits zichtbaar, en door visueel contact is deze in communicatie met die individuen in Washington D.C. (Dit was echt een verrassing) De communicatiemethode is als volgt: De torenspits is bewust of onbewust in beeld, als vanuit je ooghoek, en er wordt een verbinding gemaakt. De energieën van die persoon worden dan .... we aarzelen om het woord "verzonden" of "ontvangen" te gebruiken, door dit monument. Het juiste beeld kan worden geschetst door te zeggen dat deze torenspits communiceert met de energieën van de persoon. Het stuurt deze energieën naar buiten vanaf de top en op deze manier worden degenen die afgestemd zijn op deze torenspits zich bewust van de stemming van het land. Washington D.C. is zich als hoofdstad bewust van de situatie in het land, net als de geest of het brein zich bewust is van de andere lichaamsdelen. Zo is de hoofdstad het brein van het land en evalueert continu zijn toestand. Deze evaluatie wordt vervolgens uitgezonden en zo kan vanaf een afstand de situatie in dit land worden beoordeeld.

D: *Wie pikt deze trillingen of wat het ook zijn op?*
P: Jullie broeders in het universum lezen deze boodschappen. Dit is de universele zender op deze planeet, of één ervan, om precies te zijn. Want de piramides zijn van een andere aard, maar zijn in feite hetzelfde, een zender.

D: *Is het van belang dat beide zenders, het monument en de piramides, van steen zijn gemaakt?*
P: Dat klopt. De stenen zijn ... we hebben moeite de juiste woorden te vinden, maar ze zijn geschikt om de oorspronkelijke energieën van deze planeet te kanaliseren. Ze zouden bijvoorbeeld niet geschikt zijn voor energieën die niet van deze aarde afkomstig zijn.

Het is interessant om op te merken dat de top van het Washington Monument eigenlijk een kleine piramide is.

D: *Hebben de vorm, de punt en de vier zijdes die samenkomen, een betekenis?*
P: Dat klopt. Er wordt namelijk een bepaalde focus bereikt door de afmetingen van de zijdes ten opzichte van elkaar te veranderen. Zo wordt er een focus gemaakt, net zoals een lens of prisma aan één kant energie richt die er aan de andere kant in is gekomen.

D: *Waren degenen die het Washington Monument hebben gebouwd zich hiervan bewust toen ze het bouwden?*
P: Niet op een bewust niveau, want dit was gekanaliseerde energie.

D: *Bedoel je dat de plannen voor het Washington Monument onbewust aan de bouwer is gegeven? Hij had geen idee wat hij echt aan het bouwen was?*

P: Dat klopt, want hij dacht dat het een kunstwerk was. Hij zag in zijn hoofd de vorm van wat hij wilde bouwen en heeft zich vervolgens ingespannen om het zo te bouwen dat het klopte met het beeld dat hij in zijn hoofd had. En je kunt wel raden waar dat beeld vandaan kwam. (Aha!) Dat is hoe channelling werkt. Er kan een beeld in iemands hoofd worden geplaatst en dan ziet en voelt die persoon het alsof het zijn eigen idee of fantasie is. Vaak is het slechts fantasie. Soms, zoals in dit geval, waarbij de uitkomst al is bepaald en besloten, wordt iemand gebruikt als een kanaal om de gewenste uitkomst tot stand te brengen.

D: Dus het was voorbestemd om gebouwd te worden. Geen enkele mens had het kunnen tegenhouden. Is dat wat je bedoelt?

P: Dat is niet juist, want zoals je in jullie geschiedenis kunt zien, zijn er veel dingen gebeurd die de vooruitgang hebben gestopt of vertraagd. Er bestaat altijd vrije wil. In dit geval was er echter geen poging om dit werk te blokkeren en dus werd het tot stand gebracht.

Dit was een intrigerend concept, maar het gaf me het ongemakkelijke gevoel dat we werden bespioneerd, of dat ze ons altijd afluisterden. Ik vroeg me af of ander torens, zoals de Eiffeltoren, ook zenders waren.

P: Tot op zekere hoogte is het ook een zender. Maar het is er een van een andere aard. Hij is niet gebouwd zodat er van een afstand ontvangen kan worden.

D: En Rusland en de andere landen, hebben zij vergelijkbare zenders?

P: Er zijn geen andere die op dezelfde manier dienstdoen. Niet op dezelfde manier als het Washington Monument. Het is een zender voor de hele wereld. Jouw land is zich namelijk bewust van de situatie in elk ander land, of niet?

D: Ja, ik denk van wel. Ze hopen van wel.

P: We hebben het niet zozeer over een manier om kennis te vergaren, maar over omstandigheden zoals het weer, over menselijke omstandigheden zoals honger, marteling, liefde, medeleven en vriendelijkheid. Er wordt een totaalbeeld van de situatie van de wereld verzonden. Als de wereld een universele planeet van liefde en mededogen was geweest, dan zou er een heel ander signaal worden verzonden. Dus met behulp van deze zender kunnen de broeders van het universum kijken hoe de ontwikkelingen verlopen op jullie planeet. Toen jullie president Kennedy werd vermoord, werd dit signaal verstuurd en ontvangen op verre planeten. Dit is slechts een voorbeeld. Het was van belang voor ons hele universum, niet zozeer om persoonlijke redenen, maar omdat het de situatie op jullie planeet onderstreepte. Dus we keken met mededogen en een zwaar gemoed naar jullie planeet.

D: Dus dit is een soort monitoringssysteem zodat ze bij kunnen houden wat er gebeurt op de aarde?

P: Dat klopt.

Ik had onderzoek gedaan naar de atoomexplosie in Hiroshima voor het boek dat ik toen aan het schrijven was: "A Soul Remembers Hiroshima" (Een ziel herinnert zich Hiroshima). Ik vroeg me af of er toen die vreselijke gebeurtenis plaatsvond ook een boodschap was uitgezonden en hoe die was gezien.

P: Dat werd niet alleen gezien, het werd gevoeld. Want atoomexplosies verstoren de energiekanalen. Stel je een stromende beek voor, en plotseling wordt er een steen in de beek gegooid die de stroming blokkeert en ervoor zorgt dat deze van pad wijzigt. Dit is een nogal ruwe vergelijking. Het voertuig (Phil) zou willen zeggen dat de steen de stroming alleen onderbreekt, en dus zullen we zeggen dat de stroming tijdelijk omgeleid en geblokkeerd is. Dit is een vergelijking om de gevolgen van de atoomexplosie te laten zien, hoe deze op niveaus ver boven alleen het fysieke niveau werken. Want het hele universum is zich bewust van deze gebeurtenissen. De energiestromen van de zon zijn in balans en er is harmonie. Deze atoomexplosies zijn bronnen van disharmonie die door de universele energie echoën en nagalmen als verre geluiden. Het werd in dit hele lokale universum gevoeld, en in mindere mate in de verdere universa, want het effect neemt af met de afstand. Deze dingen zijn bekend binnen de communicatiekringen die bestaan door alle universa heen. Het is niet slechts beperkt van planeet tot planeet, planeten en sterrenstelsels en universa, maar ook tussen onderlinge universa. Er zijn verschillende communicatieniveaus en deze zijn in staat om deze niveaus te ontvangen.

D: Je zei "communicatie tussen de onderlinge universa"? Dit is een nieuw concept voor mij. Ik heb altijd gedacht dat er maar één universum was. Kun je dit uitleggen alsjeblieft?
P: Er zijn vele universa. Vele, heel veel universa. Die van ons is een specifiek universum, oftewel het universum waar wij ons nu in bevinden is slechts één universum van vele. Er zijn vele, vele verschillende universa. Ze bevinden zich in de fysieke ruimte. Het concept vraag een groot voorstellingsvermogen om de afstanden waar het om gaat te vatten. Er zijn politieke ... politieke is niet het juiste woord, maar is een woord dat hier kan worden begrepen. In elk universum bestaan regeringsniveaus die de individuele en collectieve universa besturen.

D: Is dit hetzelfde als wat mensen God noemen?
P: God, het concept God is de som van alles. Wij zijn God. Wij zijn gezamenlijk God. We zijn individuele stukjes van God. God is niet één, maar God is alles.

D: Dus bedoel je dat met heel veel universa, elke zijn eigen God heeft?
P: Alle universa samen maken God. Elk universum heeft wel het bewustzijn van God, hoewel het bewustzijn anders kan zijn in verschillende universa en ook in verschillende gebieden in één universum. Het concept God zou daar anders zijn. De realiteit van God is onveranderd in alle universa, in de hele schepping. God is, wij zijn individueel onderdeel van God. Maar wij allemaal samen als geheel is wat God is.

D: Is dit de kracht die alles heeft geschapen?
P: Dat klopt. Dit is slechts een uiting van God.

D: Weet je iets over de schepping van het gebied waarin wij leven?
P: Het universum waar wij nu in leven is aan de jonge kant. Het heeft als kenmerkende eigenschap meer geweld bij de schepping ervan. Geweld is een puur fysiek gevoel, wat betreft evolutie op natuurlijk niveau. Er zijn veel verschillende manieren waarop universa worden gevormd. Deze is gevormd op één van deze specifieke manieren. Om de verschillende manieren te begrijpen zou een verhandeling nodig zijn over veel verschillende gebieden, want er is astronomie bij betrokken, astrologie, geologie en vele andere wetenschappen.

D: Er bestaat een theorie die ze de "big-bang" theorie noemen. Deze zegt dat ons universum in één keer is gecreëerd door middel van een explosie. Klopt dat met wat er werkelijk is gebeurd?
P: Dit is grofweg correct. Het was niet simpelweg een big-bang, want er was al iets voor de bang. De bang was gewoon onderdeel van het hele scheppingsproces. Deze big-bang was slechts een onderdeel van de doorlopende evolutie van de universa. De theorie van het oscillerende universum komt het dichtstbij of is de meest correcte theorie die op deze planeet wordt geopperd.
D: Hoe wordt de manier waarom een universum zal worden geschapen bepaald?
P: Deze wordt soms voor een specifiek doel bepaald. De kennis van hoe en waarom en wanneer gaat ver boven alle concepten die wij op dit niveau kunnen bespreken. Maar er zijn bewustzijnsniveaus die vrij gemakkelijk met deze realiteiten omgaan.
D: En wat ons als individuele zielen betreft? Heb je enige informatie over hoe wij oorspronkelijk zijn geschapen?
P: Kun je verduidelijken wat je precies bedoelt met je vraag? Over welk aspect van de schepping gaat je vraag?
D: Nou, wij als individuen. Ik beschouw ons als individuele zielen. Je zei dat we allemaal onderdeel waren van God, maar heb je enige informatie over hoe we als individuele zielen zijn geschapen?
P: Ons werd slechts een persoonlijkheid gegeven. We zijn slechts stukjes van God aan wie hij een persoonlijkheid heeft gegeven.
D: Waarom zijn we afgescheiden van God, als dat het juiste woord is?
P: Dit was slechts onderdeel van het grote plan. Het grote, goddelijke plan dat alleen God zelf volledig kent. Velen kennen kleine details, maar niemand behalve Hemzelf kent het in zijn geheel. De som van alle kennis is God of het God concept. Door je alleen maar bewust te zijn van en open te stellen hiervoor, heb je toegang tot onbeperkte kennis. Deze kennis is er gewoon. Degenen van jullie in deze kamer die zich open zouden willen stellen hiervoor zouden dezelfde kennis op elk moment kunnen ontvangen.
D: Is het zoiets als afstemmen met je onderbewuste?
P: Met de menselijke geest klopt dat. Kennis bestaat gewoonweg overal tegelijkertijd. Het is niet juist om te zeggen dat de informatie hier op de planeet met de drie Torenspitsen wordt bewaard. Ik ontvang de informatie gewoon vanuit hier. Dit is mijn

thuisplaneet van waaruit mijn energie zich manifesteert. De energie of informatie is universeel en kan net zo eenvoudig hier op deze planeet worden ontvangen door diegenen die ervoor openstaan, op elk moment en op elke plek. Het is beschikbaar voor de hele schepping.

D: Zijn jouw planeet en de andere planeten op dezelfde manier door eenzelfde reeks van evolutionaire fases gegaan als onze planeet?

P: Nee, niet op dezelfde manier. Niet met zoveel ... wrijving zogezegd. Het was een eenvoudigere evolutie. Niet gemakkelijk, maar gemakkelijker.

D: Het lijkt erop dat er niet zoveel uitdagingen zijn geweest op jouw planeet. Het lijkt op een perfecte wereld.

P: Helemaal niet. De uitdagingen zijn dan misschien niet hetzelfde, maar het zijn toch uitdagingen. Het waren gewoon niet dezelfde als hier. Perfecte werelden bestaan gewoon niet om alle praktische redenen. Er bestaan perfecte werelden in de zich ontwikkelende sferen, maar zij zijn niet evolutionair. Het hele idee achter zich evoluerende werelden is het bereiken van perfectie. En zodra ze perfectie hebben bereikt, is er geen reden voor evolutie.

D: Is dat een van de redenen waarom je je als vrijwilliger hebt opgegeven om hiernaartoe te komen? Omdat je niet dezelfde omstandigheden had in je eigen evolutie?

P: Dit is iets dat ik niet wilde ervaren, maar het is wel behulpzaam.

D: Toen je op die planeet was, bestond je uit pure energie. Dit verklaart mogelijk waarom je meer openstaat voor deze informatie dan degenen die een lichaam hebben.

P: Dat is waar. De incarnatie sluit vaak iemands gevoeligheid af. Dit kan echter overwonnen worden door oefening en training en geloof. Er zijn adviesraden, bijvoorbeeld de universele raad, die beschikbaar is voor aanbevelingen en vragen. Er zijn velen op andere planeten die de hergeboorte van de aarde zouden willen ervaren en er onderdeel van zijn maar die dit niet kunnen vanwege andere verplichtingen. En dus ervaren vele anderen op andere planeten indirect elk van onze aardse ervaringen van op afstand. Deze interactie wordt verzameld en verspreid aan velen zodat zij hun voordeel kunnen doen met deze ervaringen. We zijn zogezegd acteurs in een film.

D: Bedoel je dat ze naar ons kijken?

P: Niet alleen kijken, maar ervaren. Zo ervaren we niet alleen voor onszelf, maar voor het hele universum.

D: *Waarom zijn ze zo bezorgd over ons?*

P: Bezorgd is niet juist, geïnteresseerd klopt beter. Velen die zouden willen kunnen hier niet zijn, en dus is de kans om te observeren en ervaren gecreëerd. Dit is een belangrijke onderneming voor de aarde en dit universum, een groot doel in Gods plan. Dit is slechts één aspect van het hele doel, maar moet toch niet onderschat worden. Veel andere planeten bekijken met veel interesse wat er hier gebeurt.

D: *Is dat waarom ze die andere energieën (wezens) hier naartoe sturen om te helpen?*

P: Ja, het is alleen een vrijwillige poging om een buur te helpen die worstelt (vergaat?).

D: *Hoe kunnen deze wezens die hier naartoe komen ons helpen? Kun je specifieker zijn?*

P: Het is een subtiele poging. We komen niet om de koppen tegen elkaar te slaan en te zeggen "Dit is hoe het moet!", want dat zou niemand helpen. Het zou iedereen bang maken en het doel voorbijschieten. De reden om te incarneren is om voorbeelden te stellen binnen de bevolking en met de bevolking samen te werken, zodat het effect heel subtiel is, maar heel compleet. Er zijn ook mensen die niet willen helpen, die aan het oude vasthouden. Maar dat is helemaal hun eigen keus.

D: *Je zei dat ze weten wat er gebeurt op de aarde. Wat gebeurt er op de aarde? Wat gebeurt er waar ze zo bezorgd over zijn? Kun je dit uitleggen?*

P: Het ras is op het kruispunt of de splitsing aangekomen tussen vernietiging en evolutie. Dit menselijk ras zou zichzelf zonder hulp gemakkelijk kunnen vernietigen op dit moment. Dit is dus de reden om toe te snellen om te helpen een beschaving te redden. Als jouw buurman op het punt stond om zelfmoord te plegen, zou je dan niet toesnellen om hem of haar te helpen? Als het binnen jouw vermogen lag, zou je alles proberen wat je kon, omdat je weet dat dat niet mag gebeuren. De aarde staat op het punt van zelfmoord, of was daarnaar op weg voordat er hulp werd gestuurd. En dus stabiliseert deze situatie zich nu.

D: *Denk je dat ze bij machte zijn om iets te doen om de aarde te helpen? Mensen zijn zo koppig.*
P: Wij ook! (gelach uit de groep).
D: *Maar als de aarde zo stom zou zijn om zichzelf te vernietigen, zou dit gevolgen hebben voor de anderen?*
P: De andere evoluties zouden gewoon doorgaan ja. Dus in dat opzicht zou er geen gevolg zijn. Het zou echter onmogelijk zijn om erbij te staan kijken terwijl je weet dat je iets kunt doen. Je eigen gevoel voor hogere moraliteit zou zeggen dat je tenminste moest proberen te helpen, of het lukt of niet.
D: *Is zoiets al eens eerder gebeurd? Ik denk aan de vernietiging van Atlantis in het verre verleden.*
P: Dat was anders. Er was geen dreiging van vernietiging in de Atlantische tijd. Er was ... laten we zeggen "ongemak" veroorzaakt in dit thuis op aarde, maar het was niet zo kritiek als het nu is. Het punt waar we nu staan is op de rand van vernietiging, van totale vernietiging van het menselijk ras, van vernietiging van deze planeet, van het letterlijk doden van deze planeet en al het leven dat zich erop bevindt. Dit was niet het geval in Atlantis, en dus was in de Atlantische tijd geen toestroom nodig. Als er geen hulp werd gezonden, kun je raden waar jullie lot jullie naartoe zou leiden? Oftewel, heb je enig idee wat er zou gebeuren als jullie niet zouden worden geholpen?
D: *Niet echt. (De groep maakte vergelijkbare instemmende opmerkingen). Kun je het ons vertellen?*
P: Het pad waar deze beschaving zich op bevond, was totale vernietiging door een atoomoorlog. Volledige nucleaire oorlogsvoering. De technologie verspreidde zich en doet dat nog steeds, zelfs naar kleine onderontwikkelde landen. Je hebt niet zoveel fantasie nodig om te bedenken wat er zou gebeuren als één land, of zelfs één persoon in één land, de oorlog zou beginnen.

Hoewel dit hele vooruitzicht angstaanjagend was, besloot ik een theorie op te werpen. "Nou, wat voor verschil zou het eigenlijk maken als de wereld werd vernietigd? Zouden we niet gewoon weer geesten worden?"

P: De tijd is nog niet gekomen dat deze wereld moet worden vernietigd. Er is een tijd, maar dat is niet nu. Voor die tijd kunnen er nog veel lessen, veel goeds en veel hulp van deze planeet komen.

D: *Dus er is een tijd waarop de aarde wordt vernietigd?*

P: Zeker. Maar het zal een natuurlijk gevolg zijn. Het was niet de bedoeling dat deze planeet door haar bewoners zou worden vernietigd.

D: *Zeg je dat wanneer het einde komt, dit eerder een evolutionaire stap zal zijn dan massavernietiging?*

P: Precies. Als het moment komt, zal iedereen er klaar voor zijn. Hier hoef je je geen zorgen over te maken vanwege de tijdsspanne. Het zal duizenden en duizenden jaren in de toekomst zijn. Deze planeet is een springplank voor ons allemaal hier om naar andere gebieden te springen. Als het nut van deze planeet tot een einde komt, zal deze worden vernietigd door een natuurlijke catastrofale explosie.

D: *Maar het gevaar zit hem erin dat mensen dit doen voordat de natuurlijke gebeurtenis plaatsvindt?*

P: Precies.

D: *Wat zou het verschil zijn? Het zou in beide gevallen een explosie zijn toch?*

P: We sterven allemaal met ons fysieke lichaam. Als we vinden dat op hoge leeftijd onze tijd is gekomen, dan is het tijd. Een kind van 12 jaar oud is overduidelijk niet klaar. Het gebeurt soms vanwege eerdere overeenkomsten van voor de incarnatie. Maar als regel is 12 jaar oud niet een leeftijd om te sterven. De aarde is nu als een 12-jarige. Het is nog geen tijd! Het gaat niet om de manier waarop, het gaat om de tijd. De aarde is nog niet volwassen. De aarde is in de puberteit wat betreft de beschaving. Ze heeft nog niet eens de volwassenheid bereikt. Er kan nog veel verwacht worden van toekomstige generaties. Als de tijd is gekomen, zal de aarde worden voorbereid.

D: *Mocht de aarde vroegtijdig ten onder gaan, wat voor effect zou dit dan hebben op de andere sterrenstelsels en zonnestelsels?*

P: Het kosmische plan wordt beïnvloed door een atoomoorlog. Dit zou een verstoring in systemen door het hele universum veroorzaken. Plannen zouden moeten worden gewijzigd.

D: *Zijn er veel planeten die op deze manier en om deze reden wezens naar de aarde sturen?*
P: Er zijn er veel ja.
D: *Komen er ook slechte invloeden van dit soort bronnen?*
P: Ik wil niet zeggen slechte invloeden. Er zijn er die een betere invloed hebben. Er komt niemand om het doel te verijdelen. Sommigen die komen, versterken het doel meer dan anderen.
D: *Waar komt dan de invloed vandaan die ervoor zorgt dat we de vernietiging van de wereld bespoedigen? Waar komt dit vandaan?*
P: Dat komt door de energie, de gedachtenenergie op deze planeet. Deze is verbonden met deze planeet.
D: *Dan komen de slechte invloeden van onszelf.*
P: Slecht is geen goed woord. Het is gewoon ... misleid, dat zou een beter woord zijn. Deze energieën zijn gewoon niet ontwikkeld. Het zijn energieën die op deze planeet leven. We zijn allemaal energieën. Jij bent een energie, jouw ziel is een energie. Dat zijn de energieën waar ik het over heb. We zouden kunnen zeggen "zielen".
D: *Waar komen die negatieve gedachten dan vandaan?*
P: Een gedachte is energie. Jouw ziel hanteert energie. Denken is het hanteren van energie. Deze gedachten vinden plaats door ervaringen in het verleden en de omgeving en de eigen wil. Gedachten worden niet geprogrammeerd, gedachten zijn een bijproduct of een product van een moedwillige actie. Een gedachte is een moedwillige actie.
D: *Gaat dit samen met het idee dat gedachten dingen zijn?*
P: Precies. Gedachten zijn energie. Gedachten zijn echte manifestaties.
D: *Bedoel je dat doordat mensen denken over deze slechte dingen die in de wereld gebeuren, ze deze eigenlijk creëren?*
P: Dat klopt. Denken over de hel op aarde zal het net zo zeker veroorzaken als wanneer je eropuit gaat en deze met bloed, zweet en tranen zelf opbouwt. Het gebeurt misschien niet op dezelfde manier, maar het zal zeker, net zo zeker gebeuren.
D: *Dus door aan deze dingen te denken (atoomoorlog etc.) en er bang voor te zijn, creëren mensen een gedachtenenergie die sterk genoeg is om deze dingen te laten gebeuren.*

P: We zullen zeggen dat het accepteren van de mogelijkheid de deur opent waardoor deze mogelijkheid binnen kan komen. Als de mentale energie zo werd gericht dat die mogelijkheid onmogelijk was, dan zou dat zo zijn. Daarom is het zo belangrijk om de energie van de mogelijkheid of de acceptatie van een atoomoorlog te verwijderen, want dat creëert precies dat scenario. Dus het doel is om verse energie binnen te halen, energie die niet besmet is met deze gedachtenpatronen. Energie met nieuwe ideeën, nieuwe hoop en een nieuwe richting: de sterrenmensen.

D: *Ja. Deze nieuwe energieën van andere werelden zouden niet al vele, vele levens doordrongen zijn van deze vernietigende vorm van gedachten.*

P: Dat klopt precies. Het is een infusie met nieuw bloed, goed bloed. Zij moeten de energieën zuiveren, nieuwe energie geven, nieuwe manieren om dingen te zien. Om aan de aardse zielen die dit nog nooit gezien hebben, te laten zien hoe je de energie zuivert. Want als we alles op zijn beloop zouden laten, dan zou iedereen uiteindelijk alleen nog maar negatieve energie uitzenden en het gevolg zou volledige vernietiging zijn.

D: *(Er gaat een licht op) Oh! Dus dat is de reden. Dat lijkt heel logisch.*

P: Leer je lessen en pas ze toe in je dagelijks leven. Geef het voorbeeld en dan zullen jullie ambassadeurs worden net zoals degenen van andere planeten ambassadeurs zijn.

D: *Ik denk dat één van de problemen is dat mensen van de aarde is geleerd bang te zijn voor mensen van andere planeten. Ze denken dat alles wat buitenaards en vreemd is slecht moet zijn.*

P: Dit komt door fantasie en onzekerheid en onbekendheid. Mensen zijn altijd bang voor wat ze niet begrijpen.

De gedachte kwam in me op dat Phil in geen enkele van de levens (of inprentingen) die hij had laten zien geweld had gebruikt of anderen kwaad had gedaan. Hij was altijd het mikpunt van geweld en een slachtoffer van negativiteit. Misschien was dit de reden. Hij was niet geprogrammeerd om deze manier van denken te begrijpen. Dit gold natuurlijk ook voor de andere sterrenmensen energieën die waren gestuurd als infusie van nieuw bloed. Het zou veel dingen kunnen verklaren, de mensen die tegen oorlogen protesteerden, degenen met antinucleaire neigingen, zij die tegen geweld zijn. Het vredelievende karakter is lang voordat zij op deze wereld kwamen in hen geprogrammeerd.

Hoofdstuk 12
Sterrenzaad

Het is verbazingwekkend hoe ik naar deze verhalen word geleid, vaak slechts door toevallige opmerkingen. Er is niet veel nodig om mijn nieuwsgierigheid te wekken en door iets op te pikken dat is gezegd en hierop door te gaan, gaat er vaak een deur open naar een nieuw avontuur in het onbekende. Als de deur eenmaal geopend is, kan het pad vaak langs vreemde en wonderbaarlijke zijwegen leiden. Zo ook de toevallige gebeurtenis die leidde tot de ontdekking van het inzaaien van onze planeet aarde door mensen uit andere werelden. Ik zal de lezer het avontuur laten ervaren zoals ik het heb gedaan, van een volledig vreemd concept tot het gevoel van fascinatie. Ook al is het concept vreemd, eronder kabbelt zachtjes de waarheid. Het zou kunnen, is misschien het ware verhaal van ons begin. Ik beweer niet het te weten, maar lees in ieder geval met een open geest en accepteer de kleine mogelijkheid dat er meer waarheid zit in deze versie dan we ooit zouden kunnen bedenken in onze wildste dromen of fantasieën.

Het gebeurde tijdens een sessie waarin Phil op het niveau van de Drie Torenspitsen sprak waar hij verondersteld werd toegang te hebben tot alle kennis van de geschiedenis van de aarde. Hij had toegang vanuit dit punt via het communicatiesysteem waar hij het eerder over had gehad. Aangezien dit zijn thuisplaneet was, was hij aangesloten op de energie ervan en dit gaf hem een enorm vermogen om de gegevens te vinden. We hadden onderzoek gedaan en geprobeerd antwoorden te vinden op de mysteries van de aarde en hij noemde rassen uit Atlantis. Ik dacht ineens aan een vraag die vaak in mij opkwam. Ik heb me vaak afgevraagd waar de verschillende rassen oorspronkelijk vandaan kwamen. Wat wij de zwarten, gelen, roden en witten noemen. Ze zijn allemaal zo verschillend. Waar kwamen ze vandaan?

P: De huidpigmenten en lichamelijke trekken die je beschrijft zijn een evolutionair proces. Toen reizen in die vroege tijd niet zo eenvoudig was, vestigde een groep mensen zich mogelijk van generatie op generatie in hetzelfde gebied. En dus was hun fysieke voorkomen een weerspiegeling van de omgeving waar ze zich in bevonden. Dat is hoe de rassen zijn ontstaan. Er waren diverse rassen op aarde. Er waren rassen met een groene huid en met een blauwe huid, maar deze zijn in aardse bewoordingen uitgestorven. Degenen met een groene huid waren bosmensen die door de bossen en groene gebieden zwierven en een groene huid kregen.

Dit was zeker niet het antwoord dat ik had verwacht.

D: *Bedoel je zoals een kameleon zich aanpast aan zijn omgeving?*
P: Nee, ze waren groen vanaf hun geboorte en bleven zo. De blauwe huid was hetzelfde -blauw vanaf de geboorte. Dit was een genetische mutatie. Er was ook een mensenras met een lila of paarse huid. Deze kleuren kunnen soms bij ieder van ons worden teruggezien. Mensen kunnen "groen van jaloezie" zijn, dan kunnen ze "blauw worden" of ze zijn "paars van woede". Het is niet toevallig dat deze kleuren worden toegeschreven aan huidskleuren.
D: *Je bedoelt dat deze allemaal mogelijk zijn met hoe onze lichamen zijn gemaakt?*
P: Dat klopt.
D: *Hadden deze rassen ook verschillende haarkleuren?*
P: De mensen met een groene huid hadden donkerbruin golvend haar. De mensen met blauwe huid hadden lichter, bijna blond steil haar. Het ras met een lila huid had rood krullend haar met kleine krulletjes. Best opvallend om te zien.
D: *Ja, dat waren heel andere kleuren dan we tegenwoordig zien. Bestaat de mogelijkheid dat deze rassen in onze huidige tijd weer naar boven komen als een soort "terugval" in onze genen?*
P: Soms zie je een geboorteafwijking die zich voordoet als een paarse vlek of lila plekje. Dat is een herinnering aan die tijd. Stel je als je wilt iemand voor bij wie zijn hele lichaam is bedekt met zulk pigment en je hebt iemand van het lila ras.

D: *Dat maakt het veel makkelijker om het me voor te stellen. Ik heb deze zogenaamde "wijnvlekken" gezien.*
P: Ja, het zijn kleine herinneringen aan een eerdere tijd in de geschiedenis van de aarde.
D: *Zijn deze kleuren dan verdwenen door kruising?*
P: In de geschiedenis van deze planeet zijn er soorten geweest die het niet overleefden... dat is alles. Ze waren niet zo agressief als de anderen. Ze waren vriendelijker van karakter en waren meer spiritueel en niet agressief-fysiek.
D: *Dit was een van de redenen van hun.... Uitroeiing, zogezegd?*
P: Voor hun ... niet zozeer uitroeiing, maar uitsterven. Het is niet juist om uitroeiing te zeggen. Het woord dekt de lading niet.
D: *Dus de andere rassen die we tegenwoordig hebben zijn degenen die het hebben overleefd? De gelen en de roden, de zwarten en de witten, kaukasische.*
P: En de bruinen.
D: *Weet je op welk continent de rassen oorspronkelijk zijn begonnen?*
P: Er is gezaaid in de buurt van de rivier de Nijl. De omstandigheden waren goed. Het leven werd daar gezaaid en aangemoedigd om te groeien. Dat waren de originele levensvormen: cellen, cellulaire levensvormen die vervolgens evolueerden en uitgroeiden tot meer complexe vormen.
D: *Evolueerden ze tot alle dierlijke en menselijke vormen?*
P: Ja, dat klopt.
D: *Kunnen we dat dat beschouwen als de geboorteplaats van het menselijk ras, de geboorteplaats van het leven op aarde?*
P: Het beschreven gebied was er één van verschillende. Je kunt niet één specifiek gebied aangeven als het begin. Want er waren verschillende plaatsen verspreid over de aarde die tegelijkertijd werden ingezaaid.
D: *Kun je dat een beetje beter uitleggen? Als je zegt "ingezaaid" klinkt het alsof iemand zaad zaait in een tuin.*
P: Je idee klopt precies.
D: *Ik begrijp het niet. De zaden moeten ergens vandaan komen.*
P: Dat klopt. Waar zou het leven uit moeten ontstaan als er geen leven was? Het moet ergens vandaan komen.
D: *Nou, de wetenschappers en theologen hebben zoveel theorieën over hoe het allemaal zo is gekomen. Bedoel je dat er in het begin*

geen cellen of wat dan ook waren? Geen gras, planten, wat dan ook, het begon allemaal met inzaaien?
P: Dat klopt. Het moment waarop de omgeving ontvankelijk werd voor leven wat het oorspronkelijke moment waarop de aarde haar levenshandvest ontving. Er was werk nodig om leven naar deze planeet te brengen. En de gebeurtenis werd genoteerd en geregistreerd in de annalen van de geschiedenis van het universum. Niet gebeurt toevallig.
D: Wat bedoel je met ons "levenshandvest"?
P: De aarde werd gecertificeerd als een levensplaneet, een planeet die leven kon ondersteunen. Er bestaat een onderscheid tussen een planeet die helemaal geen leven heeft en een planeet die leven bevat. Het is een stap omhoog in het evolutionaire proces van de planeet.
D: Wie bepaalt wanneer het tijd is om deze dingen te doen?
P: Er zijn spirituele en fysieke wezens die samenwerken en evalueren hoever de planeet is geëvolueerd. En nadat de omgeving is bestudeerd, wordt bepaald dat de omgeving levensvatbaar is geworden. En dan wordt er leven aan de planeet gegeven. En let op, ik zeg "gegeven".
D: Wij, waar kwamen de cellen vandaan? Ik denk dat ze toch ergens vandaan moeten zijn gekomen.
P: Ze werden meegebracht van andere planeten die al in een vergevorderde evolutionaire staat waren. Want op het moment dat het levenshandvest van de aarde in werking trad, waren er veel bewoonde planeten in het lokale universum. En dus werden de cellen meegenomen van een aantal van deze andere planeten.
D: Bedoel je dat ze gekweekt werden zoals in en laboratorium?
P: Meer zoals in een tuin. Een tuin waarin nieuwe zaden worden geplant en goed in de gaten gehouden en verzorgd en ondersteund.
D: Hoe werden ze hierheen gebracht?
P: Met ruimteschepen.
D: Zou dit verklaren waarom ik het gevoel heb dat de mensen uit de ruimte voor ons zorgen?
P: Dat klopt. Want we bevinden ons nog steeds in de tuin en komen nu bij het punt van zaadvorming. Zeg maar dat de tuin er klaar voor is om fruit te produceren.
D: En zullen we het goede soort fruit produceren?

P: Dat wordt bepaald door de tuin. Niemand zegt tegen de tuin welk soort fruit hij moet produceren. De tuin krijgt simpelweg uitgebreide de kans om te groeien. Er bestaat geen document waarin staat "deze tuin moet dit of dat soort fruit produceren". De geschiedenis is de keus van de aarde zelf. Dit is waar de vrije wil naar voren komt.

D Denk je dat de tijd komt waarop we de zaden zogezegd doorgeven, dat we andere planeten gaan inzaaien?

P: Het wordt nu voorbereid. Zelfs op dit moment worden er voorbereidingen gedaan. De tuin is klaar om te produceren.

Ik dacht aan onze verkenningen in de ruimte, en ik vroeg me af of dit was wat hij bedoelde. Of we zouden proberen om leven te produceren op een andere planeet in ons zonnestelsel.

D: Bedoel je dat er mensen op aarde zijn die hiermee experimenteren?

P: Het gebeurt zowel op fysieke als spirituele niveaus. Het werk is echter grotendeels onzichtbaar op aarde.

D: Er zijn vast veel mensen die een heel sterke mening hierover hebben. Wordt dit werk gedaan door NASA of andere ruimtevaartdeskundigen bijvoorbeeld?

P: We hebben het ook over spiritueel inzaaien. Het inzaaien gaat om het brengen van licht naar de planeet, de kennis, niet noodzakelijk een fysiek overbrengen. Het verlichten van individuen is onderdeel van dit hele proces.

D: Maar denk je dat er wetenschappers bezig zijn met de mogelijkheid om andere planeten fysiek in te zaaien?

P: Er zijn mensen die het idee hebben om andere planeten te koloniseren. En er zijn mensen die zoiets daadwerkelijk aan het plannen en voorbereiden zijn op dit moment. Zij zijn hier niet meer of minder geschikt voor dan wij in deze kamer. Ieders werk is even belangrijk.

D: Weet je of ze een specifieke planeet in gedachten hebben waarop ze dit willen uitproberen?

P: Vanwege de technologie en de beschikbare planeten waaruit gekozen kan worden, wordt op dit moment naar twee planeten gekeken. De ene is de maan, die technisch gezien geen planeet is maar waarvoor bevolking wordt overwogen. Mars wordt serieus overwogen voor kolonisatie vanwege de technische beperkingen van de menselijke technologie op dit moment. Dat zijn op dit moment de enige mogelijke keuzes.

D: Ik neem aan dat om te kunnen koloniseren ze moeten inzaaien om voedsel te hebben om van te leven. Is dat wat je bedoelt? Of een inzaaiing die het begin van leven zou zijn zoals wij dat kennen?

P: Dit zijn de eerste stappen die een kind zou maken op zijn pad naar volwassenheid. Dit zijn de eerste nutteloze stappen of pogingen en deze moeten niet worden beschouwd als het begin van de reis, want de stap is nog niet gezet.

D: Zal het ooit gebeuren, net zoals het op onze planeet is gebeurd?

P: Dat klopt.

D: En Venus? Die is net zo dicht als Mars geloof ik.

P: Zodra de technologie het juiste niveau bereikt, zal het niet meer nodig zijn om deze planeten in beschouwing te nemen, omdat het dan mogelijk zal zijn om naar andere melkwegstelsels te reizen waar veel meer gastvrije planeten zijn dan die in dit zonnestelsel.

D: Je zei dat de maan geen planeet is, dat is waar. Wat weet je over de maan?

P: Wat wil je weten?

D: Er zijn altijd vragen geweest over de oorsprong ervan.

P: De maan werd van de aarde afgescheurd tijdens een botsing met een rondzwervende ster. Dit gebeurde toen de aarde gesmolten was en het werd afgescheurd van de massa van de aarde door de zwaartekracht van een passerende ster.

D: Heeft de maan ooit leven bevat?

P: Nee, want hij heeft nooit een atmosfeer gehad. Het materiaal waar hij van was gemaakt op het moment dat hij werd afgescheiden van de aarde is nooit levensvatbaar geweest. Wat niet betekent dat er geen leven de maan heeft bezocht, zoals blijkt uit de prestaties van de mens zelf.

D: Ik heb ook gehoord dat buitenaardsen daar misschien op enig moment bases hebben gehad.

P: Ze zijn op het oppervlak geweest, dat klopt. Ze hadden geen bases, maar kwamen er op bezoek omdat het een goede plek was om uit te rusten, zogezegd.

D: *Er zijn mensen die zeggen dat ze door telescopen dingen op de maan kunnen zien die eruitzien als door mensen gemaakte objecten. Weet je daar iets over?*
P: Die beweringen zijn niet meer dan dat. Behalve de dingen die door het ruimteprogramma van dit land zijn achtergelaten, was er geen fysiek bewijs van eerdere bezoeken. En dit is geen toeval, want elk spoor is zorgvuldig verwijderd om de aanwezigheid van eerdere bezoekers niet te verraden. Want dat zou een traumatische ontdekking zijn voor de aarde, als er afval op de maan was achtergebleven van bezoekers van een andere planeet.
D: *Dus wat de mensen zeggen te zien zijn slechts natuurlijke fenomenen of natuurlijke structuren?*
P: Dat klopt.
D: *Zijn er op dit moment buitenaardsen die de maan op deze manier gebruiken?*
P: Er vindt nog steeds af en toe een bezoek plaats, maar niet meer dan eerder en niet op een andere manier.
D: *Denk je dat de aarde op enig moment de maan zal koloniseren of er een basis neer zal zetten?*
P: Dat is mogelijk, dat is heel goed mogelijk.

Deze sessie had een interessante gedachtenrichting geopend. Onze wetenschappers zijn zo ver gekomen met de verkenning van de ruimte, dat ik denk dat het geen verrassing zou moeten zijn dat ze nadenken over de mogelijkheid om leven te creëren op een levenloze planeet. Wanneer en als dit zou slagen, zouden ergens ver weg in de toekomst de wezens die hieruit voortkomen ons als hun God beschouwen, als hun Schepper. Waarom is het idee dat dit al een keer is gebeurd hier op aarde in het verre verleden dan zo vreemd?

Ik vond het hele concept interessant, maar ik realiseerde me op dat moment niet hoe belangrijk het was wat Phil me vertelde. Het was gewoon weer een onderwerp dat via de Drie Torenspitsen naar ons toekwam. Ik was niet van plan het onderwerp verder uit te diepen, maar de krachten (of hoe je ze ook wilt noemen) die deze informatie lieten doorkomen, hadden andere plannen. Ze hadden besloten dat het tijd was dat het hele verhaal naar voren kwam.

Hoofdstuk 13
De ontdekkers

Er volgden een aantal weken waarin we vele keren teruggingen naar de Drie Torenspitsen en vragen stelden over bijzonder plekken op aarde en deelnemers aan de groepssessies vragen lieten stellen. Deze sessie was er zo één, en er waren veel mensen aanwezig die nog nooit zoiets hadden meegemaakt. Ze hadden van vrienden gehoord wat er aan de hand was en kwamen uit nieuwsgierigheid. We verwachtten allemaal vragen te stellen over verschillende aardse mysteries, dingen die we ons altijd hadden afgevraagd. En ik wist zeker dat sommige toeschouwers ook persoonlijke vragen hadden voorbereid. Maar de krachten die dit leidden waren niet van plan de sessie van deze avond op deze manier te laten verlopen. Ze hadden iets anders in gedachten. Toen de lift deze keer stopte, was dat niet op de planeet van de Drie Torenspitsen. In plaats daarvan zei Phil dat hij bomen zag.

P: Er staat rechts een zilveren schip dat wacht tot de drie bemanningsleden terugkomen uit het bos.

Had Phil ervoor gekozen een vorig leven te onderzoeken? Dit gebeurde normaal gesproken niet tijdens groepssessies. Hij was in trance gegaan met de verwachting vragen te beantwoorden. Wat hij zag leek niet op dezelfde plek als de verloren expeditie. De planeet waarop dat was gebeurd was onbegroeid. Blijkbaar leidden de krachten die dit geheel regelden ons naar een plaats waarvan zij dachten dat we die moesten bezoeken, ongeacht de wensen van de anderen in de kamer. Ik had geen andere keus dan erin mee te gaan. Ik vroeg om een beschrijving van het schip.

P: Het is zilverkleurig en rond. Het heeft een ovale dwarsdoorsnede en wordt gedragen door vier poten met een laadbrug of deur aan de onderkant.

D: *Is het erg groot?*
P: Het heeft een diameter van ongeveer 10 meter.
D: *Dat klinkt niet zo groot.*
P: Niet zo groot, omdat het moederschip waar dit schip vandaan komt veel groter is. Dit is een verkenningsvliegtuig en het wordt alleen voor korte vluchten gebruikt.
D: *Je zei dat je bomen kon zien. Hoe ziet het landschap eruit?*
P: Het landschap is dat van de aarde. Dit is een periode waarin deze planeet aarde werd bezocht door dit wezen (Phil) in een andere tijd in de geschiedenis van dit wezen.

Hij keek dus naar een van zijn echte vorige levens, geen inprenting.

D: *Je zei dat er drie mensen of drie bemanningsleden naar het schip toe gingen?*
P: Ze zijn nu in het bos. Ze nemen monsters van de grond en begroeiing, want de planeet wordt binnenkort bestempeld als levensplaneet. Voordat deze planeet wordt ingezaaid, moet er onderzoek worden gedaan om de geschiktheid van de omstandigheden op deze planeet te bepalen. De omstandigheden moeten geschikt zijn om leven te ondersteunen en onderhouden. Dat is het doel van deze expeditie, om te proberen te bepalen of de omstandigheden op dit moment leven kunnen ondersteunen.
D: *Er is iets dat ik verwarrend vind. Als er bomen zijn, dan is dat een levensvorm, of niet?*
P: Dat klopt. We hebben het over menselijk leven, of dierlijk leven, wat een andere omgeving nodig heeft of zich te handhaven. Dit is de tijd van de minerale en plantaardige koninkrijken, die voorafgaan aan het dierlijke rijk op deze planeet. Er is alleen plantengroei.
D: *Je zei dat ze monsters moesten nemen en ze dan ergens mee naartoe nemen? Wie gaat dit bepalen?*
P: De monsters worden verzameld en naar het centrale superuniversum gestuurd, en daar worden ze bekeken en geanalyseerd. Er wordt dan een aanpassingsonderzoek gedaan en de geschiktheid van de planeet wordt bepaald, in de zin van het ondersteunen van leven in dierlijke vorm.

D: Waar is deze centrale plek?
P: Dat is Havana (fonetisch), het centrale of superuniversum. (Ik vraag me af of er bewust een gelijkenis is met ons woord "Hemel" (heaven)?) Het oorspronkelijke punt waar de hele schepping vandaan komt. Want in dit universum bevindt zich de verblijfplaats van Hij die de hoogste en meest verheven heerser is van de hele schepping, de Hosanna, de God zoals hij op deze planeet wordt genoemd. Dit is het centrale punt van de hele schepping, waar de volledige schepping om draait.

D: Dus jouw beschaving erkent een God?
P: Alle beschavingen erkennen een God. Degenen die vergevorderd zijn, erkennen dezelfde God, want Hij is één en Hij is alles. Hij wordt erkend met verschillende namen en concepten, maar Zijn wezen wordt door iedereen erkend, want Hij is, net zoals wij van Hem zijn.

D: Ben je daar ooit geweest?
P: Ik zal die vraag niet beantwoorden, want de serie vragen die zou volgen is niet gepast. We kunnen hier nu niet over spreken.

Hij had duidelijk door dat ik zou vragen naar een beschrijving van die plek en dan een beschrijving van God. Ik verzekerde hem dat ik hem nooit zou vragen iets te doen dat hij niet wilde. Tijdens regressies en hypnotische trance experimenten komen situaties zoals deze vaak voor waarin de cliënt niet over bepaalde zaken kan praten. Als dit gebeurt is het moeilijk, zo niet onmogelijk, om er doorheen te komen. Ik respecteer meestal hun beslissing omdat zij zich beter bewust zijn van de situatie dan ik.

D: Ik was gewoon nieuwgierig.
P: Dat is begrijpelijk, want wij zijn ook nieuwsgierig. En dus graven we in het bos en sturen monsters terug om onze nieuwsgierigheid te bevredigen. Want dit is een karaktertrek die niet alleen mensen hebben, zoals sommigen denken.

D: Ik dacht alleen dat als Hij op een bepaalde plek woont, dat Hij dan meer een soort fysiek wezen zou zijn. Dat was waar mijn nieuwsgierigheid op doelde.
P: Hij is geen wezen. Hij is en dat is alles dat ik kan zeggen op dit begripsniveau. Maar er is een verblijfplaats, de Zaal van God,

welke de verblijfplaats is van waar Hij uitstraalt en waar Hij centraal staat.

D: *Ik vond het gewoon vreemd dat Hij een verblijfplaats heeft.*

P: Dat is gewoon een interpretatie zodat jij het op jouw niveau kunt begrijpen. Want als we jou informatie zouden geven op een hoger niveau, dan zou je het niet begrijpen. Daarom moeten we deze informatie terugbrengen naar dit niveau waarop je het kunt begrijpen.

D: *Oké. Maar in andere woorden, Hij heeft een centrale plek waar je contact met Hem kunt opnemen. En jouw schip is één van de vele die dit soort dingen meeneemt of zo?*

P: Dit is een vloot schepen van een specifieke eenheid. Want de schepen zijn onderdeel van een ontdekkingsmacht wiens opdracht precies deze is: om te reizen naar planeten die op de lijst staan om het leven te overerven, of die de status van levendragende planeet hebben bereikt. Er zijn namelijk regels en richtlijnen die moeten worden gevolgd, en deze zijn onderdeel van deze regels en richtlijnen.

D: *Maar jij hebt niets te maken met het besluitvormingsproces.*

P: Dat klopt, want het verzamelen wordt slechts gedaan diegenen als heel klein onderdeeltje van het grotere geheel. Dat is hun werk en niets meer dan dat.

D: *Kun je me een beschrijving geven van hoe de bemanningsleden eruitzien als ze uit het bos komen?*

P: We willen op dit moment geen details geven, want dat zou de luisteraars het vooropgestelde idee geven dat allen er zo uitzien, wat zeker niet het geval is. Er zijn namelijk vele rassen die er, in menselijke termen, nogal extreem uitzien, extreem op alle manieren. Dus we willen niet één beschrijving geven die allen vertegenwoordigt. Want er volgt nog veel informatie die later vele individuele vormen van fysiek voorkomen zal beschrijven. Op dit moment is het niet gepast.

D: *Toen je vroeger over mensen van andere planeten sprak, gaf je me wel beschrijvingen.*

P: Dat klopt, maar die sessies waren besloten en nogal beperkt in omvang. Nu bevinden wij ons echter niet in die omgeving en dus moeten we deze voorzorgsmaatregelen nemen.

D: Oké. Ik zal me houden aan jouw oordeel. Kun je me vertellen wat er gebeurt terwijl je toekijkt?
P: De monsters worden verzameld en in cilindrische potten gedaan en vervolgens verpakt en naar het verkenningsschip gestuurd. Van daaruit worden ze naar het moederschip vervoerd. Van daaruit worden ze vervoerd naar het tussenstation dat zich bij het, tussen haakjes, "Regionale Hoofdkantoor" van dit deel van de Melkweg bevindt. Ze worden vervoerd via… kosmische koerier, als je het zo wilt noemen (gelach uit de groep) naar het centrale universum waar ze worden onderzocht en een beslissing wordt genomen.
D: Dat zijn nogal wat plekken waar het naartoe moet.
P: We vragen je naar je eigen gemeenschap te kijken en je ziet hetzelfde op veel gebieden. Jouw gemeenschap is namelijk slechts een weergave van wat op universele schaal bestaat.
D: Nou, ze hebben dus monsters genomen van de grond en de begroeiing. En de lucht en zo? Is dat ook belangrijk?
P: Tijdens deze missie lag de focus uitsluitend op de grond en de begroeiing. Dat was het volledige bereik van deze missie.
D: Oké. En de bemanningsleden? Kunnen zij functioneren en ademhalen in de atmosfeer van de aarde?
P: We zullen deze vraag nu niet beantwoorden vanwege de eerdergenoemde redenen. We willen echter dit zeggen: ze konden zich vrij bewegen en hadden geen problemen of ongemak.
D: Oké. Wil je me de antwoorden geven in een privé sessie?
P: Dat zeggen we niet, want… we gaan het er niet meer over hebben.

Het leek erop dat er veel verboden onderwerpen waren tijdens deze sessie. Meestal vind ik wel een manier om met dit soort weerstand om te gaan, maar het leek erop dat we streng werden gecensureerd.

D: Dat is helemaal prima. Kun je me vertellen hoe het moederschip eruitziet?
P: De moederschepen zijn de sigaarvormige voertuigen die veel mensen op aarde zeggen te hebben gezien. Dit zijn niet de enige moederschepen, want er zijn schepen die nog groter zijn dan deze waar de moederschepen aan vastzitten. Stel je een vliegdekschip

voor dat omringd wordt door torpedojagers die op hun beurt sloepen hebben en je begrijpt misschien het concept.

Phils onderbewuste gebruikte zijn marine-ervaring om een vergelijking te geven.

D: *Land het moederschip ook ergens?*

P: Dat is niet zo. Het moederschip komt namelijk niet door de atmosfeer. De verkenningsschepen worden de atmosfeer in gestuurd.

D: *Kun je me op de een of andere manier beschrijven waar de schepen vandaan komen?*

P: We zullen zeggen dat ze uit een constellatie komen die zichtbaar is met het blote oog, Andromeda. En we zullen verder zeggen dat vanuit dit gebied op dit moment soms bezoeken plaatsvinden aan deze planeet.

D: *Bedoel je met "op dit moment" de tijd waarin we nu leven?*

P: Op dit moment in het heden, 1984.

D: *Waarom komen ze nog steeds naar deze planeet?*

P: Ze zijn teruggekomen, want er was een lange periode zonder bezoeken. De tijd is nu gekomen dat deze planeet zijn bestemming zal vervullen en er is veel informatie nodig om te verwerken en begrijpen waar deze planeet op dit moment staat, wat betreft luchtvervuiling, grondvervuiling, energieniveaus, etc.

D: *De schepen die verantwoordelijk waren voor het inzaaien, kwamen deze van dezelfde planeet waar dit onderzoeksschip vandaan kwam?*

P: Dat is niet juist, want dit detail kwam van een onderzoeks- of verkenningsmissie. Het inzaaien is gedaan door een aparte en toegewezen groep schepen wier enige doel dat was: de planeet inzaaien. Dus we kunnen je nu vertellen dat het menselijk leven en vele andere levensvormen op deze planeet bewust ingezaaid zijn en vanuit een tuin zijn opgekweekt. Dus je ziet dat je broeders nog in de lucht zijn terwijl jullie op aarde lopen, of liever kruipen. De tijd waarop jullie met jullie broeders samen vliegen komt nu naderbij.

D: *Waar komen de zaden oorspronkelijk vandaan?*

P: Waarom vraag je dat? Want als wij een bepaalde plaats zouden noemen, zou je denken "Nou, dat is vast een betere plek dan ergens anders, anders zouden ze ons nooit daar vandaan hebben gehaald". We willen dat jullie een open geest blijven houden wat dit aangaat, want de zaden kwamen van veel verschillende plaatsen en niet van één plaats in het bijzonder.

D: Ik vraag me gewoon af of ze van een planeet kwamen of dat ze in een laboratoriumomgeving zijn ontwikkeld, zogezegd.

P: Ze komen uit een voorraad van rassen die zijn uitgeprobeerd en zich hebben bewezen en waarvan besloten was dat ze geschikt waren voor deze planeet. Er was veel keus. Als de keus anders was gemaakt, hadden jullie er niet zo uitgezien zoals nu. Je zou het grappig vinden om te zien hoe je eruit had kunnen zien. (Veel gelach uit de groep).

D: Ik dacht aan de term "klonen" die tegenwoordig erg populair aan het worden is. Daarom vroeg ik me af hoe ze zijn ontwikkeld.

P: We zullen hier niet over spreken, want wij hebben controle over wat we vertellen.

Als een cliënt het niet over een bepaalde vraag wil hebben, kan ik altijd overschakelen naar iets anders. Vaak kunnen antwoorden worden verkregen door de bewoording te veranderen.

D: Oké. En de dieren? Wat werd het eerst ingezaaid op de planeet?
P: Het wiel of de wagen, wat was er eerst? Maakt het uit?
D: Nou, ik heb een heel sterke nieuwsgierigheid.
P: Dat hebben we gemerkt, en we hebben soms moeite om sommige van jouw vragen te beantwoorden, want we hebben strikte richtlijnen ontvangen over wat we mogen beantwoorden. En jij gaat vaak tot de grens van wat we mogen beantwoorden. Dus we zijn weer bij een grens en moeten zeggen dat we dit niet zullen beantwoorden, want het is niet toegestaan.
D: Ik vroeg me gewoon af of de dieren hier al enige tijd waren voordat de mensen in beeld kwamen.
P: Mensen zijn dieren.
D: Dat is waar.
P: Als je het zo wilt zien, zijn jullie op deze planeet broeders van de dieren net zoals jullie broeders zijn van degenen in de schepen en

de lichten in de lucht. Jullie hebben hier een tweeledige aard, licht en donker, of etherisch en materieel, fysiek.

D: *Ik probeer het gewoon te begrijpen. Zeg je dat we uit de dieren zijn geëvolueerd in een evolutionair proces?* (Phil slaakte een diepe zucht). *Als je geen antwoord wilt geven, is dat oké.*

P: We proberen overeenstemming te bereiken hoe we dit kunnen beantwoorden op een manier waarop we niet het verboden gebied betreden en je toch een antwoord krijgt dat je kunt begrijpen. We zullen het volgende zeggen. Er werd geleidelijk en aandachtig gesnoeid in een bestaande voorraad die zeer aandachtig werd verzorgd om ervoor te zorgen dat de uitkomst datgene zou worden wat we nu hebben – vanuit het oogpunt van het voertuig. Het is geen toeval dat de fysieke lichamen die mensen nu hebben zijn zoals ze zijn. Want het is met zorg gepland dat ze precies zo zouden zijn.

D: *Ik heb altijd gedacht dat er in die vroege tijden misschien wat geëxperimenteerd zou zijn.*

P: Dat klopt, want er is altijd geëxperimenteerd, op deze planeet en andere. Want we bereiken nooit een punt waarop we zeggen "Dit is goed zo, we laten het erbij". Elke planeet heeft namelijk haar eigen individuele vereisten en dus bestaat er geen perfect antwoord voor alles. Want alles is een individuele vereiste.

D: *Ik heb me altijd afgevraagd of zoiets de verschillende legendes over half mens-half dier wezens kan hebben veroorzaakt die gedurende de hele geschiedenis zijn doorgegeven.*

P: Fantasie ligt ten grondslag aan de meeste legendes.

D: *Toen de planeet werd ingezaaid, hebben de schepen het toen gewoon zo gelaten, of wat gebeurde er toen?*

P: Er werd, zoals eerder gezegd, zorgvuldig en met aandacht getuinierd om er zeker van te zijn dat alles goed was. Af en toe kwam er een indringer van buiten ... (hij pauzeerde alsof hij luisterde) ... en we zullen hier verder niet over spreken, want we komen bij de grens. Maar het plan werd verstoord, en daardoor heeft de mens veel chaos moeten doorstaan in zijn leven vanwege deze inbreuk.

D: *Er gebeurde iets onverwachts?*

P: Dat klopt. Want zelfs met alle kennis die wij hebben, hebben we geen complete controle op alle niveaus. Of om het juister weer te geven, de beste plannen pakken vaak verkeerd uit, waar ze ook bedacht zijn. Want zelfs op het niveau van engelen en superengelen worden plannen gemaakt die kunnen worden verstoord. En dus zijn er noodplannen van de allerhoogste niveaus van intelligent bestaan zelfs tot aan het menselijk niveau.

D: Ik wou dat je me enig inzicht kon geven in wat er is gebeurd zonder je grenzen te overschrijden.
P: Ik wou ook dat we dat konden, want dit is een heel interessant verhaal. We zullen zeggen dat het alleen nog geen tijd is hiervoor.
D: Oké. Maar zou het op een ander moment als wij samenwerken wel gepast zijn?
P: Dat is juist.

Het leek erop dat het verhaal me in ieder geval niet ontzegd zou worden. Het vereiste gewoon een meer besloten omgeving.

D: Oké, dan zet ik het nu even op een laag pitje. Dus af en toe kwamen ze terug naar hun tuin, zogezegd.
P: (Met een lach) Ze tuinieren nog steeds, want er is overal onkruid gegroeid dat moet worden verwijderd.

Ik ging met hem mee en vroeg met een lach: "Ik vraag me af wat ze nu van ons denken."

P: (Hij glimlachte verlegen). Dat willen we niet beantwoorden, want we denken... (veel gelach uit de groep).
D: Ik denk dat ik wel een idee heb. (gelach)
P: Je ziet het goed, want kijk eens wat een puinhoop het hier is. En dat is alles wat we erover willen zeggen. (gelach)

Ze leken gevoel voor humor te hebben en het leuk te vinden af en toe grapjes met ons te maken. Dat was goed. Want het haalde de serieuze noot uit het gesprek. De groep vond het ook leuk, want er waren mensen aanwezig die alleen uit nieuwsgierigheid waren gekomen en om vermaakt te worden. Dit zou de terughoudendheid bij het beantwoorden van vragen kunnen verklaren; ze konden de stemming van de aanwezige mensen aanvoelen.

D: *Is er enig verband met die wat wij ufo's of vliegende schotels noemen die we de afgelopen jaren hebben gezien?*

P: Je bedoelt dat je niet begrijpt dat we het daarover hebben?

D: *Ik wilde het gewoon zeker weten. Is er meer dan één soort schip dat van verschillende plaatsen komt, of ...*

P: Dat klopt. Je kunt naar jullie eigen samenleving kijken en de weerspiegeling zien van de samenlevingen van jullie universele broeders. Kijk maar eens naar de verschillen in auto's uit Frankrijk, een Porsche vergeleken met een Pinto, en je snapt dat het schip een weerspiegeling is van de maker ervan. Dus met al die verschillende samenlevingen in de ruimte zijn er natuurlijk verschillen in schepen omdat ze de samenlevingen weerspiegelen waar ze gebouwd zijn.

D: *Wat is het doel van de andere schepen die naar deze planeet komen?*

Ik bedoel het doel van de schepen van andere planeten, maar hij interpreteerde mijn vraag op zijn eigen manier.

P: Het luchtkussenvoertuig is een verkenningsvoertuig. Het moederschip is een dienstverlenend voertuig dat het luchtkussenvoertuig ondersteunt. Het grote of centrale schip verzorgt het transport tussen de bestemmingen. Kijk nog een keer naar de vergelijking met marineschepen. Het vrachtschip is het centrale schip waarop de opperbevelhebber verblijft, waar de orders vandaan komen, beslissingen worden gemaakt en communicatie vandaan komt. De hulpschepen en torpedojagers zijn ondersteunende schepen die de verbinding vormen tussen het centrale schip en de sloepen of het luchtkussenvoertuig. Want je snapt wel dat een sloep moeilijk langszij kan gaan bij een vrachtschip.

D: *Oké. Maar met mijn vraag bedoelde ik wat het doel was van de andere schepen die naar de aarde komen?*

P: Er waren veel verschillende missies en veel verschillende doelen, en elk schip had zijn eigen specifieke missie. Dat kon zijn inzaaien, ontdekken, in kaart brengen, berekenen, etc. etc. Er is veel te doen bij een onderneming als deze, want je kunt niet gewoon de zaden in de wind gooien en maar zien wat er gebeurt.

Het is een zeer goed geplande en georkestreerde beproeving. We hebben het hier over het daadwerkelijk fysiek zaaien zoals het planten van cellen in een vijandige omgeving zoals het water van een lagune of in een moeras of in de bosgrond. En er dan voor zorgen dat ze ontkiemen en van daaruit verder groeien.

D: *Dat lijkt me erg ingewikkeld. Je hebt er veel planning voor nodig.*

P: Precies. Zoals we eerder probeerden te omschrijven. Want niets wordt, hopelijk, aan het toeval overgelaten.

D: *Maar je moet toegeven dat het een radicaal idee is.*

P: Het is geen idee. We willen dit benadrukken, dat het niet gewoon een idee is, maar dat het geschiedenis is. Niet dat er een groot plan zit achter het delen van deze informatie. Deze wordt gewoon gegeven. We hebben veel informatie om te geven zo lang je blijft zoeken. Het is zo precies als mogelijk op die begripsniveau. De informatie zou betekenisloos worden als we het maar een klein beetje boven dit begripsniveau zouden verheffen. Want er is veel informatie die zo ver uitgaat boven wat de menselijke intelligentie kan begrijpen, dat het volledig zinloos zou zijn deze op te noemen. Er bestaan namelijk geen concepten in de menselijke taal waar we deze informatie mee kunnen vertalen. En dus beschrijven we het in termen die voor mensen bekend zijn. De informatie waarop het is gebaseerd is feitelijk en waar. Het kan echter op een manier worden gebracht dat het een paradox lijkt, maar dat is zeker niet het geval. Het is gewoon een kwestie van vertaling.

D: *Er is waarschijnlijk informatie die we nooit kunnen krijgen vanwege deze vertaalproblemen.*

P: Dat klopt, want de menselijke taal heeft veel hiaten of zwakheden in haar vermogen om concepten over te brengen. Als we deze informatie telepathisch zouden overbrengen, dan zou het verhaal heel anders zijn en veel uitgebreider.

D: *Nou, ik waardeer het dat je probeert het verhaal naar me over te brengen.*

P: Jij bent een meester in de Engelse taal en jouw capaciteiten op dit gebied zijn groot, dus ben jij gekozen om dit werk te doen. Want de informatie moet gegeven worden, het is tijd, de tijd is gekomen. We bevinden ons nu in het actieve deel van de planning om deze planeet naar de inzaaifase te brengen. En dus moeten we werken via mensen die de vaardigheid bezitten om deze verspreiding van feiten en ideeën op dit conceptuele niveau uit te voeren.

D: Gaat dit samen met wat je me eerder vertelde over het naderen van de fase waarin we ook andere planeten zouden inzaaien?

P: Dat klopt, want het concept van inzaaien wordt veelal verkeerd begrepen. We willen dit verduidelijken. Het inzaaien zal niet zozeer fysiek als wel spiritueel gebeuren. De zielen die nu op deze planeet wonen zullen namelijk naar andere planeten reizen en de ervaringen die ze hebben opgedaan gedurende vele millennia aan levens op deze planeet meenemen. Dus het bewustzijn van een andere gevallen planeet of minderwaardige planeet of ... we willen het woord "minderwaardig" terugnemen, want dat is geen correct woord. Maar we willen zeggen dat het bewustzijn van een andere planeet kan worden verhoogd door een infusie van zielen van deze planeet nadat deze de inzaaifase heeft bereikt. En zo zie je dat het steeds maar doorgaat. Want er zullen altijd ergens in het universum planeten zijn die klaar zijn om te worden ingezaaid en een infusie te ontvangen.

D: Kun je iets meer vertellen over de geboorte van de aarde die je noemde? Wat bedoel je precies?

P: Dat is het concept van een zaaiplaneet. Stel je een groeiende zonnebloem voor. In het begin is hij er nauwelijks. Maar als hij gaat bloeien kan iedereen hem zien. Uiteindelijk geeft hij delen van zichzelf af om zichzelf te verspreiden. De aarde staat op het punt om in bloei te komen en haar bloemen aan het hele universum te laten zien.

D: Zouden wij dan de zaden van de zonnebloem zijn?

P: Sommigen wel ja.

D: En wat gebeurt er dan?

P: Dat is aan elk individu en niet aan één persoon om voor te schrijven. Want iedereen moet zelf beslissen. Velen zullen beslissen om te blijven, de geschiedenis van de aarde is nog lang niet compleet. Er is hier nog veel te doen. Er zullen echter ook velen zijn die ervoor kiezen om de zaden met aardse ervaring mee te nemen naar andere sferen en andere planeten en deze zo te helpen op te bloeien en uiteindelijk ook te zaaien. Dit kan op spiritueel niveau zijn, of op fysiek niveau. Het kan een incarnatie op een andere planeet zijn, waar de ervaring op die planeet wordt opgedaan. Het punt is hier het verspreiden van opzettelijke energie, want de energie van de aarde is bijzonder of uniek. Dus de energie van de aarde zou kunnen worden verspreid naar een andere planeet die instroom van buitenaf nodig heeft, verse, nieuwe mentale energie.

D: *Waarom is de energie van de aarde uniek?*

P: Het is uniek voor de aarde. De energie van een andere planeet is ook uniek. Net zoals elke persoonlijkheid uniek is.

D: *Dat brengt me op een interessante vraag. Wanneer werd het geestelijke ingezaaid nadat de planeet was ingezaaid met leven?*

P: Dit was een geleidelijk proces dat plaatsvond nadat het menselijk lichaam het stadium had bereikt waarin het bewoon kon worden. Want er was een bepaalde tijd tussen het uitgeven van de eerste zaden voor het fysieke dierenrijk tot aan het punt waarop het menselijk lichaam zich via evolutie voldoende had ontwikkeld tot het kon worden bewoond door zielen.

D: *Werden de dieren ooit bewoond door dit soort geest?*

P: We zullen het hier nu niet over hebben. Want ook tussen ons is er nog veel onenigheid over hoeveel we moeten geven en hoe het moet worden gegeven. Sommige informatie zal later worden gegeven op een moment dat is overeengekomen. We zullen het hier echter nu niet over hebben.

D: *Oké. Ik ga jullie er echter aan houden! (gelach)*

P: We zullen het niet vergeten...

D: *Ik zal het ook niet vergeten. Ik heb een enorm geheugen. (gelach)*

P: Wij hebben er één die millennia teruggaat. (veel gelach uit de groep)

D: *Oké. Ik zet al deze dingen op een laag pitje totdat we in kleiner comité kunnen werken.*

P: Dat klopt. Want we willen een aantal onderwerpen ter sprake brengen die nog niet besproken of bekeken zijn. We zullen deze echter op een geschikt moment naar voren brengen. We zullen je meer geven dan je kunt gebruiken. Het is echter aan jou welke informatie je gebruikt en hoe je deze gebruikt. In dat opzicht kun je er je eigen stempel op drukken. Er is natuurlijk informatie die we als van ons beschouwen. We geven jou echter dat wat van jou is.

D: *Oké, dat waardeer ik. Dus zoals jij zei: toen het menselijke dier geëvolueerd was, mochten de zielen naar binnen treden.*

P: Dat klopt. Want het was gepland dat de geest het menselijk lichaam zou bevatten. Ik hoop dat je het subtiele onderscheid bemerkt. Want er wordt in het algemeen aangenomen dat de geest het lichaam bewoont. Dat is niet correct. Het lichaam bewoont de geest, want de geest is de ware vorm. Dat is een betere weergave van de feiten.

D: Dat is nogal een wending. Mag ik vragen waar de geesten vandaan kwamen?

P: De geesten kwamen van vele andere planeten. Er zijn geen geesten die oorspronkelijk van deze planeet komen, want ze komen allemaal uiteindelijk van andere planeten. Er zijn er echter veel die wat je zou kunnen beschouwen als een lange tijd op deze planeet hebben doorgebracht en die als oorspronkelijk worden beschouwd.

D: Mag ik vragen hoe deze informatie samengaat of past in het Scheppingsverhaal in de Bijbel?

P: We vragen je ook de evolutietheorie van Darwin in beschouwing te nemen, en je zult zien dat beide een deel van de waarheid bevatten. Want het lichaam is inderdaad geëvolueerd en toch was er ook echt de goddelijke gift van het leven aan de mens, dat is de geest. Dus ze kloppen allebei als onderdeel van het geheel.

D: Ik ben al tot de conclusie gekomen dat ze heel erg op elkaar lijken.

P: Ze zijn niet zozeer vergelijkbaar als wel aanvullend, want ze bevatten beide een deel van de waarheid. Ze spreken elkaar niet tegen. Je moet beide geloven omarmen om dichter in de buurt van het geheel te komen.

D: Dus jij gelooft dat wat je ons hebt verteld het Bijbelse Scheppingsverhaal niet tegenspreekt?

P: Kun je ons vertellen hoe dan?

D: Ik denk van niet, maar er zullen mensen zijn die zeggen van wel.

P: We laten hen het zelf uitzoeken, want dat is het hele punt. (gelach)

D: Ik zit er altijd tussenin.

P: Dat klopt, jij bent slechts de boodschapper.

Op dat moment was ik erg opgelucht dat iemand uit de groep luisteraars een vraag had: "Toen de aarde werd bewoond, werd er toen meer dan één levensvorm tegelijkertijd geïntroduceerd?"

P: Er werden veel verschillende vormen geïntroduceerd die uiteindelijk zouden zijn geëvolueerd tot wat we nu de "menselijke staat" noemen. Deze werden goed in de gaten gehouden om te zien welke zich het beste aanpaste aan de omgeving waarin ze werden geplaatst. Er werd besloten dat die vorm, die nu wordt gebruikt, de beste was gezien wat je ermee kon doen als deze volledig was ontwikkeld. Zoals eerder gezegd waren er veel mogelijkheden hoe de menselijke vorm eruit zou kunnen hebben gezien. Dit was echter de sterkste en de meest… nou ja, we zullen gewoon zeggen dat het de sterkste was (gelach) en dus werd deze gekozen als degene die verder mocht gaan.

D: Het recht van de sterkste.

P: Dat klopt. Want er was een plan en de vorm van de menselijke lichamen moesten de specificaties van dat plan kunnen uitvoeren. Dit specifieke model paste het beste bij al deze specificaties.

D: Ik zie blauwdrukken op een tekentafel in een laboratorium voor me. (gelach)

P: We gebruiken deze vergelijkingen eenvoudigweg omdat dit voertuig deze kent en ze gemakkelijk voor zich kan zien. Het proces van channelling verloopt via de ideeën en concepten die op de meest eenvoudige wijze via het kanaal naar het publiek kunnen worden overgebracht. Dus de bekendheid van dit voertuig met deze concepten komt vanzelf naar voren. Als een priester, een dokter of een tuinman dit zou doorgeven, dan zou ieder van hen een andere interpretatie hebben.

D: Soms maak je een vergelijking als je het niet kunt vertalen, dat maakt het makkelijker.

P: Dat kunnen we alleen doen als het voertuig een concept heeft waar we het mee kunnen vergelijken. Een vergelijking klopt alleen als we symbolen of informatie geven en hij uit zijn ervaring iets kan halen wat erbij past. We kunnen dit alleen doen met zijn vergelijkingen. Hij ontvangt gewoon onze informatie en vergelijkt deze dan en put uit zijn kennis en ervaring om iets te vinden dat een vergelijking of analogie mogelijk maakt. Zonder zijn menselijke ervaring zouden we geen uitgangspunt hebben en dan zou spreken zelfs niet mogelijk zijn.

Ik wilde af van de ingewikkelde concepten en terug naar het verhaal.

D: Toen deze plannen werden gemaakt, had God toen iemand die Hem hielp of heeft Hij het allemaal alleen gedaan? Zijn dit wel passende vragen?

Ik dacht aan de verhalen over de Elohim of andere goden die hem zouden hebben geholpen met de Schepping.

P: Deze vragen zijn op een bepaalde manier grappig voor ons. Want het lijkt alsof het hele gesprek van vanavond uit het raam wordt gegooid. (veel gelach)

Later bedacht ik me wat hij bedoelde. Hij had me de hele avond verteld over de taken die de verschillende schepen en bemanningsleden toegewezen hadden gekregen om te helpen met het inzaaien. Maar ik had het over degenen op hogere posities, zoals goden.

D: Oftewel, jij denkt niet dat Hij iemand om advies heeft gevraagd hierover?
P: We willen je verzoeken je vraag te verduidelijken, want wij hebben het idee dat jij God ziet als een individueel Wezen dat vanuit de hemel zaden laat vallen op deze kleine planeten. En dan gaat Hij zitten en kijken hoe ze groeien en lacht Hij tevreden, en misschien vernietigt Hij er één of twee als ze uit de hand lopen. (gelach)
D: Nou, dat is hoe sommige mensen denken. (gelach)
P: Dat hebben we gemerkt. We vragen jou echter een meer open benadering te hebben en God slechts als een toeschouwer van Zijn kinderen en hun taken te beschouwen. De kinderen voeren de taken uit. God is gewoon. God is, punt. De kinderen doen, God is.
D: Ik probeer gewoon een beeld te vormen. Ik vroeg me af of Hij ooit iemand anders' mening wilde vragen, of dat Hij het gewoon allemaal zelf wilde doen.
P: Meningen worden gevraagd aan God, niet andersom. Wij hebben geduld met jou, net zoals jij geduld hebt met ons. (gelach) We willen dat je begrijpt dat wij plezier hebben in deze sessies, want

we zien veel humor in deze inzichten in de menselijke natuur.
(gelach)
D: Je zou ondertussen moeten weten dat ik wel een miljoen vragen heb.
P: Wij ook. We zullen ze echter één voor één blijven bekijken. We zullen je op alle mogelijke manieren van dienst zijn. We bedanken je en willen graag terugkomen, want we vinden dit net zo leuk of nog leuker dan jij. Want sommigen van ons lachen met jou.
(gelach)

Ik was een beetje bezorgd toen de krachten (of wat het ook waren) grapjes met ons begonnen te maken. Ik vroeg of de informatie die ze doorgaven klopte, of dat ze gewoon een spelletje met ons aan het spelen waren? De stemming van de krachten werd onmiddellijk nuchter.

P: We sturen zo correcte informatie als mogelijk. We willen je zeggen dat we je nooit opzettelijk verkeerde informatie zouden geven. Wij zijn op een missie zonder humor. De missie is serieus van aard en wordt niet joviaal uitgevoerd. Wij geven jou informatie, hoe het wordt ontvangen kan grappig zijn. En we genieten van de momenten van lichtzinnigheid of luchtigheid, want deze doorbreken de serieusheid van de situatie. Maar we spelen geen spelletjes. We zullen het niet meer over de serieusheid hebben, want het was smakeloos voor ons om te zeggen en voor jou om te horen. We willen onderstrepen dat deze missie niet grappig is. Deze missie bevat geen flardje dat niet ernstig of serieus is.

D: (Ik voelde me echt uitgekafferd) Maar je snapt dat ik voorzichtig moet zijn.

P: Wij realiseren ons ook dat we voorzichtig moeten zijn, want de ontvangst en waarneming van het ontvangen materiaal moet met zorg worden gedaan.

D: Ik wilde zeker niemand beledigen.

P: Wij zijn niet beledigd. We willen alleen dit alleen onderstrepen en de serieusheid van deze missie die de aarde op zich heeft genomen volledig duidelijk maken.

Na deze sessie begreep ik hun terughoudendheid om sommige vragen te beantwoorden. Er waren nieuwkomers in de groep en het was duidelijk dat ze er eerder voor het vermaak dan voor de kennis waren. De groep wezens, of de "raad", zoals ze zich begonnen te noemen, waren zeer bezorgd dat de informatie juist zou worden geïnterpreteerd. Ze wilden niet dat iets verkeerd werd gezien. Daarom besteedden ze veel zorg aan het vinden van de juiste woorden om het concept uit te drukken dat ze over wilden brengen. Deze behoefte aan juistheid ging verder tijdens de volgende sessies.

We hadden nu een nieuwe richting gekozen in het zoeken naar kennis, want ze hadden de mijn nieuwsgierigheid gewekt en ik zou proberen alles te weten te komen over het inzaaien van de planeet aarde.

Hoofdstuk 14
Onkruid in het Hof

De week erna toen we elkaar zagen voor een privésessie was mijn eerste doel te proberen de antwoorden te krijgen die Phil weigerde mij te geven in de groep. Aangezien de liftmethode ons de vorige keer naar een andere plek had gebracht, was de eerste vraag die ik stelde toen hij in trance was of "zij" door wilden gaan met die methode, aangezien het de procedure was waar Phil zich het meest bij op zijn gemak voelde.

P: We zeggen je dat je de methode op elk moment kunt veranderen, want er is geen gebod dat zegt dat je de ene of andere methode moet gebruiken. Er bestaat alleen eensgezindheid. We willen je echter vragen open te staan voor de mogelijkheid dat er een tijd komt waarin we misschien iets moeten of willen zeggen tegen jou of je voertuig of tegen de groep of tegen iemand in het bijzonder. We willen dat je je bewust bent van deze mogelijkheid en dus niet te veel vasthoudt aan één strenge procedure. Wees flexibel en sta open voor datgene dat het meest behulpzaam is, want de situatie verandert ook wel eens aan deze kant. Door de liftmethode te gebruiken, ga je naar de voorraad materiaal uit vorige levens waar hij zijn informatie uit kan halen. We zouden namelijk hetzelfde kunnen doen als we uit de Akashakronieken zouden putten. Dit zou op dat moment echter tweedehands informatie zijn voor het voertuig. Dus bij regressie gaat het om informatie uit de eerste hand. Daarom is er tijdens die sessies behoefte aan de lift, want deze plaatst het voertuig in een eerste persoon perspectief. Hij kan dan het materiaal dat zich daar bevindt beter zien en ervaren. Hij zal af en toe nog steeds de vertaling doorgeven van wat hij ziet, want er zijn veel ervaringen die geen aards referentiepunt hebben. Dus de uitleg en vertaling worden vaak doorgegeven. Want we moeten niet alleen rekening houden met jouw wil en onze wil, er is ook nog de wil van het voertuig, van het kanaal. We willen dat je dit weet zodat je ziet dat we een samenwerkingsverband van drie zijn. Je hebt het voertuig, jouzelf en ons. Wij zijn het collectieve onderbewuste van het voertuig.

Een interessante omschrijving, aangezien ze vaak een aparte groep of raad lijken met identiteiten en doelen die niets met Phil te maken hebben. Hoewel 'experts' veel verschillende verklaringen hebben bedacht voor dit soort fenomenen, blijft het proces en de basis waarop het stoelt een raadsel. Aangezien ik het ook niet kan verklaren, ga ik erin mee in de hoop informatie te verkrijgen.

D: *Het belangrijkste dat ik vanavond wilde doen was de gaten van vorige week opvullen, de informatie die je niet wilde geven aan de grotere groep. Zouden we die kunnen vinden?*
P: We vragen je nu met ons te spreken, want we zullen je helpen als je dat wilt. We zijn echter nog steeds gebonden door de geldende regels, die zeggen: wij mogen geen informatie doorgeven die een mens die spirituele verlichting zoekt door middel van dit materiaal zou kunnen voorprogrammeren of angst aanjagen of schaden. Dat is in de basis ons mandaat. En dus hebben we beperkingen met betrekking tot dit materiaal en zullen we deze beperkende grenzen niet overschrijden.
D: *Ja, dat begrijp ik. Ik heb mijn cliënten nooit gevraagd iets te doen waar ze zich niet bij op hun gemak voelden.*
P: Het is niet alleen het voertuig dat zich niet op zijn gemak voelt. Want er is veel dat via dit voertuig door kan komen dat hij heel acceptabel zou vinden. Er bestaat echter een mogelijkheid dat het materiaal dat hij niet bedreigend vindt, bedreigend kan zijn voor degenen die luisteren. Dus voor het algemene belang is er gekozen voor materiaal dat relatief onschuldig is.
D: *Was dat waarom bepaalde informatie vorige week werd weggelaten?*
P: Dat klopt. We zeggen je echter dat niet al jouw gaten noodzakelijkerwijs zullen worden opgevuld. Want veel informatie is simpelweg niet beschikbaar, of het nu een privésessie is of niet. Sommige informatie kan niet worden doorgegeven, punt, aan dit voertuig of enige andere. Er bestaat

simpelweg verboden kennis, niet alleen op dit niveau maar op vele andere niveaus. Sommige informatie is namelijk zo radicaal voor het normale menselijke gezichtspunt of perspectief dat het eerder vergif zou zijn dan een medicijn.

Zoiets kun je niet tegen een mens zeggen zonder zijn nieuwsgierigheid op te wekken. Maar ik wist dat als ik niet hun spelregels zou volgen, ik niets zou krijgen. De stroom van informatie zou waarschijnlijk helemaal afgekapt worden.

D: *Dan volg ik jullie raadgevingen.*

P: We vragen je dat te doen, en we vragen je alsjeblieft te begrijpen dat onze methodes niet lopen volgens de normale menselijke wijsheid, als je het zo wilt noemen.

D: *Oké. Vorige week was hij aan het kijken hoe de drie bemanningsleden, die grondmonsters hadden genomen, teruggingen naar het schip. Die monsters moesten worden teruggestuurd en geanalyseerd zodat ze konden uitzoeken welk soort mensen, of welke soort dierlijk leven aan de aarde moest worden gegeven als de aarde haar levenshandvest zou ontvangen. Weet je nog waar we het over hadden?*

P: Ja, dat weten we.

D: *Nou, één van de eerste vragen die hij niet kon beantwoorden, was toen ik vroeg om een beschrijving van deze wezens.*

P: We zullen deze nu geven. De wezens waren klein van stuk en gekleed in glimmende zilveren pakken die hun hele lichaam bedekten vanwege de ultraviolette straling die door de aardse atmosfeer binnenkwam. Toentertijd had de atmosfeer zich nog niet gestabiliseerd en dus kwam er veel intensere straling door. En dus waren deze wezens gekleed in zilverachtige pakken die hen hiertegen beschermden.

D: *En hoe zagen ze eruit?*

P: Daar zullen we het niet over hebben.

D: *Is daar een reden voor?*

P: We hebben geen reden die we je kunnen geven, behalve dat het op dit moment niet is toegestaan.

D: *Ik dacht dat het misschien te radicaal was of zoiets. Je zei wel dat dit soort wezens nog steeds op onze planeet komt.*

P: We gaan het er niet meer over hebben.

Toen Phil later wakker werd, zei hij dat hij zich alleen kon herinneren dat de wezens grijs leken. Hij kon zich geen fysieke kenmerken herinneren, dus het was hem ook niet toegestaan ze te zien. Het leek erop dat ik het onderwerp moest laten vallen.

D: *Ze zeiden dat er al bomen, mineralen en plantaardig leven was. Waar kwamen deze vandaan?*

P: Dit waren natuurlijk ontstane basislevensvormen die waren geëvolueerd uit de aminozuren en proteïnen, uit de "soep" van de oeroceanen. Het evolutionaire proces is volledig verantwoordelijk voor deze levensvormen.

D: *Zouden dierlijk en menselijk leven hier niet uiteindelijk ook uit zijn geëvolueerd? De evolutietheorie zegt dat alles begonnen is en afstamt van deze eerste cellen.*

P: Dat is slechts speculatie. De planeet was klaar om ingezaaid te worden en werd dus ingezaaid. Er bestond een intentie en een doel voor deze planeet en dus werd het gebruikt als een voertuig voor deze intenties. Je zou op dezelfde manier naar een tuin kijken door te zeggen dat de grond is geploegd, de mest klaarligt en de regen komt. Wij vragen jou: zou jij dan achteroverleunen en wachten tot je gewassen gaan groeien? Verwacht je dat je tomaten in deze rij opkomen en je aardappelen in die andere door alleen maar achterover te leunen en ze de kans te geven of te hopen dat ze dat gaan doen. Zou jij je tuin op die manier kunnen laten groeien? Natuurlijk niet, want er is sturing nodig. Je moet ingrijpen, als je wilt, om de gewenste resultaten te bereiken. Want het is zeker dat je gewassen niet spontaan zullen groeien zoals jij wilt. Hier is het net zo. Deze planeet was een tuin die klaar was om te worden beplant, om dat gewas te onderhouden en te laten groeien dat was gewenst. Dat is het doel dat deze inzaaiing heeft bereikt en dat was de tuin te beplanten.

D: *Maar denk je dat het ooit zal gebeuren op andere planeten, dat leven zichzelf ontwikkelt?*

P: Daar kan heel weinig over gezegd worden, want dat zou je ook voorprogrammeren. We zullen echter zeggen dat er gevallen zijn waarbij het leven zichzelf heeft ontwikkeld. Je kunt in je vorige channelings zoeken naar het leven op een andere planeet waar de wezens in de zilveren gebouwen samenleefden met de wezens van een lager niveau. De levens van het lagere niveau kwamen oorspronkelijk van die planeet, en waren volledig natuurlijk geëvolueerd. Dit is een voorbeeld van een dierlijke levensvorm die inheems was, dat wil zeggen oorspronkelijk van de planeet.

D: *Ik snap het. Ik vroeg me alleen af of het hier misschien ooit is gebeurd.*

P: Dat is slechts gissen en we hebben geen tijd om achterover te leunen en te kijken of het zou ontstaan. Want er moet nog veel werk gedaan worden.

D: *Dit is een argument dat naar voren gebracht zou kunnen worden, daarom wilde ik het antwoord hebben.*

P: Laat degenen die hierover willen redetwisten dat doen. Ze zullen allemaal tot dezelfde conclusie komen en dat is dat er geen antwoord is. Want we weten het niet. We hebben nog nooit lang genoeg achterovergeleund om te zien wat er zou gebeuren. Er is, zoals ik zei, veel werk te doen en we werken en leunen niet passief achterover.

D: *Oké. Er was nog een ander onderwerp dat vorige week niet werd afgemaakt. Je had het over de tuin en dat het leven was begonnen met groeien. En dat ze af en toe terugkwamen om het experiment te bekijken of te zien hoe het ging.*

P: Wij zouden zeggen dat zeggen dat het nooit alleen is gelaten. Want er is altijd continue aandacht geweest vanuit een spiritueel oogpunt. Sinds het eerste leven op aarde is er een geestelijke beschaving geweest rondom deze planeet in vele functies en vormen. Op het regeringsniveau bijvoorbeeld, in de verschillende lagen van de regering die geldig zijn in de spirituele wereld net zoals in de fysieke wereld.

D: *Deze wezens van de andere planeten die het inzaaien hebben gedaan, zijn er nog een aantal van hen overgebleven om de tuin te onderhouden zogezegd?*

P: Zij komen af en toe langs. Want deze planeet bevindt zich, zoals eerder gezegd, ver van de gebaande paden. Dus er niets om hier voor te blijven. Het groeiproces is namelijk veel te traag om constante aandacht waarborgen.

D: *Vorige week zei je dat er in de loop van de tijd iets was gebeurd, dat er iets mis was gegaan met het experiment. Er vond een storing plaats of zoiets.*
P: Dat klopt. We zullen het op deze manier laten zien. Een meteoor uit een ander deel van het universum stortte neer op de aarde, botste met de aarde. Deze bracht een misvormend, ontregelend virus en levend organisme met zich mee, dat groeide in deze zeer ontvankelijke omgeving. De verstorende levensvormen van buitenaf vonden een gemakkelijke plek om te groeien en mengden zich zo met de levensvormen die toen al groeiden. Je kunt het vergelijken met de wind die zaden van onkruid in de tuin blaast en dat dat onkruid voet aan de grond krijgt en de boer nooit al het onkruid helemaal uitgeroeid krijgt. Dat is de situatie tot op dit moment. We zullen het er verder niet in detail over hebben, want dat is nu niet toegestaan.

Ik vond het niet eerlijk om een lekkere worm of een sappig stuk informatie voor mijn neus te laten bungelen en het vervolgens ineens weg te halen. Ze hadden mijn nieuwsgierigheid gewekt en als dat gebeurt zal ik, indien mogelijk, de censuur proberen te omzeilen.

D: *Ik vroeg me gewoon af wat voor veranderingen er plaatsvonden.*
P: Wij mogen hier niet over spreken, want dat zou veel conflict en verwarring veroorzaken. Dat is alles wat we erover zullen zeggen, behalve dat we erkennen dat er onkruid in de tuin groeide.
D: *En deze vermengden zich min of meer met de goede zaden en produceerden een andere stam, zoals een hybride stam, zou dat de lading dekken?*
P: We vragen je hierover niet te denken in termen van menselijke wezens. Dat wil zeggen, dat er goede en slechte mensen zijn, want dat is niet het concept dat we willen uitdrukken. We willen zeggen dat in de genenpool die beschikbaar is op deze planeet voor veel verschillende levensvormen, er onkruid bestaat. En niet in één bepaald ras van mensen ten opzichte van een ander ras van mensen. Dat is niet correct. Het onkruid zit hem simpelweg in de "soep" waar alle wezens van deze planeet hun leven uithalen.

D: *Dat is wat ik bedoelde met hybriden. Een hybride is meestal een soort plant die op een bepaalde manier is veranderd ten opzichte van wat het oorspronkelijk moest zijn.*
P: Het concept van hybriden op deze planeet gaat over verandering door inspanning. Dat wil zeggen continue aandacht om een gewenst resultaat te bereiken. Dat is niet het correcte concept hiervoor. Het correcte concept hiervoor is simpelweg onkruid in de tuin.
D: *Wat dachten de wezens toen dit gebeurde?*
P: Er was veel verdriet en verwarring, want de mogelijkheid dat dit zou gebeuren was niet voorzien en werd in eerste instantie niet opgemerkt. Toen die situatie eenmaal duidelijk werd, was er verdriet en neerslachtige gevoelens. Want je snapt wat het effect is op de tuinier als zijn prijswinnende tuin ineens wordt verpest.
D: *Dus het had de genetische samenstelling al veranderd.*
P: Dat klopt. Tot dat moment was de tuin in perfecte vorm en ongerept. Het was toen precies hoe – het voertuig heeft moeite het concept te vertalen, want er zijn veel subtiele verschillen in de diverse manieren waarop het gezegd kan worden. Het idee is dat de tuin heel puur en heel schoon was in die tijd, en de verwachting was dat dat zo zou blijven. Er waren hoge verwachtingen, want de tuin was erg ontvankelijk. Toen kwam de verstoring en dus werden de hoge verwachtingen naar beneden geschroefd tot alleen maar gebruiken wat beschikbaar was.
D: *Was er niets wat ze konden doen om dit te veranderen of het op de een of andere manier tegen te houden?*
P: Dat klopt, het was onomkeerbaar.
D: *Ik zat te denken aan de manier waarom de wetenschappers van tegenwoordig genetische experimenten uitvoeren.*
P: We zeggen je nogmaals, hier hebben wij het niet over, als het gaat over verstoring. (Er viel een pauze) We willen hierover overleggen, want we hebben het gevoel dat deze informatie helemaal niet gegeven had moeten worden, uit angst dat het concept in de verkeerde vorm wordt doorgegeven.

In gedachten kon ik ze bijna bij elkaar zien zitten om dit te bespreken.

D: *Daar begint mijn taak, om te proberen zeker te stellen dat het op de juiste manier wordt begrepen.*
P: Dat klopt. We vragen je er op deze manier naar te kijken... een wijziging in handelswijze.

Waar ze eerder hadden geweigerd om verder op dit onderwerp in te gaan, hadden ze nu blijkbaar besloten het te verduidelijken.

P: De gewassen zijn niet het onkruid. Het onkruid zat in de grond. Het onkruid was geen plant zoals de gewassen, maar alleen maar slechte grond. We willen dat je deze verstoring niet ziet als onkruid, maar als slechte grond die van een of andere bron van buitenaf naar binnen was gegooid. Dit geeft de situatie beter weer. Want als we zeggen "onkruid", geven we de indruk dat sommige levende wezens op de planeet bezoedeld zijn en de aanstootgevende wezens zijn. Dit zou mensen programmeren om naar andere mensen te kijken, mogelijk naar andere rassen of religies of waar hun vooroordeel dan ook in zit. Ze zouden hen als onkruid beschouwen en op die manier precies datgene aanmoedigen wat wij willen helen. Dus moeten we het concept veranderen van onkruid naar arme grond.

D: *Deze bevooroordeelde manier van kijken was niet hoe ik het begreep, maar ik snap hoe iemand anders het zo zou kunnen interpreteren.*

P: Dat is waarom we zo voorzichtig moeten zijn, want we moeten niet alleen voorzien hoe jij en het voertuig en degenen die aanwezig zijn dit zouden vertalen of interpreteren, maar we moeten ons ook bewust zijn van de bevolking in het algemeen. Want als dit in het materiaal wordt opgenomen, dan moet rekening worden gehouden met de denkbeelden van de bevolking in het algemeen. Dat is waarom er veel informatie is die niet is toegestaan, want deze zou al snel verkeerd worden opgevat.

D: *Dus ze kwamen terug en ze zagen dat dit ras min of meer besmet was. Is dat het juiste woord?*

P: Niet het ras.

D: *De levensvormen?*

P: Ook niet. De grond zelf was besmet. De planeet ontving per ongeluk een voorraad ... (hij zocht naar het juiste woord) genen, genetisch materiaal dat er vervolgens voor zorgde dat de lichaamsfuncties het begaven. En zo werd er ziekte aan de planeet gegeven.

D: *Dus voor deze besmetting was er geen ziekte?*

P: Dat klopt. Dit is in feite de basis of de bron van ziekte. We moesten overeenstemming bereiken over de juiste terminologie. Want we moeten vaak te rade gaan bij onze "experts", tussen haakjes, die bekend zijn met hoe mensen denken. En dus kunnen we nu met jou spreken over de bron van wat jullie "ziekte" noemen. Dat is de oorsprong van ziekte op jullie planeet. Want oorspronkelijk, als het plan niet was verpest, was er geen ziekte geweest. Er zou een natuurlijke dood bestaan. Maar er zou echter geen ziekte zijn geweest die zoveel pijn en lijden heeft veroorzaakt op deze planeet.

D: *Oké, dat maakt het makkelijker te begrijpen. Dus dit is het onkruid waar je het over had.*

P: Dat klopt. Dit is waarom we ons zorgen maakten over hoe we het moesten brengen en hoe het zou worden ontvangen. Want kun je je voorstellen hoe de schuld van ziekte door vooroordelen zou worden gegeven? Wij maakten ons zorgen dat de indruk zou bestaan dat de "minderwaardige" rassen, en wij spreken alleen vanuit een menselijk oogpunt, als het onkruid zouden worden beschouwd.

D: *Zoals ik al zei, ik zag het niet zo, maar anderen zouden het wel zo kunnen zien. Ik dacht dat de besmetting misschien een soort fysieke misvorming bij mensen zou hebben veroorzaakt.*

P: We willen zeggen dat ziekte misvorming kan veroorzaken. Daar bestaat geen twijfel over. Dat is echter niet de enige oorzaak van misvorming.

D: *Dus dit is waar alle menselijke ziektes vandaan kwamen? Deze ene meteoor die de grond besmette?*

P: Dat klopt grotendeels. We aarzelen echter om "alle" te zeggen, want sommige ziektes zijn door de mens gemaakt. Ze zijn veroorzaakt door onwetendheid over het gebruik van natuurlijke elementen en zijn dus zelfgemaakt. Maar het grootste deel van de ziektes komt van deze meteoor, dat klopt. We vinden het moeilijk dit te vertalen, want we geven het concept niet goed weer. Probeer te begrijpen dat er geen equivalent van ziekte bestond op de planeet of het zonnestelsel waar de meteoor vandaan kwam. Het droeg gewoon datgene met zich mee dat zich al in het zonnestelsel bevond en het werd niet als ziekte beschouwd waar het vandaan kwam. Maar het kwam uit een zonnestelsel dat onverenigbaar was met deze.

D: *Ja, toen het hier kwam, waren er andere omstandigheden. Ik begrijp dat concept. Maar als alles misliep, als alles ontspoorde, waarom hebben ze dan niet gewoon alles vernietigd om weer overnieuw te beginnen?*

P: We zouden zeggen, waarom zou je het kind met het badwater weggooien? Want er was al veel bereikt. Zoals je in jullie huidige beschaving kunnen zien, heeft de ziekte de beschaving niet overgenomen, maar vormt deze slechts een doorn in het oog.

D: *Was het leven op aarde al ver ontwikkeld toen het werd ontdekt?*

P: Het bevond zich nog in de inzaaifase en dus was het niet moeilijk voor de indringers om voet aan de grond te krijgen, want er was in die tijd geen weerstand tegen ziekte. Toen het werd ontdekt, was het al ver verspreid en niet meer houdbaar.

D: *Hoe ver waren de levensvormen ontwikkeld toen het werd ontdekt?*

P: Zoals we zeiden, bevonden ze zich nog in de kiemfase. Kiemen. We willen dat benadrukken. Het zaaiproces was afgerond en ze waren aan het ontkiemen. En zo waren ze toen ontvankelijk voor deze ziekte, waartegen toen geen weerstand bestond.

D: *Was dat het moment waarop de wezens terugkwamen en het ontdekten?*

P: Dat klopt. Ze kwamen terug en troffen onkruid aan in de tuin. En nu begrijp je de vergelijking beter.

Ze leken opgelucht dat ze eindelijk de informatie correct konden overbrengen. Ik voelde hun probleem, veroorzaakt door hun duidelijke onbekendheid met de complexiteit van de menselijke taal. Het leek dat het een ander onderdeel was van hun opdracht om net zo lang te zoeken totdat ze de juiste zinnen en terminologie hadden gevonden om uit te drukken wat ze dan ook over wilden brengen. Deze details zijn dingen die voor een mens niet belangrijk zouden lijken. Daarom geloofde ik dat dit weer een aanwijzing was dat ik geen contact had met een normaal bewustzijn of persoonlijkheid.

D: *Oké. Ik dacht dat ze misschien al waren geëvolueerd tot mens.*
P: Dat is niet zo, want de menselijke staat evolueerde met de ziekte. Toen het werd ontdekt, waren er bijeenkomsten in het landhuis van de regionale ... de gouverneur zogezegd of de planeet. De directeur van dit lokale universum, zogezegd, organiseerde een bijeenkomst om de mate van indringing te bepalen en de mogelijke ontsnappingsmogelijkheden of beschikbare opties te bepalen. Er werd besloten dat de aantasting van een dusdanige graad was, dat elk gebruik van buitengewone maatregelen om deze toestand te verlichten onmogelijk was. Want als dat zou worden gedaan, zou al het leven dat net grond aan de voeten had gekregen op deze planeet worden gedood. Dus werd besloten dit toe te staan, en tegelijkertijd te proberen iets van compensatie toe te dienen voor datgene wat was binnengekomen. En dus werden er stammen met plasma en genetische informatie toegediend die zouden zorgen voor een lang leven en heel veel weerstand tegen deze ... 'ziekte', tussen aanhalingstekens.
D: *Ik wil iets vragen dat door mijn hoofd ging toen je hierover vertelde. Kan het zijn dat het verhaal van de Hof van Eden hier oorspronkelijk vandaan komt? Is er enig verband met ons Bijbelse verhaal? De Hof van Eden moest een perfecte plek zijn.*
P: Wij zijn ons hiervan bewust. We beraadslagen alleen even. (Nog een pauze terwijl ze weer de koppen bij elkaar staken). Wij onthouden ons op dit moment van enig commentaar. Want we zijn het niet eens over hoe we het verband moeten leggen. In bepaalde opzichten is er namelijk een verband te leggen, in andere opzichten is er echter geen verband tussen de twee. En daarom moet het, als we dit ooit naar voren brengen, op zo'n manier gebeuren dat zowel het materiaal dat verband houdt als het materiaal dat geen verband houdt eenvoudig kan worden gezien. In bepaalde opzichten was het (het Bijbelverhaal) juist in de zin dat er een echte fysieke plaats bestond die kon worden weergegeven in het verhaal van de Hof van Eden, en we willen dat benadrukken. Het grootste deel dat is doorgegeven is echter slechts een legende en niet feitelijk, maar zeer terloops gebaseerd op gebeurtenissen die wel degelijk feiten zijn.
D: *Ik geloof dat legendes meestal ergens op een feit zijn gebaseerd.*

P: Ja, hoewel sommige van die feiten zeer iel zijn, vormen ze vaak een herinnering aan de echte feiten.
D: Je had het over een specifiek plaats. Was dat de plaats waar ze begonnen met inzaaien?
P: Nee, dat was het niet. Het inzaaien vond op vele plaatsen op aarde plaats. Er bestond geen centrale inzaaiplaats, niet één enkele plaats op de planeet.
D: Dus het leven verspreidde zich vanuit deze plaatsen? Dat is anders dan wat de Bijbel zegt.
P: Dat klopt. We vragen je begrip te hebben voor onze voorzichtigheid bij het naar voren brengen van ideeën die de geaccepteerde overtuigingen op deze planeet tegenspreken. We willen geen onenigheid of verdeeldheid en oorlog veroorzaken tussen de tegenover elkaar staande groeperingen, zij die in de New Age manier van denken geloven en zie die in de Bijbel geloven. Want het is niet de bedoeling verdeeldheid en onenigheid te aan te moedigen. Het is gewoon de bedoeling langzaamaan wakker te worden. We zouden alle kennis in één keer kunnen neerkwakken, maar dat zou geen enkel doel dienen. Dus moet de informatie geleidelijk worden gegeven, zodat er verlichting kan plaatsvinden.
D: Ik weet dat er mensen zullen zijn die bezwaar zullen maken. Maar ik bedacht me gewoon dat jouw versie misschien enig verband zou kunnen hebben met de Bijbelse legende.
P: Het is als zodanig een legende, en deze wordt niet erg juist begrepen gezien waar het over gaat. Het is eigenlijk een heel interessant verhaal. Maar we hebben al aangegeven dat het vaag is gebaseerd op slechts flardjes van feiten. Er zijn alleen heel ruime indrukken die ermee samenhangen.
D: Kun je daar iets meer over vertellen?
P: Niet op dit moment want zoals we al gezegd hebben, zijn we het niet met elkaar eens, en we moeten het eens zijn voordat we iets door kunnen geven. Dat is een onderdeel van onze opdracht. Want we zijn met zijn twaalven en ieder van ons heeft zijn eigen expertisegebied. Daarmee vormen we een uitgebalanceerd geheel van de verschillende kennisgebieden, zowel in het omgaan met de menselijke ervaring als vanuit de hogere bestaanssferen. Dit is een raad die bestaat uit vertegenwoordigers van deze vele

verschillende gevarieerde belangen. Dus als er overeenstemming is, is er geen verliezer en zijn we allemaal winnaars. Als er onenigheid zou zijn geweest, dan zou een deel van de raad kunnen worden beschouwd als verliezers, omdat hun gezichtspunt niet juist werd weergegeven of in acht genomen.

D: *Dan is het nog steeds moeilijk om 12 mensen op één lijn te brengen, zelfs daar.*

P: Hier is veel meer bereidheid om overeenstemming te bereiken. Er bestaat geen koppigheid zoals normaal is op jullie planeet. Er bestaan gewoon verschillende gezichtspunten. Dus deze verschillende gezichtspunten vragen erom dat er een voorstelling wordt bereikt die eindigt in overeenstemming. Er kunnen situaties ontstaan waarin geen overeenstemming is, en dan laten we het onderwerp volledig vallen.

Hoofdstuk 15
De dinosaurussen

Dit onderwerp ontwikkelde zich tot een vervolgverhaal. Elke week kwam er een aantal hoofdstukken bij tijdens de sessies.

D: *Kun je iets meer vertellen over wat er gebeurde met het leven toen het zich begon te ontwikkelen?*
P: Het leven op de planeet groeide vanuit eencelligen van simpele amoebe-achtige aard en begon zich toen door middel van mutatie te verdelen en te reproduceren in meercellige wezens, die op hun beurt evolueerden tot organismen en wezens van een hogere orde, die op hun beurt evolueerden in amfibieën en reptielen enzovoorts.
D: *Hadden de wezens uit de ruimte iets te maken met de vormen die het leven aannam?*
P: Meestal werd het in het begin heel zorgvuldig begeleid, zodat het zich kon ontwikkelen en evolueren tot het punt waar het gewoon aan het lot kon worden overgelaten. Het was niet langer nodig te helpen nadat de levensvormen ver waren geëvolueerd, tot het gewenste stadium. Dus op het moment dat dat punt werd bereikt, werd de sturende hulp weggenomen en werd er alleen nog verzorging gegeven.
D: *Bedoel je met "hoger" het punt waarop het leven uiteindelijk het dierlijke of menselijke stadium bereikte?*
P: Er waren vele stadia voor het menselijke waarin het langzaam maar zeker evolueerde richting de menselijke vorm. Er was hulp om zeker te stellen dat de voorbereidende fases dusdanig zouden zijn dat de evolutie naar een menselijke vorm zou leiden. Het was heel belangrijk in de vroegste stadia om de evolutie zo te richten dat de uitkomst de menselijke vorm zou zijn en niet een andere vorm.
D: *In andere woorden, bedoel je dat de genen genetisch werden gewijzigd?*

P: Er werd op toegezien dat deze niet gehinderd werden in hun evolutie en ze kregen de energieën en molecuIen en formules die ervoor zorgden dat die en die aspecten van deze wezens goed werden gevoed. Op zo'n manier dat het recht van de sterkste voorschreef dat diegenen die gewenst waren daadwerkelijk overleefden en zo evolueerden tot wat gewenst was. Er werd geen voeding gegeven aan diegenen die niet gewenst waren en dus stierven ze simpelweg uit en werden vervolgens teruggegeven aan de energieën en aan meer harmonieuze vormen gegeven. (Dit klonk als het verwijderen van onkruid; zie het vorige hoofdstuk)

D: *Dus gedurende deze periode was er continu toezicht?*

P: Dat klopt. In de kinderfase van de evolutie was het nodig de evolutie te begeleiden, net zoals een heel jong kind of kleuter vrijwel continu toezicht nodig heeft vanaf de geboorte tot het langzamerhand groeit tot het punt waarop steeds minder toezicht nodig is. Totdat uiteindelijk helemaal geen toezicht meer nodig is en het een zelfstandig wezen wordt.

D: *Nou, wij hebben een aantal wetenschappers die geloven in de evolutie, maar zij zeggen dat er één ding is waar ze niet uitkomen. Ze hebben gezocht naar wat zij de "missende schakel" in de evolutieketen noemen tussen dier en mens.*

P: Er zal geen schakel gevonden worden, want er heeft nooit echt een schakel bestaan. Vaak was er geen sprake van geleidelijke evolutie, maar van een plotselinge en radicale overgang van wat er was. Een mutatie zogezegd. Deze sprongen in de evolutie waren diepgaand en radicaal maar kwamen vaak plotseling voor binnen één generatie.

D: *Ik ben nieuwsgierig naar de tijd van de dinosaurussen. Waren zij misschien één van de soorten waarvan jij zei dat ze mochten uitsterven? Het was een levensvorm die hier op aarde bestond en ze bestaan nu niet meer. Waren zij er bewust?*

P: Ze waren geëvolueerd. Hun geschiktheid was afgelopen en dus werd de werkelijkheid die hun vernietiging verzekerde duidelijk. Het is altijd een zaak van wat geschikt is en dat te volgen, want door dat te doen, volg je het rechte pad. Dus toen hun geschiktheid eindigde, eindigde ook hun bestaan. Al het dierlijk leven kwam voort uit de zaailingen. De dinosaurussen hadden gewoon hun tijd gehad en toen waren ze weg. De reden voor hun uitroeiing was een natuurlijk proces met het verschuiven van de as, wat ervoor zorgde dat de seizoenen abrupt veranderden. Diegenen die zich konden aanpassen aan de snelle veranderingen, pasten zich aan. Diegenen die dat niet konden, deden dat niet.

D: *Mensen hebben zich altijd afgevraagd wat hen heeft gedood, want ze hebben resten gevonden van vele dinosaurussen die nog voedsel in hun lichaam hadden.*

P: De verandering was zo snel, want de as van de aarde verschoof. Dus dat wat warm en zonnig was werd plotseling, binnen enkele minuten, koud en ijzig. Het klimaat veranderde, want de aarde is een rusteloze oude vrouw die woelt en verwoest. Dit was een natuurlijk fenomeen dat in de huidige tijd opnieuw plaatsvindt. Er zijn veel fysieke veranderingen die nu plaatsvinden en die in de komende 18 jaar op deze planeet zullen plaatsvinden. Deze veranderingen kunnen vrij gegroepeerd worden onder de noemer "cataclysme". Maar je moet dit niet zien als één heel grote gebeurtenis. Het is een langzaam, geleidelijk proces tot de tijd van de verschuiving, en dan is het heel snel en je zou bijna kunnen zeggen onmiddellijk. De eigenlijke aanpassing kan in een paar minuten worden bereikt. Het is een aanpassing, een natuurlijk evolutieproces waarbij de magnetische polen van de aarde zich afstellen op verschillende sterren in de hemel. Deze sterren bewegen op de voorgeschreven manier zoals de sterrenbeelden rond jullie planeet bewegen. Ze beïnvloeden jullie planeet echter niet zo sterk als sterren die verder weg staan.

D: *Zijn de sterren die verder weg staan sterker?*

P: Ja. Niet dat alle sterren die ver weg staan sterker zijn. De sterren waar jullie planeet zich op afstemt zijn echter hetzelfde ingericht als de sterrenbeelden erin. Ze bewegen zich volgens een voorgeschreven pad.

D: *Ik heb gehoord dat dit verschuiven van de aarde ervoor zorgt dat de vulkanen wakker worden, er aardbevingen plaatsvinden, weerpatronen veranderen en meer van dat soort dingen.*

P: Dat klopt, want de aarde bereidt zich voor om zich af te stemmen op een ander punt. Dat veroorzaakt het ontwaken van dingen als de Ring van Vuur en ook vulkanen in andere delen van de aarde. Dit veroorzaakt ook de verstoringen in het weer. Het begint geleidelijk, maar de gravitatiekrachten die nu op gang komen zullen er ook voor zorgen dat de verschuiving sneller plaatsvindt. De polen zijn al ... misschien dertig graden (30) anders dan ongeveer veertig jaar geleden. Maar weet wel dat als er oorlog zou komen en daarmee het gebruik van atoomwapens, dan zou dit meer effect hebben op de as van de aarde en het zou bijdragen aan de uiteindelijke verschuiving van de as. Onthoud dat het een natuurlijk proces is zolang het op een natuurlijk manier kan plaatsvinden. De mensheid kan zich aanpassen en zich voorbereiden. Het gevaar ligt in het versnellen van de verschuiving, want dan zouden de veranderingen op aarde sneller en heviger zijn plaatsvinden.

D: *Weet je hoelang het nog duurt voordat de grote verschuiving plaatsvindt?*
P: Dat is aan de aarde en aan de Vader in de Hemel, en wij weten daar niets van.

Dit nieuws was op zijn zachtst gezegd ongemakkelijk en verontrustend. Maar aangezien hij er niet meer over wilde zeggen, zoals wanneer dit ongeveer ging gebeuren, besloot ik terug te gaan naar de vragen over de dinosaurussen.

D: *Werden alle dinosaurussen in één keer vernietigd nadat de vorige verschuiving had plaatsgevonden, of waren er nog een paar over in verschillende delen van de wereld?*
P: Er waren wat levensvormen overgebleven, want er was geen volledige vernietiging. De grootste dinosaurussen gingen dood, dat klopt, want zij konden zich niet aanpassen. Hun lichamen ware simpelweg geschikt voor één specifiek soort klimaat en ze konden geen verandering aan en dus gingen ze dood. Ze waren gewoon te groot om zich snel aan te kunnen passen. Ze konden nergens heen. De kleinere dieren konden schuilen en verborgen zich bijvoorbeeld onder voorwerpen, en ze konden bladeren en gras verzamelen etc. om zich een verzamelen om zo een warme omgeving te bouwen. De grotere dieren konden dit echte niet doen, en dus werden ze overgeleverd aan de elementen en gingen dood.

D: *Ik heb gehoord dat er mensen zijn die tekeningen of gravures hebben gevonden in sommige oude landen die dinosaurussen en mensen samen laten zien.*
P: Dat klopt, want er waren mensen in die tijd. Ze bevonden zich in een primitief stadium, maar ze hadden al een ziel.
D: *Ik vroeg me af wanneer de zielen naar de aarde begonnen te komen om de lichamen te bewonen.*
P: Het was vroeg ja.
D: *Wetenschappers hebben altijd gezegd dat de mensen veel later kwamen dan de dinosaurussen.*
P: Wetenschappers zeggen altijd dingen en dat zullen ze blijven doen. Ze hebben echter geen onbeperkte toegang tot kennis en moeten dus afleidingen maken van de kennis die ze tot hun beschikking hebben op dat moment. Dus de waarheid is op dat moment slechts gebaseerd op wat er beschikbaar is.
D: *Ik denk dat de wetenschappers tot die conclusie zijn gekomen omdat ze geen menselijke botten hebben gevonden bij hun opgravingen.*
P: Dat klopt, want ze hebben nu menselijke resten gevonden bij de resten van dinosaurussen, maar dit is nog niet algemeen geaccepteerd. Dit is namelijk een radicaal standpunt dat wordt ingebracht bij een standpunt dat al vele jaren bestaat. De wetenschappelijke gemeenschap verandert langzaam en biedt weerstand tegen verandering omdat de waarheid dan herschreven moet worden. Dit is een diepgewortelde eigenschap die bij de hele mensheid bestaat. Dat wat waarheid wordt genoemd, wordt als heilig beschouwd en mag nooit worden veranderd. Dus er is veel weerstand, want je verliest dan de grond waarop je overtuigingen zijn gebouwd.
D: *Ja, wat waar is voor de één is niet waar voor de ander. Er is ook een theorie die zegt dat deze sprong van dier naar mens werd veroorzaakt door wezens uit de ruimte die fysiek hebben gefokt met de dieren.*
P: Dat is een correcte weergave, want dit was één manier waarop het genetische materiaal werd verbeterd, dit was namelijk opnieuw een soort hulp. Echter meer in de zin van voeding, aangezien het genetische materiaal een punt had bereikt waarop het niet veel

verder kon gaan zonder nieuwe genetische informatie, en dus werd dit gegeven.

D: *Is dat wat je bedoelde met voeden?*

P: Dat klopt. Het was ook hulp. Als dit niet was gebeurd, was de menselijke vorm blijven hangen ergens bij de Neanderthaler.

D: *De functionerende mens die we nu hebben met hersens die zoveel intelligentie kunnen bevatten was niet ontstaan door natuurlijke evolutie?*

P: Dat klopt. Of als dit wel zo was, dan waren daar vele miljoenen jaren voor nodig geweest. Het is echter twijfelachtig of zoiets ooit via de natuurlijke weg zou zijn gebeurd, omdat de evolutie een punt had bereikt waarop deze niet op natuurlijke wijze verder kon gaan.

Volgens de twee gedachtenstromen, betekent creationisme dat al het leven plotseling is ontstaan door een of andere superieure bovennatuurlijke macht, die normaal gesproken "God" wordt genoemd. Evolutionisme betekent dat al het leven zich heeft ontwikkeld via een natuurlijk evolutionair proces vanuit een enkele levensbron. De argumenten tegen de evolutie zijn gedeeltelijk gebaseerd op het feit dat gecontroleerde experimenten laten zien dat een soort een punt of grens bereikte waarna het zich niet verder zelfstandig kon ontwikkelen. Na dit punt kunnen er mutaties plaatsvinden door genetische manipulatie. De raad zou gelijk kunnen hebben toen ze zeiden dat het Scheppingsverhaal en de evolutietheorie van Darwin elk een deel van de waarheid bevatten.

D: *In de Bijbel staat: "Laten Wij de mens maken naar Ons beeld." Is dat wat je bedoelt?*

P: Dat is een symbolische weergave van het feit dat de mens in deze fysieke vorm voorkomt, net als andere menselijke vormen in het universum. Het is een correcte opmerking.

D: *Ik dacht altijd dat "naar Ons beeld" misschien sloeg op de ziel van de mens.*

P: "Beeld" slaat op visuele weergave, en dus is deze menselijke vorm vertegenwoordigd in veel verschillende gebieden in het universum. Dit geldt ook voor andere universa, dat er veel weergaven zijn van één vorm.

D: *Maar in dit universum zijn het vooral menselijke wezens met een menselijk uiterlijk?*

P: Niet zozeer "vooral", want er zijn vormen die op geen enkele manier menselijk zijn. Het klopt echter als je zegt dat de menselijke vorm gewoon één van de vele is. Er zijn veel verschillende vormen en veel verschillende planeten met verschillende vormen. Er zijn planeten met een veeltal aan vormen die harmonieus en tegelijk samenleven. Deze planeet aarde heeft echter maar één vorm. We kunnen zeggen dat de vorm die jullie nu hebben lijkt op andere menselijke vormen in het universum. Velen hebben haar en gezichtskenmerken en lichaamsvormen die erg lijken op die op deze planeet. Maar er zijn verschillen en het zou heel moeilijk zijn om te zeggen waar velen vandaan kwamen. We zeggen gewoon dat dit niet de enige vorm is in het universum. Dit is echter ook niet de enige plaats in het universum waar deze vorm voorkomt.

Toen het leven het stadium van mensen bereikte, kwamen de wezens uit de ruimte niet meer zo vaak. Ik wilde weten waarom.

P: Het was niet nodig. De hulp in het begin bestond uit voeding en zorgvuldige aandacht voor het werk wat toen werd gedaan. Toen dit werk af was, was dergelijke zorgvuldige aandacht niet meer nodig. Ze gingen gewoon terug naar de sterrenstelsels waar ze vandaan kwamen.

D: *Bleef er nog iemand om ons in de gaten te houden?*

P: Er waren destijds meerdere commissies van wezens die permanent op de planeet blven, in echte fysieke vorm, om de omstandigheden op dagelijkse basis tem monitoren. Dit waren echter geen grootschalige of ingewikkelde activiteiten zoals daarvoor.

D: *Je zei dat deze wezens fysiek waren?*

P: In een driedimensionale vorm, een echte vorm zoals jullie zouden zeggen. Deze wezens hadden een fysieke vorm, maar waren van een ras dat niet van deze planeet komt.

D: *Waren ze met een lichaam geboren of hebben ze een lichaam gemaakt?*

P: Ze werden gemaakt, als je het zo wilt zeggen. Het waren geen "evenbeeldige" lichamen, want er was toen geen voorraad of bevolking om een lichaam van over te nemen.

Het is interessant op te merken dat er geen woord als "evenbeeldig" bestaat. Het lijkt een poging om een werkwoord te maken van het zelfstandig naamwoord "evenbeeld". Ze zijn normaal gesproken zo precies in hun woordkeus dat ik niet denk dat dit een fout was. Het kan het dichtstbijzijnde woord zijn dat ze konden vinden voor het idee dat ze wilden overbrengen.

P: De fysieke bewoners waren op dat moment in de ontwikkeling van de mensheid nog niet tot dat niveau geëvolueerd. Er waren geen lichamen die bruikbaar of beschikbaar waren voor zulk gebruik. De periode waarover we het hebben, beslaat meerdere miljoenen aardjaren. Dus in het begin waren er natuurlijk helemaal geen mensen. In een later deel van de periode waarover we het nu hebben, waren er voorlopige ontwikkelingen en evoluties die de primitieve mens tot stand brachten zoals jullie deze zien.

D: *In de Bijbel staat dat er reuzen waren.*

P: Dat klopt. Want de mensen van dat ras waren gemiddeld meer dan 2 meter lang. Er waren veel andere rassen, maar deze was één van de eerste. Vele mensen dragen deze genen tot op de dag van vandaag bij zich, en dus zijn er nog steeds af en toe mensen die meer dan 2 meter lang worden. Dat zijn gewoon de genen van dat ras die weer naar boven komen.

D: *Ik probeer de dingen in de Bijbel te verklaren. De Bijbel is net geschiedenis, ook al is deze vervormd.*

P: Er zijn feiten die duidelijk zijn, ook al zijn ze al eeuwen geleden. De inhoud is veelal gebaseerd op waarneming en dus is er hier en daar iets verdraaid. De bedoeling kan echter niet worden verhaspeld

D: *In de Bijbel staat ook iets over dat de zonen van God naar de dochters van de mens keken en dat ze hen mooi vonden.*

P: Het is correct dat dit refereerde aan de vermenging van diegenen die uit de hemel kwamen en diegenen op aarde. Dit was de bedoeling, om het genetisch materiaal te verbeteren, aangezien het ras tot een punt was geëvolueerd waarop ze de grenzen van hun zelfstandige evolutie hadden bereikt. En dus was het nodig om deze groep naar een hoger niveau te tillen. Om de evolutie van het fysieke lichaam te verbeteren.

D: *Dus zonder hun tussenkomst zou het ras in het dierlijke stadium zijn blijven hangen?*

P: Het zou niet zover zijn geëvolueerd tot het punt waarop voldoende hersencapaciteit beschikbaar zou zijn om die concepten correct of voldoende te vertalen die toen in de toekomst nodig zouden zijn om de concepten waar we het nu over hebben te begrijpen ... over universele toezichthouders en God etc. Dit werd bereikt door fysieke paren tussen de rassen. In de tijd dat de Bijbel werd geschreven, waren er mensen die vonden dat de normale bevolking niet volledig hoefde te weten wat was doorgegeven. Want ze dachten dat het geloof teloor zou gaan als deze leringen zouden worden gedeeld. En zo werden de verhalen in de Bijbel zorgvuldig aangepast aan de mentaliteit van die tijd. En dus werd dit in deze aangepaste vorm tot nu doorgegeven, getrouw en zo goed mogelijk opgeschreven.

D: *Dus de mensen die dit opschreven kenden wel de waarheid, maar vertaalden deze zodat de mensen het konden begrijpen.*

P: Dat klopt tot op zekere hoogte. Het was geen grootschalige samenzwering om de feiten te verdraaien. Door deze "verhalen" te vertellen, kon af en toe een onschuldige verklaring worden gegeven die vervolgens weer net iets anders werd opgevat. En zo werd de informatie die van generatie op generatie werd doorgegeven een beetje hervormd tot het de vorm kreeg waarin jullie het nu hebben.

D: *Er zijn tegenwoordig mensen die nogal in shock zouden zijn als ze deze uitleg hoorden.*

P: Dat klopt, want tot nu toe is er nog geen materiaal vrijgegeven dat een meer volledige en juistere uitleg van wat werkelijk is gebeurd mogelijk zou maken. We zouden willen zeggen dat dit inzaaien opnieuw gebeurt op vele plaatsen in dit zogenaamde "lokale" universum. Dit is zeker geen ongewone gebeurtenis, vanuit universeel opzicht. Net zo gewoon als je eigen tuin opzetten en bijhouden.

Ik wist dat niet dezelfde mensen dit hele project konden hebben gedaan vanwege de enorme tijd die het overbrugde, maar ik vroeg me af of het wel hetzelfde ras was.

P: Leden van dezelfde kern zou correct zijn. Want er zijn mensen wiens verantwoordelijkheid dit soort missies is.

D: *Als we elkaar weer zien, wil je me dan vertellen hoe het ging naarmate we verdergingen in de geschiedenis?*

P: Jazeker. Dat zou een goede leervraag zijn. Jouw nieuwsgierigheid of menselijk bewustzijn is nogal beperkt in waarnemingsvermogen.

Toen Phil wakker werd, zei hij dat de informatie over het inzaaien emoties met zich meebracht zoals trots en eergevoel over het verwachte succes van het experiment, met hoge verwachtingen voor de ontwikkeling van de soort op deze planeet. Toen het mislukte, voelde hij bittere teleurstelling.

Omdat hij geen volledige slaapwandelaar was, kon hij de emoties die met sommige beelden gepaard gingen niet blokkeren, en dit had invloed op de manier waarop hij vragen beantwoordde. Hij noemde drie redenen waarom hij dacht dat informatie niet door kon komen als hem een vraag werd gesteld:
1. Deze mocht niet gegeven worden. Zelfs hij kon dit niet omzeilen.
2. Deze was gewoon niet beschikbaar. Als dit gebeurde, was hij totaal niet in staat om informatie naar boven te halen.
3. Als hij voelde dat de emoties rondom de vraag verontrustende gevoelens of beelden met zich mee zouden brengen. In dat geval fungeerde zijn onderbewustzijn als censor en vroeg ons van onderwerp te veranderen.

Hoofdstuk 16
Het kruisen

Aan het begin van de volgende sessie stapte Phil uit de lift en kwam daar een rij enorme kristallen tegen. Hij vroeg of hij daar even mocht blijven om de enorme energie die om hen heen wentelde tot zich te nemen. Hij had het gevoel dat het zijn kanalen zou reinigen. Nadat ik hem dit had laten doen, begon ik met vragen stellen.

D: *We hadden een vervolgverhaal. Het is een verhaal dat jij aan de andere kant, wie je ook bent, gekozen hebt zodat ik erover kon schrijven. Een verhaal over het inzaaien van de planeet aarde. Weet je waar ik het over heb?*

P: We zouden willen zeggen dat wij hier niet geheel verantwoordelijk voor zijn, want dit is iets dat jij zelf hebt opgedragen en wij hebben toegestemd hierbij te helpen. Dit is jouw project of jouw creatieve expressieve geest op dit moment.

Dat was een gek idee. Ik had in ieder geval niet bewust om zo'n opdracht gevraagd. Maar het benadrukt nog maar eens dat we ons misschien niet altijd bewust zijn van wat de vele andere delen van ons wezen aan het doen zijn. Dit andere deel van ons heeft blijkbaar niet onze bewuste toestemming nodig. Maar aangezien ik het wel leuk vind om over dit soort ongewone onderwerpen te schrijven, vond ik het niet zo erg.

D: *Tijdens de laatste sessie had je het over het inzaaien van deze planeet en zei je dat de wezens hier bases hadden toen ze de ontwikkeling en groei van de zaailingen begeleidden. Toen deze een bepaald stadium bereikten waarop ze zich niet meer zelfstandig verder konden ontwikkelen, kruisten de wezens zichzelf met deze dieren om het genetische materiaal aan te*

leveren om hen te laten ontwikkelen tot mensen die intelligentie konden bezitten. Klopt dat?
P: Dat is een correcte weergave.
D: *Oké. Laten we dan doorgaan. Ging het hier om fysiek kruisen of werd dit kunstmatig gedaan zoals in een laboratorium?*
P: Dit was een daadwerkelijke fysiek vermenging van genetisch materiaal. We kunnen zeggen dat er in eerste instantie zoiets was wat we kunstmatige inseminatie kunnen noemen. Het zaad werd namelijk via operatieve weg geplaatst. Dit was nodig omdat het dier of het vee toentertijd veel te gewelddadig zou zijn geworden uit angst.
D: *Concentreerden ze zich op bepaalde soorten dieren of hebben ze het met verschillende soorten rassen geprobeerd?*
P: Alleen diegenen werden gebruikt wiens nageslacht zou worden wat gewenst was. Volgens de vereisten voor zo'n drager waren er bij die klaarblijkelijk het dichtst in de buurt kwamen van deze vereisten en zij werden gekozen als bevolking.
D: *Werd dit op grote schaal gedaan of op kleine schaal om te beginnen?*
P: Deze vraag vereist inzicht en afweging, die we op dit moment niet kunnen geven.
D: *Ik bedoelde, werd het op de hele planeet gedaan of alleen in een bepaald gebied met een paar dragers, zogezegd, in het begin.*
P: We zullen zeggen dat er in het begin een paar waren en toen vele anderen.
D: *Ik probeer me voor te stellen hoe het allemaal is gegaan. Werden ze op een bepaalde plaats gehouden waar ze gedurende deze periode in de gaten konden worden gehouden?*
P: Ze vonden het in ieder geval niet leuk dat ze in de gaten werden gehouden. Dat is waar.
D: *Waren ze op de één of ander manier opgesloten?*
P: Dat niet.

Het leek erop dat nadat de kruising had plaatsgevonden om de intelligentie te implanteren de experimentele wezens werden bewaakt en verzorgd terwijl ze evolueerden en groeiden. Dit alles moet een ongelofelijke hoeveelheid tijd in beslag hebben genomen, om de dieren zelfs maar tot een primitieve menselijke staat te laten evolueren. Het schijnt het werk of de taak van deze groep wezens te zijn geweest om dit veranderende ras te monitoren en waarschijnlijk te beschermen. De lange tijd die het in beslag nam betekende blijkbaar niets voor ze. Als ze een levensduur hadden die overeenkomt met de onze, kan het vele generaties gekost hebben waarin hun ras "in dienst" was op deze planeet. Hij zei dat ze continu contact hadden met de gebieden waar ze oorspronkelijk vandaan kwamen. Ik zou zeggen dat het voor hen gewoon werk was. De uitkomst was te verstrekkend om enige betekenis te hebben.

D: Hadden deze wezens op enige manier contact met de inwoners of leefden ze met hen?

P: Er waren bezoeken die vanuit het gezichtspunt van de primitieve mensen diepgaand waren, in zoverre dat ze geloofden dat ze een god zagen. Ze ontvingen concepten die toen begrepen konden worden, die ervoor zouden zorgen dat deze primitieve mensen zouden gaan nadenken. En om over dingen na te denken waar ze normaal gesproken in hun hele leven nooit zouden hebben overwogen. Ze kregen zogezegd stof tot nadenken, over hun plaats in het universum en hun rol in dit plan. Er zijn geen geschreven overleveringen hiervan waarmee we jouw geloof kunnen ondersteunen.

Er zijn vele legenden van oude volkeren over buitengewone wezens zoals Osiris en Quetzalcoatl die goden zouden zijn geweest die naar de stammen toekwamen om hen te helpen. Sommigen van hen werden als goden beschouwd. Ik vroeg hiernaar.

P: Wij hebben het over gebeurtenissen ver voor die waar jij het over hebt. Je noemde diegenen die niet noodzakelijk goden waren, maar individuen die verlicht waren door het contact met deze "goden", tussen haakjes. Destijds was het normaal om, als iemand de rol van leraar van dit soort kennis aannam, diegene een profeet of iemand die direct contact heeft met God te noemen. En die persoon zo tot een rol te verheffen die erg leek op die van een god. We zouden zeggen dat dit individuen waren die goed afgestemd waren op hun eigen energie en op de energieën in het universum. Iedereen die afgestemd is op deze energie kan behoorlijk verheven lijken boven zijn omgeving. We zouden zeggen dat dit slechts individuen waren die de energieën aanleverden.

D: *Volgens de legenden dacht men volgens mij dat deze (Osiris en Quetzalcoatl etc.) mensen uit de ruimte waren die bij de stammen kwamen wonen om hen te onderrichten.*

P: Niet dat dit niet is gebeurd, maar we zijn het er niet mee eens dat deze individuen zo waren. Zij waren, nogmaals, boodschappers of leveranciers van de waarheid en van de energieën. Er zijn veel voorbeelden geweest van individuen uit andere sferen die, al was het maar voor korte tijd, onder de mensen leefden en hen hielpen en onderwezen op manieren die op dat moment passend waren. Velen wisten de ware identiteit van deze individuen, maar vaak wisten velen het niet. Sommigen waren inderdaad reizigers van andere planeten. Anderen kwamen gewoon van andere bestaansniveaus, niet noodzakelijkerwijs van andere planeten, fysiek gezien. Want er zijn vele andere bestaansgebieden die niet fysiek van aard zijn. En dus is het mogelijk ergens anders vandaan te komen zonder echt te kunnen omschrijven waar ze vandaan kwamen. In de andere dimensies is er geen richting, want dat concept bestaat niet. Dat is een driedimensionaal concept dat betekenisloos wordt als je het naar de vierde en hogere dimensies brengt. Dus het is correct om te zeggen dat vele bezoekers simpelweg uit andere bestaanssferen kwamen en naar dit niveau kwamen om te helpen en informatie te geven.

D: *Waren de wezens zoals Quetzalcoatl dan fysieke mensen die in die stam werden geboren of kwamen ze uit een ander niveau?*

P: Sommige individuen en leiders kwamen inderdaad uit een andere ervaringssfeer. We zullen niet zeggen welke dat waren. Dat kunnen we op dit moment niet, want dit is niet toegestaan. Het zou niet passend zijn om enig individu eruit te pikken en te benoemen als boodschapper of iemand die niet van de aarde kwam enzovoort, want dan zou de aandacht naar het individu gaan en niet naar de informatie. Laten we zeggen dat dit moest gebeuren om ervoor te zorgen dat de informatie werd verspreid. Want als je zou beginnen met zo'n taak als, bijvoorbeeld, winkeleigenaar, dan zou de invloedssfeer nogal beperkt zijn in vergelijking met wat een heerser tot stand zou kunnen brengen.

D: *Waren er geen gevallen waarin deze wezens uiteindelijk werden verafgood?*
P: Er waren inderdaad bezoeken van de ver ontwikkelden. Maar hun rol was slechts die van hulpverlener, van verzorger. De herinnering aan deze wezens werd vele malen in de geschiedenis van de aarde hooggehouden. Ze werden aanbeden en gezien als goddelijk en ze werden heilig verklaard. Er waren veel gevallen in de primitieve culturen waarbij bezoeken door deze buitenaardsen plaatsvonden, vaak aan de leiders van geselecteerde stammen die prima in staat waren te verwerken wat er gebeurde. Diegenen waarbij de kleinste kans bestond dat ze de bezoeken tot het goddelijke of engelenniveau zouden terugbrengen. En te erkennen dat dit slechts bezoeken waren en geen vrijstelling. Ze lieten zich zien als mens, hoewel ze energievormen waren die eruit konden zien als mens om geen angst aan te jagen.
D: *Wat voor soort informatie gaven ze de mensen?*
P: Er was destijds veel discussie over hoeveel informatie je aan deze individuen moest geven. Er werd besloten dat een langzame, maar gestage toename in bewustzijnsbevordering meer geschikt zou zijn dan deze primitieve gemeenschappen simpelweg te bombarderen of overdonderen met kennis van de sterren. Dus de gegeven informatie werd enigszins beperkt tot heel praktische en nuttige onderwerpen, zoals voeding en tuinieren bijvoorbeeld. Dat waren een aantal van de eerste. Toen de gemeenschappen zich ontwikkelden, werd duidelijk dat er mensen waren die kennisbewaarders waren, een kleine groep die zich volledig bewust was van de gevolgen van deze bezoeken. Door het stapsgewijs verhogen van het bewustzijn van deze individuen was het mogelijk om langzaamaan de gesprekken tijdens de bezoeken uit te breiden tot deze uiteindelijk de positie van hemellichamen ten opzichte van de planeet aarde omvatten. En zo werd het uiteindelijk mogelijk deze primitieve gemeenschappen te onderwijzen in geavanceerde astronomie, bijvoorbeeld.
D: *Waarom was het zo belangrijk dat ze de positie van de sterren kenden?*
P: Velen zijn zich zeer bewust van de invloed van de sterren op menselijke gebeurtenissen. Het heet nu astrologie. Maar het was tot een veel hoger niveau bekend dan nu, en het werd veel beter

gebruikt. Het kon worden berekend door te letten op de positie van de planeten en de sterren. De aard van de energieën die naar de aarde kwamen, maakten het mogelijk te voorspellen wat er ging gebeuren.

D: Werden er nog andere vaardigheden of kennis aan deze mensen onderwezen?

P: Er waren destijds veel verschillende gebieden beschikbaar. Vele gebieden die tegenwoordig als verrassend zouden worden beschouwd voor zulke "primitieve", tussen aanhalingstekens, mensen. Er werd tandheelkunde onderwezen, zodat tanden konden worden getrokken met minimaal ongemak. En de getrokken tanden werden vervolgens teruggeplaatst nadat de beschadigde tand was behandeld en gerepareerd. Het was toen mogelijk deze tanden terug te plaatsen zodat ze opnieuw konden functioneren. Dit wordt op dit moment op deze planeet opnieuw geleerd.

D: (Dit was een verrassing) Je bedoelt dat het geen kunsttanden waren, maar de originele tanden. Hoe beperkten ze de pijn?

P: Er waren net als nu veel natuurlijke kruiden en ingrediënten die de pijn konden wegnemen. Zoals cacaobladeren en vele andere kruiden die tegenwoordig bekend zijn en een vergelijkbaar effect hebben.

Cacao is een tropische plant waarvan de gedroogde bladeren de basis vormen van cocaïne, wat niet alleen een drug is, maar ook een verdovend middel.

P: Deze kennis werd aan een kleine groep gegeven die deze vervolgens met hun mensen deelde nadat ze goed waren geschoold in deze onderwerpen. Het zou je misschien verrassen te horen dat open-hart chirurgie niet ongewoon was op veel plaatsen in die tijd. Een vorm hiervan was – we zoeken nu naar het woord, we vinden het moeilijk dit concept te vertalen. De oorspronkelijke bedoeling was te repareren en te genezen, maar later werd de gewoonte omgezet in het offeren van mensen. Ze herinnerden zich de technische redenen hiervoor niet meer en in de loop van de tijd werd de procedure teruggebracht tot offeren. Dit zou toen hebben gediend om de goden die zij hadden gecreëerd tevreden te stellen, en redde hen zo van een lot erger dan de dood. Daarom was de dood een kleine prijs om te betalen.

D: *Toen ze die open-hart chirurgie uitvoerden, hoe konden ze het bloeden beperken? Dit is zelfs tegenwoordig een probleem.*

P: Wederom werden toen de natuurlijke ingrediënten gebruikt die ook nu nog worden gebruikt. Kruiden in poedervorm die het stollen bevorderen werden toen gebruikt. En het gebruik van verschillende drukpunten in het lichaam kon het bloeden beheersen door de toevoer van bloed naar het specifieke gebied te beperken.

D: *Waren ze zo ook in staat om ontstekingen te beheersen?*

P: Niet door druk.

D: *Ik bedoel door het gebruik van kruiden.*

P: Ontstekingen werden behandeld met energie. Door het sturen van menselijke energie zoals wordt ontdekt door wat in de terminologie van dit voertuig bekend staat als "metafysische groepen".

Ik herinnerde mij dat de Azteken dit soort offers zou hebben uitgevoerd, het uitsnijden van het menselijk hart.

D: *Werd dit ritueel uitgevoerd door dezelfde mensen die de piramides in Mexico hebben gebouwd?*

P: Helaas wel, want ze waren tegelijkertijd best ver gevorderd en toch best achterlijk. De terugval van de beschaving tot menselijke offers en zelfs kannibalisme vond grotendeels later plaats dan de tijd waarin de piramides werden gebouwd. Het gebruik van de piramides was gelijktijdig aan de tijd van menselijke offers, niet het bouwen ervan.

Ik kan me voorstellen dat door de dood van een wijze man of zoiets de kennis niet volledig zou worden doorgegeven. En met elke volgende generatie werd het ritueel aangetast en vervormd tot een vorm van aanbidding. In de loop van de tijd werd het het uitsnijden van het hart als een gift aan de "goden", zoals ze die wezens zagen.

D: *Nou, als de wezens alles in de gaten hielden en zagen dat de kennis werd vervormd terwijl deze werd doorgegeven, konden ze dan niet terugkomen en de kennis opnieuw geven?*

P: Dit was niet mogelijk, om redenen die het menselijk begrip te boven gaan, want de redenen zijn niet vertaalbaar.

D: *Ik dacht dat als ze één keer konden komen, ze gewoon nog een keer konden komen.*

P: Dat is een heel simplistische menselijke voorstelling. Er is echter een veel ingewikkelder mechanisme in werking in het universele plan dat geen invloed van buitenaf toestaat om de inboorlingen te manipuleren.

D: *Ik dacht dat ze misschien konden komen en zeggen: "Jullie doen dit niet goed. Dit is niet wat we jullie verteld hebben."*

P: Dat zou manipulatie zijn en dat was niet toegestaan.

D: *Maar ze hadden het al een keer gedaan. Werd dat dan niet als manipulatie beschouwd?*

P: Het werd één keer als geschenk gegeven. Het corrigeren zou manipulatie zijn. Er is een verschil tussen het geven van kennis als een geschenk en het sturen van de belangen van een gemeenschap.

D: *Ik begrijp het. Dus nadat het was gegeven hadden ze geen controle over de manier waarop het werd gebruikt.*

P: Dat klopt ongeveer. Het zou tegen het beleid ingaan om deze gemeenschappen te manipuleren. Het was, om het in aardse termen te brengen, aan de gemeenschap om haar eigen lot te bepalen.

D: *Dus de gemeenschappen moesten deze informatie beschermen en ervoor zorgen dat deze correct werd doorgegeven.*

P: Dat is opnieuw ongeveer juist.

Dit leek een subtiel verschil, maar blijkbaar was het een belangrijk verschil voor hen. Ze mochten kennis doorgeven om het leven van hun scheppingen te verbeteren, maar het sturen van het gebruik van die kennis werd gezien als bemoeienis en niet toegestaan. Hij ging verder met meer voorbeelden.

P: Landbouw werd tot een hoog niveau geperfectioneerd, door het selecteren van gewassen die het meest geschikt waren voor dat specifieke gebied en dieet. Het was namelijk niet alleen een klimaattechnische overweging (hij had moeite met dat woord), maar ook een overweging op het gebied van voedingswaarde die de inhoud van het dieet bepaalde. Want er waren uiteraard, net als nu, verschillen in voedingsvereisten in de verschillende milieus.

D: Verklaart dit de voedingswet in het Oude Testament van de Bijbel? De regels die Mozes ontving voor de mensen? Ze mochten geen varkensvlees eten of zoiets. En ze mochten geen bloed drinken. Kan dit de reden hiervoor zijn?

P: Dat klopt. Er werd gedacht dat deze vereisten religieus van aard waren, maar ze waren gebaseerd op zeer realistische voedingseisen. Dit was bedoeld om de menselijke lichamen de meest geschikte keus in voeding te laten maken, zodat ze de voedingsmiddelen en vitamines zouden krijgen die het belangrijkst voor hen waren om te verwerken op hun reis of hun overgang of daarna.

D: Dus werd ze geleerd welke verschillende soorten voedsel makkelijker zouden groeien in hun klimaat.

P: Dat klopt.

D: Weet je wat er is gebeurd met de Maya's? Ze schijnen plotseling verdwenen te zijn.

P: We willen zeggen dat het antwoord op die vraag nog bij de rechter lig, om jullie analogie te gebruiken. Het verhaal of misschien het einde ervan is nog niet compleet. Het volstaat echter om te zeggen dat ze niet zijn uitgestorven, maar dat ze werden getransporteerd.

D: Door ruimteschepen?

P: We willen het hier nu verder niet over hebben. Maar ze werden dus getransporteerd.

D: Weet je waarom?

P: Ze hebben er zelf voor gekozen te ontsnappen aan de vernietiging die ze zagen gebeuren bij hun broeders tijdens de Spaanse verovering.

D: Gebeurt dit wel vaker bij beschavingen in de geschiedenis?

P: Het is niet zo dat het nooit is gebeurd. Het gebeurt echter niet regelmatig. Als de situatie zich voordoet dat een beschaving als geheel een niveau heeft bereikt waarop zij, om de beschaving te laten overleven, zo'n transport willen, dan zou het gebeuren ja. Niet dat er een wet is die zegt dat het moet gebeuren. Maar vanuit de wil van de individuen zelf om hun bewustzijnsniveaus en dat wat ze hebben bereikt te beschermen, om hen beter in staat te stellen hun begrip en groei voort te zetten, en hun gemeenschap te beschermen, dan zouden ze die mogelijkheid krijgen. Als het het beste is voor hen en degenen om hen heen.

D: (Ik ga verder met vragen) Zijn er andere voorbeelden in recentere tijden van hulp door buitenaardsen, toen de beschaving zich begon te ontwikkelen?

P: In dit stadium van de evolutie van de mens zijn er geen gebieden die het resultaat zijn van direct contact. Hoewel ze hetzelfde van aard zijn, zijn die van nu het gevolg van een mentaal proces of channelling, als je wilt. Veel ideeën worden ingegeven, hoewel de uitvinder ze als origineel beschouwt. Het zijn simpelweg ideeën die van het innerlijke bewustzijnsniveau naar het uiterlijke bewustzijnsniveau zijn verplaatst.

D: Dus in plaats van daadwerkelijk te verschijnen voor mensen zoals ze in het verleden deden, communiceren ze mentaal.

P: Dit klopt ongeveer. De informatie wordt echter grotendeels uit het innerlijke bewustzijn van de individuen gehaald die de noodzaak van een dergelijke interactie uitsluiten.

D: Verklaart dit waarom veel verschillende mensen tegelijkertijd aan dezelfde uitvindingen werken?

P: Dat klopt.

D: Wat doen ze dan? De planeet bombarderen met een bepaald idee?

P: De energieën worden naar deze planeet geleid, zodat de planeet baadt in deze energieën. En degenen die op deze energie reageren worden vervolgens – we willen niet het woord "aangetrokken" gebruiken, want dat geeft het verkeerde idee. Ze worden echter ...

D: Geïnspireerd?

P: Dat is het juiste woord. Ze worden geïnspireerd om deze manifestaties te doen gebaseerd op of geput uit deze energieën.

D: De wezens beschouwen dit niet als beïnvloeding?

P: De mensen zouden het niet zo zien omdat ze zich grotendeels niet bewust zijn van de oorsprong, tenzij ze spiritueel hoog ontwikkeld zijn en zich bewust van het bestaan van concepten zoals innerlijke sferen en innerlijk bewustzijn.

D: Dus de planeet wordt gebaad in dit idee of dit inzicht van een uitvinding of iets dat de planeet op dit moment nodig heeft. Het wordt ons gewoon toegeworpen voor wie het dan ook wil oppikken. Op die manier is het geen dwang of beïnvloeding omdat ze niemand dwingen het idee te accepteren.

P: Dat klopt. Er zijn uitvindingen die nog ontdekt moeten worden, waar de planeet nu in baadt, en die nog uit het innerlijke bewustzijn gehaald moeten worden en gemanifesteerd in de fysieke realiteit.

Misschien is datgene dat we "verbeeldingskracht" noemen een andere naam voor of een deel van het innerlijk bewustzijn.

D: Dus ze nemen aan dat iemand de trillingen of de ideeën oppikt. Dat iemand op aarde hierop afstemt, zogezegd.

P: Het is er als iemand ervoor kiest. Het wordt niet bevolen er te zijn. Het wordt gewoon vrijgegeven om zo te gebruiken als het individu wenst. Want vergeet niet dat dit een planeet van vrije wil is.

D: Ja, dat is logisch. Dus iemand zegt op een dag gewoon: "Oh, ik heb plotseling een geweldig idee." En dan zien ze hoe ze het in elkaar moeten zetten. Anders lijkt het alsof niets echt hun eigen idee is. Het zou zijn alsof ze zelf niets voor elkaar konden krijgen. Maar als ze hun eigen vindingrijkheid eraan toe zouden voegen, hun eigen creativiteit, dan wordt het hun idee, nadat dat kleine zaadje is geplant. Op die manier voelen ze zich geen marionet of iemand die gewoon ideeën overneemt en doet wat iemand anders heeft bepaald.

P: Dat klopt. En via de menselijke creatieve processen kunnen vergelijkbare energieën worden gemanifesteerd in heel verschillende vormen, afhankelijk van de creativiteit van de uitvinder. De concepten worden gegeven. Het is aan het individu om te besluiten hoe hij dit gebruikt of waar hij het in toepast. Boren wordt bijvoorbeeld in veel verschillende vormen gebruikt. Van het boren in gaatjes tot het boren voor olie, het concept is hetzelfde. Met de vindingrijkheid van het individu kan het concept echter in veel verschillende vormen worden gebruikt. Het concept of het zaadje is "boren".

D: *Dus de persoon bedenkt de verschillende methodes of machines of dingen die ervoor nodig zijn. Worden deze ideeën gestuurd door de buitenaardse wezens?*

P: Je moet eerst begrijpen wat een buitenaards wezen inhoudt. Want ze worden vaak gezien als fysieke wezens van een andere planeet, wat correct is. Er zijn echter vele andere vormen buitenaardse wezens. Er zijn wezens in spirituele vorm die zeker van andere planeten komen, maar niet fysiek zijn, en deze zijn ook buitenaards. Er zijn energieën van andere universa en sterrenstelsels en planeten die zo verschillend van aard zijn als menselijke energieën. Alles is buitenaards, want alles komt uit het universum. En zo is alles buitenaards of niets is buitenaards. Er is eigenlijk geen grens. Er zijn, net als bij mensen, veel verschillende vormen van energieën. In menselijke vorm bestaan er energieën die veel lachen en een zorgeloze en vriendelijke houding hebben. Er bestaan ook menselijke energieën die heel serieus en somber zijn. Ze kiezen er gewoon voor om hun energie in een andere vorm uit te drukken. Dus alle energieën in het hele universum zijn dus ongeveer gelijkaardig in dit opzicht. Er zijn veel verschillende soorten energieën in alle delen van het universum en van de universa.

D: *Ik heb vooral diegenen gevolgd die hebben geholpen met het inzaaien en die de hele tijd over ons gewaakt hebben. Dus ik vroeg me af of de ideeën en inspiratie op de een of andere manier met hen te maken hadden.*

P: Het zou deels correct zijn om "ja" te zeggen, in de zin dat verschillende energieën samenwerkten aan een gemeenschappelijk plan, dat wil zeggen het verhogen van het bewustzijn op deze planeet. Er waren echter wederom zoveel verschillende energieën in dat opzicht als er zijn in dit opzicht, en er zijn net zoveel verschillende aardse energieën. Er zijn net zoveel verschillende soorten als er verschillende soorten mensen zijn. Niet zozeer in aantal, maar de verscheidenheid is desalniettemin zeer vergelijkbaar, of het nu om een energievorm of een fysieke vorm gaat.

D: *Wat stuurt dit dan allemaal aan om het allemaal in het gareel te houden, om hen te vertellen wat ze moeten doen, als er zoveel verschillende soorten zijn?*

P: Het hele universele plan, het masterplan, het gigantische kosmische uurwerk, het concept God dat een populair menselijk begrip is, is wat dit in het gareel houdt.

D: *Ze weten wat ze in een bepaald stadium van onze geschiedenis moeten doen en zo.*

P: Dat klopt. De geschiktheid is altijd de lakmoesproef om uit te maken of wat dan ook geschikt is of niet.

Hoofdstuk 17
Gebied voor de hoogwaardigheidsbekleders

Vaak zag Phil niet de Drie Torenspitsen als de liftdeur openging. In plaats daarvan waren er andere beelden. Je kon niet voorspellen wat er zou gaan gebeuren. De volgende sessie was zo'n voorbeeld:

P: Dit is een gebied dat gereserveerd is voor hoogwaardigheidsbekleders van andere planeten die aankomen op deze planeet waarover we het hebben. Dit is het gebied waar het vertrek (hij zei eigenlijk "vertreksel") en de aankomst van en naar deze planeet plaatsvindt. Voor ons zien we het eenheidssymbool zoals het bekend is en wordt erkend in dit deel van het universum.

Ik vroeg of hij dit symbool zou kunnen tekenen als hij wakker werd. Hij zei dat dat heel moeilijk zou zijn omdat het geen tweedimensionaal beeld of ontwerp was. Het was vierdimensionaal.

D: Dus het symbool is meer een trilling?
P: Dat is een heel scherpzinnige opmerking van jou, want dat is precies de associatie die wordt gebruikt. Het is, zoals iemand op deze planeet zou zeggen, een baken van loyaliteit aan – vertaald in deze taal- aan de federatie van vergevorderde beschavingen, de rassen die zijn gaan samenwerken en een alliantie hebben gevormd om de spirituele en morele ontwikkeling van hun respectievelijke rassen vooruit te brengen.
D: Waarom zijn we op deze plek?
P: Als we met dit soort energieën werken, is er vaak geen concreet of basismotief of reden. Er wordt gewoon een voorbeeld gevraagd, dus dit wordt gegeven. In dit geval is er geen specifieke factor die heeft bepaald dat dit voorbeeld zou worden gegeven.

In andere woorden, we weten nooit zeker waar we uitkomen als de lift stopt.

D: *Je zei dat ze aankomen en vertrekken? Ik denk aan een station, een magazijn, of een luchthaventerminal. Is het zoiets?*

P: Een verwelkomend platform waar aankomende leden van het koninklijk huis van andere planeten wordt begroet en de juiste hoffelijkheid wordt getoond die past bij personen in hun positie. Na aankomst reizen ze vervolgens naar welk passend gebied dan ook dat ze komen bezoeken. Bijvoorbeeld commerciële of overheids- of wetenschappelijke instellingen zouden hen dan ontvangen voor hun beoogde doel. Om het verschil te laten zien: een hoogwaardigheidsbekleder die in jullie hoofdstad Washington aankomt, zou niet met de metro komen. De president zou een aankomende hoogwaardigheidsbekleder niet begroeten in de metro of met de taxi. Er wordt veel poppenkast tentoongespreid voor iemand die een positie zoals de president van een ander land bekleedt. Dit is dus net zoiets als de geweerschoten die worden afgevuurd voor bezoekende hoogwaardigheidsbekleders, en de ceremonie die de aankomst van zulke personen omkleedt. Dit is gewoon een gebied dat zeer geschikt is voor de aankomst van grote groepen hoogwaardigheidsbekleders. Er is plaats in of omheen voor zulke aankomsten en vertrekken.

D: *Bevindt deze verzamelplaats zich op een bepaalde planeet?*

P: Het is op deze planeet ja. Op een bepaalde plaats op deze planeet. Zo'n beetje dezelfde zorg die wordt besteed aan ontvangstruimtes op deze planeet wordt, nogmaals, in andere delen van het universum gegeven.

D: *Je zegt steeds "deze" planeet. Bedoel je de planeet aarde?*

P: Dat klopt. We hebben moeite met aanduiden omdat we het hebben over twee gelijktijdige realiteiten waar we ons in feite tegelijkertijd in bevinden. Dus we zullen het duidelijker afbakenen.

D: *Weet je waar de planeet waar we het over hebben zich ongeveer bevindt?*

P: Als je je jullie melkwegstelsels van bovenaf kunt voorstellen, met de spiraalarm waarin jullie zonnestelsel zich bevindt vanuit jullie perspectief onder en een beetje vooraan en links van jullie vanuit jullie gezichtspunt. Dan zou deze planeet zich achter en boven jullie rechterschouder bevinden, in die richting, wanneer je recht van boven op jullie spiraalstelsel neerkijkt, op zo'n manier dat de spiraalrichting tegen de klok in gaat.

Ik vond het moeilijk om zijn beschrijving te volgen, maar onderzoek toonde aan dat ons melkwegstelsel inderdaad een spiraalvormig stelsel is met meerdere armen. Blijkbaar bevond deze planeet zich aan de andere kant van ons melkwegstelsel, op een van de andere armen.

D: Is er iets bijzonders aan deze planeet dat hij is gekozen als verzamelplaats?
P: Het is gewoon één planeet van vele. Elke planeet zou op zijn beurt een gebied hebben dat als verzamelplaats of aankomst- en vertrekgebied is aangewezen. Dit is geen centrale planeet in dit gebied. Dit is gewoon één verzamelplaats van vele op verschillende planeten.
D: Dan hebben alle planeten die bij deze, hoe zullen we het noemen, federatie of zoiets? Dan hebben ze allemaal hetzelfde eenheidssymbool?
P: Dat is de vertaling die het dichtst mogelijk erbij komt.
D: Dus deze hoogwaardigheidsbekleders reizen naar elk van de planeten die bij deze alliantie of federatie horen?
P: Dat klopt. Ze leven in onderlinge ondersteuning en vertrouwen en zijn niet zoals jullie, want dit zijn zeer zachtaardige beschavingen die niet in angst leven voor aanvallen van hun buren. Zij hebben zich namelijk ontwikkeld en zijn ver boven het niveau geëvolueerd waarop je geweld zou aantreffen, bewust geweld.
D: Is dat waarom onze aarde nog niet in deze alliantie zit?
P: De alliantie is een beetje lokaal. Het is alsof buren gingen samenwerken om een alliantie te vormen. De aarde zou niet in aanmerking komen als buur aangezien deze ver weg is van dit gebied.
D: Het is ongeveer zoals de Verenigde Naties, of niet?
P: Dat is een zeer goede vergelijking, op planetair niveau.
D: Wat doen deze hoogwaardigheidsbekleders als ze op deze verschillende plaatsen aankomen?

P: Nogmaals, er is veel commercie en handel op vele gebieden, zoals in de wetenschappelijke gemeenschappen waar informatie vrij wordt gedeeld. Dus het zou zijn zoals wetenschappers die reizen van de ene planeet naar de andere om wetenschappelijke ontdekkingen met elkaar te delen bijvoorbeeld. Dit zijn rassen die worden bestuurd en een bestuurlijke inrichting hebben die niet zoveel verschilt van sommige regeringen op jullie planeet. Echter meer zoals een stammensysteem dan jullie democratische regeringen.

D: *Ik vond dat ze klonken als ambassadeurs. Ze nemen informatie of dingen mee terug naar hun mensen. Maar als wetenschappers zouden ze meer kennis hebben dan de gemiddelde ambassadeur. En ze delen deze ontdekkingen allemaal met elkaar?*

P: Dat klopt. Ze werken op veel gebieden en bij veel beproevingen samen die hun beschavingen verder zouden brengen.

D: *Dat is iets dat we op aarde zouden willen hebben, maar het lijkt erop dat er veel jaloezie is als het om ontdekkingen gaat. De leiders willen deze voor hun eigen land behouden.*

P: Op deze planeet aarde bestaat een winstmotief dat niet gedeeld wordt in het stelsel waar we het over hebben. Daar bestaat de behoefte aan zelfverheerlijking simpelweg niet, en dus worden alle ontdekkingen als gedeeld beschouwd. Als ze worden ontdekt treedt niet het concept van persoonlijk gewin in werking, want zo'n concept bestaat niet. En dus is er geen noodzaak tot geheimhouding of kleinering of professionele jaloezie zoals hier op de planeet aarde.

D: *Dat is ons probleem. Ze moeten altijd alles als geheim bewaren. Vooral omdat de kennis meestal wordt gebruikt voor de ontwikkeling van wapens en verdedigingsmiddelen. Deze mensen hebben dat niet nodig, is dat wat je bedoelt?*

P: Dat klopt. Er bestaat geen defensie-industrie. Er is geen concurrentie. Concurrentie bestaat niet in die beschaving.

D: *Dus ze denken alleen aan het grotere geheel, hoe iedereen kan profiteren of zijn voordeel kan doen met wat ze ontdekken?*

P: Dat klopt. Aan deze ontdekkingen wordt gewerkt, of beter gezegd: het werk wordt gedaan met de gedachte of met het doel deze met anderen te delen.

D: *Dat is een heel vreemd idee voor onze planeet, want hier zijn ze zo bang voor andere regeringen en andere mensen.*

P: En toch zou het zo gemakkelijk zijn om zo'n concept te implementeren, als mensen maar over anderen zouden denken zoals over zichzelf

D: *Ik denk echter dat we daar nog ver van verwijderd zijn.*

P: Niet zo ver als je zou denken, want er zijn velen nu op jullie planeet aan het werk die dit concept naar de oppervlakte brengen en het in de praktijk brengen. Zodat anderen dit zien en begrijpen en dit concept in hun leven toe gaan passen.

D: *Ik dacht dat de buitenaardsen probeerden deze ideeën op onze mensen over te brengen. Is dat wat je bedoelt?*

P: Dit concept is niet zozeer buitenaards van aard, maar aards. Want de mensen en sterrenwezens die zijn geïncarneerd met het doel het bewustzijnsniveau van deze planeet te verhogen, leven deze concepten voor. Ze hoeven niet te worden uitgelegd, alleen te laten zien of voorgeleefd om gegeven te worden.

D: *Het lijkt mij dat wanneer ze naar de aarde komen, ze vast komen te zitten in wat wij de "rat race" noemen. De concurrentiestrijd en het zorgen voor een inkomen en alles wat daarbij hoort. Want ze moeten toch geld en eten hebben, ze moeten meedoen aan de concurrentiestrijd of ze willen of niet om gewoon te kunnen overleven.*

P: Ja, het is heel frustrerend voor velen die zijn geïncarneerd en zich in deze situatie bevinden. Het is echter een test die kan worden gegeven om dit concept te versterken in diegenen die hier zijn gekomen om dit concept aan hun broeders te geven. Deze concepten worden dan gemixt. Op zo'n manier dat het gegeven concept wordt gevormd of veranderd zoals noodzakelijk, tot het een vorm heeft die goed zal werken met de heersende concepten. Want het is niet haalbaar om te proberen de op aarde aanwezige concepten te vernietigen en deze te vervangen. Het is veel beter om ze te veranderen om deze nieuwe concepten in staat te stellen zich te vermengen met de oude concepten en deze zo geleidelijk te vervangen. Veel mensen zijn zo competitief hierin dat ze niet meer zien welke verantwoordelijkheid ze hebben ten opzichte van hun buren. Ze hebben hun hele energie gefixeerd op het concept van succes. Dit is een zeer heersend en sterk concept, vooral in de Amerikaanse gemeenschap.

D: Dus er is niets mis met werken en geld verdienen en op een eerlijke manier je brood verdienen, zo lang je ervoor zorgt dat het niet je enige doel is en je over lijken wilt gaan om het te krijgen.

P: Dat klopt. Zoals al vaak gezegd is, alles wat te veel is, is niet wat het beste is voor iedereen. Dit is een goed voorbeeld voor dit voertuig (Phil) om beter te begrijpen waarom hij soms in bepaalde situaties terechtkomt. Dit helpt om deze vreemde concepten te verklaren waar hij aan moet werken of die hij in een of andere vorm moet omarmen.

D: Het is heel moeilijk om daarvan weg te blijven in dit sterfelijke leven.

P: We kunnen vergelijkingen maken tussen realiteiten in het bestaan op deze aarde en sommige realiteiten op andere planeten in het universum. Er zijn concepten die niet worden gedeeld op veel planeten. We hebben bijvoorbeeld aangegeven dat het concept zelfverheerlijking en bijbehorende realiteiten zoals gierigheid niet bij alle rassen en gemeenschappen in het universum bestaan. Niet dat dit de enige planeet is met zulke concepten.

D: Ik vroeg me af of we de enige zwarte schapen waren, als je begrijpt wat ik bedoel. We zijn dus niet de enigen die nog niet tot die staat ontwikkeld zijn?

P: Dat klopt. Want er zijn veel planeten zoals die van jullie. Sommige zijn in veel slechtere staat vanuit een zogenaamd "mensenrechten" gezichtspunt. Er bestaat namelijk nog steeds slavernij op veel planeten, en barbarisme en tirannie. De aarde is zeker niet de achterblijver van de hemelse bewoners.

D: Proberen de buitenaardsen die andere planeten ook te helpen?

P: In sommige gevallen is het niet mogelijk om deze andere planeten te helpen, omdat ze tot een dusdanig punt zijn teruggevallen dat elke poging en hulp zou worden beschouwd als inmenging en met vijandigheid tegemoet zou worden getreden. En dus is het in deze gevallen het beste om de planeten gewoon te laten evolueren zoals ze normaal zouden hebben gedaan, tot de tijd waarop het passend is om te beginnen met het invoeren van een uitgebreid bewustzijn in de rassen, zoals nu op jullie planeet wordt gedaan.

D: Dus uiteindelijk evolueren ze wel verder?

P: Dat zou je hopen. Het is echter niet ongebruikelijk in de galactische annalen van de geschiedenis dat een planeet zichzelf volledig heeft vernietigd. Om zichzelf dusdanig te vernietigen dat er letterlijk geen fysieke planeet meer over is. In het geval van de aarde, als de atoomoorlog die soms wordt voorspeld zou plaatsvinden, dan is het waarschijnlijk dat de planeet niet in stukken zou breken, maar slechts zou worden misvormd. Het is echter wel eens gebeurd. Het is niet ongebruikelijk dat planeten zichzelf zodanig vernietigen dat de hele planeet uit elkaar valt in niets meer dan stukken. Er is dan niets meer over om de reis van zo'n ras te beschrijven, aangezien de vernietiging totaal en volledig is.

D: *De zielen van deze wezens overleven natuurlijk wel, toch? Want zelfs zo'n vernietiging zou de ziel of de geest niet kunnen vernietigen.*

P: Dat klopt. Er zou echter geen fysieke herinnering aan zo'n beschaving zijn. Er zou niets zijn om aan terug te denken.

D: *Waren de beschavingen die zich in zulke slechte staat bevonden ook ingezaaid zoals wij?*

P: Je kunt zeggen dat al het leven is ingezaaid vanaf het begin der tijden tot het eind der tijden, in welke vorm dan ook.

D: *Je hebt me eerder verteld dat het leven meestal niet zelf mocht evolueren in haar eigen richting. Dat is waarom de wezens de planeten inzaaiden en ze begeleidden, klopt dat?*

P: Dit klopt niet helemaal in alle gevallen, want sommige levensvormen of beschavingen die worden opgestart hebben veel minder begeleiding nodig dan andere. Er zijn veel vormen die inheems zijn voor de planeet. Het wordt een zaak van -we zoeken het juiste woord- afhankelijkheid van wat je inheems noemt.

D: *Als ze op dezelfde manier werden ingezaaid als wij en begonnen met dezelfde ambitieuze idealen. Hoe kwamen ze dan in zo'n negatieve staat terecht?*

P: Door veel van dezelfde fouten als op deze planeet zijn gemaakt. Deze planeet is niet zo uniek, want hij is gewoon gevorderd tot waar hij nu is via veel van dezelfde gebeurtenissen en wanprestaties die andere planeten zijn overkomen. Het is geen gemeenschappelijke, laten we zeggen gewone gebeurtenis. Het is niet de regel, maar het is niet wat we zeldzaam zouden noemen.

De meeste planeten hoeven deze vorm van evolutie niet te doorstaan.

D: *Het lijkt mij dat de planeten evolueren zoals de menselijke geest evolueert. We hebben in het verleden andere levens geleefd waarin we heel laaghartig en heel zelfzuchtig waren en we moesten ons daarbovenuit ontwikkelen. Het lijkt alsof de planeten hetzelfde zijn, alleen op een grotere schaal. Is dit een goede vergelijking?*

P: De planeten evolueren door de zielen, en de evolutie van de planeet laat simpelweg de geestelijke ontwikkeling zien. Want de geest is de echte realiteit, en het fysieke spiegelt simpelweg datgene dat zich in de geest bevindt.

D: *En wat er gebeurt op het fysieke vlak, de zielen die de fysieke mensen op die planeet bewonen zijn wat dit beïnvloedt en alles omhoogtrekt. Is het zoiets als een planetair bewustzijn?*

P: Dat klopt.

Hoofdstuk 18
Andere soorten wezens

Aan het begin van deze sessie merkte Phil op dat de Drie Torenspitsen er anders uitzagen.

P: Er stroomt een fel wit licht de lift in. De drie torenspitsen lijken deze keer te zijn opgesteld op een vreemde manier die ik nog nooit eerder heb gezien. Ze stonden eerst van lang naar kort, maar nu lijkt het alsof de kortste in het midden staat en de twee aan de buitenkant lijken ongeveer even groot. Ze lijken nu ook op een andere manier licht te geven. Die van eerder gaven een gelijkmatig, schitterend wit licht af en deze lijken te flikkeren. Hun licht is veel feller, maar toch flikkert het. Ze lijken groter aan de onderkant en iets anders gevormd. Het lijkt erop dat deze voorstelling is gewijzigd met de interpretatie van het voertuig en dus is wat hier wordt gezien ook gewijzigd. Er is geen verandering van locatie, maar gewoon een verandering in interpretatie.

D: *Kun je praten over de verschillende planeten en de dingen in de ruimte onderzoeken?*

P: Graag. Want we willen je met veel liefde deze informatie nu geven, want het is vastgehouden tot dit moment waarop we het aan je konden geven.

D: *Je hebt eerder gezegd dat de levensvormen in ons universum voornamelijk van menselijke aard waren of menselijke karakteristieken hadden.*

P: In dit deel van het universum klopt dat. Er zijn veel mensachtige vormen verspreid over het universum.

D: *Ik was verbaasd dat we min of meer op elkaar lijken.*

P: Er zijn klaarblijkelijk meer overeenkomsten met jullie buitenaardse broeders dan verschillen.

D: *Ik geloof dat je een keer gezegd hebt dat je me meer informatie zou geven over anders soorten wezens en hun manier van leven. Niet*

noodzakelijkerwijs soorten die het voertuig heeft geleefd maar andere die er zijn. Ik ben geïnteresseerd in de driedimensionale, fysieke soorten planeten en de mensen die daarop leven. Heb je zoiets dat je me kunt geven?
P: Er zijn vele realiteiten. Realiteit is een zeer dubbelzinnige term die wat je de "waarheid" zou kunnen noemen beslaat. We zouden zeggen dat de realiteiten die we je kunnen geven veelal fysieke en spirituele facetten bevatten. Maar we zullen het dan hebben over diegene die wat je "fysieke" bestaansniveaus zou kunnen noemen op andere planeten. We kunnen zeggen dat er ongeveer 10.000 varianten van de fysieke levensvorm in dit deel van jullie universum zijn. Eentje die zoals jullie zouden zeggen op basis zijn van koolstof. En die, zoals jullie zouden zeggen, zintuigen heeft zoals gevoel et cetera. Dat is wat jij een fysieke vorm zou noemen, of niet? Laat me je dan vertellen dat er vormen zijn die ... laat me dit anders verwoorden, er bestaat hier duidelijk een tegenstrijdigheid inde vertaling. We zouden zeggen dat er binnen wat jullie definiëren als het fysieke, eigenschappen bestaan die ver boven jullie waarnemingsvermogen gaan. Anders gezegd, er bestaan fysieke zintuigen die niet aan degenen op deze planeet zijn gegeven. En dus moeten we deze eigenschappen meenemen om een eerlijk en volledig beeld te geven van de realiteiten die jullie omgeven. Begrijp je dat?
D: Ja, dat is oké, want ik verdiep mijn geest graag met dingen die ik nog niet ken. Want zelfs als ik het niet kan begrijpen, geniet ik van de uitdaging van het proberen. Om te denken aan fysieke wezens of mensen of hoe je ze ook wilt noemen die anders werken dan wij.
P: Dat klopt. Want zoals gezegd zullen we proberen de discussie zoveel mogelijk te beperken tot de fysieke eigenschappen die je kent. Maar nogmaals echter, er zijn momenten waarop dit niet eerlijk zou zijn om ons te beperken tot alleen die eigenschappen.
D: Dat is geen probleem. Je hoeft je niet te beperken. Laten we kijken hoeveel we kunnen proberen te begrijpen.
P: Zo zij het. Er zijn veel gebieden in jullie eigen universum waarmee we ons kunnen vermaken. Nu gaan we allemaal zogezegd aan boord van ons ruimteschip voor een reis naar een ander deel van het universum, een van vele. En dus gaan we nu vertrekken en reizen naar een verre ster, eentje die heel, heel ver weg is. Wat jij

zou beschouwen als aan de rand van het voor jullie bekende universum. Dit is echter slechts een zaak van waarneming, die beperkt is door jullie technologieniveau. Er is zeker meer, veel meer dan je je kunt voorstellen. Er valt zelfs veel meer te ontdekken voorbij de grenzen die jij hebt beschreven als fysieke wezens. En nu komen we bij deze grens. Dit grensgebied of deze wildernis van het universum zoals je zou kunnen zeggen. We komen aan bij de grens van het voor jullie bekende universum. En uiteindelijk kome we bij een groep sterren die in jullie termen middelgroot is. Als dit voertuig meer onderwezen was in astronomische afmetingen en bewustzijn, dan zouden we een meer volledige beschrijving kunnen geven. Dit is echter zogezegd een gebrek aan terminologie om mee te werken. En dus moeten we zeggen dat dit er eentje is die groter is dan jullie eigen zon, maar voor een ster niet enorm. Rond deze ster bevindt zich een planeet die een heel vage lichtgroene kleur uitstraalt, de vijfde planeet van binnenuit die om de zon draait. Hij wordt bewoond door wat ze fysieke wezens zullen noemen. Als je ze zou kunnen of proberen waar te nemen met je zintuigen, dan zou je slechts schaduwen zien. Want voor jullie waarneming zou er onvoldoende inhoud voor jullie zijn. Vanwege jullie visuele scherpte of jullie vermogen om waar te nemen, dat wil zeggen de gewenning van jullie ogen aan licht, zou er donker zijn, een schaduwpersoon voor jullie. Dit komt simpelweg doordat deze lichamen licht afgeven dat zich in het ultraviolette spectrum bevindt, vanwege de energie van de zielen die deze lichamen bewonen. En dus zou je schaduw zien. Als je echter je hand zou uitsteken om ze aan te raken, dan zou je geen hitte of kou voelen, maar druk. Het zou zijn alsof iemand in je vingers kneep of erop drukte, op zijn best vertaald naar de fysieke eigenschappen van jullie tastzin.

D: *Ze hebben geen vast lichaam?*
P: Niet wat jullie vast zouden vinden, maar in feite driedimensionaal en zeker materieel, fysiek. Er zou natuurlijk geen echte manier zijn om met deze wezens te communiceren. Want het concept waarop jullie taal en die van hen is gebaseerd is volledig verschillend en heeft, voor zover wij weten, helemaal geen gemeenschappelijke elementen. De concepten liefde en

bewustzijn et cetera kunnen via telepathische weg worden overgebracht.

D: *Ik dacht dat ze misschien alleen onzichtbaar waren voor onze ogen, maar dat ze een vast lichaam zouden hebben als je ze aanraakte. Dat is dus niet zo?*

P: Het is alsof hoe feller het licht is dat je op hen laat schijnen, hoe donkerder ze lijken.

D: *Maar zijn ze intelligent?*

P: Het zijn zeer ontwikkelde wezens met een licht industriële gemeenschap, maar ze zijn meer gericht op het telepathisch bouwen van realiteiten. Wij op deze planeet zijn gericht op het fysiek bouwen van realiteiten.

D: *En hun gemeenschap? Zouden we die kunnen zien? Gebouwen bijvoorbeeld?*

P: Je zou sommige van de beschikbare systemen kunnen zien, want er zijn veel voedingsmiddelen op de planeet die van de bronnen van de planeet afkomstig zijn en worden overgebracht in fysieke, zware transportvormen. Je zou echter kunnen zeggen dat je een gebouw zou zien met alle leidingen en bekabeling, maar zonder de rest van het gebouw. Het zou lijken als of de bedrading en leidingen op zichzelf stonden en nergens naartoe leidden.

D: *Maar als je naar het gebouw toe zou gaan, zou je het gebouw dan wel voelen?*

P: Als de bewoners van deze planeet het gebouw zouden waarnemen, zou het volledig zijn. Het is echter correct om te zeggen dat het zou lijken of er niets is, want jullie kunnen op geen enkele manier de realiteit van zo'n gebouw waarnemen

D: *Zelfs niet op gevoel?*

P: Dat klopt. Want het is een telepathische bouwvorm. Het is echt voor de zintuigen van diegenen die sterk zijn afgestemd. Het zou echter onzichtbaar zijn voor iedereen behalve degenen die afgestemd zijn op deze zintuigen. Als deze wezens zich bij jullie op aarde zouden bevinden, zouden ze mensen waarnemen als rotsen, stenen, vanuit hun gezichtspunt, want jullie trillingen zijn heel dicht. Het zou zijn alsof je een wezen zag dat gemaakt is van rotsen of steen. Dat is hoe dicht jullie lijken voor hen. Aardse mensen hebben sowieso heel andere trillingen. Het zou verbazingwekkend zijn voor hen. Ze zouden zien hoe er dingen tegen jullie moeten worden gezegd die zij onmiddellijk telepathisch weten. Jullie moeten je knipperlicht aanzetten in je auto om aan te geven dat je gaat afslaan. Jullie hebben verkeersborden nodig, en stoplichten om aan te geven wanneer je mag rijden zodat jullie niet tegen elkaar aan botsen. Al die dingen vinden jullie heel normaal, maar voor hen zou dit nooit nodig zijn vanwege hun hoge bewustzijnsniveau. Alles gaat automatisch. Alles is bekend. Ze reizen telepathisch. Als ze denken om ergens naartoe te gaan, dan gaan ze daar gewoon heen. Ze zijn bijna volledig telepathisch, want ze hebben geen stembanden.

D: Het lijkt dat ze ook geen lichamen hebben.

P: Ze hebben wel echter fysieke lichamen, maar die zijn zeer kwetsbaar. Ze hebben niet meer vastheid of substantie dan een wolkje rook. Zo kwetsbaar zijn hun lichamen, maar ze zijn telepathisch zeer ver ontwikkeld.

D: Ik dacht aan spirituele wezens.

P: Het zijn wel geesten, maar ze hebben zeer broze lichamen. Jullie zijn geesten, maar jullie hebben zeer dichte lichamen.

D: Dat is heel interessant, maar kun je een ander soort wezen beschrijven dat meer, nou ja je zei dat ze fysiek waren, maar kun je iets beschrijven dat ik zou kunnen zien?

P: We zouden er veel kunnen beschrijven. Wat jij "beesten" zou noemen, die velen die zo'n dier zouden zien zou kunnen beangstigen. Want het zou zogezegd totaal niet overeenkomen met enig voor de mens bekend concept. Wezens die zo afschuwelijk zijn om aan te zien, maar die voor degenen die gewend zijn aan zulke wezens net zo gewoon zijn als voor jou misschien een parkiet of een kat.

D: Ja, maar die hebben denk ik niet het intellect waar ik naar op zoek ben.

P: Dat klopt. We hebben het hier over dieren.

D: Ik denk dat ik benieuwd ben naar wezens met intellect die niet menselijk zijn. Je zei dat er veel varianten waren.

P: In dit universum waar we het over hebben, zijn er velen die lijken op jullie fysieke lichamen. Er zijn zelfs verscheidene planeten waarop je, als je erop zou landen, zou zien dat de inwoners er vrijwel identiek uitzien. Je zou zelfs niet kunnen zien dat ze niet menselijk waren, omdat ze in feite menselijk zijn. Het menselijk ras is niet eigen aan deze planeet. Het is echter een model voor het fysieke lichaam dat door het hele universum met veel succes is gebruikt op planeten met een milieu dat vergelijkbaar is met dat van jullie. Het menselijk lichaam is namelijk vrij handig in dit soort milieu. Er zijn echter veel fysieke lichamen die op jullie lijken die niet op deze planeet zouden kunnen overleven.

D: Ik denk dat dat de soorten zijn die we eerder hebben behandeld.

P: Dat klopt. Dit zijn echter ook geen vreemden voor jullie planeet. Want er zijn veel gelegenheden geweest waarbij het wezens van een hogere orde was toegestaan om zich te materialiseren op deze planeet en ongemerkt tussen de mensen hier te lopen, om zo het woord te verspreiden en diegenen die wilden luisteren te onderwijzen en te verlichten. Maar velen met wie ze in contact kwamen en met wie ze spraken waren niet onder de indruk en luisterden niet, en dus was alle inspanning voor hen gewoon verloren.

D: (Lacht) Dat is een menselijke trek, niet luisteren. Maar ik denk dat waar ik echt naar op zoek was degenen waren die niet menselijk waren. Wezens die fysiek waren en intelligent, maar niet menselijk. Ik denk dat ik op zoek ben naar het idee dat het er niet net zoals ons uit hoeft te zien om ook ... menselijk van geest te kunnen zijn. Snap je? Alleen maar omdat iets er anders uitziet en anders handelt, hoeft het nog niet vreemd of beangstigend te zijn. Ik denk dat dat het idee is waar ik naar op zoek ben.

P: We zouden willen zeggen dat er vele, vele vormen zijn van wat jullie niet-menselijke wezens zouden noemen die een intelligentie bezitten die ver uitgaat boven wat voor mensen mogelijk is. De structuur van het brein, wat de vertaler is van de zielenenergie naar de fysieke energie hier op deze planeet, zou namelijk zo ongeschikt zijn dat deze niet eens leven kan onderhouden. Want het levensconcept dat door de zielenenergie werd gegeven zou niet vertaald kunnen worden. En dus zou het fysieke lichaam simpelweg sterven wegens gebrek aan voeding. Er zijn veel lichamen die een zeer verfijnde afstemming bezitten op dat wat pure energie is, zodanig dat ze geen levensonderhoud nodig hebben, zoals wat jullie voedsel noemen op deze planeet. En ze halen hun voeding rechtstreeks uit wat jullie de astrale of kosmische energie zouden noemen. De moleculaire celstructuur van deze lichamen is van sterk geladen etherische aard en wordt continu aangevuld via de mentale processen van de ziel. De levenskracht die jullie lichamen onderhoudt, is afgeleid van het feit dat deze kracht in het vlees en de groente zit waaruit jullie maaltijden bestaan. Het is niet zo dat deze levenskracht niet op andere manieren kan worden verkregen. Dit is simpelweg de gewoonte op deze planeet. En zo zie je dat door je goed af te stemmen je je levenskracht op deze planeet met dit fysieke lichaam gemakkelijk zou kunnen onderhouden uitsluitend door mentale processen. Het is gewoon zo dat jullie eraan gewend zijn geraakt te leven van de levenskracht in voedsel. Begrijp je dit? De cellen en organismen in jullie lichamen hebben gewoon deze voeding van de levenskracht nodig. En dus hebben jullie organen zich aangepast om deze aan te vullen via spijsverteringsprocessen.

D: *Want anders zou het lichaam sterven van de honger. Uiteraard zou het waarschijnlijk eerst sterven van de dorst.*

P: Via het natuurlijke proces is dat correct. Tenzij de voeding op andere manieren zou worden gegeven.

D: Je hebt me eerder verteld dat er zielen of wat dan ook zijn die tot een staat waren geëvolueerd waarin ze geen lichaam meer nodig hadden en pure energie waren. Maar ik zoek geloof ik naar iets dat niet menselijk is maar wel fysiek, maar dan in een andere vorm. Dus ik kan me aanpassen aan dat idee.

Ik was vastbesloten vragen te blijven stellen totdat ik kreeg waar ik naar op zoek was. Ik wist zeker dat er ergens in het enorme universum wezens moesten zijn die niet menselijk waren. Er bestond natuurlijk altijd een mogelijkheid dat Phils onderbewustzijn aan het censureren was en hem niet toestond iets te zien dat als onprettig zou worden beschouwd.

P: We zullen een vorm voor je beschrijven van een zeer verfijnd en geraffineerd wezen, een wezen dat zeer sociaal van aard is met een sociale structuur die jullie zou doen denken aan de bijenkolonies op jullie planeet. Het sociale concept is hier zo sterk verfijnd dat het dat van een bijenkolonie aanvult.

D: *Hoe zien ze eruit?*

P: We zouden zeggen dat ze naar jullie maatstaven iets minder dan een meter lang zijn. Ze hebben echter ongeveer de vorm van een ui, als je je een lichaam kunt voorstellen met de vorm van een ui waarbij het bredere deel van het lichaam onderaan zit, in een omgeving met zwaartekracht. Deze lichamen worden echter niet voortgedreven zoals die van jullie. Aangezien ze geen wat jullie "benen" zouden noemen hebben, maar tentakels die vanaf de onderkant van hun lichaam naar beneden hangen.

D: Net zoiets als een inktvis?

P: Dat klopt. Deze wezens zijn zeer telepathisch en hebben niet zoiets als zicht zoals jullie hebben hier op deze planeet. In plaats daarvan zijn ze uitsluitend in staat te communiceren via telepathische weg.

D: Je zei dat ze in kolonies leefden. Nou, hoe ...

P: (Hij pikte mijn volgende vraag op voordat ik deze had afgemaakt) Voeding wordt opgenomen via de tentakels, door de voedingsstoffen in de grond en de vloeistoffen op de planeet. Het wordt rechtstreeks opgenomen via de wat je "poriën" zou kunnen noemen in de huid. Zij noemen dit in hun terminologie "poorten".

D: Hebben ze de kleur van een ui?

P: Ze zijn een beetje grijzig, als je het zou vertalen, want zoals gezegd hebben ze geen ogen. Als je ze zou zien als vertaling van hun energie, dan zouden ze er wat grijzig uitzien met een zeer ruwe huid, vanwege de straling van de dichtstbijzijnde ster. Hun opperhuid heeft zich aangepast aan deze straling door aan de buitenkant zeer ruw en dicht te worden. Op die manier wordt de straling opgevangen door deze buitenste huidlagen, waardoor de energie van deze straling onschadelijk wordt afgevoerd naar de omgeving.

D: Ik stel me voor dat de inktvis kleine zuignapjes aan zijn tentakels heeft. Lijkt het daarop?

P: Nee, want er het is hier niet nodig om grip te hebben. Deze poorten of poriën zien er veel kleiner uit. Ze worden ongeveer op dezelfde manier gebruikt als het wortelsysteem van bomen en planten op jullie planeet.

D: Behalve dat ze in dit geval zogezegd hun wortels op kunnen trekken en ergens anders heengaan.

P: Ze blijven niet stilstaan, maar bewegen zich continu door de omgeving. De zwaartekracht is daar lang niet zo sterk als op jullie planeet. En dus zweven ze een beetje met een zacht duwtje van hun aanhangsels. Dat zijn er zeven, die naar beneden hangen in een concentrisch patroon van ... wat we "afvalpoorten" zouden kunnen noemen, vanuit de onderkant van dit lichaam. (Hij leek moeite te hebben de juiste woorden te vinden om dit te beschrijven).

D: *Hoe planten zulke wezens zich voort, of is dat niet nodig?*

P: Dit zijn aseksuele wezens die zichzelf simpelweg delen tijdens het voortplantingsproces. Ze delen zich ongeveer zoals een amoebe zou doen op jullie planeet. Het is een zeer natuurlijk proces dat plaatsvindt binnen een tijdsduur die niet gelijk is aan jullie zeven jaar, maar die in jullie tijdsspanne zeven jaar in beslag zou nemen.

D: *Je zei dat ze in een kolonie of in een gemeenschap leven. In wat voor soort plaats of structuur leven ze?*

P: Er is niet zoiets als een structuur waarin ze leven. Want het is niet nodig om bescherming te zoeken tegen de natuurlijke elementen. Er is zo'n hoge mate van aanpassing aan de omgeving dat er geen noodzaak is om een structuur te bouwen en alles gewoon buiten is. Er is geen vorm van bezit waardoor gebouwen nodig zouden zijn zoals in jullie maatschappij. Er bestaat hier geen concept van individueel eigenaarschap, want alles wordt gedeeld zoals in de bijenkorf.

D: *Maar er is wel een behoefte om bij elkaar te zijn.*

P: Dat klopt, want er is altijd volledige communicatie. Alles is één.

D: *Hebben deze wezens natuurlijke vijanden? Of leven ze gewoon in harmonie met hun omgeving?*

P: Er zijn geen roofdieren zoals je ze op deze planeet zou noemen, die altijd op zoek zouden zijn naar voedsel van deze wezens. Dat is niet correct. Want dit is een zeer vredelievende maatschappij. Een maatschappij die technisch niet zo ver ontwikkeld is, maar die mentaal zeer ver ontwikkeld is. De planeet onderscheidt zich op dit gebied, de mentale vormen van bewustwording en communicatie. Er zijn zoals je mag verwachten vele vormen van wat je "dood" zou kunnen noemen op deze planeet. Want het is een natuurwet die voorschrijft dat de aantallen onder controle blijven, zogezegd.

D: *Anders zouden ze zichzelf steeds maar blijven vermenigvuldigen.*

P: Dat klopt. Ze krijgen de mogelijkheid om zichzelf naar een hoger niveau te verplaatsen als dat nodig wordt. Het fysieke lichaam houdt dan op met functioneren als levende eenheid en valt uiteen in de elementen waaruit het is gemaakt. Er bestaat een ziekte, wat een terugkerend probleem is, die varieert naar gelang de fases van hun zonnestelsel. Tijdens bepaalde posities van hun zonnen kan er namelijk extra sterke straling zijn die niet verwerkt kan worden. En dus lijden velen die al zwakker zijn aan wat je zou kunnen vergelijken met stralingsziekte en gaan dood.

D: *Je zei zonnen in het meervoud. Is daar meer dan één zon?*

P: Dat klopt. Er zijn drie zonnen die een rechtstreekse invloed hebben op deze planeet. Deze drie zonnen zijn als zusters omdat ze om elkaar heen draaien. En in bepaalde fases van hun uitlijning is de straling zo sterk dat deze de dood van veel van deze wezens veroorzaakt. Dit is echter een gebeurtenis die wordt gevierd op deze planeet, omdat het de voltooiing van een cyclus markeert en het begin van een nieuwe cyclus. In dit soort bestaan worden de lessen van harmonie en de cyclus namelijk ook op hoog niveau geleerd.

D: *Zijn dit de enige intelligente levensvormen op die planeet?*

P: Dat klopt. Ze zouden namelijk geen afweer hebben tegen enige ander vorm of levenskracht, als deze zou verschijnen.

D: *Zijn er andere soorten als deze in dit zonnestelsel rond deze drie zonnen?*

P: Dat klopt. Er zijn vele anders levensvormen zoals wat je zou kunnen vergelijken met insecten en lagere levensvormen. Op deze planeet vormen ze echter niet zo'n probleem. Andere planeten zitten vol met wat je lagere levensvormen zou kunnen noemen zoals insecten, en helemaal geen hogere levensvormen. Ze variëren, net als op jullie planeet, in grootte en in unieke variëteit. Ze zijn echter goed in balans, want ook dit is een leerstation voor vele intelligenties die zoals jullie zouden zeggen van een lager niveau zijn dan jullie. Veel mensen denken namelijk dat ze de enige intelligente vorm zijn, wat niet correct is. Er zijn vele intelligente vormen die zowel hoger of lager staan dan jullie.

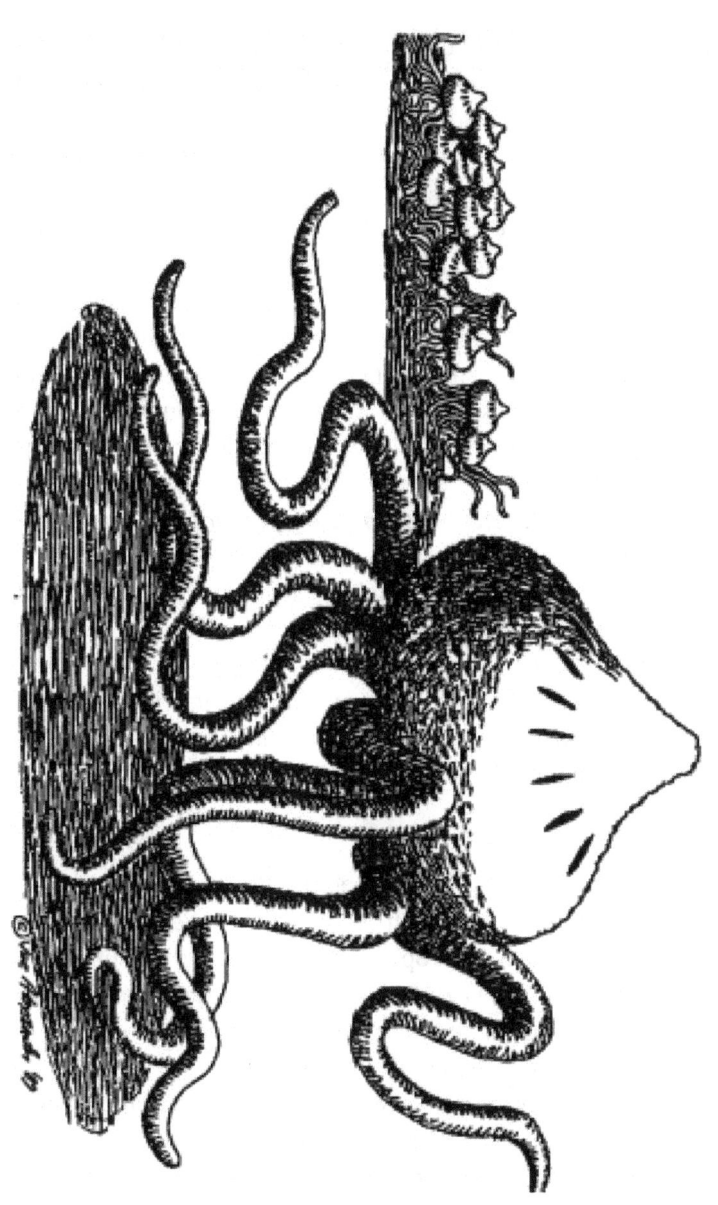

D: *Ik stel me voor dat dit een planeet is die helemaal uit insecten bestaat.*
P: Dat is een goede vergelijking.
D: *Zullen ze ooit evolueren tot een hogere levensvorm?*

P: Zeker. Want dat is het doel. Door het verwerven van kennis en het werken op deze planeten wordt de mogelijkheid gegeven om te evolueren naar een hoger niveau op een andere planeet.

D: *Ik bedoelde de levensvorm, evolueert deze naar een andere levensvorm?*

P: Niet op die planeet misschien.

D: *Dan zou de enige soort die op die planeet overleeft de insecten zijn.*

P: Op deze ene specifieke planeet klopt dat. Er zijn planeten waarop het mogelijk is om te evolueren van een levensvorm van een heel laag niveau naar een levensvorm van een zeer hoog niveau, allemaal op die specifieke planeet. De combinaties zijn vrij eindeloos, want er zijn veel meer soorten leven dan een mens zich ooit voor kan stellen.

D: *Maar er zijn planeten waarop de evolutie tot een bepaald punt is gekomen en toen is gestopt.*

P: Ze krijgen het evolutieniveau dat geschikt is voor de lessen die op die planeet moeten worden geleerd.

Ik vond dit soort mentale reis spannend en ik wist dat er nog veel meer verschillende mogelijkheden en variaties moesten zijn dan we hadden behandeld. Ik vroeg om toestemming of opnieuw over deze zaken te praten.

P: Dat is goed. Want we vinden het altijd leuk om onze visie op het universum met jou te delen. Want we vinden het leuk om jou als het ware mee te nemen op een reis door het universum.

D: *Ja, want op ons ontwikkelingsniveau kunnen we niet in ruimteschepen gaan. Dit is een manier om toch op ontdekkingsreis te gaan.*

P: Dat is waar. Het mentale schip is veel beter dan alles wat fysiek gebouwd zou kunnen worden. Je moet het gewoon laten gebeuren.

D: *Ja, want het menselijk ras is heel nieuwgierig naar van alles, vooral naar dingen in de ruimte. En voor ons zou het zo lang duren om te gaan, zelfs als we een ruimteschip ter beschikking hadden.*

P: Dat klopt. En het is ook triest om te zien dat velen die naar buiten reizen deze planeet nooit verlaten simpelweg omdat ze denken dat het niet kan. Er zijn mensen op deze planeet die wel naar vele andere planeten reizen, en inzicht in de werkelijkheid op andere niveaus mee terugnemen. Zo kun je veel terugvinden in wat jullie "sciencefiction" noemen dat echte sciencefiction is.

D: *Ja, en door onderhoudende verhalen en concepten krijgen mensen kleine pareltjes van wijsheid waarvan ze niet weten dat ze die ontvangen.*

P: Dat klopt. Net als het suikerlaagje op veel soorten snoep. Want dat is wat we hier echt willen delen, waarheid en wijsheid.

TOEN HIJ WAKKER WERD maakte Phil een tekening van zijn herinnering aan e uienwezens. In de tekening zette hij luchtkanalen waarvan hij dacht dat hij ze niet had genoemd. Hij vond deze reis erg leuk. Hij zei dat het een heerlijke energie was die doorkwam, bijna vrouwelijk. Ik dacht dat het een andere soort energie kon zijn geweest omdat deze informatie herhaalde over verschillende soorten wezens die we al behandeld hadden. Als het een andere energie was naast de raad, zou het niet weten wat we al besproken hadden.

Hoofdstuk 19
De buitenaardsen zijn hier

D: *Wil je nog iets zeggen over iets dat ik nog niet heb behandeld?*
P: We zouden willen zeggen dat veel van deze ruimtewezens meerdere keren zijn gezien of gerapporteerd op deze planeet. Ze kwamen hier met hun ruimtevaartuigen. Ze komen al sinds het begin van het leven op deze planeet.
D: *Is dit dezelfde soort als de wezens die hielpen met het inzaaien van de aarde helemaal in het begin?*
P: Dit is niet hetzelfde ras. Het klopt echter als je zou zeggen dat diegenen die de planeet inzaaiden van gelijke aard waren. Degenen waar we het nu over hebben zijn relatieve nieuwkomers.
D: *Waarom komen ze nog steeds?*
P: Er waren vele redenen: voor onderzoek, studie, om gewoon te kijken hoe het ging. Er zijn er die hier permanent verblijven. Hoewel de bevolking ze in het algemeen niet kent, zijn er bepaalde individuen die de status van helper hebben op deze planeet die zich zeker bewust zijn van hen.

Dat was een verrassing dat ze hier op aarde verblijven.

D: *Dachten ze dat het makkelijker was om hier een basis te hebben dan om steeds heen en weer te reizen?*
P: Dat klopt ja.
D: *Kun je me vertellen waar de basis zich bevindt?*
P: Dat is niet toegestaan.
D: *Maar is deze op de aarde of op de maan?*
P: Hij bevindt zich op de planeet. Op verschillende plekken op deze planeet zijn bases of koloniën van buitenaardsen, zoals vaak over hen wordt gezegd. Ze zijn hier gewoon, hoewel velen, de meesten, zich hier niet van bewust zijn.

D: *Maar hun basis... Ik denk aan iets dat zo vreemd is dat het zou opvallen. Of is het iets dat we kunnen zien, maar waarvan we niet zouden weten wat het was?*
P: De bases zijn goed verstopt. Ze vallen niet op. Want het zou voor niemand goed zijn als ze per ongeluk te vroeg zouden worden ontdekt. Dus zijn er voorzorgsmaatregelen getroffen om ervoor te zorgen dat ze goed verborgen blijven.
D: *Ik doe maar een gok, maar ik denk dat het in een afgelegen gebied in ons land zou moeten zijn.*
P: Niet noodzakelijkerwijs in de Verenigde Staten, maar in afgelegen gebieden op deze planeet. Het klopt dat er bezoeken worden gebracht aan dit land, maar ze leven niet noodzakelijkwijs alleen in dit land. Het klopt dat hun bases ver weg van drukbevolkte gebieden zijn.
D: *Komen deze wezens ooit in de bevolkte gebieden?*
P: Ja, dat klopt. Meer in steden die dunbevolkt zijn dan in wat je grootstedelijke gebieden zou noemen. De bezoeken zijn namelijk vaak snel en ongezien, onaangekondigd. Ze komen vooral 's nachts, wanneer ze het makkelijkst in staat zijn zich ongezien te bewegen.
D: *Als ze er zo anders uitzien, zouden ze zeker opvallen als ze zich in een bevolkt gebied zouden begeven.*
P: Dat klopt. Maar deze bezoeken zijn dusdanig van aard, dat alleen degenen die afgestemd zijn op dit bestaansniveau ze zouden kunnen opmerken. Degenen die zich niet bewust zijn van het bestaan van zulke wezens zouden niets vinden of niets zien. Velen hebben deze wezens gezien en hebben hierover gezwegen uit angst om belachelijk gemaakt te worden of hun verstand te hebben verloren, of uit angst voor vergelding. Waarvan uiteraard geen sprake zou zijn van deze wezens.
D: *Waarom komen ze in bevolkte gebieden>*
P: Om te observeren, te helpen, monsters te nemen, gewoon om te leren begrijpen. Er zijn vele redenen.
D: *Als ze van andere planeten komen, hoe kunnen ze dan overleven in onze atmosfeer?*
P: Dit komt door de gelijksoortigheid aan en ontvankelijkheid van deze atmosfeer voor hun systemen. Deze wezens kunnen zich aanpassen. Ze kunnen hun eigen systemen veranderen om deze zo

goed mogelijk af te stemmen op de atmosfeer waarin ze zich bevinden. Het is dus niet alleen een zaak van in staat zijn met alleen deze atmosfeer om te gaan.

D: *Toen we begonnen met dit werk, beschreef je leven op andere planeten, en je had het over mensen die niet op onze aarde zouden kunnen leven.*

P: Dat klopt, want niet alle wezens kunnen onze atmosfeer verdragen. Sommige atmosferen, zelfs in dit zonnestelsel, zouden als zure regen worden beschouwd. Dus de fysieke lichamen zouden niet met deze atmosferen overweg kunnen. Diegenen die deze planeet als ongastvrij beschouwen, komen hier natuurlijk niet.

D: *Je zei dat sommigen van hen ontdekkingsreizen en kolonisatiereizen hebben gedaan, maar nooit zo ver zijn gekomen.*

P: Het is hier een buitengebied vanaf het moment dat dit deel van het universum werd bevolkt. Er is simpelweg geen activiteit in dit gebied dat het op of in de buurt van een commerciële handelsroute zou zetten.

D: *Je beschreef ook wezens uit de vierde dimensie. Komen degenen die we de "vliegende schotel mensen" noemen uit de vierde dimensie?*

P: Dat is vaak het geval. Dat is juist. Dit zijn namelijk niet zozeer fysieke maar spirituele of energievormen, vaak met zelfgemaakte lichamen. Er zijn echter wel fysieke wezens aanwezig. De bases hier zijn driedimensionale, fysieke aardse bases.

D: *Sommige mensen zeggen dat het midden van de aarde hol is, en dat sommige van deze ufo's daar vandaan komen. Is dat waar?*

P: Je kunt niet zeggen dat jullie planeet hol is. Hij heeft een vaste kern met een zwevende mantel, maar geen volledig vaste mantel. We kunnen zeggen dat er inderdaad wezens zijn die gebieden bewonen die zich onder het oppervlak van jullie planeet bevinden. Er bestaat zelfs een complete beschaving die zich onder de oppervlakte van jullie planeet bevindt. We kunnen hier nu echter niet verder op ingaan, vanwege een verstoring van de energie in de directe omgeving.

D: *Wat bedoel je?*

P: In het geografische gebied waarin jij je bevindt is een groep van deze "wezens" die zich een weg naar de oppervlakte aan het banen zijn. De opkomst van deze wezens aan de oppervlakte wordt voorbereid. Maar de voorbereidingen die op dit moment worden gedaan zijn nog niet definitief. Er is enige onenigheid op vele verschillende niveaus over de gepastheid van deze opkomst en ook over het tijdstip ervan, als dit zou gebeuren. Je kunt zeggen dat er voorlopige proefstappen zijn gezet, peilingen zogezegd.

D: *Zijn dit fysieke of spirituele wezens?*

P: Ze zijn net als jullie beide.

D: *Is hun energie vijandig of vriendelijk tegenover ons?*

P: Ze zijn zachtaardig. Op sociaal gebied hoger ontwikkeld dan jullie zelf. Ze zijn echter beschermend, en als ze worden aangevallen, zouden ze zichzelf verdedigen. De waarschijnlijkheid van geweld, als jullie twee sociale structuren elkaar zouden ontmoeten, is op dit moment vrij hoog.

D: *Als ze naar boven komen, herkennen wij ze dan als zijnde anders dan ons, of zien ze er net zo uit als iedereen?*

P: Er zou geen twijfel zijn dat ze niet één van jullie zijn. Ze zouden er fysiek anders uitzien. Je hoeft alleen maar naar ze te kijken om te zien dat ze anders zijn.

D: *Op welke manier?*

P: De precieze beschrijvingen zouden hier enigszins contraproductief zijn. In het algemeen zijn ze echter een beetje dun of spichtig. Iets langer dan normaal, en heel wit of bleek.

D: *Is het omgekeerde weleens gebeurd? Is iemand van de oppervlakte weleens naar hen toe gegaan?*

P: Dat klopt. Er zijn incidenten geweest waarbij ontdekkingsreizigers per ongeluk iets wat jullie een tunnel zouden noemen zijn tegengekomen. Ze hadden een toevallige ontmoeting met deze wezens. Toen ze terugkeerden naar de oppervlakte werden ze uitgelachen en beschouwde men hen als gek omdat ze zulke verhalen vertelden. De kennis over deze beschaving komt niet zozeer van degenen die toevallige ontmoetingen hebben gehad, maar van hen die de waarheid bewaken en van hen die de waarheid zoeken. Degenen in jouw metafysische groep kunnen worden beschreven als waarheidszoekers. Er is heel veel literatuur beschikbaar in jullie bibliotheken die de waarheid spreekt, geschriften die over deze beschavingen gaan. De kennis wordt dus niet vanuit directe ervaring gedeeld, maar vanuit de wens om te weten wat er is. Er zijn mensen die bewust zijn en die helpen bij het verlichten van degenen aan de oppervlakte, niet alleen wat betreft de mogelijkheid van het bestaan van de anderen, maar om diegenen in staat te stellen zelf behulpzaam te worden bij het voorbereiden van de ontmoetingen.

D: *Hoe is hun beschaving daar onder de grond terechtgekomen?*

P: Tijdens de omverwerping van Atlantis waren er velen die migreerden via kloven die zich openden door het verschuiven van de aardkorst, naar het binnenste van de planeet zelf. Er waren mensen die de kennis van Atlantis meenamen om zichzelf te kunnen onderhouden in dezes ondergrondse grotten. Het zijn dus geen dieren, maar jullie eigen voorouders, die destijds gewoon migreerden naar een sociaal gezien meer ontwikkeld gebied.

D: *Waarom zijn ze niet teruggekomen naar de oppervlakte toen de aarde weer rustig werd?*

P: Ze hadden geen behoefte aan de disharmonie en verwarring aan de oppervlakte. De lessen die ze onder de grond hebben geleerd gaan over het verfijnen van het menselijk intellect en van de gemeenschap naar een hoge graad van ontwikkeling.

D: *Kun je ons vertellen waar deze beschaving zich onder de grond bevindt?*

P: Geografisch gezien is er een gebied dat zich deels onder de kust van jullie Mexicaanse Golf bevindt. Dit is een gebied waar op dit moment de afstammelingen van Atlantis wonen. Er is ook een gebied ongeveer onder de Zuidpoolcirkel dat wordt bewoond door wezens die interdimensionaal zijn. Er zijn anderen. De Atlantische types hebben echter de overhand in de zin dat zij op dit moment een groter aandeel hebben in de omwenteling die eraan komt.

D: *Is de Bermuda Driehoek een ingang naar dat gebied?*

P: Niet zozeer een ingang, maar een gevolg van wat zich eronder bevindt. De gebeurtenissen die voorkomen in dat gebied zijn simpelweg bijproducten van het werk dat onder de oppervlakte wordt gedaan.

D: *Dus het heeft meer te maken met wat er onder de oppervlakte van de aarde gebeurt dan daarboven of in de ruimte.*

P: Dat klopt.

D: *Waarom komen ze nu naar buiten?*

P: In deze periode van verandering moet de kennis worden gegeven die zij met zich mee hebben genomen tijdens de laatste omwenteling. Deze kennis die ze in de millennia daarna hebben geperfectioneerd zal naar de oppervlakte worden gebracht om te worden gebruikt door diegenen die overblijven om alles weer op te bouwen. Er zullen veel van deze wezens verloren gaan door ongelukken en vernietiging tijdens de komende ramp. Dat is echter volledig hun eigen keuze.

D: *Zullen we met hen kunnen communiceren?*

P: Dat is nu al mogelijk als je afstemt op hun niveau.

D: *Ik heb gelezen dat er leden binnen onze regering zijn die zich volledig bewust zijn van deze andere beschavingen. Is dat waar?*

P: Dat klopt. Sommigen van hen aan de randen van de overheid hebben enige invloed. Er bestaat tot nu toe geen bestuursapparaat of agentschap dat zich hiermee bezighoudt. Er zijn echter mensen die gerespecteerd worden en naar wie men luistert binnen de regering die zogezegd het woord verspreiden.

D: *Ik blijf dat beeld in mijn hoofd hebben van een enorme beschaving onder de wereld. Zijn er gebieden binnenin de planeet die geschikt zijn om zo'n grote beschaving te onderhouden?*

P: Dat klopt. Hoewel niet groot als het gaat om het totale volume van de aarde, niet groot in ruimtebeslag in vergelijking tot jullie afstanden. Maar groot genoeg om een beschaving te kunnen huisvesten. Er zijn zelfs complete meren.

D: *Terug naar ons. Je zei dat mensen ze soms zien, maar is er ooit enig fysiek contact tussen deze buitenaardse wezens en de mensen van de aarde?*

P: Zoals ik eerder al zei, er zijn de bewakers van de waarheid, bewakers van het licht. Net zoiets als, voor jouw begrip, de Essenen, die bewakers van de waarheid waren. Ze werkten met Christus op een zeer voorzichtige en geheime manier totdat het tijd was om het licht te laten schijnen of de boodschap kenbaar te maken.

Ik was zeer goed bekend met de Essenen omdat ik veel tijd heb besteed aan het verzamelen van informatie voor mijn boek Jezus en de Essenen. In dat boek werd voorzichtig toegegeven dat buitenaardse wezens Qumran in Israël hadden bezocht toen Jezus daar studeerde.

De zogenaamde Bewakers waren erg blij dat de Essenen probeerden de oude kennis te bewaren.

P: En opnieuw helpen ingeborenen bij deze onderneming. Ze doen wat ze doen op een stille, bescheiden manier, zonder dat hun buren iets in de gaten hebben. Het zijn fysieke menselijke wezens die met deze buitenaardsen te maken hebben. Je hebt de buitenaardsen zelf, en dan heb je de menselijke helpers die behulpzaam zijn bij deze onderneming.

D: *We horen zoveel verhalen over auto's die worden tegengehouden op de weg en mensen die worden meegenomen aan boord van schepen om te worden onderzocht. Is dit het soort wezens dat deze dingen doet?*

P: Dat klopt. Er is namelijk tenminste één hele goede reden om deze informatie te verspreiden. En dat is om de bevolking wakker te schudden op een heel subtiele, voorzichtige manier om te leren dat er ook anderen op deze planeet zijn. Dit zou niet veilig in één keer kunnen worden gedaan, want dat zou wereldwijde paniek veroorzaken.

D: *Ik heb gehoord dat als ze mensen meenemen aan boord, ze deze op de een of andere manier weerloos maken zodat ze niet gewelddadig of hysterisch of zoiets worden. Mensen denken dat het iets met de geest te maken heeft.*

P: Dat klopt. Het komt simpelweg neer op het richten van de aandacht op iets anders dan het fysieke, zodat het niet is gericht op het menselijk lichaam maar op het mentale vlak.

D: *Sommige mensen die zijn ontvoerd, zeggen dat ze geen herinneringen hebben aan wat er is gebeurd totdat deze techniek (hypnose) werd gebruikt om deze herinneringen naar boven te halen.*

P: Dat klopt. Het was gewoon een manier waarop de ervaring kon worden verwerkt of opgenomen op onderbewust niveau voordat deze weer bewust werd.

D: *Sommige mensen die deze ervaring hebben gehad zeiden dat ze bang waren. Ze dachten dat ze in gevaar waren.*

P: Dat klopt. Hoewel dit slechts hun waarneming was en niet het geval was. Dit laat zien hoe belangrijk het is om de ervaring op een heel subtiel niveau te brengen.

D: *Waarom namen ze hen mee aan boord om hen te onderzoeken?*
P: Er is interesse om te zien hoe de omgeving van invloed is op het menselijk lichaam. En hoe de chemicaliën en elementen in de omgeving het menselijk systeem binnendringen.

Wat is er nu natuurlijker? Waarom zouden ze niet nog steeds bezig zijn met onze vooruitgang. Hebben ze niet voor ons gezorgd vanaf het begin van het leven op aarde? Het leek een heel redelijk idee dat ze nog steeds af en toe een monster aan boord zouden nemen om te zien welke lichamelijke veranderingen er plaatsvonden door de omgeving en vervuiling. Deze veranderingen worden waarschijnlijk gerapporteerd aan de hoofdbasis waar alle gegevens van onze beschaving worden bewaard. Eindelijk een goede reden waarom de ufo-wezens de dingen doen die mensen hebben verteld.

D: *Wat vinden de wezens van de toegenomen straling in onze atmosfeer? Zorgt dit voor veranderingen in het fysieke lichaam om dit te kunnen verdragen?*
P: We zien niet zozeer een verandering in het fysieke metabolisme als direct gevolg. Een gevolg is kanker dat je alarmerend snel ziet toenemen. We willen echter niet suggereren dat deze kanker alleen van straling komt. Want het wordt ook veroorzaakt door de instroom van veel verschillende chemicaliën in het menselijk systeem. De kanker is een vorm van protest of het betekent dat het menselijk lichaam al deze verschillende chemicaliën waarmee het wordt bestookt niet kan verwerken. Dit is een manier van het menselijk lichaam om te zeggen "ik kan dit allemaal niet aan".

D: *Denk je dat het lichaam dit uiteindelijk in toekomstige generaties zal kunnen verdragen?*
P: We zullen zeggen dat al dat "spul" onder controle zal worden gehouden tot een moment waarop het lichaam dit niet meer hoeft te zeggen.

D: *Dat is heel goed. Ik begrijp dat deze wezens voor ons welzijn zorgen. Maar zijn er andere wezens in deze "vliegende schotels" of ufo's, die een gevaar of bedreiging kunnen vormen? Mensen denken altijd dat als iets buitenaards is, het slecht moet zijn. Ze zijn bang voor alles wat anders is.*

P: Een menselijke visie. Wij zien geen wezens die bewust kwaad zouden doen, want dat past niet bij de lichtwezens.

D: Sommige mensen zeggen dat er lichtstralen uit de schepen komen, en dat ze daardoor geraakt worden. Ik weet niet of dit waar is of niet. Dit is waarom mensen dachten dat de schepen gevaarlijk waren, vanwege deze lichtstralen.

P: Dat klopt. De energie in deze stralen veroorzaakt soms blaren op het gezicht of roodheid en dit is fysiek bewijs van een ontmoeting. Want als iemand zo'n ontmoeting zou willen rapporteren en geen bewijs hebben, dan zou de ervaring voor een groot deel zijn betekenis verliezen. De feiten zijn echter verkeerd begrepen, want de blaren of de roodheid verdwijnen snel en zijn niet schadelijker dan te lang in de zon zitten.

D: Dus jij denkt dat dit expres is gedaan?

P: In sommige gevallen, ja. In andere gevallen stonden de mensen toevallig in de weg van deze energie.

D: Ik heb ook gehoord dat deze voertuigen in de buurt van radarposten en elektriciteitscentrales zijn gezien, alsof ze daar iets van nodig hadden. Er is een theorie die zegt dat ze de energie die daar vandaan komt misschien gebruiken.

P: Er is behoefte aan water. Er is echter geen behoefte om bij radarposten of elektriciteitscentrales te blijven. Deze theorie geeft het idee dat deze wezens ergens van afhankelijk zijn, net als mensen. Dit verlaagt hun status van alleskunners naar afhankelijke wezens. Maar ze hebben dit niet nodig omdat hun krachtbron ver boven alles staat waar de mens op dit moment toe in staat is. Deze individuen bestuderen zulke installaties. Het is ook een demonstratie. Een manier om anderen in staat te stellen deze voertuigen te zien op een niet bedreigende manier.

D: Ze willen gezien worden?

P: Dat klopt. Dat is namelijk het doel van deze waarnemingen, om het bewustzijn naar een wereldwijd niveau te brengen en uiteindelijke aanvaarding en omarming van deze wezens. Op zo'n manier dat het niet meer nodig is om elkaar zo in het geheim te ontmoeten en te werken. Dat het in het openbaar kan worden gedaan.

D: Ik krijg het sterke gevoel dat er een heel leger van universele wezens is dat ons bekijkt, en dat klaar is om contact te leggen als zij denken dat het veilig is.

P: Er is inderdaad een leger, zoals jij zou zeggen. Wij zouden echter dat woord niet willen gebruiken, omdat in jullie context, dat wil zeggen binnen de nuances van jullie taal, "leger" iets met oorlog te maken heeft. En zoals je je kunt voorstellen zijn wij echt de meest onoorlogszuchtige wezens die je je ooit kunt bedenken. Wij kennen geen kwaad. Er is geen disharmonie of behoefte aan of wens om pijn te doen. Wij zouden zeggen dat we gewoon een groep of een commissie zijn die vanuit de verste hoeken van dit universum is gestuurd, wat zou kunnen worden beschouwd als het midden van een ander universum, want universa overlappen elkaar. Een delegatie van wezens die een gemeenschap hebben opgezet rond jullie planeet om jullie deze informatie en energie toe te dienen die beschikbaar is voor iedereen die erom vraagt, al diegenen onder jullie die hiernaar dorsten en honger naar deze kennis hebben. We zijn hier gewoon om die energie aan jullie planeet te geven. Wij komen in totale liefde en absolute dienstbaarheid. Wij hebben namelijk niet meer gemeen met de behoefte aan overheersing dan Jezus.

D: *Veel mensen vragen zich af waarom ze niet gewoon in Washington DC landen, rechtstreeks op het gazon van het Witte Huis, zodat de regering in contact met ze kan treden.*

P: Dit zou zoveel paniek veroorzaken, dat het contraproductief is. Het moet heel voorzichtig en subtiel worden gedaan. De menselijke geest verdraagt namelijk erg weinig wat hij niet begrijpt.

D: *Dus ze laten mensen hen gewoon zien op verschillende afgelegen plekken?*

P: Ja, zodat het geloof langzaam toeneemt. Dan heeft de bevolking de luxe om te geloven of niet te geloven.

D: *Komt er ooit een tijd waarop ze zichzelf openbaar maken en zich aan iedereen laten zien?*

P: Dat klopt. Het is al voorbestemd. Het is onderdeel van het werk. We mogen niet zeggen wanneer, en dit is op dit moment ook nog niet volledig bekend. Het is echter onvermijdelijk dat dit gaat gebeuren, want het is gewoon een stap in het evolutionaire proces om deze planeet te verheffen naar universeel bewustzijn.

D: *Denk je dat ze zich ooit zullen bemoeien met onze zaken op aarde?*

P: Het is niet correct om dit "bemoeien" te noemen, want het doel is te helpen.

Ik vroeg me af of er ooit een specifieke gebeurtenis zou zijn die dit zou veroorzaken, het allemaal naar buiten brengen zogezegd. De dreiging van een atoomoorlog war een mogelijkheid die ik me kon voorstellen.

P: Dit zou worden bepaald door het verloop van menselijke gebeurtenissen die leidden naar zo'n gebeurtenis, of het nodig is of niet.

Ik geloofde dat als ze al zo'n ongelofelijk lange tijd voor ons hadden gezorgd, ze ons niet onze planeet zouden laten opblazen. Dat ze een manier zouden vinden om ons tegen te houden als we zover zouden komen.

P: Als het menselijk ras daarvoor zou kiezen, dan is dat het lot van de mensheid. We zullen echter alle kansen geven om dit niet te lagen gebeuren. De energie van jullie planeet wordt beïnvloed door de gedachten die jullie eraan geven. De energie van jullie planeet is de gedachten die jullie eraan geven. Dus de negatieve, vernietigende gedachtenpatronen die aan de energie van de planeet worden gegeven worden uitgedaagd door energieën van meer constructieve aard die aan jullie planeet worden gegeven. De uitkomst zou kunnen zijn dat de dominantere energie de hogere vorm is.

D: *Wat is de bron van deze positieve krachten?*
P: De bron zijn degenen die met energieën werken, zoals jullie groep, die mediteren en deze positieve energie aan de energiebank geven, alsook degenen die vanuit de geestelijke sferen werken.

D: *Dus op dat moment wordt bepaald welke kant er wint, zogezegd?*
P: Dat klopt. Het beslissende punt is nog niet bereikt. Daarom kunnen de energieën nog veranderen tussen dit chronologische punt in de tijd en dat punt in de tijd. Een lichte verandering in de energieën kan zelfs al een dramatisch verschil maken in de uiteindelijke uitkomst van die beslissing.

D: *Zijn andere planeten ook door dit ontwikkelingsproces heen gegaan?*
P: Dat klopt.

D: *Hoe weten we tegen die tijd welke kant het op gaat?*
P: Er zal informatie worden gegeven via groepen zoals die van jou over wat er moet worden gedaan. Zelfs op dit moment worden er beslissingen genomen op vele niveaus over wat te doen als dit of dat gebeurt. Een soort noodplannen. Er is geen vaste regel op dit moment, maar vele mogelijkheden. Als de laatste stem binnen is en het lot is bepaald, kan gepaste actie worden ondernomen.
D: *Als het lot een maal is bepaald, kunnen we het dan nog veranderen?*
P: Niet echt, in de zin dat wat is bepaald is bepaald. Het is in onderling overleg overeengekomen. Jullie zelf kunnen altijd jullie lot veranderen. Maar jullie kunnen niet het lot van jullie wereld veranderen. Als in onderling overleg van dit lot zou worden afgezien, dan zou het natuurlijk anders zijn.
D: *Hebben we het over wat veel mensen Armageddon noemen?*
P: Niet in de zin van één enkele catastrofale gebeurtenis, of serie van gebeurtenissen. Uiteraard is dit hele scenario, dat wil zeggen de laatste dagen van het oude, zoals jullie zouden zeggen Armageddon. Deze term "Armageddon" wordt gewoon gebruikt om dat proces van dood en wedergeboorte te beschrijven, de verandering van het oude naar het nieuwe. De negatieve aspecten van dit proces worden beschreven als Armageddon. Er is echter geen vergelijkbare naam gegeven aan de positieve aspecten die net zo belangrijk zijn. Het nieuwe tijdperk wordt op verschillende manieren beschreven als de tijd waarin alles nieuw zal zijn.
D: *Dus je zegt dat Armageddon slechts een symbool is, het is geen echte gebeurtenis?*
P: Het staat voor de serie gebeurtenissen die gedurende die tijd van verandering zullen worden ervaren, en niet zozeer voor een enkele gebeurtenis.
D: *Anderen hebben mij verteld dat deze wezens misschien komen helpen om dit te voorkomen als het erop aan zou komen zogezegd. Ze zouden het op de een of andere manier proberen te stoppen.*
P: Dit energiekanaal wil zeggen dat – en dit is uitsluitend de mening van dit energiekanaal- dat het mogelijk is dat het menselijk ras zichzelf vernietigt, als het daarvoor kiest, want het heeft die keuze.
D: *Ik denk aan een vergelijking Ik weet niet of deze klopt of niet. Volgens mij kan het als volgt worden vergeleken: alsof je je*

kinderen hebt opgevoed en voor ze hebt gezorgd en op ze gepast. Maar als ze een bepaalde leeftijd bereiken, kun je ze niet meer echt beïnvloeden of ze iets laten doen. Zou dat een goede vergelijking zijn?
P: Dat is heel gepast. Op veel gebieden waar jij je niet van bewust bent, is dit idee het meest gepast. Een vergelijking die je in deze context kunt gebruiken.

D: Want hoeveel je ook van hen houdt en ze wilt helpen of ervoor wilt zorgen dat ze zichzelf pijn doen, als ze op een bepaald punt komen, heb je geen controle meer over ze.
P: Het zou mogelijk zijn ze fysiek tegen te houden, zie je. Ook al zijn deze kinderen volwassen, dan nog zou het mogelijk zijn dat de ouders hun ideeën fysiek opleggen aan hun kinderen. Het is echter niet waarschijnlijk.

D: Dus hoe graag deze wezens dit ook zouden willen doen, worden ze ingeperkt vanwege onze vrije wil?

Ik was trots dat ik dit concept eindelijk opgelost had en mijn eigen vergelijking had kunnen geven. Het was alsof er een lichtstraal door de wolken scheen.

P: Dat klopt. Vrije wil moet niet licht worden opgevat. Het is een heel belangrijk concept die bij het scheppen van deze realiteit aan deze planeet werd gegeven.

D: Dus het concept van vrije wil heft al het andere op en vervangt alles.
P: Dat klopt, want dat is het belangrijkste leermiddel in deze bestaanssfeer.

D: Ik denk dat ik het begrijp. Ik wil zeker weten dat ik het goed heb. Hoewel ze kunnen proberen ons ideeën en informatie te sturen over manieren waarop we onszelf kunnen helpen, ze kunnen ons deze dingen niet laten accepteren.
P: Dat klopt. Het is aan elk individu om zelf hun gemeenschappelijk lot te bepalen.

D: Ik denk namelijk dat als ze zouden komen en met hun voertuigen op bepaalde plekken landen, dat ze dan veel zouden kunnen doen om te voorkomen dat deze dingen gebeuren.

P: Dat is twijfelachtig, want je zou ook kunnen zeggen dat dit juist datgene zou veroorzaken dat het zou proberen te voorkomen.

D: Waarom denk je dat?

P: Degenen die vanuit menselijk oogpunt als indringers zouden worden gezien zouden ervoor kunnen zorgen dat juist die wapens worden gebruikt die ze eigenlijk wilden tegenhouden. En dit zou explosies veroorzaken, hoewel rechtstreeks aan iemand anders gericht, die ze in eerste instantie probeerden te voorkomen.

D: Maar de buitenaardse wezens zouden zich waarschijnlijk heel goed kunnen verdedigen denk ik, als het zover zou komen.

P: Verdedigen zou niet nodig zijn. De wezens zouden er simpelweg niet zijn. Ze zouden gewoon dematerialiseren naar een andere bestaanssfeer. Je zou kunnen zeggen dat de wapens onklaar zouden kunnen worden gemaakt en zo, maar je kunt daar eindeloos over speculeren en dat levert op dit moment niets op.

D: Dus ze zijn zo niet-gewelddadig van aard dat ze zichzelf niet eens in zo'n positie zouden brengen?

P: Ze zouden zichzelf niet in een situatie brengen die zo'n gebeurtenis zou kunnen veroorzaken.

D: Wat kunnen deze wezens de mensen van de aarde leren als ze zouden luisteren?

P: Er zijn vele lessen die verder gaan dan liefde en begrip die de mens op dit moment gewoon niet kan begrijpen, aangezien er op deze planeet nog geen universeel bewustzijn is. Als dit er is, zullen er vele nieuwe concepten worden geïntroduceerd die te maken hebben met politiek of politieke betrekkingen, etc. Er zullen veel soorten concepten worden geïntroduceerd over het eigen ik, waarneming van het eigen ik binnen de gemeenschap bijvoorbeeld.

D: Zullen mensen dit niet als bemoeienis beschouwen als deze wezens zich met onze politiek willen bezighouden?

P: Er zal geen politiek zijn zoals op dit moment op deze planeet bekend is, want dit is geen universele politiek. Het zal snel geaccepteerd worden, want alle oude gebruiken zullen worden afgebroken en de lei zal worden schoongeveegd. Dit is een manier om de lei opnieuw te beschrijven.

D: Zullen ze ons dan helpen om een ander soort regering op te zetten of hoe je het ook noemt?

P: Dat klopt. Ze zullen hierbij helpen. Het zal een soort wereldregering zijn.

D: *Dat zullen sommige mensen misschien bemoeienis noemen, de manier veranderen waarop het altijd is gedaan.*

P: Dat klopt als je het bekijkt vanuit de oude manier van doen. Zij die zich verzetten tegen de verandering zouden dit als bemoeienis zien. Er is echter meer dan voldoende bewijs van het falen van de oude manier in de geschiedenis van de mensheid. Je hoeft maar een paar uur terug te kijken, en nog niet eens eeuwen terug, om het bewijs te zien van het falen van de oude manier. Het zou dus nogal duidelijk moeten zijn dat een nieuwe manier erg hard nodig is. En deze manier zou dan worden gegeven, wat erg goed uitkomt voor de mensheid en hun planeet. Als de oude manieren worden afgebroken, zullen de nieuwe manieren worden gegeven.

D: *Het lijkt me erg moeilijk om een wereldwijde regering op te zetten met zoveel verschillende meningen.*

P: Zoals gezegd, zullen de oude manieren worden afgebroken en de nieuwe manieren zullen dan naar voren worden gebracht. Er zullen op dat moment geen oude manieren meer bestaan.

D: *Maar mensen hebben het geprobeerd met hun Verenigde Naties en de Volkerenbond, en het gaat altijd moeizaam.*

P: Dat klopt. We willen zeggen: blijf je bewust en wees oplettend en stel je open. Want zij die het licht in moeten lopen, moeten zich van de oude manieren los kunnen maken om de nieuwe te kunnen omarmen. Dus hoe gemakkelijker het is om je van de oude manieren los te maken, hoe gemakkelijker het zal zijn om de nieuwe te accepteren.

D: *Er zullen echter mensen zijn die tegenstand bieden. Zij denken dat een verandering van levensstijl hetzelfde is als worden bezet of overgenomen door een vijandelijke macht.*

P: Dat is dan jammer, want zij houden vast aan de oude manieren en de geschiedenis van de planeet staat het koesteren van zulke ideeën niet toe. Deze mensen zullen het veel moeilijker hebben dan degenen die minder star zijn. De nalatenschap van de planeet zal niet worden opgehouden door deze mensen.

D: *Dat is waarom ik denk dat mensen geloven dat buitenaardsen zogezegd ... slecht zijn, omdat ze onze manier van leven willen veranderen.*

P: Het is gewoon het lot van deze planeet, dat een handje wordt geholpen door de buitenaardsen. Dus degenen die weigeren mee te werken zullen het dus veel moeilijker krijgen dan degenen die het accepteren en meewerken.

D: Wat gebeurt er als een grote groep mensen niet mee wil doen?

P: Dan zal een grote groep mensen het erg moeilijk krijgen. Zoals eerder gezegd kan het lot niet worden veranderd, net zomin als een zwangere vrouw die haar kind niet wil krijgen de geboorte kan voorkomen, zelfs niet op het laatste moment. Ondanks haar bezwaren zal het kind worden geboren. Dus het is veel makkelijker om mee te werken met de geboorte dan ertegen te vechten.

D: Zouden de buitenaardsen ons tegenwerken als sommige mensen niet mee zouden willen doen?

P: Dat is niet juist. Want het doel van hun aanwezigheid is te helpen, om een soort vroedvrouw te worden bij deze onderneming.

D: Ik denk dat er misschien een oorlog zou komen als er genoeg mensen zouden zijn die niet willen veranderen. Dan zou er geweld komen.

P: Dat is niet juist. De rol is namelijk niet dusdanig dat de verandering in grote hoeveelheden wordt opgedrongen, zoals zou moeten gebeuren om oorlog te veroorzaken. Alles gebeurt heel subtiel en achter de schermen. Het gebeurt langzaam. Dit is een evolutie, geen revolutie.

D: Dat is duidelijker. Ik dacht dat ze gingen proberen alles opeens te veranderen. Er zouden veel mensen zijn die zich daartegen zouden verzetten.

P: Deze mensen worden er niet mee overvallen, want dat zou niet helpen bij het besluit om te veranderen.

D: Zullen deze wezens onze wereldleiders beïnvloeden?

P: Ze beïnvloeden ze nu al.

D: Denk je dat ze ze beïnvloeden om geen atoomwapens te gebruiken?

P: Ze worden aangemoedigd hier niet op terug te vallen. Dat klopt. De beïnvloeding vindt plaatst via de telepathische suggestie deze wapens niet te gebruiken.

D: Ze hoeven dus niet te verschijnen, ze kunnen dit allemaal doen door mentaal ...

P: Dat klopt. Dit kan elke mens ook doen, niet alleen buitenaardsen.

D: *Is het goed als ik de informatie die je me hebt gegeven gebruik en probeer deze aan anderen door te geven?*
P: Zeker, maar onder één voorwaarde. Als iemand dit niet wil geloven, beweer dan niet dat dit de "echte" waarheid is, want de waarheid is wat ieder ervan maakt. Als ze het willen accepteren, laat ze dat dan doen. Probeer hun overtuigingen niet tegen hun wil te veranderen. Ik snap dat je niet zult proberen iemand anders te beïnvloeden. Ik wil alleen benadrukken dat dit alleen is voor degenen die dat wensen. Degenen die dat niet willen, doen er niet verkeerd aan het niet aan te nemen. Ze zijn er gewoon nog niet klaar voor.
D: *Ze zouden het waarschijnlijk toch niet begrijpen.*
P: Als ze er klaar voor waren, zouden ze het begrijpen. Laat ze het zelf beoordelen. Er zijn veel mensen die het kunnen begrijpen, er zijn er nog veel meer die het zullen kunnen begrijpen. Laat het ze in hun eigen tempo uitzoeken want als ze er klaar voor zijn, zullen ze zoeken en vinden. Het maakt allemaal deel uit van jouw doel.
D: *Dan zal ik het opschrijven en het aan hen overlaten of ze het willen aannemen of niet. Is er nog iets anders dat je ons wilt vertellen?*
P: Alleen dat het allerbelangrijkste op dit moment op deze planeet voor zover ik weet het verhogen van het menselijk bewustzijn is. De oorlogen in het Midden-Oosten zijn een klassiek voorbeeld van de situatie van de planeet op dit moment. En het is niet alleen in het Midden-Oosten. In Zuid-Amerika en zelfs in jullie eigen land, in jullie eigen steden, kun je het gebrek aan zorg en aandacht tussen mensen zien. Dit is het belangrijkste om je van bewust te zijn. Je moet de eerste stap zetten om de reis te beginnen, om een oud cliché te gebruiken. Maar als iedereen die eerste stap zou zetten, zou de rest vanzelf volgen. Soms moet je alleen die eerste stap laten zien, zodat anderen zullen volgen.

ALS PHIL EEN ECHT STERRENKIND IS, een echte buitenaardse, zou ik zeggen dat we meer van hen nodig hebben in onze wereld. Hun vriendelijke aard is namelijk hard nodig. Als er voldoende van dit nieuwe bloed in de mensheid kan binnendringen, zal het geweld misschien stoppen en kan onze wereld eindelijk vrij zijn om in vrede en harmonie te leven.

Hoofdstuk 20
Nachtelijke verschrikkingen

Dit boek had eigenlijk al klaar moeten zijn. Het was eigenlijk ook klaar. Ik had het in definitieve vorm gegoten en het was aan verscheidene uitgevers gestuurd. Volgens de regels van het schrijven is het tijd om te stoppen als een verhaal tot zijn einde is gekomen. Het verder bewerken heeft geen zin en werkt vaak als een anticlimax. Maar er gebeurde iets in 1987 waardoor ik Phils dossier weer opende. Het materiaal in dit boek over het inzaaien van de planeet aarde kwam door in 1984 en 1985. Daarna ging Phil door met zijn leven en leek hij zich aan te passen aan de vreemde herinneringen die we hadden opgeroepen. Hij had ze een plekje gegeven en dacht er niet meer aan. Ik was doorgegaan met werken met andere cliënten en met het schrijven van andere boeken terwijl ik op zoek was naar de ongrijpbare uitgever.

Ik was in die twee jaar gegroeid. Mijn werk had zich zover uitgebreid dat het bizarre, dat nog steeds mijn nieuwsgierigheid opwekte, me niet meer verbaasde. Ik accepteerde al mijn bevindingen met een open geest. Naast mijn regressietherapie begon ik in 1987 te werken met MUFON (Mutual UFO Network) aan vermoede ufo-ontvoeringszaken. Dit zette mijn werk in een volledig nieuw perspectief. Ik focuste me niet meer alleen op trauma's die waren veroorzaakt door gebeurtenissen die honderden jaren geleden in andere levens hadden plaatsgevonden, en te proberen mensen te helpen de lessen uit die levens toe te passen op de problemen in hun huidige leven. Nu had ik te maken met gebeurtenissen die mijn cliënten in dit leven overkwamen. Dat betekende dat ik mijn techniek moest wijzigen, en ik moest een ander soort therapie toepassen omdat de cliënt vaak moeite had om om te gaan met de vreemde gebeurtenissen die hun beschermende onderbewustzijn voor ze had verborgen. Ik verzamelde de informatie van verschillende mensen en keek naar overeenkomsten tussen hun ervaringen. Ik deed dit werk naast mijn normale reïncarnatiewerk. Mijn conclusies en theorieën zullen worden gepresenteerd in een toekomstig boek dat "De Bewakers" (The Custodian) heet en dat gaat over gevallen van ontvoeringen door ufo's.

In die tijd (1987) schreven Budd Hopkins en Whitley Strieber hun aangrijpende boeken over ontvoeringen door ufo's en richtten de aandacht van het land op dat gebied. Gedurende de daaropvolgende jaren ontdekte ik ook dat ze ook nogal een doos van Pandora hadden geopend. Mensen wiens ervaringen gedurende het grootste deel van hun leven hadden gesluimerd, hadden opeens herinneringen die naar de oppervlakte van hun bewuste geest kwamen nadat ze deze boeken hadden gelezen. Misschien was dat één van de geheime doelen ervan. Misschien was het eindelijk tijd dat deze herinneringen in groten getale naar boven kwamen bij de bevolking, want ik kwam erachter dat dat precies was wat er gebeurde. Misschien lagen de herinneringen altijd al op het randje van het bewustzijn en hadden ze alleen dit zetje nodig om door te breken. Maar dit kon ook onderdeel zijn van een kunstig en ingewikkeld plan, slimmer dan iemand kon bedenken.

Ik denk dat ik niet verbaasd had moeten zijn toen dit bij Phil gebeurde. Want wie zou er nu een geschiktere kandidaat zijn voor contact met buitenaardsen in dit leven dan iemand die zelf herinneringen had aan levens als een buitenaards wezen. Ik kreeg op een avond in 1987 een telefoontje van Phil en ik wist meteen dat hem iets dwars zat. Hij zei dat hij net het boek "Communion" had uitgelezen. Hij vond het boek interessant, maar er stonden twee dingen in die aan hem knaagden. Het leek alsof ze een soort verborgen herinneringen bij hem opriepen en hij wist niet wat hij ermee aan moest. In het boek vertelde Whitley Strieber een uil te zien als een "scherm" voor het echte buitenaardse wezen. Ik ben zulke gevallen tegengekomen in mijn ufo-werk, en ik noem ze "overlays" (dekmantels). Hoe we ze ook noemen, het lijken beschermende schermen die het onderbewustzijn opwerpt om datgene wat er in werkelijkheid is te bedekken. Het kan ook zijn dat de buitenaardse wezens zelf een soort apparaat gebruiken om het individu te beschermen tegen een shock of zoiets. Als dit waar is, dan zijn ze heel goed in het manipuleren van onze geest. Maar het feit dat deze herinneringen naar boven beginnen te komen, bewijst dat hun technieken niet feilloos zijn. Tenzij ze natuurlijk een ingebouwde tijdslimiet of tijdsduur hebben. Strieber noemde ook een vreemd insectachtig ding dat leek op een bidsprinkhaan. De rest van het boek raakte Phil niet en haalde niets naar boven. Maar deze twee gebeurtenissen in dat boek riepen herinneringen op aan een vreselijke droom die Phil een aantal jaren geleden had gehad toen hij in Kansas woonde. Hij vroeg zich nu af of het echt een droom was of niet. Het had zijn nieuwsgierigheid gewekt en hij wilde een sessie houden om te kijken of er iets aan de hand was.

We spraken af en Phil begon me meteen te vertellen wat hij zich kon herinneren van de dromen die hij in 1977 had gehad toen hij in Lawrence in Kansas woonde. Hij was toen ongeveer 21 jaar oud en het was voordat hij naar San Francisco was verhuisd om bij zijn zus te gaan wonen en waar hij de veelbewogen zelfmoordpoging had gedaan. Misschien zouden we eindelijk al deze vreemde gebeurtenissen aan elkaar kunnen knopen, als er al samenhang in zat. Hij herinnerde zich twee aparte gebeurtenissen en hij wist niet eens zeker of ze in dezelfde nacht hadden plaatsgevonden, maar we wisten dat ze waren gebeurd toen hij in Kansas woonde.

Hij reed terug naar Lawrence uit Ottawa nadat hij naar de film was geweest. Het was een luchtige avond. De film was een comedy, niets engs, zeker niets dat de gebeurtenis die volgde kon hebben veroorzaakt. De snelweg was een smalle geasfalteerde tweebaansweg met weinig verkeer rond die tijd 's nachts. Toen de enorme vogel uit het donker kwam, schrok Phil zo erg dat hij wegdook in de auto. Hij veronderstelde dat het een grote uil was die de weg afspeurde naar ratten of dode dieren. Hij vloog heel laag en middenin de weg. Hij verscheen plotseling voor de koplampen en hij dacht dat hij hem zou aanrijden. Hij vond dit een zeer ongebruikelijke gebeurtenis, en hij werd er bang van omdat het zo plotseling gebeurde. Dit was de herinnering die was opgeroepen door het noemen van de uil in "Communion". Phil ging naar huis en ging slapen. Hij dacht dat de volgende gebeurtenis dezelfde nacht plaatsvond, maar de herinnering was zo vervormd dat hij het niet zeker wist.

Hij herinnerde zich dat het ongeveer vier uur 's nachts was toen hij plotseling wakker werd, badend in het zweet en in absoluut rauwe angst. Hij was in zijn hele leven nog nooit zo bang geweest. Hij had een droom gehad en deze lag nog vers in zijn geheugen. Hij probeerde het mij te vertellen, en ik kon zien dat het hem zelfs 10 jaar later nog steeds aangreep.

"Ten eerste was ik, of mijn ziel, in de droom een soort bal kwik of een kledder water ... een kledder van iets. En toen was het alsof een grote duim naar beneden kwam van ... ergens vandaan en op die bal of kledder drukte die ik was. Ik heb nooit een duim gezien, maar het was een heel realistisch gevoel dat mijn ziel of geest of wat dan ook uit mijn fysieke lichaam werd gedrukt. Het was alsof ik een bal van bewustzijn was en ik begaf het onder de druk van de duim. Hij kwam langzaam omlaag, drukte, en ging weer omhoog."

Hij wist dat er nog veel meer gebeurde in de droom, maar hij kon zich niets anders herinneren behalve het vreemde wezen. Het deed hem denken aan een bidsprikhaan die net zo groot was als een mens. Wat hem beangstigde was dat er een soort sonde uit de mond van het ding kwam die het rechtstreeks in de rechterkant van zijn rug stak. Toen was er een gevoel van verlamming. "Ik had het gevoel dat ik niet kon bewegen zelfs als ik dat wilde, maar ik wist dat ik niet moest bewegen. Ik vocht er niet tegen, omdat ik wist dat mij geen kwaad zou worden gedaan, maar toch was ik in de droom doodsbang."

Ik zie een bidsprinkhaan altijd voor me als een wezen met grote uitstekende ogen, een klein hoofdje en van die lange geknikte armen. Maar hij zei dat het veel meer was dan dat. "Ik kon het gezicht niet echt zien, alleen de vorm. Het leek op een stok met een soort hoofd op het uiteinde. Het leek een soort armen of aanhangsels te hebben die omhoog gingen. In de droom was het heel gemakkelijk om het als een bidsprinkhaan te bestempelen."

Er waren gevoelens toen de sonde zijn rug in ging, maar het was geen pijn. "Het was een heel duidelijk fysiek gevoel dat er iets mijn rug in ging, maar het deed niet echt pijn. Het voelde alsof ik werd geschonden, hoewel dat gevoel eerder psychologisch dan fysiek was. Het was zo vreemd. Het gevoel van "ik had geen controle, en zij – dit, wat dan ook- wel. Ik had er geen morele bezwaren tegen. Het was gewoon een situatie waarbij ik mij helemaal niet op mijn gemak voelde. Het is moeilijk te beschrijven. Zoals ik zei, het is 10 jaar geleden en ik heb het niet opgeschreven of zoiets. Ik heb er niet zoveel aan gedacht, totdat dat boek de herinnering weer opwekte."

Phil beschreef vervolgens zijn reactie na de droom. "Ik werd wakker en ik dacht dat ik een nachtmerrie had gehad. Ik had nog nooit zo'n pure doodsangst gevoeld. Ik weet dat het me zeer veel angst aanjoeg. Ik stond op en deed elke lamp in het appartement aan. Ik wilde helemaal geen donker zien. Ik deed zelfs de lampen in de kast aan. En ik bad. Ik wist zeker dat ik de volgende ochtend naar een priester zou gaan in de stad en weer toe zou treden tot de katholieke kerk. Ik ben geen religieus persoon, maar dat leek het enige dat ik kon bedenken. Mijn enige gedachte was dat er iets kwaadaardigs in de droom was geweest dat me doodsangst had aangejaagd. Ik denk dat ik het gewoon als kwaadaardig bestempelde, want in de droom zelf voelde het niet zo. Maar zo ging ik ermee om denk ik, door te zeggen dat het kwaadaardig was. Het was een vreselijke nachtmerrie, de ergste droom die ik ooit in mijn leven heb gehad. Ik heb nog nooit iets ervaren dat me zoveel angst heeft aangejaagd. Ik heb in de loop der tijd over die droom gepraat, maar ik heb nooit een verband gelegd met een echte ervaring of ontvoering, totdat het boek dat verband suggereerde. Dat was waarschijnlijk alles, slechts een nare droom, maar het is iets dat ik wil onderzoeken."

Phil zei ook dat aan het eind van het boek een groep vertelde over hun ervaringen. En het kwam ter sprake dat verscheidenen van hen dachten dat ze het zich gedurende een bepaalde tijd niet mochten herinneren. Alsof ze waren geprogrammeerd om het zich niet te herinneren. Hij dacht dat dit misschien met hem was gebeurd. Hij analyseerde het zo dat als de droom een echte ontmoeting was geweest, hij het zich misschien niet mocht herinneren, omdat dit invloed zou hebben gehad op wat hij dan ook had meegemaakt in zijn leven daarna. Hij zou niet in staat zijn geweest de gebeurtenissen erna in perspectief te zien, ze zouden uit hun context zijn gerukt. Het zou destijds zeer verontrustend zijn geweest om dat soort ervaring te verwerken. Hij had ook het gevoel dat als dit waar was, de tijd was gekomen dat het oké was om het zich te herinneren.

De groep van Strieber vertelde ook dat verscheidenen van hen versterkte paranormale vermogens leek te hebben ontwikkeld na de ontmoetingen. Phil was zich ervan bewust dat dit met hem was gebeurd. Zijn paranormale bewustzijn was enorm verhoogd na zijn zelfmoordpoging in Californië.

Als deze ontvoeringen in ons onderbewustzijn werden verborgen in de vorm van dromen, laat dit zien hoe goed de buitenaardse wezens zouden kunnen zijn in het verhullen van echte ervaringen. Het laat zien hoe goed ze onze psyche begrijpen, zoveel beter dan we deze zelf begrijpen. Maar blijkbaar begrijpen ze niet helemaal dat we bij deze informatie kunnen komen via hypnose. Sommige boeken die ik heb gelezen zeggen dat ze verbaasd waren dat we wel het vermogen hadden om de informatie te vinden als we wisten dat er iets was en waar we naar moesten zoeken. Ze hadden niet beseft dat we het zo konden onthullen, en dat zat ze dwars. Ik had gehoord dat in sommige gevallen waarin mensen dingen hadden gezien of ontmoetingen hadden gehad de buitenaardse wezens andere manieren probeerden om ervoor te zorgen dat dit niet aan het licht kon worden gebracht via hypnose. Het is gokken hoe effectief deze methoden zijn.

Ik zette de cassetterecorder aan en we bereidden ons voor op de sessie. Ik zou proberen Phil terug te brengen naar die tijd en zien of de verontrustende herinnering aan de nachtmerrie hout sneed.

Hoewel we al twee jaar niet hadden samengewerkt of sessies hadden gehad, werkt het sleutelwoord prima, alsof er geen tijd tussen had gezeten. Hij ging meteen in een diepe trance en we bevonden ons weer op bekend gebied, behalve dat we deze keer een gebeurtenis uit Phil's huidige leven zouden onderzoeken in plaats van het verleden. Dit kan heel precair zijn. Als we zouden doordringen tot wat het onderbewustzijn als gevaarlijk gebied beschouwde, zou het weigeren hier binnen te treden en Phil niet toestaan het zich te herinneren. Dit is ten slotte zijn werk, het beschermen van het individu tegen wat het als schadelijke informatie beschouwt. Mijn werk als onderzoeker is het ervan te overtuigen dat alles veilig is, en dat het is toegestaan om de informatie los te laten. Dit is allemaal niet gemakkelijk, maar paranormaal onderzoek is dat nooit.

Ik vroeg Phil terug te gaan naar de tijd in 1977 toen hij in Kansas woonde. Hij gaf meteen het adres en begon het eenkamer appartement te beschrijven in een oud huis. Hij herinnerde zich de naam van de hospita en sprak over zijn baan in een elektronicabedrijf waar hij vliegtuigradio's repareerde.

Ik liet hem vooruitgaan in de tijd tot de nacht waarin hij thuiskwam van de film en de vreemde ervaring had. Hij begon meteen te beschrijven hoe hij op de snelweg reed tijdens een koude nacht in oktober, toen plotseling een grote uil uit het donker kwam en midden op de weg vloog recht voor de auto. Hij schrok omdat hij bang was dat hij hem aan zou rijden.

D: Was dat het enige vreemde dat gebeurde die nacht?
P: Ik denk dat er nog meer was maar ik … het voelt alsof me verteld is dat dat niet zo was. (Een plotselinge openbaring). Ik heb de uil niet gezien! Er werd mij verteld hem te zien!
D: Je bedoelt dat er niet echt een uil was?
P: Nee. Er werd mij verteld hem te zien, of het werd mij gesuggereerd dat ik hem zag.
D: Wat bedoel je? Verteld door wie?
P: Ik zie lichten. Alleen maar glimpen van lichten. Ze bevinden zich op de grond, langs de snelweg.
D: Denk je dat het lichten van huizen zijn?
P: Nee, nee. Ze hebben andere kleuren. Het lijken op neonkleuren, blauw en rood, rijke, rijke kleuren.
D: Zoals kerstlichtjes?
P: Maar dan rijker. Ze lijken zich aan mijn rechterkant te bevinden… in een soort bomen of … ik kan het niet goed zien. Het zijn glimpen. Maar er lijken lichten te zijn en beweging. (Serieus) Het voelt alsof het tijd is om het te weten. Het is tijd om het me te herinneren.
D: Wat is er gebeurd?
P: Het voelt alsof iets me zei van de weg af te gaan …naar rechts. Er was een klein zandpad of een laan dat de bossen inging. Het voelt alsof me werd verteld af te slaan. (Zacht) Dat klopt niet. Van de weg afslaan klopt niet.
D: Wat bedoel je?
P: Ik weet niet wat ik bedoel. Ik denk dat ik het niet wil. Ik denk dat ik van de weg af moest gaan, maar ik wil niet.
D: Ging je van de weg af?
P: Nee. Ik stopte midden op de weg … want er was een licht midden op de weg. Er is een licht. (Emotioneel) Ze … lieten me stoppen. Midden op de snelweg. En ik ben boos. Ik voel boosheid. (Empathisch) Ik wilde dit niet doen. En ze deden het toch.
D: Wie liet je stoppen?
P: Zij. Zij deden het.
D: Wie zijn zij?
P: Dat weet ik niet. Ik weet niet wij zij zijn. Er is een licht op de weg. En ik moest midden op de snelweg stoppen.

D: Denk je dat het een andere bestuurder was?
P: Nee, ik wist dat dat niet zo was. Maar ik wilde dit niet meemaken. Ik was er nog niet klaar voor. Ik dacht dat ik het was ...ik wilde het, maar ik was nog niet klaar.
D: Wat bedoel je? Heb je deze ervaring al eens eerder gehad?
P: (Pauze, daarna zacht) Ja.
D: En je dacht dat je het nog een keer wilde meemaken of zoiets?
P: Ik ... (diepe zucht) ik weet het niet. Ik begrijp het niet.
D: Maar je zag het licht en je werd er boos van? Wat gebeurde er toen?
P: Ze kwamen naar de auto toe... ik vind het niet leuk dat ze er zijn. Maar ik weet dat ze me geen pijn gaan doen. Ik voel me ... verdoofd. Ik ben niet mezelf. Ik weet niet wie ik ben. Ik weet niet waar ik naartoe ben gegaan.
D: Kun je zien hoe ze eruitzien?
P: Ik weet het niet precies. Ze zijn klein. Ik weet niet eens of ik wel naar ze kan kijken. Ik wil ze niet zien. En ik voel hun handen ... op mij. Ze zijn koud ... klam. Ik begrijp niet waarom ze mij willen. Waarom ik? Waarom ik? Ze willen mij om de een of andere reden. Maar ze zijn vriendelijk. Ik voel hun ... liefde. Ik begrijp het niet. Ze zijn klein, en hun huid is grijs. En ze zien eruit als ... als kaal, met grote hoofden, en kleine vingertjes.
D: En hun gezichten?
P: (Pauze) Ik zie alleen grote ogen. Maar ze lijken op kinderen, kleine kinderen, hele kleine kinderen. Ze houden allemaal ... ze raken me aan ... hun aanraking is geruststellend.
D: Zijn er veel?
P: (Pauze) Ik weet het niet zeker. Ongeveer vier of vijf denk ik.
D: Wat gebeurde er daarna?
P: Ik kan de auto niet midden op de weg achterlaten. En ik zeg dat ik dat niet kan doen. En zij zeggen dat het geen probleem is. Dat is vreemd, want ik wil de auto niet midden op de weg achterlaten. Maar ze zeiden dat het in orde was. Dus deed ik het.

Deze kleine gebeurtenis riep later discussie op. Normaal gesproken zeggen mensen in zulke gevallen dat ze automatisch van de hoofdweg afreden naar een afgelegen gebied waar de onverwachte gebeurtenissen plaatsvonden. In dit geval weigerde Phil de afgelegen weg in te slaan en dus bleef de auto midden op de snelweg staan. Wat gebeurde er met de auto tijdens deze ontmoeting? Zou het geen gevaar voor het verkeer hebben opgeleverd, of in ieder geval de aandacht van de politie hebben getrokken? De kleine wezens gaven aan dat het geen probleem zou zijn. Beschikten ze over methodes om het voertuig onzichtbaar te maken, of een grappige suggestie: werd de auto in de lucht getild en daar opgehangen buiten het zicht van het voorbijrijdende verkeer? Of stond de tijd op de een of andere manier stil tijdens deze gebeurtenis, waardoor het niet uitmaakte of de auto op de snelweg stond of naast de weg. Dit zou allerhande mogelijkheden oproepen. Wat zouden voorbijrijdende automobilisten hebben gezien, en konden ze überhaupt iets hebben gezien? Op deze theorie ga ik verder in in mijn boek "The Custodians" (De Beheerders) dat gaat over mijn ervaringen met andere gevallen van ontvoeringen door ufo's.

Phil liet weten dat hij op dat moment uit de auto stapte en door de zacht strelende wezens verder het zandpad op werd geleid.

P: We gingen naar het schip. Ze lieten me lopen. Maar ze ... hielden me vast, raakten me aan terwijl ik liep. Ze stelden me gerust door me aan te raken. Het leek erop dat ze me niet wilden laten gaan. Ze begeleidden me zeg maar. En ik liep. Ze waren oké.

De kleine wezens leken op een vreemde manier bekend. Ze behandelden hem alsof ze hem op de een of andere manier kenden. Hij voelde zich vreemd genoeg als onder vrienden. Later verwarde dit hem toen hij het probeerde te analyseren.

D: *Spraken ze met woorden?*
P: Nee, niet zozeer met woorden maar met ... gevoelens. Emoties. Ik wist het gewoon. Ik voelde het. Er is een ... deuropening met een leuk dat openstaat. En we liepen dat luik in.
D: *Zoals een trap?*
P: Nee, als een hellingbaan, zonder treden. En de binnenkant van het schip lijkt vol met licht te zijn. Er is een gang. Deze lijkt buitenom te lopen. De muren lopen rond naar het plafond. Ze lopen rond zoals de omtrek van het schip. Overal is licht. Maar ... het komt gewoon, het is er gewoon. Het lijkt alsof ze op iemand wachten,

of iemand zoeken. We stopten bovenaan de helling. En er is iemand in de gang ... aan mijn rechterkant. Het lijkt alsof ze iets voorbereiden. Daar is de controlekamer ... aan de linkerkant van de helling zie ik de ramen maar ik kan niet ... ik begrijp de besturing niet.

D: *Wat zie je dat je kunt beschrijven?*

P: Knoppen, het lijkt op knoppen op stuurknuppels op het bedieningspaneel.

D: *Is er nog iets anders?*

P: (Pauze, alsof hij kijkt) Ik weet het niet precies. Ik weet niet eens zeker of dit echt is.

D: *Dat geeft niks. We kunnen er evengoed over praten.*

P: Er lijkt een sterrenkaart te zijn. Het lijkt erop dat ze me later een sterrenkaart lieten zien.

D: *Hebben ze je later meegenomen naar die ruimte?*

P: Het was niet zozeer een ruimte, maar een deel van de gang. De gang kwam uit op dat gebied.

D: *Oké, laten we teruggaan ... je zei dat je op iemand wachtte? Laten we eerst kijken wat er toen gebeurde.*

P: (Diepe zucht) Ik ben bang omdat ik weet wat er gaat gebeuren. En ik wil het niet.

D: *Hoe bedoel je, dat je weet wat er gaat gebeuren?*

P: Ik weet wat ze gaan doen. Ik weet het gewoon. Ik vind het niet leuk wat er gaat gebeuren. Ik ben bang voor ... (pauze)

Phil kromp zichtbaar ineen en wilde niet toegeven wat er dan ook zou komen. Aangezien hij hier duidelijk last van had, gaf ik hem de instructie dat hij niet aan de gebeurtenis mee hoefde te doen. Hij kon ernaar kijken als toeschouwer en er zo niet emotioneel bij betrokken zijn. Hij kon ervoor kiezen om het zo te doen.

D: *Op wie wachten ze?*

P: (Pauze) Ik denk dat ze op mij wachtten. (Zucht) Ik denk dat ik heb besloten het maar te doen. Het voelde op de een of andere manier alsof ik ze niet wilde teleurstellen. Ik vind ze wel aardig. Het zijn ... goede mensen. Ik vind het gevoel fijn. En ze zeiden dat het goed zou komen, dus ... ik dacht dat ik het wel kon doen.

D: *Denk je dat je een keus had?*

P: Ik weet het niet. Ik wil het niet weten.
D: *Nou, laten we verdergaan en uitzoeken wat er gebeurde. Waar ging je toen naartoe?*
P: De gang door en naar links. Tweede deur aan de linkerkant. Deze is wit. Alles is wit binnen.
D: *Zie je iets?*
P: Ja. (Pauze, dan emotioneel). Het! Ik zie het. En ik vind het niet leuk.
D: *Wat is het?*
P: Ik weet het niet. Ik weet niet wat het is. Ik weet niet of het leeft of een machine is. Maar ik vind het niet leuk.
D: *Kun je me vertellen hoe het eruit ziet? Dan kunnen we er misschien achter komen wat het is.*
P: Het lijkt op iets dat mijn vader vroeger in zijn kantoor had. (Phils vader was tandarts). Hij had een boor met een voetpedaal die hij in het leger gebruikte om tanden mee te boren. Het had een soort arm met de boor aan het einde. En dit doet me daaraan denken. Het lijkt erop. Het heeft een soort arm die kan bewegen. Maar er is meer. (Angstig) Ik weet niet of het leeft of een machine is. Ik denk dat het leeft.
D: *Waarom denk je dat het leeft?*
P: Ik weet het niet, maar ik vind het niet prettig hoe het eruit ziet en ik weet niet wat het is. Ik vind het niet fijn om ernaar te kijken. Ik wil er niet naar kijken!
D: *Dat hoeft niet als je dat niet wilt. Je kunt me gewoon vertellen wat er gebeurt.*
P: Ik weet het niet. Ik kijk niet. Ik lig op de tafel. Het is wit ... het is koud. En ze vragen me te gaan liggen, of ze zeggen me te gaan liggen. Ze doen gewoon ... ik weet dat ik op de tafel moet gaan liggen. Ik lig op mijn buik en dat ding gaat mijn rug in.
D: *Voel je het?*
P: Ja. Ik weet dat dat is waarom ik hier ben. Om een monster te nemen.
D: *Wat voor soort monster?*
P: Ik weet het niet. Iets van de binnenkant. Het ging aan de rechterkant mijn rug in.
D: *Voelde je pijn?*
P: Nee, het deed geen pijn. Maar ik wist dat het er was. Ik kon het voelen. Ik weet niet wat ze willen. Waarom?
D: *Hoe voelde het?*

P: Ik voelde het ... maar het deed geen pijn, het voelde gewoon niet goed. Ik vond het niet fijn.
D: Heeft iemand je verteld wat ze aan het doen waren?
P: Ze zeiden dat alles goed zou komen. Er is geen probleem. Dat ik me geen zorgen moest maken. Ze hebben een monster nodig dat ze meenemen om te controleren. Dat is alles wat ze zeiden.
D: Ik vraag me af wat voor monster het was?
P: Ik weet het niet. Ik wil het niet weten... Ik wil dit niet doen. Maar ik doe het wel. Omdat ze het nodig hebben.
D: En ze vertellen je niet waar ze het voor nodig hebben?
P: Ik heb het niet gevraagd. Ik wil het niet weten.
D: Heb je je kleren nog aan?
P: Nee. Die werden op de gang uitgetrokken. Voor de kamer.
D: Wat vond je daarvan?
P: Ik had er geen last van. Er was iets met de kleren... ze waren vies, besmet, ze mochten niet mee naar binnen. Wel in het schip, maar niet in de kamer.
D: Wat gebeurde er daarna?
P: Heel veel liefde. (Pauze) Ze hebben iets met mijn hoofd gedaan. Ik weet niet meer wat. Iets wat druk gaf, of een soort ... stimulering. Ik weet het niet. Een soort energie. (Ongeloof) Ze hebben mijn bewustzijn verwijderd! Ze hebben het op de een of andere manier verwijderd. Ze laten me zien hoe ze je bewustzijn van je lichaam kunnen scheiden en in een pot kunnen doen. Zodat ze aan je lichaam kunnen werken of ... ernaar kunnen kijken zonder dat het je bewustzijn schaadt. Geen reden om je zorgen te maken. Ik weet niet hoe. (Dit moet het gevoel zijn geweest dat Phil in de droom beschreef van een enorme duim die hem uit zijn lichaam drukte). Het was alsof ze zeiden: "Hier ben je. Je bent hier. Je ben niet daar." Ik voel nog steeds druk ... in een pot.
D: Voelde het alsof je in een pot zat?
P: Ja, ik zat in een pot. Ik weet niet hoe.
D: Kon je je lichaam zien?
P: Ja ... op de tafel. Het ding stak een lange zilveren naald in de rug, en ik voelde het niet. Ik weet niet hoe dit kon. Het was alsof het lichaam gevoel had, maar het bewustzijn niet. Het lichaam herinnerde zicht het gevoel, maar niet het bewustzijn. Ze haalden die twee uit elkaar.

D: *Deden ze nog iets met het lichaam?*
P: Ze deden nog meer na de naald. Ze reinigden het lichaam met een soort licht. Ze bestraalden het met paars licht. Bijna zoals ultraviolet licht. Om de ziektekiemen te verwijderen. Daarna meer testen. Ogen. Tong. Oren. Een hoop onderzoek, geprik, checken. Naar iets zoeken. Ik weet niet wat. DNA? Gebruiken ... om te gebruiken ... om het DNA te gebruiken.
D: *Waarom moeten ze daarvoor zoveel onderzoek doen?*

Phils stem veranderde van die van een opgewonden, bange jonge man naar een mechanische stem. Hij zocht blijkbaar op dat moment zijn toevlucht tot channelling om zich los te maken en de informatie te vinden. Op deze manier kon hij erbuiten staan en zonder emotie blijven. Aangezien dit beter voelde, bleef hij enige tijd in deze staat. Ik was eraan gewend hem dit te zien doen, dus ik herkende wat er gebeurde. Hij ging door met een verklaring voor het onderzoek.

P: Om naar fouten te zoeken. Naar afwijkingen te zoeken. Ze willen de beste monsters die ze kunnen vinden. Om te gebruiken om opnieuw te bevolken. Voor de tweede groep.
D: *Wat bedoel je?*
P: De tweede groep. De tweede Hof van Eden. De tweede bevolking. Het nieuwe begin.
D: *Op aarde?*
P: Nee, voor een andere plek. Een andere aarde. Een andere plaats. Ze hebben de lichamen nodig. Ze hebben het genetisch materiaal nodig om de andere planeet te bevolken. Om gewenste combinaties of vormen van DNA in te brengen. Om een andere planeet te bevolken. Om ruimte te maken voor diegenen die weg willen gaan na de overgang. Zodat er een bekendere omgeving zal zijn voor ze, en ze dus een ander lichaam hebben dat erg lijkt op dat wat ze hebben achtergelaten, na de overgang.
D: *Vertelt iemand jou dit, of kun je het gewoon oppikken?*
P: Dit is kennis die vrij beschikbaar is voor iedereen die erom vraagt. Er is geen eigenaarschap. Het is gewoon beschikbaar voor eenieder die het wil aannemen.
D: *Ik dacht dat je het misschien oppikte uit hun geest?*

P: Dat klopt, want zij zijn zich bewust van hun missie. Ze nemen de genetische blauwdruk voor nieuwe voertuigen om een andere planeet te bevolken, om een gastvoertuig ter beschikking te stellen voor diegenen die ervoor kiezen om daar in een omgeving te reïncarneren die vrij is van de verstoringen die op dit moment op deze planeet zo overheersend zijn.
D: Is er nog iets dat je me kunt vertellen?
P: (Pauze) Een soort onderzoek. Schrapen.
D: Waar schraapten ze? Op verschillende plekken in je lichaam bedoel je?
P: Ja. Aan de binnenkant. Op verschillende plekken. Om verschillende redenen. Monsters nemen.
D: Wat doen ze met die monsters?
P: Ze zetten ze op kweek. Ze hebben deze monsters van levensvormen die in onze lichamen leven nodig omdat ze deze levensvormen niet op de andere planeet willen. Ze bestuderen ze en besluiten welke blijven en welke niet.
D: Heb je het over bacteriën of microscopische levensvormen die in het lichaam aanwezig zijn?
P: Ja. Sommige zijn goed, andere niet.
D: Hmm, daar zou ik niet aan gedacht hebben. Dus als ze het lichaam reproduceren willen ze er zeker van zijn dat het zo perfect mogelijk is?
P: Ja. Testen. Onderzoeken. Checks. Metingen.
D: Kun je erachter komen wie hen zegt dit te doen? Hebben ze een soort opdracht?
P: Groepsgeest. Telepathisch bewustzijn. Allen zijn één, één is allen.
D: Maar je zei dat je het gevoel had dat je in een pot zat, of een soort reservoir?
P: Dat klopt. Het bewustzijn werd verwijderd zodat het apart van het fysieke lichaam kon worden bewaard, om het trauma te verminderen.
D: Dus toen ze al dat geprik en onderzoek deden, zou je het niet merken.
P: Dat klopt. Niet zozeer niet bewust, maar een beetje verwijderd.
D: Is het een echt reservoir? Ik wist niet dat je het bewustzijn ergens in kon bewaren. Ik dacht dat het net zoiets als een geest was en

dat het niet kon worden ingeperkt. *Kun je hier meer over vertellen?*
P: Dat klopt zeker. Het bewustzijn is gewoon een vorm van energie en daarom kan het worden bewaard binnen een energieveld. Dat wil zeggen, een reservoir dat is gemaakt met de juiste afmetingen of energie-elementen. Hier wordt een onderhoudsfunctie aan gegeven, die de levensvorm voedt en enigszins verdooft voor het trauma van de ervaring. Het gaat hier niet om een simpele driedimensionale glazen pot. Het is echter vergelijkbaar met een reservoir.
D: *Nou, nu je zogezegd verwijderd bent en je vindt het niet heel erg, kun je die kleine mensen beter bekijken?*
P: Dat klopt.
D: *Kun je ze voor me beschrijven?*

Hij was nu los en totaal niet emotioneel, en in staat op een objectieve manier verslag te doen.

P: Ze hebben grote amandelvormige ogen die enigszins schuin omhoog staan. En een grijze huid, een beetje leerachtig of ruw, hoewel hun handen heel zacht zijn. Hun aanraking is heel zacht en geruststellend, niet zo klam als ze in het begin aanvoelden. Het gevoel van klamheid kwam voort uit hun uiterlijk, of was meer gebaseerd op hun uiterlijk dan op feitelijke waarneming.
D: *Hoe zien ze er verder uit?*
P: Ze hebben een beetje hoge jukbeenderen. En een smalle kin, maar niet zo erg. In het algemeen een beetje driehoekvormig.
D: *Hebben ze een mond of een neus?*
P: Iets wat op een mond lijkt. Bijna geen lippen, alleen iets wat erop lijkt. Maar wel vol mededogen en liefde. Hun uiterlijk is wat onbetekenend, maar hun liefde en uitstraling is sterk aanwezig.
D: *Hebben ze oren?*
P: Alleen maar ... gaten.
D: *Dragen ze kleren?*
P: Ja, duidelijke donkerblauwe uniformen... een overall met een soort insigne. Ik weet niet waar het precies op lijkt.
D: *Waar zit dat insigne?*
P: Op de linkerborst.

D: *Staat het groot op het uniform?*
P: Nee. Symmetrisch correct volgens onze normen.
D: *Kun je het insigne later voor me reproduceren?*
P: Ik weet het niet zeker. Het is niet gemakkelijk te beschrijven. Erg abstract. Het kan wel. Het is moeilijk, maar het kan wel.

Ik gaf hem de instructie dat hij zich zou herinneren hoe het eruit zag, zodat hij in staat zou zijn te proberen het voor me na te tekenen als hij wakker was. Zonder deze posthypnotische suggestie zou dit detail in rook opgaan zodra Phil weer de staat van bewustzijn zou bereiken. Maar later toen hij wakker was vond hij het moeilijk het insigne te tekenen omdat het abstract was. Hij was niet helemaal tevreden met zijn pogingen, en zei dat er een gevoel van opgaande beweging bij het ontwerp hoorde. Toen hij de tekeningen bekeek, was hij verbaasd dat het ontwerp leek op een gestileerde foetus. Ik vraag me af of er enig verband is?

D: *Hebben ze allemaal hetzelfde uniform en insigne?*
P: (Pauze, alsof hij keek). Allen die ik heb gezien. Hoewel ik op de een of andere manier weet dat er anderen zijn. Het ding is anders. Niet hetzelfde.
D: *Wat vind je van dat ding, nu je voldoende bent verwijderd om er objectief naar te kunnen kijken?*
P: Ik weet het niet. Ik heb nog nooit, zelfs niet in mijn fantasie, iets dergelijks gezien. Ik weet niet wat ik ervan moet maken. (Nu emotioneel) Het lijkt een levende machine. Een machine met leven. Dat is het! Het leeft ... maar het is een machine. Ik weet niet wat het is.
D: *Heeft het een bewustzijn?*
P: Geen bewustzijn zoals wij hebben. Geen wil zoals wij hebben. Het heeft geen persoonlijkheid. Maar het leeft. Het neemt opdrachten aan. Het weet wat het moet doen, en waar het naartoe moet gaan om het te doen. Het weet waar het naar op zoek is. En het weet waar het het kan vinden.
D: *Kan het zich voortbewegen?*
P: Ja, zelf. Ik weet dat het leeft omdat het dat doet. (Er komt weer afkeer op). Ik vind het niet fijn.
D: *Heeft het nog andere aanhangsels behalve degene die jij zag?*

P: Ik weet het niet. Ik wil er niet te veel naar kijken.
D: Dat geeft niks. Je hoeft dat niet te doen. Je hebt me al veel verteld.
P: Ik voel het meer dan dat ik het zie, want ik wil er niet naar kijken.
D: Dat is geen probleem. Je hoeft dat ook niet. Denk je dat zoiets je ooit eerder is overkomen, of is dit de eerste keer?
P: (Zucht) Andere keren, andere levens. Eerste keer in dit leven.

Het channellen begon te stoppen en Phils eigen bewustzijn kwam naar boven. Het was eenvoudig om het verschil te zien, want het andere was vrij en had toegang tot meer informatie, terwijl het deel dat nu sprak meer emotioneel en zeer menselijk was.

D: *Ik vroeg het me af, omdat het leek alsof je wist wat er zou komen en je niet het schip in wilde gaan.*
P: Ik was me eerder al bewust van wie ze waren en wat ze waren, en waarom.
D: *Wat gebeurde er toen? Ging dit enige tijd door?*
P: Nee, niet zo lang. Moeilijk te zeggen. Geen gevoel voor tijd. Werd me gezegd dit te herinneren, later het te vergeten. Ga naar huis, vergeet. Herinner het je niet.
D: *Zeiden ze dat je het je op een later tijdstip zou herinneren?*
P: Nee, er werd me gezegd het te vergeten.
D: *Werd je gezegd alles te vergeten? Was je bewustzijn nog steeds afgescheiden?*
P: Ik weet het niet. Ik weet niet waar ik ben. Ik weet het niet.
D: *Zei je eerder niet dat ze je iets in de schakelkamer lieten zien?*
P: Sterrenkaarten. Ze lieten me zien waar de nieuwe planeet is. Waar we naartoe gaan. We gaan.
D: *Wat bedoel je? Je bedoelt waar je uiteindelijk naartoe gaat?*
P: Ja. In dit fysieke leven. Driedimensionaal. Dit lichaam. Later reizen. Met vele anderen. Verhuizen. Naar een nieuw thuis gaan. (klonk opgetogen). Nieuw thuis.
D: *Hing deze kaart aan de muur?*
P: Nee. Gemaakt. Driedimensionaal. Hologram. Ik weet niet waar het is. Ergens. Ik kan het zien. Nieuwe zon. Andere zon ... niet nieuw, anders. Andere levensvormen.
D: *Denk je dat je een deel van de kaart voor me kunt tekenen?*

P: Nee. Ik weet er niks van. Ik weet niet waar het is. Waar we naartoe gaan. Waarom? Wanneer? Ik weet het niet.

D: Hoe ziet de kaart eruit?

P: De planeten zijn ... kleine balletjes. Lichtjes. Verder weinig bepaald. Ik weet het niet. Ik ben nog nooit in de ruimte geweest. Ik weet niet wat boven of onder is.

D: Dus er is geen ontwerp of patroon dat je kunt tekenen?

P: Zij weten het. Zij weten het. Ze wijzen dingen aan. Dit is zo en zo, en daar is zo en zo. Ik weet er totaal niks van. Ik voel me zo dom, echt waar. Alsof ik het zou moeten weten. Dit is mij lang geleden al verteld. Vele keren al. En nu ... weet ik het niet. Ik weet niet wat ik zou moeten weten. Waarom ik dat zou moeten weten.

D: Dus ze wezen gewoon naar die verschillende dingen op zoiets als een hologram. Is dat wat je zei?

P: Driedimensionaal beeld. Het is vlak, maar je kunt er verder inkijken. Het is beide tegelijkertijd. Vreemd. Ze wezen dingen aan. Oriëntatiepunten voor hen. Ik weet niet wat het zijn.

D: Bevindt de aarde zich ergens in het beeld, zeiden ze daar iets over?

P: Het ging van de aarde ... vooruitgang. Ver weg echter. Grote afstand. Mag niet worden aangetast door ... afval.

D: Afval?

P: (Nieuwsgierig) Afval van de aarde.

D: Wat bedoel je daarmee?

P: Ik vind het idee niet prettig. Velen zullen niet overleven. De aarde zal grote veranderingen ondergaan. Ik heb het geweten. Ik vind dat idee niet prettig.

D: Je zei dat ze je vertellen dat ze je op een bepaald moment mee gaan nemen?

P: Velen. Velen die geschikt zijn. Degenen die niet worden meegenomen, worden achtergelaten. Ze transpireren ... vervallen. Transpireren. Via het proces van spirituele herleving. Anderen worde naar de nieuwe wereld gebracht. Om nieuw leven te maken. Een nieuwe wereld te creëren.

De definities van vervallen en transpireren zijn interessant als je ze met elkaar vergelijkt. Vervallen betekent: je laatste adem uitademen, doodgaan. Tot een einde komen, beëindigen. Transpireren betekent: verdampen (stoom, vocht, etc.), door weefsel of andere doorlaatbare substanties heen gaan, in het bijzonder door de poriën van de huid. Betekent dat dat dit de manier is waarop het zal gebeuren? Als dat zo is, klinkt het als wat er is gebeurd met de slachtoffers in Hiroshima, toen hun lichamen in rook opgingen. Er kan ook een andere passende definitie zijn.

D: *Waarom doen ze al die testen?*
P: Testen. Monsters. Om lichamen te bevolken. Anderen zullen komen. Nieuwe lichamen nodig. Sommigen zullen niet overleven; nieuwe lichamen nodig.
D: *Denk je dat iedereen bij wie ze deze dingen hebben gedaan zal gaan?*
P: Nee. Sommigen willen niet gaan.

Het was een vreemd idee, maar het begon te klinken alsof de buitenaardsen wisten dat er iets met onze aarde ging gebeuren. In afwachting daarvan bereidden ze een andere planeet voor op de migratie. Sommige mensen zouden in hun aardse fysieke lichamen worden meegenomen om die nieuwe wereld te bewonen. Anderen zouden blijkbaar hier sterven, maar hun zielen zouden naar de nieuwe wereld kunnen gaan als ze dat wilden en reïncarneren in fysieke lichamen die zouden lijken op die ze op aarde hadden achtergelaten en daardoor bekend voor ze zouden zijn. Een vreemd en fantastisch idee. Zou dit één van de redenen kunnen zijn voor de experimenten die de buitenaardsen uitvoerden? Niet alleen het analyseren en observeren van de ontwikkeling van ons ras en onze reactie op ziekte en omgevingsinvloeden, maar de continue zoektocht naar het perfectioneren van ons ras. Dit was het oorspronkelijke plan dat was verpest door het "onkruid" dat de hof was binnengekomen tijdens het inslaan van de meteoriet. Dit had destijds hun hoop om een perfecte wereld te scheppen vrij van gebreken en ziekte uiteen doen spatten. Hoewel ze genoegen moesten nemen met een lagere ontwikkeling toen ons ras zich aanpaste aan haar omgeving, leek het erop dat ze hun droom om een utopie te scheppen, een tweede Hof van Eden voor de mensheid, niet hadden opgegeven. Een vreemd idee, maar eigenlijk was alles dat met dit project te maken had vreemd en nieuw voor mij.

D: *Is er nog iets te zien in die kamer met het hologram?*

P: (Verrast) Een boodschap! Een boodschap van ... iemand. Iemand. Voor mij! Een boodschap voor mij!
D: *Wat bedoel je?*
P: Ik weet het niet. (Hij vond dit emotioneel en opwindend). Er is een boodschap voor mij. Van iemand ... iemand die ik heb gekend. (Zijn stem beefde). Een kleine, soort van vierkante doos... iemand van lang geleden. Een herinnering. (Empathisch) Een boodschap van mijzelf van lang geledne. Aan mijzelf, om het me te herinneren. Om me het doel te herinneren. (Zacht) Dat is het. Van mij aan mij. Maar van heel, heel lang geleden. Andere werelden. Andere levens.

Ik kreeg rillingen van zijn stem op de opname. Blijkbaar was ik tijdens de sessie niet zo geraakt, want mijn stem klonk kalm.

D: *Zie je een geschreven boodschap of zoiets?*
P: Veel meer dan ik in deze vorm kan begrijpen. Maar het is er. Ik herken het. Ik herinner het me. (Zijn stem klonk duidelijk bedroefd) Ik heb dat gemaakt (Pauze) Dit zijn vrienden.
D: *Je zei dat je het gevoel had dat er meer mensen aan boord waren.*
P: Ja. Anderen. Andere delen van het schip.
D: *Ik ben benieuwd of je kan zien hoe dit schip wordt bestuurd.*
P: Ik heb geen idee. Ik heb absoluut geen idee. Het gaat ver boven mijn pet. Ik wil het niet weten.
D: *Is er nog iets in die kamer dat je kunt beschrijven?*
P: Ramen. Knoppen. Lichten. Een soort wijzerplaten. Ik heb nog nooit zoiets gezien. Ik weet niet wat het is. Ik weet niet eens of dit echt is. Eerlijk waar, ik heb nog nooit zoiets gezien. Ik weet niet wat het is.
D: *Is de kamer licht zoals die andere?*
P: Ja. Helemaal. Het komt alleen nergens vandaan. Het is er gewoon.
D: *En de vloer? Is het van iets in het bijzonder gemaakt?*
P: Hard. Grijs. Hmm, het lijkt wel poreus. Mijn God! ... Ik hoop dat het schip niet leeft. (Zijn stem werd bang). Ik weet het niet. Leeft het?
D: *Ik weet het niet. Wat bedoel je?*

P: Leeft het? Misschien leeft het verdomde schip? Ik weet het niet. Dat ding wel. Misschien leven hun machines. (Hij was nu echt bang).

D: *Misschien is het gewoon een soort materiaal dat we niet begrijpen.*

P: (Hij begon zich steeds meer op te winden). Ik weet het niet. Ik wil het niet weten. Ik wil het niet weten.

D: *(Ik probeerde hem te kalmeren). Dat geeft niets. Je hoeft het niet te weten als je dat niet wilt.*

P: Ik wil het niet weten.

D: *Oké. (Ik probeerde zijn aandacht af te leiden door van onderwerp te veranderen). Hebben ze je nog iets anders laten zien?*

P: (Een diepe zucht). Zoveel vragen. Ik weet het niet. Ik wil het weten maar ik wil het niet weten.

D: *Ik begrijp het. Het is een beetje te veel.*

P: Ik ben bang om erachter te komen. Er zijn dingen die ik niet wil weten omdat ik weet dat ik het niet wil weten.

D: *Dat geeft niets. Je hoeft het ook niet. Je hoeft alleen tot je te nemen wat je aankan, dat is alles wat je moet weten. Heb je uiteindelijk het schip verlaten?*

P: Ik weet het niet meer. Ik weet niet hoe. Ik weet niet wanneer. "Tijd om te gaan", zei iemand. Dat is het laatste dat ik weet. Een vonk of een flits, het laatste wat ik weet.

D: *Wat bedoel je, een vonk of een flits?*

P: Ik weet het niet. Een soort vonk of een flits. "Tijd om te gaan." Flits. Ik weet het niet.

D: *En waar was je toen?*

P: Ik weet het niet. Ik herinner het me niet meer. Ik wil het niet weten.

D: *Oké, dat is prima. Ging je terug naar je auto?*

P: Ik weet het niet. Ik weet niet waar. Weet het niet meer. Werd wakker. Meteen daarna, werd wakker. Nare droom. Nare droom. Nare droom. Hele nare droom!

D: *En je weet niet meer hoe je thuiskwam?*

P: Nee. Ik wil het niet weten. Ik wil het niet weten.

D: *Oké. Herinner je maar gewoon dat je een nare droom had dan.*

P: Nare droom.

D: *Oké. Maar denk je dat dit de enige keer is dat je zo'n ervaring hebt gehad?*

P: Ik wil het niet weten. Ik wil het niet weten. Ik wil het niet weten.

D: *Oké, geen probleem. Dat hoeft ook niet. Je hebt het heel goed gedaan.*

Ik stond op het punt om hem weer bij bewustzijn te brengen, maar er was nog iets. Hij onderbrak me.

P: Boodschap. Herinneren.
D: *Wat moet je je herinneren?*
P: Herinneren. Boodschappen. Herinneren. Herinneren. Dat is de sleutel. Herinneren.
D: *Wat bedoel je?*
P: Ik weet het niet.
D: *Denk je dat ze wilden dat je je die boodschap herinnerde en de rest vergat?*
P: Er komt nog meer. Herinneren. Er komt nog meer. Herinneren.
D: *Wat bedoel je?*
P: Herinneren. Er komt nog meer. Meer. Meer.
D: *Informatie of zoiets?*
P: Lol.
D: *Meer lol? Zei je dat?*
P: Dat zeiden zij. Ik zei dat niet.
D: *(Lacht) Wat denk je dat ze bedoelen?*
P: (Een diepe zucht, dan zachtjes) Ik weet het. Er komt nog meer.
D: *Oké. Nou, ik vind dat je het heel goed hebt gedaan. En ik waardeer het zeer dat je dit met mij deelt.*

Ik gaf hem suggesties dat hij zich goed zou voelen, zodat dit hem niet dwars zou zitten, en bracht hem uit zijn trance. Hij ging vervolgens rechtop op de rand van het bed zitten en begon fragmenten of delen die in zijn geheugen waren achtergebleven te bespreken. Ik moedig mijn cliënten altijd aan dit te doen omdat ik weet dat de beelden snel verdwijnen zoals stukjes droom als je wakker wordt.

D: *Dus je denkt dat het geen echte uil was?*
P: Ik weet niet waarom ik dat denk. Je vroeg het me en ik heb het gevoel dat hij niet echt was.
D: *Maar dat veroorzaakte de hele ervaring toch?*

P: Nee, dat was het scherm. Dat schermde alles af. Het zorgde voor focus. Ik weet niet waarom het belangrijk is, maar het zorgt ervoor dat de bewuste geest erop kan focussen, in plaats van op het niets. Het geeft je iets neutraals om op te focussen. Iets onschuldigs en niet bedreigends.

D: *Iets normaals in jouw beleving zogezegd. Hoewel het wel vreemd is als een uil naar een auto duikt.*

P: Hij dook niet. Hij vloog gewoon recht boven de weg. Ik schrok me dood.

D: *Dus dat zorgde ervoor dat je daarop focuste in plaats van wat er dan ook daarna gebeurde. Weet je nog dat je die nacht thuiskwam?*

P: Ik weet niet of ik het wel of niet weet, maar ik kan het me nu niet herinneren.

D: *Natuurlijk, het gebeurde 10 jaar geleden. Maar afgezien van die vreemde droom herinnerde je je hier helemaal niets van.*

P: Nee. Nu wel. Het voelt vaag bekend. Het voelt nu als een herinnering in plaats van een nieuwe ervaring.

D: *Dat is de beste manier om ermee om te gaan, als een herinnering, zodat je er geen last van hebt. Ik weet niet of je nog meer van zulke ervaringen hebt gehad, of dat dit de enige was.*

P: Ik weet het niet. Ik denk dat ik nu niet meer wil weten. Voorlopig niet.

D: *Op een bepaald moment werd je kwaad. Het leek of het was omdat je wist wat ze gingen doen.*

P: Ik wist het ook.

D: *Hoe wist je dat?*

P: Ik weet het niet. Ik wist het gewoon. Ik denk dat ik boos was omdat ik niet wilde dat mijn kleine realiteit zou worden veranderd. Het had me zo'n 21 jaar gekost om uit te zoeken wat mijn realiteit was, en nu zou het allemaal veranderd worden. En dat wilde ik niet.

D: *Daar kwam de boosheid vandaan.*

P: Ja, ik wilde mijn realiteit niet veranderen.

D: *Maar je wist toch op de een of andere manier dat ze iets gingen doen.*

P: Ik denk dat ik het wist. Ik weet niet of ik het daarvoor al wist of dat ... misschien vertelden ze het me telepathisch. Maar intuïtief wist ik wat er gebeurde. Ik kreeg bijna het gevoel van "Niet nu, het is te snel. Ik wil dit nu niet doen." Het was alsof ik op een bepaald niveau wist wat er ging gebeuren, maar dat ik het gevoel had dat ik er nog niet klaar voor was. Ik was boos omdat mijn realiteit werd bepaald. Ik had grotendeels uitgevogeld wat ik dacht dat het leven inhield, en ik wilde dat niet veranderen. Ik herinner me een ander deel na de bidsprinkhaan, na de operatie of wat het ook was. Ik ging naar de controlekamer. Het was alsof ze zeiden: "Het werk is voorbij. Nu mag je even plezier maken." En ik wist niet zeker of misschien het hele verdomde schip leefde. Er was geen onderscheid tussen machines en levende mensen. Ik was die realiteit op de een of ander manier kwijt en ik kon het verschil niet zien. Hoe kan er een levende machine bestaan? En toen dacht ik: "Verdomd, misschien leeft het hele schip." En ik werd er zenuwachtig van. Ik werd bang. Ik dacht dat het ding misschien … dat het schip wist dat ik erin stond. Misschien wist het dat ik erin stond.

D: *Ik begrijp wat je bedoelt. Dat zou heel eng zijn.*

P: Het was een ongemakkelijk gevoel. Ik wist niet of het leefde. Maar ik weet dat de gedachte me heel even echt dwars zat.

Deze sessie leek Phil van streek te hebben gemaakt. Zelfs na een uur te hebben gepraat leek hij nog steeds nerveus toen we afscheid namen. Het was een moeilijk idee om te accepteren en blijkbaar had hij er op veel gebieden moeite mee om het te analyseren. Ik dacht niet dat hij zoiets nog eens zou willen proberen. Hij had meer last van de informatie dan enige andere keer dat we hadden samengewerkt. Ik wilde bijna dat we dit niet hadden ontdekt, maar het was zijn idee. Ik dacht dat hij het onderwerp met rust zou willen laten en er niet meer bij in de buurt wilde komen. Maar ik had het mis. Zijn nieuwsgierigheid was sterker dan zijn afkeer.

Hoofdstuk 21
Ontdekking van eerdere contacten

Phil was van slag van de laatste sessie, dus ik wachtte tot hij contact met mij zou opnemen als hij nog verder achter het ufo-verhaal aan wilde gaan. Ik dacht echt dat hij dat niet zou willen. Maar toen hij me een week later belde zei hij dat hij een paar vreemde dromen had gehad. Hij vroeg zich af of ze enig verband hielden met de laatste sessie. Misschien hadden we op de een of andere manier iets aangeraakt in zijn onderbewustzijn. We regelden een sessie om dit te onderzoeken. Ik zette de cassetterecorder aan terwijl hij over de dromen vertelde. Phil vond het vreemd dat deze allemaal rond dezelfde tijd hadden plaatsgevonden. Hij werd dan wakker rond drie uur 's morgens met de herinnering aan de droom duidelijk geëtst in zijn geheugen. "Soms word ik zonder reden wakker na één van die belangrijke dromen", herinnerde hij zich, "en als ik op de wekker kijk, is het altijd drie uur. Dat lijkt een belangrijke tijd in de ochtend te zijn, om de een of andere reden." Eén droom ging over zijn moeder en alle vijf kinderen. Hij zag zichzelf en zijn broers en zussen als kinderen in plaats van als volwassenen. Ze reden ergens door een stad in een station wagon. (Toen hij nog zo jong was, waren zijn moeder en vader gescheiden). In de volgende scène zat hij op een soort brancard of veldbed, in iets wat op de spreekkamer van een dokter leek. De rest van zijn familie lag op brancards in de kamer, maar ze waren allemaal bewusteloos.

P: Ik praatte tegen een vrouw. En ik had het gevoel dat wat ze aan het doen waren heel gevaarlijk was voor mij, maar ik was niet bang voor hen. Het is een ingewikkeld gevoeld om te beschrijven. Het was alsof ik aan de ene kant het gevoel had dat ik echt in gevaar was, maar aan de andere kant was ik niet bang van hen omdat ik wist dat ze ons geen kwaad zouden doen. Het is een beetje een paradox, maar je weet dat het in een droom makkelijk is om zoiets te voelen. Deze vrouw zei dat ze eieren aan het oogsten waren, of dat begreep ik uit wat ze vertelde, dat ze eieren weghaalden bij mijn zussen. En uit het gesprek wist ik op de een of andere manier dat ze iets bij mij weg hadden gehaald, en dat was de helft van wat ik dan ook had. Ze zei dat het me geen kwaad zou doen. En ik vroeg, wat nou als ik later kinderen wil? En ze zei niets. Het volgende dat ik me van die droom herinner is dat ik die bidsprinkhaan weer zag.

Dat was alles wat hij zich kon herinneren van die droom. Hij vertelde toen over drie andere dromen die vreemd waren, maar ik dacht dat ze geen suggestie van echte ontmoetingen met UFO's of buitenaardsen in zich hadden. Ik beloofde ze allemaal te onderzoeken tijdens de sessie. Hij dacht dat deze dromen van belang waren omdat ze waren begonnen na onze eerste sessie, en het waren niet het soort dromen dat hij normaal gesproken had. Vaak is het zo dat als je begint met dit soort onderzoek en de deur naar het verleden opent, er herinneringen door de blokkade heen sluipen in de vorm van dromen.

Ik had vaker gewerkt met mensen die door UFO's waren ontvoerd en ik zag een patroon ontstaan. De verschillende cliënten dachten dat iets ze één keer was overkomen, maar onder hypnose ontdekten we vaak dat ze eerder ervaringen hadden gehad, zelfs vanaf hun kindertijd. Om de een of andere reden was de puberleeftijd belangrijk, en veel mensen vertelden over gebeurtenissen rond die leeftijd die ze uit hun geheugen hadden geband. Terwijl ik me op deze sessie voorbereidde, hoopte ik nog een paar ontmoetingen te ontdekken die Phil misschien op jongere leeftijd had gehad. Misschien zouden deze passen bij deze dromen die hij sinds onze laatste sessie had gehad. Maar ik hoopte ook dat we niets zouden tegenkomen dat hem zo van slag zou maken als de laatste keer dat de deur openging naar dit verborgen deel van zijn leven.

Ik gebruikte het sleutelwoord en onze normale procedure. Ik wist nooit wat Phil zou zien elke keer als de liftdeur openging, maar ik kon altijd verder van waar de scène dan ook begon. Deze keer zag hij, in plaats van de drie torenspitsen of een van de andere bekende plaatsen, een scène uit zijn jeugd. Zonder dat ik had gezegd dat hij dat moest doen, was hij teruggegaan naar een vroegere ontmoeting. Het was alsof zijn onderbewustzijn vond dat het tijd was dat hij het zich herinnerde en die gebeurtenis had uitgekozen om te zien. Het was toen Phil 10 jaar oud was. Hij stond overdag in een veld achter zijn huis naar een vreemd voorwerp te kijken. Er stonden bomen tussen hem en het huis en de snelweg, dus niemand anders kon het hebben gezien. Hij omschreef het als in de vorm van een klok, met een ronde bovenkant, breder aan de onderkant en plomper dan een klok. Het was ongeveer 9 tot 12 meter breed. Het stond op poten en gloeide wit op.

D: Wat doe je daar?
P: Ik praat ... ik praat met hen. Zijn stem was kinderlijk.

Hij beleefde deze ervaring duidelijk opnieuw. Als dit gebeurt, moet ik tegen de cliënt praten en deze behandelen als een kind.

D: Met wie?
P: Met de mensen die erin zitten. Ze vertellen me dingen. Ze staan op de loopplank. Ik sta op de grond.
D: Hoe zien ze eruit?
P: Ze zijn klein met grote hoofden en een grijze huid. Maar ze zijn heel aardig. Eigenlijk zijn ze heel liefdevol. Vol van liefde.
D: Je zei dat ze je dingen vertelden?
P: Ja, dingen over mij. Dingen die ik ga doen. Dingen die ik moet gaan doen. Dingen die ik zal gaan doen. En waarom. Dingen in mijn toekomst.
D: Praten ze tegen jou?
P: Nee, maar ik weet wat ze zeggen. Ze denken naar me. Ze zeiden dat ik om een goede reden hier ben, een belangrijke missie. En de dingen die in mijn leven gebeuren, moeten me helpen bij die missie, dat doel. Nooit vergeten of opgeven.
D: Hebben ze je verteld wat de missie is?
P: Ja. Om mensen te helpen, want mensen zullen bang zijn. En ze hebben iemand nodig die weet wat er gebeurt, iemand naar wie mensen op kunnen kijken, en niet bang zijn. Iemand om ze te begeleiden en leiden als ze bang zijn.
D: Hoe kwam je daar?
P: Ik ben hierheen gelopen van mijn huis.

D: *Hoe wist je dat je daarheen moest gaan?*
P: Ik voelde het. Ik wist het gewoon.
D: *Als het overdag is, vraag ik me af of mensen het niet kunnen zien daar in het veld.*
P: Ik weet het niet. Ik kan het zien. Ik weet op de een of andere manier wie ze zijn. Alsof ik ze eerder heb gezien. Ze zijn bekend. Op de een of andere manier weet ik dat ze vrienden zijn, al weet ik niet waarom. (Bedroefd) Ik vond het niet leuk dat ze weggingen, want ik wilde hier niet blijven. Ik wilde met ze meegaan. En ik huilde. Toen ging ik naar huis en deed een dutje en vergat alles over hen.
D: *Dus je ging niet aan boord van het schip?*
P: Nee. Ze zeiden dat ik hier moest blijven. Ze wilden niet dat ik meeging. Dat moest niet.
D: *Maar je was niet bang voor ze. Was je ze vergeten?*
P: Ja. Dat moest. Dat zeiden ze. Dat ik ze zou vergeten.
D: *En ze spraken gewoon telepathisch met je?*
P: Ja, ze dachten naar me.
D: *Zag je het schip vertrekken?*
P: Nee, ik draaide me om en ging weg. Toen keek ik om en waren ze weg. Ze waren er gewoon niet meer. Ze ... kenden me. Ik vond ze aardig.
D: *Was dit de eerste keer dat je ze hebt gezien?*
P: Nee, want ik kende ze. Maar ik kan me niet herinneren... wanneer of waar.

Aangezien dit alles was wat deze gebeurtenis op jonge leeftijd inhield, besloot ik verder te gaan. Ik vroeg zijn onderbewustzijn of de droom over zijn familie echt was of alleen maar een droom. Hij zei dat het een droom of een herinnering was geweest, dus vroeg ik hem naar de tijd te gaan waarop de gebeurtenis plaatsvond. Hij begon meteen een vakantie te beschrijven die hij en zijn familie hadden gehad in Memphis om het Katoenfestival bij de rivier te zien. Door bewonderende kinderogen vertelde hij over de verschillende gebeurtenissen en de spanning van het kijken naar het vuurwerk bij het water. Toen ik hem vroeg of er iets abnormaals gebeurde, zei hij dat er niets gebeurde in Memphis, maar hij ging verder naar de nachtelijke terugreis.

P: Ik weet niet waar het was. Het moet een droom zijn geweest.
D: Denk je dat het een droom was?
P: Nee, dat was het niet. Het was echt. Ik was daar. Ik was de enige die wakker was. De anderen waren bang, dus gingen ze slapen. Maar ik was niet bang. Ze lieten me wakker blijven. Ik wist wie ze waren. Het waren mijn vrienden... van boven. Aardige mensen. Maar ze waren eng.
D: Waar was je toen dit gebeurde?
P: Op het schip. Ergens langs de kant van de weg. Op de weg naar huis van Memphis. Ze zeiden dat ze iets nodig hadden. Een of ander spul. En ik zei: oké.
D: Hoe zagen ze eruit?
P: Nou ... niet zo slecht. Een beetje grijs. Niet veel kleur.
D: Lijken ze allemaal op elkaar?
P: Nee, geen een. Ik vind die ene niet leuk. (kinderlijke stem). Hij ziet er eng uit. Een beetje als een ... insect. Ik weet het niet. Ik weet niet of hij leeft. Hij beweegt. Het ziet eruit als een machine, maar hij doet alsof hij leeft. Ik vind die niet leuk.
D: Wat deden ze toen? Je zei dat ze iets wilden?
P: Uh-huh. Monsters. Dat is alles wat ze wilden, monsters.
D: En de rest van de familie? Deden ze iets met hen?
P: Nee. Niet echt. Niets slechts. Ze wilden niemand kwaad doen. Ze wilden gewoon monsters. Ze zijn oké.
D: Namen ze ook monsters van je broer en je zussen?
P: Van mijn twee oudste zussen, van Linda en Gail. Ze namen niets van Cathy of van mijn broer.
D: En je moeder?
P: Nee, van haar namen ze ook niks. Ze wilden iets van mij nemen, een monster, maar ik was niet oud genoeg.
D: Weet je wat voor monsters ze namen van je zussen?
P: Iets van eieren.
D: Hoe konden ze dat doen?
P: Dat ding. Het stak een naald in hen. In hun buik. En haalde het eruit.
D: Hadden ze er last van?
P: Nee. Ze sliepen.
D: Wat gebeurde er daarna?
P: Ze zetten ons weer terug in de auto. (Lange pauze)
D: Werden jullie toen allemaal wakker?

P: (Een diepe inademing, toen werd zijn stem heel zacht en slaperig). Ik weet het niet. Ik ging slapen. En vergat alles.
D: En je hebt ze niets verteld over wat er was gebeurd?
P: Nee. Ik was het vergeten. Dat moest ik.
D: Ik vraag me af of dat een droom was of dat het iets te maken heeft met iets dat echt is gebeurd.
P: Uh-huh. Dat deed het.

Het is interessant op te merken dat toen ik naar de andere dromen vroeg die hij had genoemd, zijn onderbewustzijn liet weten dat dat gewoon normale dromen waren, hoewel symbolisch van aard en met boodschappen voor zijn bewuste geest. Ik geloof dat als hij had gefantaseerd, hij alle dromen mee had genomen in zijn verslag en zich niet op één droom had geconcentreerd (vooral omdat één daarvan zeker opwindender was). Ik geloof dat dit deze ene droom geloofwaardiger maakt als herinnering aan een ware gebeurtenis.

Toen we vooruitgingen in de tijd, vertelde hij over een tweede vergelijkbare gebeurtenis die een paar jaar later was voorgevallen toen hij 14 was. Het was ook gebeurd tijdens een reis naar Memphis. Aangezien zijn oma daar woonde, reisde de familie regelmatig af naar die stad.

Toen de scène naar voren kwam, bevond hij zich onmiddellijk weer op een grijze tafel. Hij wist instinctief dat de rest van zijn familie ook op tafels vlakbij hem lag. Hij kon ze niet zien omdat zijn aandacht was gevestigd op een vreemd wezen dat voor hem stond. Toen hij begon te spreken, werd zijn stem die van een jonger persoon. Zijn spraak was niet zo complex als die van een volwassene. Hij zag de wereld in eenvoudiger woorden. Hij probeerde het wezen te beschrijven.

P: Het is een ... vrouw. Een soort van vrouw. Ze is niet echt een vrouw. Ze is een soort van vrouw.
D: Wat bedoel je?
P: Ze is geen gewone vrouw. Ze is een ander soort vrouw.
D: In welk opzicht is ze anders?
P: Ze is aardig, maar haar gezicht is helemaal gerimpeld.
D: Maar vrouwen hebben soms rimpels.

P: Dit is anders. Haar gezicht lijkt op olifantshuid, grijs en met heel veel rimpels. Ze praat een soort van met haar ogen. Ze praat niet echt, maar ze vertelt me dingen met haar ogen als ze naar me kijkt.
D: Is ze erg groot?
P: Dat is moeilijk te zeggen. We kijken elkaar in de ogen, en ik zit op een tafel.
D: Hoe ziet ze er verder uit?
P: Ik zie vooral haar ogen. Ze zijn een soort van amandelvormig. Ze zijn anders dan onze ogen. Ze zijn ... gewoon diep. Het is alsof ze je voelt als ze je aankijkt.
D: Heeft ze haar?
P: Ik weet het niet zeker. Alles wat ik zie zijn de ogen eigenlijk.
D: Hoe weet je dat ze een vrouw is?
P: Zo voelt ze gewoon. Ze lijkt gewoon op een vrouw.
D: Wat vertelt ze je met haar ogen?
P: Niet bang te zijn.
D: Waarom slaapt de rest van je familie?
P: Ze gingen slapen omdat ze bang waren. Ze zei dat ik hieraan gewend was en dat ik er geen last van zou hebben. Dus ben ik wakker. Als ik er last van zou hebben, zou ik slapen.
D: Hoe ben je daar gekomen?
P: We reden naar Memphis en we zagen een licht. Ik herinner me niet veel. Het leek alsof het op de weg was. Het leek dat ze naar de auto kwamen. Ik weet het niet.
D: Wie waren ze?
P: Ik weet het niet. Mensen ... of zo. Ik weet niet wat ze waren. Ik was bang. Ik deed mijn ogen dicht. Maar ze haalden ons uit de auto. En droegen ons ... ergens anders heen. Ik weet niet waar.
D: Waren de anderen bang?
P: Ik weet het niet. Ik herinner het me niet. Ik denk dat niemand iets zei. Het leek erg stil.
D: Maar nu slapen zij en jij bent wakker. Wat gebeurt er dan?
P: Ze praatte tegen me. Ik weet niet meer wat ze allemaal zei. Ze maakte me bang. Iets maakte me bang.
D: Zei ze dat?
P: Ja. Ik dacht dat het pijn zou gaan doen. Ik wilde niet dat het pijn zou doen. Maar zij zei dat het in orde zou komen. Ze zouden me ... steken.

D: *Waarmee zouden ze je gaan steken?*
P: Ik weet het niet. Zoiets als een naald.
D: *Waar gingen ze je steken met de naald?*
P: (Lange pauze) Ergens. (Ik kreeg het gevoel dat hij het wel wist, maar het niet wilde zeggen). Het deed geen pijn. Ze zei dat het goed zou komen
D: *Wat gebeurde er nog meer?*
P: Ik ontmoette een van de mannen die een soort van piloot was. Hij was heel aardig. Hij lachte ... een soort van om mij maar eigenlijk met mij, omdat ik bang was. En hij wist dat er niets was om bang voor te zijn. We lachten samen, en ik voelde me een beetje dom. Het voelde goed om te lachten.
D: *Maakte hij geluid toen hij lachte?*
P: Niet hardop. Maar in onze gedachten ... of via onze ogen. Ik weet het niet. We praatten, maar ik kan me niet herinneren dat ik echt praatte.
D: *Hoe zag de piloot eruit?*
P: Hij was normaler dan de anderen. Hij leek meer op ons, maar zijn ogen waren anders. Ze stonden iets schuiner dan ze zouden moeten staan. Maar ze waren oké, ze waren gewoon anders.
D: *Was hij meer van onze grootte?*
P: Ja. Hij had haar. Een beetje licht van kleur. Zilver of blond, zoiets. Hij had kleren aan ... zoiets als een vest of jasje en een broek. Ik weet niet of hij schoenen aan had, ik keek nooit naar beneden. Ik vond hem aardig. Hij was blij. Vriendelijk. Hij leek heel belangrijk.
D: *Je zei "de anderen". Leken de anderen allemaal op de vrouw?*
P: Nee. Zij waren ook anders. Ik weet niet veel meer over hen. Ik had mijn ogen dicht. Maar zij droegen me de kamer in en toen kwam zij en begon te praten. Ik voelde me op mijn gemak toen ze tegen me praatte, dus ik deed mijn ogen open.
D: *En zij wilden dat je de piloot zou ontmoeten?*
P: Ja. Het was nogal belangrijk of zo. Alles leek eigenlijk wel belangrijk. Ik vond het heel leuk dat ze me dat lieten doen.
D: *Waar was de piloot?*
P: Hij was voorin ... bij zijn bedieningspaneel. Hij liet me wat dingen zien en legde het uit. Maar ik had echt geen idee wat hij zei. Hij liet me zien hoe hij zijn hand over een paneel kon zwaaien en dan

lichtte het op. (Glimlachend) En ik deed het en het lichtte op. Zoiets als een paneel met een platte bediening, met een knop die eruit komt, en het platte deel licht op.

D: *Heeft hij je verteld waar het voor diende?*

P: Hij heeft wat dingen gezegd, maar ik begreep het gewoon niet. Ik weet niet hoe het werkt. Het enige dat ik wist was dat je er met je hand overheen kon zwaaien en dan lichtte het op. Ik weet niet wat dat betekende. Ik begrijp het niet.

D: *Als je je wat woorden kunt herinneren, kunnen we er misschien achter komen.*

P: Ik begreep gewoon niet wat hij zei. Transluxtor ... zoiets (fonetisch) Transluxtor. Ik weet niet wat dat betekent. Hij zei verschillende woorden. (Phil had moeite de woorden te herhalen. Fonetisch) Zerbok. Zerboks. Of Zerbay (Zerber?) of zoiets. Gewoon woorden waarvan ik niet weet wat ze betekenen. Zerboing (Zerberling?) of Zerboxing of zoiets. Ik weet niet wat het is. Aandrijving. Misschien aandrijvende kracht of zoiets. De woorden hadden eigenlijk geen betekenis voor me. Hij wist wat hij zei en hij legde uit hoe het werkte. Waardoor het vloog of hoe. Ik begrijp niet wat hij zegt.

D: *Zei hij iets over hoe het schip werd aangedreven?*

P: Energie. Hij zei dat het een soort energie kanaliseert. Richt. Dat is wat hij zei.

D: *Zei hij waar de energie vandaan kwam?*

P: Ik denk dat hij zei dat die overal is. Het is gewoon ruwe energie.

D: *Maar je moet weten hoe je het moet gebruiken. Liet hij je nog iets anders zien in de controlekamer?*

P: Een paar andere dingen. Het is best cool. Een soort krachtveld of zoiets. Ze konden... ik weet het niet, het is eng. Ik wil er niet over praten.

D: *Waarom? Wat was daar eng aan?*

P: Ik weet het niet. Ik wil er gewoon niet over praten. Het is eng. Er is iets mis mee. Ik vind het niet leuk wat hij zegt dat je ermee kan doen. Ze kunnen mensen pijn doen. Mensen vasthouden ... als dieren. Dat vind ik niet leuk.

D: *Waarom zouden ze dat willen?*

P: Ik weet het niet. Ik vind het niet leuk. Ik weet niet of hij mijn vriend is of niet. Ik vind het niet leuk wat hij zegt en ... misschien is hij niet echt een vriend.
D: *Maar je voelde je op je gemak bij hem.*
P: Ik vind het niet leuk wat hij zegt over mensen iets aandoen. Dat is hoe ze het doen, vanuit de controlekamer. Het bevond zich op een deel van het bedieningspaneel. Dat doen ze met mensen. Ik ben een beetje bang dat ze dat misschien met mij gaan doen. Hij zei dat ze mensen een schok konden geven. Ze konden ... verdoven, als met een elektrische veestok. Zoals wij soms met dieren doen. Zoals wij ze pijn doen als we ze porren met de stokken en ze laten doen wat we willen. En het kan ons niet echt schelen hoe ze zich voelen. Dat is wat ze met ons doen. Ik wist niet dat ze dat konden. Ik vind het niet leuk. (Wantrouwig) Ik denk niet dat hij een vriend is. Ik denk ... dat ik misschien in de problemen zit.
D: *O, ik denk het niet. Kun je hem vragen waarom ze mensen dat aan zouden willen doen?*
P: Hij zei dat ze soms wel moeten omdat mensen gewelddadig of hysterisch worden, en ze moeten worden uitgeschakeld. Dat is wat hij zei.
D: *Dan hebben ze er waarschijnlijk niet voor altijd last van, of wel?*
P: Nee. Dat is wat hij zei.
D: *Heeft hij gezegd waarom ze jullie mee hebben genomen aan boord?*
P: Nee. Daar praatte hij niet over. Hij praat alleen over dingen in de controlekamer. Elektronische dingen. Hij zei dat ik het later zou begrijpen. Hij haalde een hoes weg. Er waren lichtjes ... in een soort kleine rijen ... het lijkt op vloeibaar licht. Zoiets als in een buis of zoiets, zoals een zekering, maar het lijkt alsof het vloeibaar is. Het beweegt. Iets met een koppeling. Een soort verbinding of zoiets. En het is onderdeel van hoe het werkt.
D: *Zijn er veel van die vloeibare lichtjes?*
P: Vier ... vijf. Vijf! Vijf op een rij, naast elkaar. Het zijn net kleine buisjes, met ... het lijkt alsof er vloeibaar licht doorheen vloeit. En dan gaan ze naar achteren ergens naar de rest van de panelen, ergens daarin.
D: *Lijken ze op neonlichten?*

P: Ja, zoiets, alleen kun je er niet doorheen kijken. Het lijkt op massief licht.
D: *Heeft hij gezegd waar ze die voor gebruiken?*
P: Het is zoals ons bloed voor ons lichaam. Dat geldt ook voor het spul op het ... wat het ook is.
D: *Je bedoelt als een soort brandstof?*
P: Nee. Niet als brandstof, maar meer als bloed. Het blijft een soort van circuleren. Ik denk dat hij wil zeggen dat het de energie mee rond transporteert.
D: *Bedoel je dat dat deze zich op andere plaatsen in het schip bevinden?*
P: (Onderbroken) Gaat door het schip. Circuleert, dat is hoe het door het schip gaat. Het circuleert. Dat is wat hij zei.
D: *In de muren, of in de vloer?*
P: Ja. Door de machines. Net als olie, denk ik. Het circuleert, het is alleen niet de brandstof, het bevat de brandstof. De energie. Dat is het! Het bevat de energie. Het circuleert deze door het schip, door de rest van de machines of wat dan ook. Het zijn geen machines. Door de rest van die dingen, wat het dan ook is.
D: *Is dit een belangrijk onderdeel?*
P: Het is maar een onderdeel. Het is niet het belangrijkste onderdeel of zo. Hij laat het me gewoon zien en legt uit hoe dit soort dingen werken.
D: *Kun je de andere plaatsen waar het circuleert zien, of zijn die verborgen?*
P: Het is alsof ik ze niet kan zien met mijn ogen, maar ik kan een plaatje in mijn hoofd zien waar ze naartoe gaan. Het is een soort van aan de binnenkant en het gaat er doorheen naar het midden. Een zootje dingen. Ik weet niet wat het is. Het is gewoon onderdeel van de dingen die ervoor zorgen dat dit werkt.
D: *Is het verborgen achter de muren?*
P: Een soort van. Het bevindt zich gewoon in verschillende delen, verschillende gebieden, bedekt met verschillende dingen. Er zit veel in. Het bevindt zich achter dat kleine paneel. Je kunt er daar naar kijken en ik denk aanpassingen doen of het misschien controleren. Ik weet het niet. Maar het bevindt zich daar zodat je het kunt zien.
D: *Dat is vreemd. Heeft het een bepaalde kleur?*

P: Het is wit. Fel licht. Het lijkt vloeibaar, maar het is gewoon energie, zei hij.

Phil verdient de kost met elektronica. Je zou denken dat er iets in die controlekamer zou zijn dat hij herkende. Maar hij zat volledig in zijn 14-jarige ik, en alles was vreemd, mysterieus en onmogelijk uit te leggen.

D: *Heeft hij je nog iets anders laten zien?*
P: Een kleine zwarte doos. Hij zei dat die van mij was. Hij zei dat ik hem niet mocht houden, maar hij wilde hem aan mij laten zien.

Dit klonk als dezelfde zwarte doos die Phil had gezien na zijn ontmoeting met de uil. Blijkbaar was deze hem bij verschillende gelegenheden getoond, bijna alsof ze wachtten totdat hij hem zou herkennen.

D: *Hoe zag hij eruit?*
P: Hij is klein... niet vierkant maar langer. Een soort zwart ... en glanzend. Glad. Ik denk dat hij pen kan, maar ik had geen idee hoe. Er zit iets in, maar ik weet niet wat het is. Hij zei dat hij van mij was... maar ik kan hem niet meenemen.
D: *Wat bedoelt hij, dat hij van jou is?*
P: Hij zei dat ik hem lang geleden een keer gemaakt heb.
D: *Wat vond je daarvan?*
P: Wat hij zei. Ik ging er niet over in discussie. Het leek in orde. Ik vond het wel cool. Maar het kan op de een of andere manier open. Er zit iets in. Ik denk dat hij me dat heeft verteld, maar ik denk dat ik het gewoon wist.
D: *Waar haalde hij de doos vandaan?*
P: Ik weet het niet. Ik denk dat iemand hem aan hem gaf. Hij zei, "Hier! Kijk hiernaar." Ik zei, "Wat is het". Hij zei, "Dit is van jou. Jij hebt het gemaakt... lang geleden, toen je bij een ander ras hoorde. Dit is om je te herinneren aan je erfenis." Ik zei, "Wat is het?" Ik weet niet wat hij zei dat het was. Iets. Een of ander woord. Hij zei... (Hij had moeite de klank te vinden). Obs... Obsiniet of obs nog iets. Dat is wat hij zei. Een of ander spul. Ik denk dat hij bedoelde dat het daarvan was gemaakt. Hij zei dat het was om mij

mijn erfenis te laten herinneren. Dat ik onderdeel uitmaakte van een ander ras. Hij was zwaar. Glad en zwart, en een beetje glanzend. Ik denk dat er iets in zit. Ik was bang om hem open te maken. Ik dacht dat hij boos zou worden. Het leek een beetje op een kleine doodskist. Hij puilde een beetje uit en was afgerond aan de bovenkant.

D: *Zou je hem hebben kunnen openmaken als je het had geprobeerd?*
P: Ja. Ik denk dat ik weet hoe, maar ik durfde niet. Het is alsof je het in je hoofd moet weten. Ik denk dat de mentale sleutel in je hoofd zit. Als je niet weet hoe het werkt, gaat hij niet open. Maar als je in je hoofd ziet hoe je het moet doen, dan gaat hij open en kun je de bovenkant erafhalen.

D: *Kan iemand anders hem openmaken?*
P: Ik denk dat ik de enige ben. Want het is zoals ik zei, ik heb hem gemaakt.

D: *Dan is hij niet nieuwsgierig om te zien wat het is.*
P: Het leek of hij het niet belangrijk vond. Alleen dat ik het misschien wilde zien. Alsof het belangrijk was voor mij.

D: *Wat gebeurde er met de zwarte doos?*
P: Ik gaf hem terug aan hem. Hij lachte, alsof hij iets wist. Hij lachte een beetje om mij, maar ik denk een soort van naar mij. Net als wanneer iemand iets weet en ze zeggen niet wat ze weten. Maar je weet door hoe ze naar je kijken dat ze iets weten.

D: *Heeft hij je daarna nog iets anders laten zien?*
P: Er was zoveel. Er gebeurde van alles. Er waren andere mensen. Kleine mensen die aan het werk waren.

D: *Hoe zagen ze eruit?*
P: Ze waren een beetje klein, lelijk, grijs. Ze hadden grote kale hoofden.

D: *Maar je zei dat degene van wie je dacht dat het een vrouw was niet op hen leek?*
P: Nee. Zij was op de een of andere manier anders, maar aardig, vriendelijk. Ze had gewoon een heel erg gerimpelde huid. Er was iets met haar ogen. Je kon er gewoon niet van wegkijken. Het was alsof ze me vasthielden. Ik kon me er niet van losrukken. Maar het voelde goed. Het was gewoon anders. Ze was aardig.

D: *Communiceerden degenen waarvan je zei dat ze lelijk waren op de een of andere manier met jou?*

P: Nee, ze waren er gewoon. Er was niet veel aan. Ze deden iets anders. Liepen rond. Raakten dingen aan. Droegen dingen ... gewoon dingen. Ik weet niet wat ze waren. Ze leken gewoon druk te zijn. Ze letten niet echt op mij.

D: *Dus degene die het meest met jou communiceerde was de piloot?*

P: Dat weet ik niet. Het leek alsof ze allebei (de piloot en de vrouw) met mij communiceerden, maar ik weet niet wie van hen dat het meest deed.

D: *Heb je nog iemand anders gezien die eruitzag zoals de piloot?*

P: Ik heb één andere gezien. Iemand die ik aan de andere kant van de gang zag lopen. Hij keek niet naar mij... zei niets. Liep gewoon langs. Hij leek een beetje op de piloot. Meer zoals wij. Dat is alles wat ik heb gezien. Ik denk dat er waarschijnlijk meer was, maar ik weet het niet zeker. Ik heb het niet gezien.

D: *Wat gebeurde er daarna? (Lange pauze)*

P: Ik weet het niet zeker. Daarna lijkt het alsof het nacht is en we weer in de station wagon zitten. Mijn broer en ik zitten achterin. Linda zit voorin bij mama. Gail en Cathy zitten in het midden. Ze slapen en mama rijdt. Het lijkt alsof we naar Memphis gaan.

D: *Weet je hoe je terug in de auto bent gekomen?*

P: Ik weet het niet zeker.

D: *Zei je moeder nog iets?*

P: Ze maakt zich zorgen of we wel op tijd in Memphis aankomen. Later zei ze niets meer. Een tijdje ... nogal stil. Ik luister naar de weg.

D: *Wat het laat?*

P: Vroeg in de ochtend.

D: *En ze zei niets over wat er was gebeurd?*

P: Niemand deed dat. Ze weten het niet.

D: *Herinnerde jij je dat er iets was gebeurd?*

P: Nee, toen niet. Ik herinnerde het me niet. Nu wel.

D: *Toen herinnerde je je gewoon dat je op reis was, maar nu herinner je je wat er werkelijk is gebeurd. Bedoel je dat?*

P: Ik herinner me meer, denk ik.

D: *Denk je dat die ervaring een droom was?*

P: Ik weet het niet. Het was niet slecht. Het was oké. Een beetje eng. Het deed geen pijn. Ik denk dat ik het niet nog een keer zou willen doen. Het was te anders of vreemd of zoiets. Ik vond het niet leuk.

D: *Maar ze hebben je nooit echt iets aangedaan, of wel?*
P: Jawel, dat deden ze wel. Ze hebben iets afgenomen. Wat monsters.
D: *Weet je waar het monsters van waren?*
P: Huid.
D: *Nog iets?*
P: (Pauze) Dat is alles wat ik me herinner.

Ik vertelde hem dat hij zich de gebeurtenis kon herinneren als net zoiets als een bezoek aan de dokter. Veel mensen gaan daar ook niet graag heen omdat er vaak dingen (vooral onderzoeken) met hen worden gedaan die niet prettig zijn. Zij voelen zich ook machteloos omdat ze de dingen die met ze worden gedaan in klinieken en ziekenhuizen niet tegen kunnen houden. Ik dacht dat als ik zijn onderbewustzijn kon overhalen het in een dergelijke context te plaatsen, het hem niet bewust problemen zou opleveren.

D: *Laten we vooruitgaan in de tijd om te kijken of je ooit nog een andere ontmoeting met hen hebt na die keer. Ik tel tot drie en dan zijn we er, als er zo'n moment bestaat. 1, 2, 3, we zijn vooruitgegaan in de tijd. Wat doe je nu? Wat zie je?*

Het was opvallend dat Phils stem tijdens de ervaring op 14-jarige leeftijd erge slaperig, langzaam een beetje onvolwassen was geweest. Niet echt kinderlijk, maar onvolwassen. Toen hij naar de volgende scène ging, werd zijn stem weer normaal. Hij zei dat hij naar een heel diepe open wond keek en dat bracht hem in de war.

P: Ik weet niet waarom het er is. Ik herinner me niets. Ik weet niet precies wat ik zie.
D: *Bloedt het?*
P: Nee. Ik kan erin kijken. Een soort gapend gat, hoewel niet rafelig.
D: *Kun je zien waar de wond zit?*
P: Ik denk dat het aan mijn ... rechterkant is. Hij is amper 10 cm lang ... en misschien 5 cm breed, maar het is een nette wond. Het bloedt niet, maar het is diep en heel donkerrood.
D: *Hoe ben je daaraan gekomen?*

P: Het werd opengemaakt ... om er iets uit te halen. Ik weet niet wat het was. Iets dat erin was geplaatst. Iets was er al een tijdje in had gezeten en toen eruit werd gehaald.
D: Hoe werd het eruit gehaald?
P: Via een operatie. De huid werd opengesneden, opengelegd .... en de bovenste huidlaag werd eraf geschaafd.
D: Wie deed dat?
P: Zij deden het. Zij. Diegenen. De Hoeders. De Vrienden.
D: Waar was je toen dit gebeurde?
P: Ik bevond me in het schip op één van de tafels. Op de tafel. De enige tafel in de kamer.
D: Weet je in welk jaar dit gebeurt?
P: (Pauze) Ik weet het niet zeker. Ik heb totaal geen besef van tijd.
D: Kun je zien wat er werd verwijderd?
P: Er was een soort bult die problemen veroorzaakte. Hij moest worden verwijderd want hij was ... schadelijk.
D: Was dit iets waarvan jij zei dat ze het daarin hadden gestopt?
P: Het was een bijproduct van wat ze erin hadden gestopt. Een uitkomst, of een resultaat van het ding dat erin was gestopt. Een glanzende metalen bal. En de bult groeide eromheen. Ze wilden dat de bult er groeide. Ze hadden het weefsel nodig. Een tumor. Het zou schadelijk zijn geweest voor mij, maar zij hadden het nodig. Ze hebben het eruit gehaald zodat het mij geen kwaad kon doen.
D: Hebben ze de kleine glanzende bal er ook uitgehaald?
P: Ja, die zat in de bult. De tumor groeide om de bal heen. Het leek meer op een kogel. De tumor was bedoeld om mijn systeem te bestuderen. Een of ander systeem dat ... niet met het immuunsysteem te maken heeft, maar wel in de verte. Ik begrijp niet helemaal wat het is, maar het is een soort regeneratief systeem. De bult was een reactie op de kogel die problemen zou hebben veroorzaakt als hij was blijven zitten. Maar ze hadden de bult nodig om mijn reactie op die kogel te bestuderen.
D: Zoiets als het afweermechanisme van het lichaam?
P: Meer dan alleen afweer. Veel ingewikkelder dan dat. Een assimilatie. Groei veroorzaakt door de kogel om de verschillende systemen in het lichaam inclusief het immuunsysteem te

bestuderen en te begrijpen. Ze hebben de kogel geplaatst om de groei om de kogel heen te bestuderen.

D: Was de kogel groot?

P: Heel klein. Ongeveer zoals een B.B. (0,4 cm).

D: En je hebt er geen last van gehad toen het in je lichaam zat?

P: Een beetje, ja. Maar niets ernstigs. Meer ongemak dan gevaar. Niets waar ik niet mee kan leven.

D: Wat voor ongemak ervoer je?

P: Een beetje misselijk, moe. Minder evenwicht. Een lichte aantasting van mijn spraak. Het was alsof de energie uit het lichaam werd getrokken en geconcentreerd in die kogel, die bult.

D: Heb je enig idee hoe lang het in jou heeft gezeten?

P: Het zit er nog.

D: (Dat was een verrassing). Is er nog? Ik dacht dat ze het eruit hadden gehaald?

P: Nog niet.

D: O, je bedoelt dat ze het er nu uithalen?

P: Nee, nu is het er nog.

D: (Ik begreep het niet). Toen ze de bult weghaalden, hebben ze toen de kogel er ook niet uitgehaald?

P: Dat is nog niet gebeurd. Dit is een soort terugkijken naar de toekomst, geloof ik.

D: Je zei dat je het gat in je zij zag en dat ze de bult uit je lichaam haalden.

P: Dat gaan ze doen. Nog niet. Het is belangrijk voor hen en voor mij, voor andere dingen die nog komen.

D: Wat bedoel je?

P: Ik weet het niet. Dat is het. Andere dingen die nog komen. Dat is alles wat ik weet.

D: Maar je zei toch dat het gevaarlijk was voor jou als ze die bult in jou zouden laten zitten?

P: Als ze hem zouden laten zitten, ja. Maar dat gebeurt niet. Hij is er nog niet uitgehaald. Het is nog geen tijd. Hij werd erin geplaatst. Geïnjecteerd.

D: Waarom hebben ze dan een insnijding gemaakt?

P: Dat is een beeld van hoe het eruitziet als hij eruit wordt gehaald. Een visualisatie.

D: *Oké. Daar had je het dus over. (Hij had een glimp gezien van een scène uit de toekomst). Dus het moet een bepaalde tijd blijven zitten en dan wordt het eruit gehaald en onderzocht. Wat zou er gebeuren als ze het er niet uit zouden halen?*
P: Het zou een tumor worden en nierproblemen veroorzaken. Het zou ervoor zorgen dat de nier niet meer werkte. Door de grootte ervan zou het groeien en de nier blokkeren.
D: *Dus hij bevindt zich in de buurt van de nier.*

Blijkbaar was dit object in Phil geplaatst ten tijde van de ervaring met de uil.

Toen hij wakker werd, onderzochten we de zijkant van zijn rug en er zat geen litteken. Als er iets was gedaan, was het klaarblijkelijk genezen zonder een litteken achter te laten. Hij herinnerde zich nog wat details over de kogel. Hij nam aan dat het in hem geplaatst moest zijn door de bidsprinkhaanmachine. De kogel zag er zilverachtig uit en was klein, kleiner dan een B.B. Maar hij dacht dat het waarschijnlijk geen metaal was, misschien een soort mineraal die niet zichtbaar was op een röntgenfoto.

D: *Nou, het lijkt erop dat je hen weer gaat ontmoeten, want ze moeten het er op een zeker moment in de toekomst weer uithalen. (Lacht)*
P: Ik vind het goed. Als ik erop terugkijk, is het gevoel dat ik bij hen had dat ze in orde waren. Ik weet dat ze vriendelijk zijn.
D: *Ja. Zelfs toen je jong was, was je niet bang van ze.*
P: Ja, het voelde alsof ik ze kende. Ik weet niet of ik hen persoonlijk kende, of wie ze in het algemeen waren.

Het eerste wat hij wilde bespreken was wat er gebeurde in die kamer met het gerimpelde vrouwelijke wezen. Er gebeurde veel meer dan wat hij had verteld. Blijkbaar was het op de jonge leeftijd van 14 jaar iets waarover hij niet kon praten. Zelfs nu schaamde hij zich. Terwijl hij erover sprak, keek hij naar de muur, mijn ogen ontwijkend. Dit was sowieso niet iets waar je normaal gesproken over zou praten.

P: Ik wilde het niet zeggen toen ik onder hypnose was, maar ... ze staken een sonde in één van mijn testikels. En ze haalden er... o, ik weet niet wat het was uit. Vloeistof of cellen of zoiets.

D: *Was dat waarvoor je bang was dat het pijn zou doen? Je zei dat ze je met iets gingen prikken.*
P: Het was een kleine dunne zilveren buis. En er zat iets aan het einde. Ik zag de buis en deed mijn ogen dicht. Ik wilde het niet meer zien. Ik wist dat ze iets deden, maar het deed geen pijn. Ik denk dat ze monsters namen.
D: *Ik vind het interessant dat jij dacht dat dat wezen een vrouw was.*
P: Je kon uit haar energie opmaken dat haar persoonlijkheid heel vrouwelijk was. Ze was iets wat je zou kunnen vergelijken met een hoofdzuster, of zoiets. Haar huid was erg gerimpeld. Ik kon alleen maar naar haar ogen kijken. Het leek alsof je vastgepind werd door haar ogen als ze naar je keek en niet meer los kon laten. Maar vanuit mijn ooghoeken kon ik de rest van haar zien. Ik herinner me niet echt veel, behalve dat ik de rimpels zag. Ik weet niet meer of ze haar had of niet.
D: *Misschien is dat hoe het werkt. Ze hield je vast zodat je niets zou voelen.*
P: Ik denk het. Toen die verpleegster monsters nam ... was ik me ervan bewust dat ze me aanraakte, maar ik was echt gefocust op de communicatie, op de ogen. Ik nam aan dat er iets gebeurde met de rest van mijn familie. Dat zei ze niet. Maar ik nam gewoon aan dat dat waarschijnlijk klopte.
D: *Maar de andere man, de piloot, leek heel anders, of niet?*
P: Ja, hij leek menselijker, hoewel hij ook iets anders had. Niets engs, gewoon anders. Zijn ogen leken een beetje op Aziatische ogen, of Indiase ogen. Zoiets, maar in plaats van spleetogen waren ze meer amandelvormig. Het is moeilijk te beschrijven. Hij had geen zwarte ogen, hij had pupillen net als wij. De ogen zelf leken vrij normaal. Het zat hem vooral in de vorm van de ogen. Rond in het midden, maar gespleten aan de uiteinden. Hij had licht haar, blond of grijs of zoiets. Ook hier keek ik niet zozeer naar hen, maar naar hun gezicht, hun ogen. Je werd daar gewoon naartoe getrokken. En de andere dingen die je opmerkt komen slechts zijdelings binnen. Het is alsof je ogen magneten zijn en ze zetten zich vast. Het is vrijwel onweerstaanbaar. En als ze naar je kijken, hebben ze een magnetische aantrekkingskracht. Je kunt je er niet van lostrekken.
D: *Misschien wordt de informatie zo overgebracht.*

P: Dat is zo. Het lijkt alsof er een fysieke verbinding is en de communicatie via die verbinding, die magnetische aantrekkingskracht of wat het ook is gaat. Hij was heel vriendelijk en het was alsof hij iets wist dat ik niet wist, maar het was iets leuks. Het was zeker niets slechts. Het was bijna alsof zijn ogen fonkelden.

D: Het enige waar je last van had was dat ding dat mensen een schok gaf.

P: Ja, dat zat me dwars toen hij me vertelde hoe ze mensen kunnen laten ophouden en ze een schok geven. Ze kunnen mensen onder controle houden met een straal die ze vanaf het bedieningspaneel bedienen. Het lijkt erg op wanneer wij vee naar de markt brengen. We leiden ze door de goot en gebruiken een veestok en geven ze een schok om ze te laten doen wat we willen. Daar dacht ik aan. Het kwam uit het schip denk ik. Hij zei dat ze die straal gebruiken om mensen onder controle te houden als ze moeten. Het leek alsof wij vee zijn voor hen. Toen leken ze niet zo vriendelijk.

D: Hoe denk je er nu over?

P: Hmm, neutraal. Op dit moment weet ik niet of ik het echt geloof of niet, maar het maakt me niets uit dat ik het niet weet. Ik wou dat ik het kon geloven. Ik wil het geloven. Laten we het zo zeggen, ik zou willen dat er iets was dat ik kon bevatten en waarvan ik kon zeggen dat ik het echt geloofde, maar dat doe ik niet. Ik denk dat het meer fantasie is of zoiets. Ik weet niet of het echt is. Ik denk dat ik een beetje teleurgesteld ben dat ik niet iets heb ervaren waar ik echt in kan geloven.

D: Waarom wil je het geloven?

P: (Langzaam en aarzelend) Ik denk gewoon dat het iets is dat ... nou, het geeft ons hoop dat er meer is in het leven dan alleen deze dagelijkse afgezaagde dingen. Te weten dat er een hogere realiteit is. Dat er nog iets is daarbuiten. Het is spannender dan ons dagelijkse leven. Maar het is gewoon niet iets waarvan we kunnen zeggen, "nou, ja, dit is echt." Het is óf een product van onze vruchtbare fantasie, óf ... ik weet niet wat het is.

Het is verbazingwekkend dat al deze gebeurtenissen (en wie weet hoeveel meer) zijn hele leven in Phil's onderbewustzijn verborgen hadden gezeten. Er was geen enkele aanwijzing dat ze er waren. We zouden ze niet hebben onderzocht, omdat we niet van hun bestaan afwisten. Ze waren verborgen gebleven als de herinneringen niet waren opgewekt door dromen.

Deze sessie gaf geen aanwijzing dat hij verder nog last zou hebben van deze ervaringen vanwege zijn vriendelijke houding ten opzichte van deze wezens. Maar dat was niet waar. De maand erna zou hij veel ellende doorstaan terwijl hij probeerde deze ervaringen in zijn leven te integreren. Hij belde me niet op om me dit te vertellen, dus ik wist niets van de problemen waar hij mee worstelde.

Hoofdstuk 22
De grip op de realiteit verliezen

Ik was me er niet van bewust dat deze sessies Phil zo diep hadden geraakt tot de volgende afspraak een paar weken later. Hij wilde dieper ingaan op wat er in zijn hoofd was omgegaan, dus ik zette de cassetterecorder aan. Ik denk dat zijn verslag van de verwarrende emoties die naar boven kwamen na het herbeleven van de herinneringen aan zijn ontvoeringen nuttig kunnen zijn voor andere onderzoekers die dit ongewone fenomeen proberen te begrijpen.

P: Ik moet het je zeggen. Deze sessies ... het werk in dit gebied heeft me verstoord. Als ik zou denken dat ik het gewoon achter me kon laten, dan zou ik dat doen. Het is verontrustend. Ik wil niet dat jij je zorgen maakt of ongerust wordt over mij, maar soms komt er tijdens de dagen nadat we samen hebben gewerkt een angstig gevoel over me om de een of andere reden. Geen paniek, maar ik voel me totaal niet lekker. Een tijd lang twijfelde ik aan mijn geestelijke gezondheid. Het voelde alsof ik mijn werkelijkheidszin was verloren.

D: *Bedoel je na die eerste sessie?*

P: Na de eerste en de tweede sessie. Vooral na de tweede.

D: *De tweede? De eerste was beangstigend, maar ik dacht dat we niets engs waren tegengekomen in de tweede.*

P: Ik weet het niet. Ik heb zitten bedenken wat het zou kunnen zijn. En zoals ik het zie zijn er verschillende dingen aan de hand. Het eerste is dat het heel beangstigend is wanneer deze gebeurtenissen voor het eerst plaatsvinden. En die gevoelens moeten worden beheerst of gekalmeerd. Op die manier kunnen ze na de gebeurtenis worden losgelaten.

D: *Maar voelde je je goed toen ze werden losgelaten?*

P: Nee. Ik voelde me vreselijk. Zoals ik zei werd ik er eerlijk gezegd depressief en bang van ... niets van. Ik kon niets bedenken waar ik bang van was. Ik had gewoon onbekende angstige gevoelens voor .... iets. En ik voelde me uit het lood geslagen, buiten de realiteit. Zo voel ik me normaal gesproken niet.

D: Duurde dat lang?

P: Oh, het duurde misschien een dag, een halve dag. Het verschilde. Het is maar drie of vier keer gebeurd. Het is niet iets langdurigs. Het kan een of twee dagen nadat wij hebben samengewerkt zijn, en het komt uit het niets. Een vreselijk gevoel van uit het lood geslagen zijn, geen controle hebben, en die vreselijke angst. Ik weet niet waar ik bang voor ben. Ik bedoel, er is niets wat ik kan visualiseren of me bedenken. Het is nergens op gericht. Het is gewoon een vreselijk angstig gevoel. Ik weet niet of andere mensen het vreselijk zouden vinden. Misschien hebben ze zich wel veel erger gevoeld. Maar het is nieuw voor mij. Ik heb mij nog nooit zo gevoeld. En zoals ik zei, als ik het gevoel zou hebben dat dit niet belangrijk was en dat ik het erbij kon laten zitten, zou ik dat doen. Want het maakt mijn leven echt ingewikkeld. En ik wil mijn leven niet ingewikkeld maken.

D: Ik dacht dat de andere dingen waar we jaren geleden aan hebben gewerkt het misschien ingewikkeld hebben gemaakt. Weet je nog, toen we aan je vorige levens werkten en je begon te channellen over het inzaaien van de aarde.

P: Nee, dat heeft het helemaal niet ingewikkeld gemaakt. Dat stond hier in feite los van. Dat leek een toevoeging aan mijn leven te zijn. Maar dit heeft direct invloed op mijn leven. Het is niet iets aparts. Het komt via een ander kanaal zogezegd, of zoiets.

D: Ja. De vorige levens hebben niet direct invloed op je, ook al zijn ze vreemd.

P: Het is ver weg.

D: Ja, dit gaat over dit leven, iets dat je nu is overkomen. Dat maakt het verschil, of niet?

P: Ja, weet je, de eerste keer dat we hieraan werkten en ik de kleine wezens op de weg zag, herinner ik me het gevoel van "ik wil mijn realiteit niet veranderen. Ik wil niet dat dit gebeurt." Ik verzette me ertegen omdat het mijn idee van de werkelijkheid en mijn houvast veranderde. Het voelt alsof een deel van wat nu gebeurt, is dat mijn basiswaarden opnieuw worden uitgedaagd. De dingen die ik voor lief heb genomen en waar ik zoveel kracht uit heb geput, het baseren van mijn waarnemingen op wat wel en niet echt is, is... eerlijk gezegd kapot gemaakt.

Ik was echt bezorgd dat als Phil met zoiets groots werd geconfronteerd waar hij niet mee kon omgaan, ik was bang dat de zelfmoordneigingen terug zouden komen. Hij had zich sinds die beslissende tijd in de jaren '70 bewonderenswaardig goed aangepast en was er goed mee omgegaan, maar wat zou er gebeuren als deze nieuwe informatie hem dreigde te overweldigen? Ik wilde die angst niet op hem overbrengen. Dat zou de ingewikkelde emoties die hij voelde zeker alleen maar erger maken.

D: *Ik wil je op geen enkele manier kwaad doen.*
P: Nee, dat weet ik. En zoals ik zei, als dit iets onbelangrijks was, zou ik het liever achter me laten. Maar dat kan ik niet. Er is een verantwoordelijkheid, niet alleen aan mijzelf, maar er is een grotere verantwoordelijkheid aan iets of iemand anders. Ik voel dat ik dit moet doen. Het is iets dat ik niet kan afsluiten. Ik kan het niet vergeten.
D: *Weet je, na die eerste sessie was je van slag. En ik dacht dat je het er misschien gewoon bij wilde laten. Maar een paar dagen later zei je: "Nou, ik wil ermee doorgaan." Ik dacht dat we het niet hoefden te onderzoeken als je er zo'n last van had.*
P: Met de gevoelens kan ik wel omgaan. Ze maken mijn leven ingewikkelder, en een tijdje wat minder fijn, maar toch is het om de een of andere reden belangrijk voor mij om dit eruit te krijgen. Het is niet iets waar ik van geniet, maar het is iets waarvan ik heel sterk het gevoel heb dat ik het moet doen. Ik heb geen helder beeld van het waarom, of van waar het toe leidt. Dus het is belangrijk om hier mee door te gaan.
D: *Oké. Aangezien je er last van hebt, kunnen we er altijd mee stoppen. We hoeven het niet te doen.*
P: Dat begrijp ik, en ik waardeer het. Ik wil gewoon dat je het weet. Een aantal keren heb ik het uitgesteld om jou te bellen om een nieuwe sessie te regelen, omdat ik voelde dat ik even afstand moest nemen.
D: *Daarom laat ik jou bepalen wat er gebeurt. Ik wil je nooit dwingen iets te doen wat je niet wilt doen. Maar is er een manier om dit*

naar de achtergrond te verdringen en te doen alsof het een droom is, zodat je er geen last van hebt?

P: Nee. Het is belangrijk dat ik hier uitkom. Het is een soort blokkade. Er zit een verstoring van binnen die moet worden losgelaten. Ik denk dat het daarom belangrijk is, persoonlijk, dat ik doorga.

D: *Als je het niet zou loslaten, zou het misschien op de een of andere manier op een onderbewust niveau gaan opspelen.*

P: Precies. Het voelt alsof mijn bewustzijn en mijn onderbewustzijn hierover in gevecht zijn en proberen mijn idee van de werkelijkheid aan te passen. Het zit in mijn onderbewustzijn en moet er via mijn bewustzijn uit. Het lijkt op het behandelen van een brandwond. Als ze de huid afschrapen, doet dat vreselijk pijn, maar het is nodig om te kunnen genezen. Weet je wat ik bedoel?

D: *Ik weet er niet veel van. Maar ik snap wat je bedoelt.*

P: Het is een vreselijke procedure als mensen erg verbrand zijn. Ze moeten af en toe de dode huid wegschrapen om ervoor te zorgen dat er geen littekens ontstaan of zoiets. Ik weet niet precies wat ze doen, maar het is zoiets. Dat is hoe ik dit zie, als een interne verstoring die moet worden gelucht en losgelaten. Hij moet doorbreken. Hij moet worden geuit. Dat is onderdeel van het proces. Als hij wordt losgelaten veroorzaakt hij deze gevoelens, maar die gaan altijd weer voorbij. Ik heb een sterk gestel. Ik kan ermee omgaan. Het zal geen blijvende problemen veroorzaken. Ik wil gewoon dat je weet dat als ik zeg dat ik me niet goed voel of zoiets, of dat ik er last van heb, dat je begrijpt waarom. Ik moest het je laten weten, zodat je je bewust bent van wat er gebeurt.

D: *Maar je zei dat je dacht dat je er nu beter mee kon omgaan dan een paar jaar geleden toen we voor het eerst met je vorige levens aan de slag gingen. Het had er ook toen uit kunnen komen.*

P: Ik had toen niet eens willen proberen ermee om te gaan. Het is moeilijk te omschrijven. Ik weet niet waarom het zo aangrijpend is. Maar de kennis van al die dingen waar we eerder mee bezig zijn geweest tijdens het channellen, en het bekend zijn met andere entiteiten en buitenaardse wezens enzovoort is een goede basis om hier mee om te kunnen gaan. Het was een voorbereiding om hiermee om te gaan. Ik zeg dat ik een heel sterk gestel heb, maar tegelijkertijd is de menselijke geest heel fragiel.

D: *O ja, daarom moet je voorzichtig zijn. Maar normaal gesproken laat je onderbewustzijn je niets zien dat je kan schaden. Het is heel beschermend. Daarom is het waarschijnlijk al die tijd verborgen gebleven.*

P: Ja, precies. Maar er bestaat een groeifactor. Je moet groeien. Je moet helen. En er bestaat een compromis tussen comfort en heling. Niet alle heling is noodzakelijkerwijs comfortabel, maar de heling heeft prioriteit boven het relatief lagere comfort. Dus het is iets waar ik mee moet doorgaan totdat ... ik weet het niet. Ik weet niet waar dit toe leidt.

D: *Ja, ik dacht vorige week dat we klaar waren, maar blijkbaar is er nog meer dat moet worden onderzocht.*

P: Ik heb een duidelijk gevoel wanneer iets moet worden afgekapt of wat moet worden onderzocht. Niet zozeer bewust, maar ik denk dat mijn onderbewustzijn of misschien iemand aan de andere kant stuurt wat naar boven moet komen en wat niet.

D: *Ja, ik denk dat je onderbewustzijn het afsluit als het denkt dat je er niet mee kunt omgaan. Dat is hoe het werkt. Anders zouden de herinneringen sowieso niet naar boven zijn gekomen.*

P: Er is duidelijk een mechanisme dat stuurt wat naar boven komt, en wanneer en hoe en waarom. Blijkbaar is het tijd, en dus zitten we hier. We doen precies wat we moeten doen, denk ik.

D: *En toch, toen je bij die wezens was, zei je dat je liefde voor hen voelde.*

P: Precies. Het spreekt elkaar tegen want als het gebeurt in de dromen of in de herbeleving, lijkt het niet eng en is het niet beangstigend. Het voelt niet angstig. Het lijkt alsof de ervaring rechtstreeks de psyche ingaan of zoiets. Als ik het goed interpreteer, als ik het goed begrijp, komen deze angstige gevoelens van mijn bewuste geest die probeert ermee om te gaan. Het lijkt alsof mijn bewuste geest een beetje - niet alleen een beetje - maar zeer onvolwassen is. En dan moet mijn bewuste geest tot bedaren worden gebracht of zoiets om dat te kunnen ervaren. Het is zo'n krachtige ervaring tijdens het bezoek. Ik hou niet van het woord "ontvoering".

D: *Nee, ik ook niet.*

P: Dus het is alsof de bewuste geest op de een of andere manier wordt onderdrukt, en de ervaring gaat direct naar ... ik weet niet of het onderbewustzijn correct is of welk niveau het is.

D: *Geheugenbank of zoiets. Ik begrijp het. En als het bewustzijn het ziet, zegt het "Hé, hier is echt iets gebeurd." En hij begint bang te worden.*

P: Dat is één van de dingen. Is het gebeurd? Dat is één van de gevoelens van het verlies van controle, van grip op de werkelijkheid, dat gevoel van: is dit echt gebeurd? 'Wacht even, je wordt gek. Je verzint dit.'

D: *Dat klinkt als de bewuste geest. Dit zou een gevoel zijn van, als deze dingen gebeuren, waarom had ik er dan geen controle over? Het kon er op dat moment niet mee omgaan, en nu probeert het waarschijnlijk het weg te drukken.*

P: Ik denk dat het de bewuste geest is die probeert om te gaan met iets dat ver boven zijn begripsniveau gaat. Dit is zo nieuw op een bewust niveau. Ik denk dat het daarom belangrijk is om door te gaan, want mijn bewuste geest leert hiervan en groeit in zelfaanzien en bewustzijn. Het is belangrijk om de bewuste geest het niet simpelweg weg te laten rationaliseren, maar er echt mee om te leren gaan. Dat is waar ik mee door moet gaan, met mijn bewuste geest vat te laten krijgen op deze situatie.

D: *Je zou het kunnen accepteren en ermee omgaan net als met elke andere traumatische of vervelende gebeurtenis in je leven. Misschien is dit deels de reden waarom de gemiddelde mens niet wil proberen zich sommige van deze dingen te herinneren, omdat ze niet weten of ze ermee om kunnen gaan of niet.*

P: Het is verrassend hoe onvolwassen de bewuste geest eigenlijk is. Hij is kinderachtig.

Soms als Phil probeerde de gebeurtenissen te rationaliseren, zei hij dat hij steeds het beeld kreeg van een strenge en veeleisend vader of ouderfiguur. En dat hij door deze zingen te onthullen op de een of andere manier het risico liep om gestraft te worden door de ouder. Het verborgen gevoel dat je iets doet wat niet mag, en dat de strenge vader boos zou worden als hij erachter zou komen. Het kleine kind tegen de vader.

Ik dacht dat het heel goede therapie voor Phil was om te analyseren wat er met hem gebeurde. Als hij erover kon praten en proberen het te begrijpen, zou hij misschien een manier vinden om ermee te leven zonder dat het zijn normale leven verstoorde. Dit leven is tenslotte het belangrijkst en de cliënt moet leren om de informatie die hij ontvangt in zijn normale leven te integreren. Ze moeten leren het te zien als iets interessants en het toepassen, maar het niet de boel over laten nemen zodat hun leven wordt verstoord. Als een cliënt zijn vorige levens of ufo-ervaringen wil onderzoeken, is hij meestal onbewust klaar te accepteren en begrijpen wat er naar boven komt, hoe vreemd het ook mag zijn. Maar af en toe zit er eentje tussen die het moeilijker heeft. Het is mogelijk dat Phil meer moeite had vanwege zijn afkomst als sterrenkind. Hij beschikte niet over de onderbewuste basis van meerdere aardse levens die hem deze vreemde en verwarrende menselijke emoties die hem plaagden konden helpen begrijpen. Zoals hij zei, hij moest zich er zelf doorheen werken, en hij voelde dat hij dat kon.

TIJDENS DE AFGELOPEN MAAND had Phil nog een paar vreemde dromen. Hij kon zich de details ervan niet meer herinneren. Maar hij zag een instrument dat op een geweer leek, zoals de kolf van een geweer, met een kleine spiraaldraad aan het einde. Hij wist dat ze deze draad op de een of andere manier in de traanbuis in de hoek van zijn rechteroog staken. Toen ze hem eruit haalden, zag hij een klein beetje bloed aan het uiteinde van de draad. Hij had het gevoel dat er iets was ingebracht dat misschien vergelijkbaar was met het ding dat in zijn rug was geplaatst.

In een ander droomfragment was Phil weer in de onderzoeksruimte, vergelijkbaar met de kamer van een dokter. Hij herinnerde zich veel wit en wist dat de kamer zeer steriel was. Toen stak iemand een lange stalen sonde in zijn borstkas net boven zijn linkerborst. Het ging door de huid, maar hij kon zich niet herinneren iets te voelen. Hij wist niet of ze er iets instopten of eruit haalden. Toen ontdekte Phil dat hij niet alleen was in de kamer. Hij zag een andere jonge man van ongeveer zijn leeftijd die bijna hysterisch werd in afwachting van de procedure die ze op hem gingen uitvoeren. De man dacht dat het pijn zou doen, en Phil keek naar zijn gezicht om zijn reactie te zien toen de sonde zijn borstkas in ging. De jonge man kalmeerde en zijn uitdrukking leek bijna op plezier in plaats van pijn of angst. Phil dacht dat ze misschien de suggestie hadden gewekt dat hij zich goed zou voelen om hem te kalmeren. Deze droom verwarde Phil.

Toen trok Phil zijn shirt omhoog en we onderzochten het gebied op zijn borst. Er was wederom geen litteken of enige aanwijzing dat er iets met hem was gebeurd. Waren dit alleen dromen of stukjes van echte herinneringen?

Blijkbaar werden er veel fysieke dingen gedaan tijdens de onderzoeken en tests op het schip. De paradox was dat hoewel zijn onderbewustzijn in dromen stukjes losliet, het tegelijkertijd de toegang tot meer informatie blokkeerde.

Hoofdstuk 23
Toegangsverbod

Na het gesprek startten we de sessie. Ik was van plan de droom over de metalen sonde die in zijn borst ging te onderzoeken. Ik wilde ook de zwarte doos terugzoeken tot in de tijd waarin hij hem blijkbaar had gebouwd en op het schip had achtergelaten zodat zijn toekomstige incarnatie Phil hem kon vinden. Dit waren de doelstellingen, maar hoewel Phil deze dingen wilde onderzoeken (of blijkbaar dacht dat hij het wilde), was zijn onderbewustzijn deze keer niet zo bereid om mee te werken.

Toen Phil in de bekende trance ging kwam hij een soort barrière tegen. De entiteiten of wie deze sessies dan ook beheert, lieten weten dat ze Phil niet zouden toestaan enige gebeurtenis die met zijn huidige leven te maken had te onderzoeken. Ze waren zich bewust van de beroering waar zijn bewuste geest doorheen ging en de pogingen ervan om deze onthullingen aan te passen aan zijn versie van de werkelijkheid, de problemen die hij had om de informatie te integreren in zijn normale dagelijkse leven. Totdat deze strijd was opgelost, werd besloten dat wij deze gebeurtenissen niet meer verder mochten onderzoeken. Daarom werd de toegang geweigerd. Maar ze stemden wel toe vragen te beantwoorden, zo lang deze niet over deze persoonlijke ervaringen gingen.

P: We delen je zorg voor het voertuig, want hij is één van ons. En we zullen hem niet toestaan iets te ervaren dat schadelijk zou zijn voor degene die voor zo'n lastige missie heeft gekozen. We kijken met veel interesse toe. Want hij heeft, in onze visie, misschien wel de gevaarlijkste missie gekozen die je kunt kiezen, en toch heeft hij het best goed gedaan. Hij heeft letterlijk het risico gelopen zichzelf volledig te verliezen. Hij staat er op dit moment alleen voor, zogezegd. Afgesneden van wat velen zouden ervaren om hen te begeleiden en te beschermen. Hij heeft er echter voor gekozen om er alleen in te gaan om zijn toewijding aan het doel en loyaliteit te bewijzen. En dus zijn we heel beschermend en staan hem niet toe zichzelf te beschadigen of anderen om hem schade te berokkenen.

D: *Ja, en jullie weten dat ik ook altijd dat doel voor ogen heb.*

P: Dat klopt. Daarom hebben meegewerkt aan deze uitdaging, zo lang jij degene bent met wie hij samenwerkt, want jouw zorg is terecht en oprecht.

D: *Er is iets dat ik niet begrijp. Jullie zeiden dat hij alleen is. Ik dacht dat onze beschermengelen en gidsen er altijd zijn om ons te helpen. Dat we niet terug zouden gaan naar de aarde zonder die hulp.*

P: Er worden ervaringen gegeven die iemands leven richting geven. Ervaringen die de entiteit terugleiden naar zijn oorspronkelijke doel, om hem voorzichtig terug te leiden op de juiste weg wanneer hij hier misschien van is afgeweken. Op dit moment ondergaat het voertuig voorbereidingen voor wat we een "kentering" in bewustzijn zouden willen noemen. Naar een hoger, meer verfijnd niveau van communicatie met de entiteiten en energieën waarmee hij een eeuwigheid lang heeft gewerkt om deze planeet te helpen. Er zijn vele, vele voorbereidingen gedaan om deze uitwisseling van bewustzijn mogelijk te maken. Want het is niet alleen eenzijdig geven of nemen. Het gaat om een tweezijdige verschuiving van bewustzijn. Het verwisselen van plaats, zodat de een de ander wordt. De reis is zowel figuurlijk als letterlijk, omdat er een vervanging zal worden gegeven om deze verandering van bewustzijn mogelijk te maken. De spirituele reis gaat om het oprekken van de vermogens tot een sfeer die, tenminste uit een fysiek oogpunt, nog nooit is bereikt. Er zijn natuurlijk veel dimensies die hier niet worden genoemd die ook geraakt zullen worden. Het zou echter gezegd kunnen worden dat deze reis een soort diplomering is, van alles wat hiervoor is voorbereid. En toch is het tegelijkertijd natuurlijk een nieuw begin. Een nieuw hoofdstuk.

D: *Heeft dit invloed op het leven van het voertuig?*

P: Dat klopt. Op emotioneel niveau zal er een bewustzijnsverandering plaatsvinden, niet alleen van zichzelf, maar ook van anderen.

D: *Ik vraag me af wat voor invloed het zou hebben op zijn dagelijks leven.*

P: We zouden zeggen dat het veel beter wordt.

D: *Bij één van zijn ervaringen – nou ja, eigenlijk twee – werd hem een zwarte doos getoond toen hij aan boord van een van die schepen was. Kun je me iets vertellen over die zwarte doos?*

P: Misschien. Het werd hem op dat moment getoond als een teken van, niet alleen van zijn afkomst, maar van de weg die hij binnenkort zou inslaan. Er was toen een kruispunt, een keuze uit verschillende opties in zijn leven. Hij kreeg deze ervaring zodat hij van binnen de informatie kon vinden en in zich op kon nemen die beschikbaar was voor hem. En zodat hij zo, via zijn hogere bewustzijn, datgene kon kiezen dat het meest geschikt was voor het beroep en de verantwoordelijkheden die hij in dit leven heeft gekozen. Dit was een samenkomst van dat wat was bereikt met dat wat nog bereikt moet worden. Deze ervaring met de doos was alleen een katalysator voor deze opname en beslissing. Het was gewoon een verbinding tussen het verleden, het heden en de toekomst.

D: *Dus op de momenten dat hij de doos kreeg te zien bevond hij zich op een kruispunt in zijn leven?*

P: Dat klopt, vanuit een zeker oogpunt. Echter niet letterlijk.

D: *Hij zei dat de doos hem bekend voorkwam.*

P: Ja, de herkomst van de doos was verbonden met zijn eigen herkomst.

D: *Zit er iets in de doos?*

P: Ja, zowel letterlijk als figuurlijk. De doos bevat informatie, en er is ook letterlijke informatie beschreven in en op de doos.

D: *Maar hij wist niet hoe hij hem open moest maken.*

P: Dat klopt. Dat is een ingebouwde veiligheidsclausule. De sleutel bevindt zich in zijn eigen geest. De sleutel is geestelijk en hij heeft geen toegang tot de informatie in de doos in zijn bewuste realiteit totdat hij de juist fase van volwassenheid of spirituele ontwikkeling heeft bereikt.

D: *Zal hij op een zeker moment in staat zijn die doos open te maken?*

P: Ja, dat is zijn lot. Of een deel van zijn gekozen lotsbestemming. Op het moment dat zijn ervaring het niveau bereikt waarop hij de informatie uit de doos niet alleen kan begrijpen, maar ook in zich opnemen, dan zal deze worden vrijgegeven. De ervaring is wederom een soort katalysator, die is gegeven om te bevestigen wat is geweest en te laten zien wat weer kan zijn.

D: Hij merkte een keer op dat hij dacht dat hij de doos had gemaakt.
P: Dat klopt.
D: Kun je naar de tijd gaan waarin de doos werd gemaakt?
P: Dat kan niet worden vrijgegeven.
D: Dus we mogen niet naar die tijd gaan?
P: Dat klopt.
D: Oké, dat respecteer ik. Ik dacht erover na want die doos is een raadsel voor mij.
P: Het is ook zeker en echt een raadsel voor hem. In de zin dat hij hem niet kon begrijpen toen hij hem zag. Er is een referentiekader nodig, en de ervaringen die een volledig begrip van dat wat is geweest en dat wat zal zijn moeten worden gegeven.
D: Als dat gebeurt, zal hij er klaar voor zijn.
P: Dat klopt. We zouden zeggen dat het fysieke uiterlijk een klein object was, misschien rechthoekig van vorm en bijna zwart van kleur. Het was gemaakt van een natuurlijk element, een soort steen die gevonden kan worden in een gebied dat hij heel goed kent.
D: Komt het van de aarde?
P: Dat kunnen we niet zeggen. Dat is alle informatie over de doos die je op dit moment kunt krijgen.

De deur over dat onderwerp was gesloten. Met die weg afgesloten, besloot ik over andere dingen te gaan vragen.

D: Mag ik wel algemene informatie ontvangen over deze buitenaardsen?
P: Dat klopt, zolang je niet het gevoelige gebied van zijn eigen persoonlijke ervaringen binnengaat. Het is tijd dat deze informatie meer wordt uitgewerkt en onderzocht en begrepen door anderen.

Ik begon mijn vragen met twee onderwerpen die ik interessant vond, en die Phils eigen ervaringen naar voren hadden gebracht.

D: *Wat is het meest voorkomende soort wezen dat onze aarde op dit moment bezoekt, een fysiek, buitenaards wezen?*

Ik wilde niet in een discussie terechtkomen over energiewezens of geestelijke wezens.

P: We zouden zeggen dat de menselijke subgroep van ... we kunnen geen vertaling vinden; er zijn echter subgroepen binnen de algemene menselijke categorie. Er zijn er veel die hetzelfde zijn als jullie fysieke lichamen. Het inzaaien op jullie planeet was van dien aard. En toch zijn er verre verwanten, die echter heel onconventioneel zijn volgens jullie normen. Dit type, de verre neef, is het meer aanwezige bezoekerstype. De androïden, zoals jullie hen noemen, zijn slechts arbeiders die zich vrijwillig hebben opgegeven voor deze missie. Ze zijn weggegaan uit het gebied waarin ze zijn geprogrammeerd om vrijwillig hun diensten aan te bieden voor deze onderneming. We aarzelen om het woord "experiment" te gebruiken, want de uitkomst is al voorspeld en bekend. We willen echter geen "missie" zeggen, want het grootste deel van het werk ... We denken dat we dit gesprek moeten beëindigen, want er ontstaat een misverstand over de bedoeling van de ingeslagen weg. De gegeven informatie is foutief geïnterpreteerd als agressief en niet behulpzaam. We willen niet het idee promoten dat we als veroveraars komen, maar als helpers.

D: *Je zei dat de uitkomst al bekend was. Wat bedoel je?*

P: De uiteindelijke uitkomst, niet de individuele en persoonlijke uitkomst die ieder van jullie op jullie eigen manier moet maken.

D: *Wat is de uiteindelijke uitkomst?*

P: Het verheffen van het menselijk ras tot een universeel bewustzijnsniveau. Tot broeders van de sterrenmensen, en geen ondergeschikten.

D: *Hoe zien die wezens, de menselijke of de androïden, eruit?*

P: Degenen die je hebt beschreven als grijs en klein zijn typerend. De ogen zijn natuurlijk het meest opvallende gezichtskenmerk, simpelweg omdat zij het communicatiemiddel zijn.

D: *Werken hun ogen hetzelfde als menselijke ogen?*

P: Op een bepaalde manier. Ze zien, echter verzamelen ze veel meer van wat jullie het zichtbare lichtspectrum zouden noemen, ook het infrarode en ultraviolette spectrum.
D: Hebben hun ogen pupillen en werken ze op dezelfde manier als die van ons?
P: Niet in de zin dat ze focussen en licht opvangen. In die zin zijn ze anders. Ze ontvangen wel, maar hun manier van ontvangen is gebaseerd op een ander principe.
D: Hebben hun ogen oogleden?
P: Niet in de zin dat ze bedekken, niet zoals die van jullie doen.
D: Hebben ze eenzelfde soort ademhalingssysteem?
P: We zouden zeggen dat ze vergelijkbaar zijn, alleen worden ze gebruikt om te analyseren, niet om te verteren of te beluchten.
D: Nemen deze mensen enige vorm van levensonderhoud tot zich?
P: Ze hebben geen fysiek levensonderhoud nodig. Het zijn energiewezens die kunnen leven op pure mentale energie. Dat is genoeg.
D: Dus ze consumeren niets, zoals een mens?
P: Niet in die vieze fysieke zin.
D: Kunnen ze dingen tot zich nemen via osmose?
P: Er is opname. Er is analyse van bestanddelen, en misschien het herstellen van bepaalde afwijkingen die optreden. Als levensonderhoud halen ze echter meer energie uit energiebronnen dan uit spijsverterings- of ademhalingssystemen.
D: Van wat voor soort energie leven ze? Bedoel je elementen die zich in de atmosfeer bevinden?
P: Levensonderhoud van mentale energie.
D: Leven ze op emoties?
P: Ze hebben geen emoties. Het zijn androïden die geen emoties hebben, maar reageren op mentale energie.
D: Ik bedoel, zouden ze leven op emoties die anderen uiten.
P: Het zou ze beïnvloeden, maar ze zouden er niet van kunnen leven.
D: Hoe worden deze wezens gemaakt?
P: Dit proces wordt uitgevoerd door het centrale deel van de planeet dat de regerende energieën huisvest. Net zoiets als de provincie of misschien staat waar jullie politieke systeem heerst. Het proces omvat het mixen van energieën, zowel fysiek als mentaal, zodat het fysieke omhulsel mentale vermogens krijgt. Geen mentale

identiteit echter, maar mentale vermogens die de fysieke schepping in staat stellen te reageren op mentale stimulatie.

D: *Worden ze gekloond, op de een of andere manier geproduceerd, of door iemand anders gemaakt?*

P: Allebei, in de zin dat de mentale energie door levenskracht wordt gegeven. Maar ze worden ook in zekere zin geproduceerd omdat het proces meer op in elkaar zetten lijkt dan op groei. Het zijn elementen of machines. Je kunt echter niet zeggen dat er geen levenskracht in deze eenheden zit. Deze androïden reageren op jullie mentale energie, maar nemen opdrachten aan of zijn dienstbaar aan degenen die die specifieke operatie leiden waarin ze zich bevinden. Het zijn dienaren.

D: *Vinden er genetische experimenten tussen mensen en androïden plaats?*

P: Nee. Want androïden planten zich niet voort. Ze zijn niet zelfvoorzienend van aard. Het zijn simpelweg creaties die, door middel van een bindingsproces, een levenskracht krijgen die reageert op en empathisch is tegenover de levenskracht waar ze mee in contact komen. Ze planten zich echter niet voort.

D: *Hoe communiceren androïden met wezens op de planeet aarde?*

P: We willen duidelijk maken dat ze niet communiceren met jullie aardlingen maar met degenen die hun superieuren zijn.

D: *Wie zijn hun superieuren?*

P: Degenen die verantwoordelijk zijn voor de specifieke missie waarin interactie plaatsvindt. Er zijn echter bewustzijnselementen die daar ver bovenuit gaan. Het is alsof de meesters van het universum deze ondergeschikten op weg sturen om deel te nemen aan welke missie dan ook nodig is en vervolgens terug rapporteren. Het lijkt erg op jullie militaire systeem.

D: *Dus de androïden communiceren niet met de mensen op aarde?*

P: Niet in de zin dat ze leidinggeven. Dat wil zeggen, een mens kan de operatie niet leiden. De androïden reageren wel op menselijke emotie, maar niet zo dat ze interactie hebben met de geest.

D: *Begrijpen ze menselijke emoties?*

P: Dat klopt. Ze zijn empathisch.

D: *Hebben deze wezens last van kwalen die hun levensduur beperken?*

P: Geen enkele die we zouden kunnen bedenken. Sommige kunnen echter, in de juiste context, verzwakken. Geen enkele echter die jullie zouden kunnen huisvesten.

D: *Betekent dat dat ze het eeuwige leven hebben?*

P: Nee, want de lichamen worden verborgen als ze geen nut meer hebben.

D: *Zijn er nog andere wezens op dit schip met deze androïden?*

P: Zeker. Er zijn er vele met verschillende vormen. Dat hoeft echter niet per se.

D: *Zijn het wezens die meer op ons lijken? Die levensonderhoud nodig hebben etc.?*

P: Dat klopt.

D: *Hoe zien de meest voorkomende wezens die deze androïden begeleiden eruit?*

P: Zij lijken ook op mensen, maar blijven toch vaak ongezien. Ze zien maar worden niet gezien. Ze zijn niet direct zichtbaar voor degenen die aan boord worden genomen.

D: *Bedoel je dat ze zich meestal niet aan de mensen laten zien?*

P: Dat klopt.

D: *Als ze levensonderhoud tot zich nemen, wat voor soort is dat dan?*

P: Ze krijgen elementen en mineralen in vloeibare vorm die ze nodig hebben voor hun lichaamsfuncties.

D: *Dus niet in de vorm van vast voedsel zoals wij het kennen?*

P: Niet dat er geen vast voedsel wordt gegeven. Maar het is niet hetzelfde als waar jullie jezelf mee onderhouden.

D: *Hebben grote aantallen inwoners van de aarde een vorm van contact of communicatie met deze dingen?*

P: Ja, er zijn er veel die zich vrijwillig hebben aangemeld hiervoor.

D: *Waarom nemen deze wezens mensen mee aan boord van die schepen? Wat is het doel daarvan?*

P: We willen dat je begrijpt dat jullie aanwezigheid op deze planeet niet, zoals sommigen denken, toeval was. Het was ook niet, zoals anderen denken, zoals in wat jullie de Bijbel noemen staat beschreven. Dat wil zeggen, dat God de mens naar zijn evenbeeld heeft geschapen, zoals eruit wordt begrepen vanuit een nogal fundamentalistisch oogpunt. We willen dat je begrijpt dat het bestaan van de mens op deze planeet werd gegeven door degenen die nu terugkeren om de vruchten van hun werk te bekijken, zoals je zou kunnen zeggen.

D: *Ik vroeg me af waarom de bezoeken nog steeds plaatsvinden.*

P: Er moet een thuisplaneet worden gegeven aan degenen die ervoor kiezen op een andere plek te starten, en niet deel te nemen aan de uiteindelijke verheffing van deze planeet aarde. Daarom is het nodig de biologische staat te begrijpen van deze voertuigen die ervoor kiezen te migreren, zodat die andere planeet niet besmet wordt met wat oorspronkelijk van deze planeet komt. Degenen die ervoor kiezen om te gaan worden zorgvuldig geselecteerd en onderzocht, zodat er geen genetische of biologische afwijkingen bij die bevolking worden geïntroduceerd. Het is de wens om alleen degenen die het meest geschikt zijn te transporteren, zodat het ras dat daaruit evolueert zoveel mogelijk vrij van gebreken is. Er zijn veel genetische mankementen in jullie menselijk DNA waarvoor je alleen maar om je heen hoeft te kijken om ze te herkennen, zoals mentale en fysieke misvormingen. Dat zou niet wenselijk zijn. Deze entiteit, Phil, is gekozen om mee te doen in dit project. Hij was zelf, in een andere tijd op een andere planeet, degene die experimenteerde, ten opzichte van degene waarop geëxperimenteerd werd. Hij heeft er nu voor gekozen zichzelf in deze positie te brengen, zodat hij die ervaring vanuit een ander gezichtspunt kan begrijpen.

D: *De rollen omdraaien is wel zo eerlijk, in andere woorden.*

P: Dat klopt.

D: *Er is gezegd dat er ruimteschepen klaar zullen staan om een aantal overlevenden van onze planeet af te halen als we onze atoombommen zouden gebruiken. Kun je ons daar iets over vertellen?*

P: We zouden zeggen dat als het scenario dat jij beschrijft werkelijkheid zou worden, dan zouden sommigen de keuze krijgen om naar een andere planeet te gaan. Deze keuze wordt ook aangeboden bij de aankomende verschuiving van de aarde. Op dit moment bevindt de nieuwe planeet zich nog in een niet zo perfecte staat. Hij is echter prima in staat om het leven te onderhouden van degenen die ervoor kiezen om erheen te gaan. Sommigen zullen ervoor kiezen om te blijven en te zorgen voor wat er overblijft, of te proberen dat wat op deze planeet is opnieuw op te starten of op te bouwen. De keuze zou worden gegeven en zou volledig vrijwillig zijn voor elk individu. Net zoals jullie planeet werd ingezaaid, verzorgd en eeuwenlang in de gaten gehouden, heeft een andere planeet zijn status van levensvatbaarheid ontvangen en is klaar om bewoond te worden. Jullie lichamen zijn verenigbaar met de planeet en worden voorbereid als het nieuwe ras. De geschiedenis herhaalt zich gewoon in een continu proces. Terwijl jullie planeet zijn doodsstrijd aangaat en zich klaarmaakt voor drastische traumatische veranderingen, wordt een andere, nieuwe, frisse en nog niet verpeste planeet klaargemaakt voor degenen die de reis willen maken. Deze is zoals die van jullie ooit was, ongerept en onbezoedeld. Bij de aankomende opschudding zullen velen niet overleven en anderen zullen ergens anders naartoe willen gaan. Hopelijk worden op die wereld niet dezelfde fouten gemaakt.

D: *Als iemand ervoor kiest om naar de andere planeet te gaan, gaan ze dan met het lichaam dat ze hebben, of worden ze veranderd?*
P: Dat klopt. Het zou een fysiek, driedimensionaal massatransport zijn.
D: *Worden er dan ruimteschepen gebruikt voor het transport?*
P: Dat klopt.
D: *Die planeet waar je het over hebt, bevindt die zich in ons zonnestelsel?*
P: Niet in het zonnestelsel, maar in het melkwegstelsel.
D: *Lijkt hij op de aarde?*
P: In sommige opzichten wel ja. In veel opzichten niet. Er zou een gewenningsperiode nodig zijn voor onze lichamen, die gewend zijn geraakt aan de energie van deze planeet, om zich af te stemmen op die nieuwe energie. Mensen zouden zich gedesoriënteerd voelen en een tijdje melancholisch. De energie op die planeet zou uiteindelijk echter de onevenwichtigheden die zijn overgebleven van de energie van deze planeet helen. Die planeet zou veel ontvankelijker zijn voor jullie menselijke levensvorm dan deze planeet.
D: *Is die planeet nu bewoond?*
P: Niet door mensen van jullie ras op dit moment. Er zijn echter wezens die meer bewaarders of bouwers zijn die er nog werken om hem voor te bereiden voor degenen onder jullie die ervoor

zouden kiezen om hem te bewonen. Hij wordt niet bewoon, maar wel bevolkt. Hij is niet massaal bevolkt, maar dat kan op elk moment.
D: *Je zei dat er wat verschillen waren. Hoe is die planeet anders?*
P: Er zijn energieën op die planeet die er niet zijn op deze planeet. Het heeft te maken met de energiestromen die door de universa stromen. Die planeet bevindt zich in een andere energiestroom.
D: *Heeft de planeet een naam?*
P: De naam van deze planeet heeft op dit moment geen vertaling. In de spirituele werkelijkheid wordt er echter een trilling aan gegeven. Jullie zelf, degenen onder jullie die ervoor zullen kiezen de planeet te bewonen, zullen de verantwoordelijkheid krijgen een naam te kiezen gebaseerd op de ervaringen voor de migratie en die op de planeet op dat moment. We zijn niet zo zelfingenomen om deze naam vooraf al te geven terwijl degenen die de ware erfgenamen van de planeet zijn nog geen besluit hebben genomen.
D: *Zijn er fysieke topografische verschillen tussen die planeet en onze planeet?*
P: Ja. De gebieden die op dit moment het meest geschikt zijn voor bewoning lijken op de vlaktes in het middenwesten van Amerika. De planeet zelf is een beetje onbestendig, hij is nog niet klaar met groeien en is een wat onvolwassen planeet. Hij is echter zeer geschikt om leven zoals jullie het kennen in jullie levensvormen te onderhouden. En ja, dieren kunnen ook mee. De planeet zou dierlijk leven ondersteunen.
D: *Als we ervoor kiezen om naar die planeet te gaan, zullen we ons dan herinneren dat we de aarde hebben verlaten?*
P: Zeker. Er zal geen bewustzijnsverlies zijn. Alleen degenen die het meest productief zullen zijn op die planeet zullen echter toestemming krijgen om te migreren. Degenen die iets misdadigs mee zouden nemen, worden niet toegelaten. Alleen degenen van het hoogste niveau zullen mogen transmigreren.
D: *Dus er zijn bepaalde beperkingen.*
P: Dat klopt.
D: *Zouden degenen die achterblijven en er niet voor kiezen om naar die andere planeet te gaan de boel min of meer bij elkaar rapen en het opnieuw opbouwen zoals het was? Of zouden ze iets anders willen maken?*

P: Sommigen zullen ervoor kiezen om op deze planeet te blijven om zogezegd de rotzooi op te ruimen en opnieuw te beginnen. Zij zullen op vele manieren worden geholpen door de buitenaardsen. De lichtwezens zouden ook blijven om de achterblijvers te helpen, om een betere eenheid van geest, lichaam en ziel te bewerkstelligen in de omgeving die ze aantreffen. Er kunnen veel versterkende lessen worden geleerd door hier te blijven. Degenen die ervoor kiezen te vertrekken, zullen een nieuwe beschaving starten op een andere planeet. Neven van degenen die achterblijven.

D: *Zijn er ook kwalificaties voor degenen die achterblijven?*

P: De individuen nemen zelf de beslissing of ze blijven of niet. De kwalificaties zijn simpelweg fysiek in staat zijn te overleven. Er zal geen gedwongen transmigratie plaatsvinden. De keus ligt gewoon bij het individu. Die tijd zal een beproeving zijn. Niet voor de teerhartigen.

D: *Blijft die planeet beschikbaar ook als er niets gebeurt met de aarde?*

P: Dat klopt.

D: *In wat voor milieu zouden mensen op die planeet leven?*

P: Ze zouden technologie ontvangen die het mogelijk maakt steden en gemeenschappen te bouwen zoals jullie die hier kennen. Ze zouden echter ook extra technologie en ideeën ontvangen die een meer volmaakte sociale structuur mogelijk maken, vrij van de vooroordelen en belemmeringen die je nu in jullie gemeenschappen vindt.

Ik voelde weerstand om dit thuis helemaal op te geven, onze wereld, zelfs als er zo'n perfecte planeet bestond.

D: *Kunnen we uiteindelijk een schip maken dat mensen heen en weer brengt naar deze twee planeten?*

P: Jullie technologie hoeft dit niet te proberen, want jullie hebben nog niet het punt bereikt dat dit kan. Het vermogen om het te doen is er al. Het is echter niet jullie technologie die dit mogelijk maakt.

D: *Zullen deze mensen die ervoor kiezen om daarheen te gaan toestemming te krijgen om heen en weer te reizen? Om terug te* gaan naar de aarde en tussen deze twee planeten heen en weer te reizen?

P: Sommigen zullen pendelvoertuigen hebben. Ze nemen mee wat ze hebben geleerd op de nieuwe planeet en brengen dit terug naar deze oude planeet, en delen de kennis.

D: Zal er telepathische communicatie plaatsvinden met deze nieuwe wereld?

P: Er zal communicatie zijn. De telepathische aard van de communicatie ligt echter volledig bij de betrokken individuen. Degenen die ervoor kiezen zichzelf dat vermogen toe te staan zullen les krijgen in hoe ze dit vermogen kunnen verbeteren, en hoe ze het kunnen gebruiken. Uiteindelijk zal de hele bevolking op een telepathisch niveau zijn, want dit is universeel.

D: Kun je ons iets vertellen over degenen die de aardlingen gaan helpen bij dit transport?

P: Dat zijn, zoals eerder gezegd, de Helpers. Degenen met een geestelijk hoog niveau, die nu al helpen met het richten van de energie van jullie planeet, om hopelijk zelfvernietiging te voorkomen. Het zijn degenen die de monsters nemen en de ontvoeringen doen, zoals jullie het noemen. Zij hebben zelf in het verleden de vernietiging van hun planeet op een gelijkaardige manier meegemaakt, en de daaropvolgende migratie naar een andere planeet. Ze zijn zeer geschikt om te helpen, omdat ze persoonlijke ervaring hebben vanuit de gebeurtenissen die op hun planeet plaatsvonden. Ze hebben zich vrijwillig opgegeven voor deze taak, omdat ze zich goed kunnen inleven in wat er nodig is om een gemeenschap massaal van de ene planeet naar de andere over te brengen. Er zijn veel verschillende soorten helpers bij betrokken. Ze komen niet allemaal van één planeet, maar ze delen allemaal op de een of andere manier de wens om jullie op deze planeet te helpen. Om te helpen jullie bewustzijn te verhogen en het jullie mogelijk te maken om je niet alleen meer van jezelf bewust te zijn, maar ook van degenen om je heen. En om jullie bewust te worden van en contact te hebben met en te delen in de liefde van datgene wat jullie het universum noemen, die Christusgeest of Goddelijke energie waarvan het universum is gemaakt en die zo routinematig wordt ontkend op deze planeet.

D: *Hebben de Plejaden een speciale betekenis in dit verhuisproces waar we het over hadden?*
P: Alleen in de zin dat degenen die helpen van de Plejaden komen. Velen komen uit dit gebied, of zijn inwoners van zonnestels in de Plejaden. De nieuwe thuisplaneet bevindt zich echter niet zelf in dat stelsel.
D: *Dat was mijn volgende vraag. Er wordt gezegd dat sommigen van ons in onze slaap aan boord worden gehaald van ruimteschepen en informatie ontvangen over toekomstige gebeurtenissen. Is dat waar?*
P: Dat klopt. Wanneer een beschaving zo'n dramatische verandering ondergaat als deze, zal er altijd coaching en oefening zijn. Zodat er tijdens het echte transport geen gevoel van totale desoriëntatie ontstaat, maar van voltooiing, van iets dat vele malen eerder is geoefend of gedaan. Dit wordt simpelweg gedaan om degenen die ervoor zouden kiezen om weg te gaan voor te bereiden, om deze overgang zo gemakkelijk mogelijk te maken voor ze. Zodat het idee niet nieuw is, maar heel erg bekend. Dit wordt niet op fysiek niveau gedaan, maar is volledig echt in geestelijke zin. Een oefening, zogezegd. We willen je vragen nu het idee van een schuilplaats te visualiseren. Een gebied waar die individuen die het grootste trauma oplopen door deze verandering die nu plaatsvindt op jullie planeet naartoe kunnen worden gebracht.
D: *Vindt deze verandering al lang plaats?*
P: Niet in chronologische jaren. Er is echter al een eeuwigheid aan gewerkt en voorbereid op het geestelijke niveau.
D: *Het lijkt alsof de seizoenen veranderen. Heeft dat er iets mee te maken?*
P: Dat is een uiting van deze verandering, niet de oorzaak ervan. Een simpele weergave van de realiteit dat deze verandering daadwerkelijk plaatsvindt. Net zoals vele andere veranderingen nu plaatsvinden op veel verschillende niveaus, en zichtbaar zijn voor diegenen die hun aandacht richten op deze verandering.
D: *Heb ik gelijk dat de seizoenen zijn veranderd?*
P: Dat klopt.
D: *Wordt dit veroorzaakt door het verschuiven van de aarde?*
P: Dat klopt.
D: *Vormen de aardbevingen in Californië hier een onderdeel van?*

P: Dat klopt. Er vindt momenteel een verschuiving van tektonische platen plaats op jullie planeet van een stabiele naar een meer veranderlijke situatie. Er is waargenomen dat er jullie tektonische platen meer zijn gaan bewegen. Dit komt doordat het elektromagnetische veld om jullie planeet in beweging is. Hierdoor probeert het ijzer in de aardkorst zichzelf opnieuw af te stemmen op deze nieuwe elektromagnetische positie. De platen volgen de nieuwe bewegingen.

D: *Dus het heeft iets te maken met het ijzer?*

P: De aardkorst zelf reageert een beetje op de magnetische eigenschappen van het elektromagnetische veld om jullie planeet. Het is alsof deze platen een beetje magnetisch zijn ten opzichte van deze elektromagnetische velden en proberen zich hier opnieuw op af te stemmen. Het is net als ijzervijlsel dat een magneet volgt dat onder een stuk papier ligt. Zoals wij het zien, is de theorie van de dynamiek van de tektonische platen op dit moment gebaseerd op de rotatie van de aarde. Dit klopt niet helemaal aangezien de aardkorst probeert zichzelf af te stemmen op deze magnetische velden. Deze beweging in de magnetische velden veroorzaakt het verschuiven van de platen, en niet de stand van de polen.

D: *In de loop van de tijd zijn er veel gevallen van verminking van vee geweest die zijn toegeschreven aan UFO-activiteit of mogelijk aan buitenaardsen. Als dit waar is, waarom wordt dit dan gedaan? Aangezien er zoveel gevallen zijn, lijkt het meer op een veeteelt operatie dan op een onderzoeks operatie.*

P: We willen zeggen dat dit in vele gevallen gewoon het werk van individuen was die door het misbruiken van hun eigen energie een behoefte hebben ontwikkeld om opwinding te creëren, en slechts simpele vertoningen hiervan waren. Dat wil echter niet zeggen dat alle verminkingen hierdoor veroorzaakt waren. Bij een deel van deze gevallen waren buitenaardsen betrokken. In deze gevallen waren de verminkingen experimenten om een beter begrip te krijgen van hoe deze dieren biologisch en immunologisch in elkaar zitten. Op dit moment wordt getest of bepaalde dieren geschikt zijn om te migreren of transporteren, om de inzaaiplaneet die nu wordt voorbereid te bevolken. Deze zijn echter in de minderheid.

D: Dus ze bereiden niet alleen mensen voor, ze bereiden ook de voedselbronnen voor die ze nodig hebben. Is dat wat je bedoelt?
P: Niet zozeer voorbereiden. Maar meer proberen de soorten die het meest geschikt zijn beter te begrijpen. Oftewel, om de bronnen die nu beschikbaar zijn op jullie planeet een beetje te veranderen tot een hoger niveau zodat ze beter passen op die andere planeet.
D: Op de nieuwe planeet eten ze toch zeker geen vlees, of wel?
P: Sommigen zullen vooral onderhouden worden door vlees.
D: We gaan onze gewoontes niet helemaal veranderen. (Lacht) Ik ben benieuwd of de buitenaardsen genetisch iets met ons doen. Worden er genetische versnellingstechnieken gebruikt?
P: We hebben het gevoel dat je in menselijke termen spreekt. Dat wil zeggen, met betrekking tot jullie fysieke menselijke lichamen. We kunnen zeggen dat er wordt geprobeerd om een perfecter menselijk lichaam te creëren, in eerste instantie wat betreft immuunreacties op ziekte en weerstand tegen ziekte. Zodat er mensen zullen zijn, of misschien DNA, of uiteindelijk menselijke lichamen die zeer resistent zijn tegen de meeste ziektes die er nu zijn op jullie planeet. De bedoeling van deze genetische ingreep is in wezen om een perfecter menselijk lichaam te creëren, zodat de geest, als deze een hoger bewustzijn heeft, deze beter kan vertalen naar deze perfectere lichamen. Een perfectere geest vereist een perfecter lichaam.
D: Dus op deze manier helpen ze eigenlijk meer dan dat ze kwaad doen, toch?
P: Inderdaad. Er is geen enkele bedoeling om kwaad te doen. Om jullie menselijk ras te perfectioneren, dat wil zeggen jullie fysieke menselijke lichamen, is het nodig om deze te bestuderen en monsters te nemen. Er wordt hier moeite gestoken in het maken van een perfect menselijk voertuig. Zodat de verzwakkende ouderdomskwalen en geestelijke achteruitgang, en alle vormen van ziekte worden uitgeroeid. Het is noodzakelijk de menselijke anatomie van zo dichtbij te bestuderen om de mechanismes beter te begrijpen die deze verzwakkende uitingen veroorzaken. Het doel is een perfect menselijk voertuig te creëren. Zodat degenen die op die andere planeet wonen deze genetisch superieure lichamen of voertuigen dan zullen gaan voortplanten.

D: *Wat is het doel van het hebben van een superieur lichaam? Ik dacht dat ons belangrijkste doel was om onze geest te verheffen.*
P: Dat klopt. Maar zou je een minder of slechter voertuig willen bewonen, in tegenstelling tot een superieure?
D: *Maakt het iets uit als de geest hier toch maar tijdelijk is?*
P: Zeker. Want het vermogen om het werk te doen dat jouw geest heeft voorgeschreven wordt direct beïnvloed door het vermogen van jouw voertuig om dat werk te doen.
D: *Ik werk met andere mensen die dit soort ufo-ervaringen hebben gehad. Zal het ook moeilijk zijn om bij hun informatie te komen?*
P: De informatie is gewoon moeilijk te bereiken door de vluchtige aard van de betrokken personen. De informatie ligt begraven onder de zeer verstorende deken van emotioneel trauma die is veroorzaakt door het extreme verbuigen van de bewuste realiteit.
D: *Komt het begraven van de informatie door het onderbewustzijn van de persoon zelf, of doen de wezens iets om ervoor te zorgen dat de informatie zich terugtrekt, zogezegd?*
P: Het is een veiligheidsmaatregel om ervoor te zorgen dat de informatie wordt beschermd tegen manipulatie door het onderbewustzijn. Misschien moeten we hier zeggen dat het onderbewustzijn de interpretatie zo zou veranderen, dat deze aantrekkelijker voorkomt. We zouden de informatie dan moeten herschikken zodat deze correcter zou kunnen worden weergegeven.
D: *Denk je dat de veiligheidsmaatregel ervoor zorgt dat het onderbewustzijn het op een andere manier interpreteert?*
P: Dat klopt. Het wordt op een rationele manier geïnterpreteerd. We zouden willen zeggen dat het begraven van de informatie nodig is, zodat de ervaring niet wordt verstoord en verzwakt door bewust rationaliseren of bewuste rationele gedachtes. Daarom moet het noodzakelijkerwijs worden begraven op een niveau waar het buiten de bewuste geest blijft.
D: *Ik vroeg me af of de wezens een vorm van hypnose gebruiken zoals ik om deze informatie te verbergen.*
P: Je zou het zo kunnen uitleggen. Het is echter een wat ingewikkelder proces omdat het ook over veel geestelijke functies gaat, die nog niet zijn ontdekt in het menselijk bewustzijn. Nog niet in kaart

gebrachte bewustzijnsgebieden die tot nu toe grotendeels onbekend zijn gebleven.

D: *Dus het is ingewikkelder dan we ons bewust zijn. Is het daarom zo moeilijk terug te halen?*

P: Dat klopt.

D: *Het lijkt erop dat er hypnose nodig is om het naar boven te halen. Is daar een reden voor?*

P: De informatie ligt gewoon begraven onder een laag van bewustzijn. En dus moet het worden bereikt op een manier die voorkomt dat het bewustzijn de informatie wijzigt of herschikt. Hypnose is een vorm van directe communicatie met dat wat vaak het "onderbewustzijn" wordt genoemd.

D: *Is de informatie dan juist als deze naar boven komt door deze methode te gebruiken?*

P: Zo goed als mogelijk is met de waarneming van de betrokken persoon. Want wat er wordt verteld is niets anders dan een verslag van wat is waargenomen.

D: *Maar denk je dat ik er redelijk zeker van kan zijn dat het juist is als het zo naar boven komt?*

P: De gegeven informatie wordt misschien gekleurd door het emotionele trauma van een dergelijke ervaring.

D: *Maar de persoon kan het niet echt vervalsen.*

P: Dat hangt wederom af van het morele karakter van het betrokken individu. Want als hij als norm heeft dat informatie niet mag worden afgezwakt of gewijzigd en zo goed mogelijk moet worden gepresenteerd, dan is dat de norm die het individu zal volgen. Er zijn echter mensen die niet zulke sterke normen hebben.

D: *Dus als iemand de neiging heeft om te overdrijven of een verhaal te verzinnen, dan doen ze dat ook onder hypnose.*

P: Dat klopt.

D: *Zouden ze het helemaal zelf verzinnen, of zouden ze alleen wat details veranderen? Ik ben altijd benieuwd hoe ik het verschil kan zien.*

P: Er bestaat misschien geen echte manier om onderscheid te maken tussen complete fantasie en een echte ervaring. De pathologie van de persoonlijkheid van het individu zou de morele normen bepalen die het individu volgt. Je zou dus de complete pathologie van dat individu moeten kennen om te kunnen bepalen in hoeverre hij de informatie heeft gekleurd. De behoefte om te verfraaien zou misschien meer aanwezig kunnen zijn bij een wat minder verfijnde persoonlijkheid. Je kunt echter ook niet zeggen dat alle minder verfijnde persoonlijkheden zouden verfraaien. Het is alleen zo dat de ... (pauze, op zoek naar een woord) aanleg om te verfraaien misschien meer aanwezig zou kunnen zijn bij de minder verfijnde persoonlijkheden.

D: *Ik vroeg me af of er een kans is dat het hele verhaal dat ze me vertellen is verzonnen.*

P: Dat is mogelijk, hoewel het niet vaak voorkomt.

D: *Dus het komt vaker voor dat er een aantal feiten in zitten dan alleen maar verfraaiing.*

P: Dat klopt. Om het misschien als verkeerde waarnemingen te vertellen in plaats van bewuste onwaarheden.

D: *Dus het komt erop neer dat als ze me een verhaal vertellen, ik ervanuit kan gaan dat het is gebaseerd op een zekere mate van juistheid.*

P: Gebaseerd op een waargebeurd feit. Wederom bepaalt de juistheid van het feit echter dat wat wordt vertaald of verteld.

D: *Dat zijn dingen waar ik me zorgen over maak, hoe kan ik het zeker weten als ik met dit soort informatie werk. Maar je zei dat dit soort herinneringen diep in het onderbewustzijn en de psyche zijn begraven om de persoon te beschermen. Daar ben ik het mee eens. Sommige mensen die deze ervaringen met buitenaardsen hebben gehad, beginnen nachtmerries te krijgen. Is daar een reden voor?*

Er volgde een lange pauze en toen opende Phil zijn ogen, waarbij hij onverwacht de trance verbrak. Hij zei gewoon: "Sorry. Ik ben wakker."

Blijkbaar was ik onopzettelijk doorgedrongen in het verboden gebied. Blijkbaar hadden ze mijn andere vragen niet als bedreigend gezien totdat ik onopzettelijk de lijn overschreed naar iets waarvan zij dachten dat het misschien met Phils eigen ervaringen te maken had. Hoewel ik geen verband kon zien, dachten zij blijkbaar dat ik die kant op ging. Het leek erop dat ze de kant die de vragen op gingen niet leuk vonden en weggingen, waarbij ze de trance verbraken. Ze hadden me gewaarschuwd, dus om Phil tegen verdere trauma's te beschermen, waren ze tussenbeide gekomen. Dit is slechts een heel enkele keer voorgekomen in het verleden. Als dit gebeurt, kan Phil niet zelf verdergaan. Hij heeft geen bewuste antwoorden. Dus we weten zeker dat de informatie niet van hem komt, maar eerder via hem.

Hoofdstuk 24
De mysterieuze zwarte doos

Er ging een aantal maanden voorbij, en aangezien ik met vele andere projecten bezig was, verschoof ik Phils ervaringen naar de achtergrond. Ik dacht dat we onder de geldende omstandigheden zo ver waren gegaan als we konden. Phil was blijkbaar de vreemde informatie die verband hield met zijn huidige levenservaringen aan het verwerken en in zich op aan het nemen, want ik had geen enkel telefoontje meer van hem ontvangen. De kwestie van de zwarte doos bleef me achtervolgen en wekte veel nieuwsgierigheid in me op. Ik wilde weten hoe hij kon worden geopend en wat erin zat. Maar ik moest dat project als tijdelijk afgesloten beschouwen. Het leek erop dat dit informatie was waar we geen toegang toe zouden krijgen. Bij mijn methode komt het welzijn van de cliënt altijd op de eerste plaats en ik zou nooit hun mentale of fysieke veiligheid in gevaar brengen alleen maar om mijn eigen nieuwsgierigheid te bevredigen. Het verhaal is het nooit waard dat ik ze in enige situatie dwing waarbij ze zich niet op hun gemak voelen. Dus als het antwoord al zou komen, dan zou het moeten komen wanneer Phil de beslissing zou maken dat hij klaar was om dit verder te onderzoeken.

En zo gingen er maanden voorbij totdat Phil me onverwacht opbelde. Hij had een vreemde droom gehad die de sterke mogelijkheid suggereerde dat hij nog een ontmoeting met buitenaardsen had gehad. Het kwam niet als een verrassing dat hij dacht dat het met de zwarte doos te maken had. Hij wilde weer een sessie houden omdat hij zich slechts flitsen van de droom herinnerde, en hij had sterk de indruk dat er veel belangrijke informatie was gegeven die aan zijn bewuste herinnering ontsnapte. Hij had het gevoel dat het net onder het oppervlak lag en gemakkelijk te bereiken moest zijn. De behoefte om het te weten werd zeer sterk. Hij wist dat hij zich niet zou kunnen ontspannen totdat hij had ontdekt waar het allemaal over ging. We spraken af de volgende dag een sessie te houden, omdat hij het gevoel had dat hoe langer hij wachtte, hoe ongeruster hij zou worden. Toen we elkaar ontmoetten, begon hij me zijn herinneringen aan de droom te vertellen. Hij bevond zich opnieuw aan boord van het ruimteschip, omringd door de kleine grijze wezens, waarbij hun kleine handjes zijn armen en lichaam liefdevol aanraakten. Voor hem stond de blonde piloot die de zwarte doos vasthield. Deze keer kreeg Phil de indruk dat de wezens bezorgd en ongerust waren. De ogen van de piloot straalden urgentie uit, alsof een belangrijk beslissend moment was gearriveerd. Hij had het gevoel dat ze hem aan het aanmoedigen waren, in de hoop dat hij het belang van de doos zou erkennen en uiteindelijk in staat zou zijn de boodschap te ontcijferen. Maar hij wist ook dat het nog geen tijd was, en dat hij het niet kon en de doos gewoon terug zou worden geplaatst in de opslag in het ruimteschip om de juiste tijd af te wachten.

Hij herinnerde zich dat hij hoge verwachtingen en angst voelde toen hij de doos aanpakte en hem in zijn handen hield. Vanaf dat punt was de droom niet meer te ontcijferen. Alles wat hij zich kon herinneren was een verblindende witte lichtflits. Vanaf dat moment werd alles uitgewist, behalve het gevoel van enorme liefde en tevredenheid die van de wezens uitging. Wat er ook was gebeurd, ze waren heel blij voor hem. Hij werd wakker met het gevoel van plezier in zijn bewuste geest, maar met een zeurend gevoel dat er nog iets anders net onder de oppervlakte smeulde. Nadat hij de droom had verteld, kwamen we allebei tot de conclusie dat hij er blijkbaar eindelijk in geslaagd was toegang te krijgen tot de mysterieuze doos. De informatie was blijkbaar vrijgegeven, maar nog niet in zijn bewuste geest aangekomen. Dat was mijn werk, om toegang te krijgen en het naar Phils bewuste herinnering te halen, als de toegang niet opnieuw geweigerd zou worden.

Phil ging gemakkelijk liggen op het bed en de sessie begon. Toen de liftdeuren opengingen, werd hij meteen in dezelfde scène geworpen die hij had beschreven. De wezens stonden om hem heen, met een ongeruste en verwachtingsvolle blik in hun ogen. De piloot gaf hem de doos en wachtte op zijn reactie. Phil bestudeerde hem en beschreef hem als klein, zwart, langwerpig en in de vorm van een doodskist. Hij wist dat hij was gemaakt van een soort steen die niet op aarde voorkwam. De doos kon alleen worden geopend met de juiste mentale trilling van zijn eigen geest. Hij was zo afgestemd op deze trilling, dat hoezeer je je ook concentreerde, de doos niet kon worden geopend totdat het juiste punt van ontwikkeling was bereikt. Het kon dus niet worden vervalst en hij kon niet door iemand anders worden geopend, omdat hij hem zelf had geprogrammeerd. Hij besefte ineens dat de doos zoveel informatie bevatte, dat het onmogelijk zou zijn deze allemaal tot zich te nemen in fysieke vorm. Het geheel was zo diepgaand en enorm dat de menselijke geest het onmogelijk kon bevatten. Hij realiseerde zich dit en wist dat hij alleen toegang kon krijgen tot het kleine deel dat hem zou helpen zijn huidige leven te begrijpen. Dat moest genoeg zijn voor nu.

Toen hij dit begreep, gebeurde er iets geks. Het was alsof hij op een knop had gedrukt. Er kwam een kleine la uit de brede kant van de doos. Hij zag dat er een langwerpige ovale steen in zat die turquoise gloeide. Eindelijk had hij uitgevonden hoe hij de doos moest openen. Maar wat had dit allemaal te maken met een gloeiende steen? Hij kreeg de geestelijke boodschap dat als hij naar het ondoorzichtige oppervlak zou staren, het juiste deel van zijn onderbewustzijn zou worden ontsloten. Zijn herinnering zou worden opgehaald en de informatie zou in zijn bewuste geest naar boven komen.

Ik kreeg rillingen van verwachting. Zouden we eindelijk toegang krijgen tot de verborgen informatie, en wat zou het zijn? Mijn nieuwsgierigheid was hevig en ik hoopte dat de barrière eindelijk zou worden opgeheven. Toen hij in de diepte van de steen staarde, verdween het beeld van de kamer in het ruimteschip en werd vervangen door iets anders.

P: Ik zie een heel fel wit licht. Een heel puur en stralend wit licht dat heel sterk is, net zo wit als elektrisch. Deze energie wordt meestal "Het Witte Beschermingslicht" genoemd. Dit is het witte beschermingslicht. Deze energie heeft geen identiteit, want identiteit heeft op dit niveau geen betekenis. Het heeft echter wat op jullie niveau "bewustzijn" wordt genoemd, of een zeker bewustzijn. Het is de hoogste soort of sterkte energie in het universum.

D: *Spreek ik echt met wat je als het "witte licht" kunt beschouwen?*

Ik ken het idee van het witte licht heel goed, ik plaats het altijd in gedachten als bescherming om mijn cliënten heen als we samenwerken. Zo houd ik negatieve invloeden weg bij mijn sessies.

P: Het is beter om te zeggen dat de energieën van het witte licht communiceren. Deze energie spreekt nu met Philip, want er is een zeer duidelijke boodschap die nu moet worden gegeven. We zullen het vertalen, want het verschil in energie tussen dat niveau en het niveau waarop we spreken kan niet direct vertaald worden. Dus wij zullen vertalen en helpen bij deze communicatie. De informatie is als volgt: we willen zeggen dat je je lessen goed hebt geleerd, zoon. Op dit punt in jouw evolutie wordt er een bewustzijnskanaal geopend die jou in staat stelt directer toegang te krijgen tot die gebieden waar je het meest van verwijderd lijkt. De toegang hiertoe is jou met een reden geweigerd. Er was een moment in een vorig leven – als je het zo wilt noemen- waarin je dit voorrecht hebt misbruikt. Dit deel van jouw bewustzijn werd toen afgesloten, zodat je een gemis zou ervaren, een heel duidelijk gevoel van ontzegging. Dit is gedaan zodat je het gebruik van dit bewustzijn en de kracht ervan meer zou waarderen. Dit heeft veel verdriet en zorg veroorzaakt in deze incarnatie. Zozeer zelfs dat je vaak de wens hebt gehad om terug te keren naar het geestelijke niveau en weer in deze energie te zijn. (Dit was blijkbaar een verwijzing naar de zelfmoordneigingen toen hij jong was). In die periode in jouw vorige leven op een andere planeet, was er een ervaring waarbij deze energie uit balans raakte door misbruik. Deze ervaring heeft ervoor gezorgd dat je voor jezelf de meest geschikte manier hebt gekozen om deze weer in balans te brengen.

D: Heeft hij in een ander leven deze energie op een negatieve manier gebruikt? Was dat waarom hij ervan af werd gesloten?

P: Dat klopt. Het lijkt op een terugval.

D: Jullie zeggen steeds dat er niet zoiets als tijd bestaat, maar ik vraag me af wanneer dat gebeurde?

P: We zullen het in jouw woorden vertalen... ruwweg enkele miljoenen van jullie jaren, hoewel de vergelijking een beetje grof is.

D: Maar moest hij zo lang wachten in vele, vele levens om het recht om deze energie weer te gebruiken terug te verdienen?

P: Dat klopt. We zullen nu vrij over deze gebeurtenis spreken, want dit was een ervaring die nodig was voor de ontwikkeling van dit … we aarzelen om de term "voertuig" te gebruiken, want dat klopt niet helemaal. De samengestelde ervaringen van deze energie (Phil) kan beter worden beschreven als een "fase". Het was dus belangrijk voor deze fase om te ervaren wat hij had veroorzaakt door het misbruik en verwijderen van deze energieën. Dit gebeurde omdat hij had vrijgegeven wat niet vrijgegeven mocht worden. Er was een situatie in die periode waarin hij wilde helpen bij het verheffen van degenen die onder zijn hoede stonden. Er zijn strikte regels in het universum over wat mag worden gegeven en wat niet mag worden gegeven. Deze regels zijn onvoorwaardelijk en mogen niet worden verbroken. Toen hij probeerde te helpen, werden deze regels verbroken en daarmee werd het recht op deze energie verwijderd. De energie waar we het over hebben is die van kennis en informatie en intuïtief inzicht. Deze werden noodzakelijkerwijs verwijderd zodat hij kon begrijpen waarom deze regels nodig zijn. De energie werd simpelweg afgesloten, en zo begon een lang proces van incarnaties, eindigend in deze fysieke incarnatie waarin het voertuig zich nu bevindt. Hij krijgt deze energie nu terug en hij kan het gebruik ervan opnieuw aanleren. Want tijdens de vele incarnaties heeft hij de herinnering hoe je deze energie moet gebruiken langzaam vergeten. En nu is het dus belangrijk en noodzakelijk zijn bewustzijn weer te trainen in het juiste gebruik van deze energie. Deze ervaring is volbracht en heeft het voertuig teruggebracht op het punt waarop hij op de juiste manier gebruik mag maken van deze energie.

D: Gebeurde dit op een andere planeet?
P: Dit gebeurde in een andere dimensie. Niet in dit universum, maar in een fysiek deel van een ander vergelijkbaar universum.
D: Wat voor functie had hij destijds? Jullie zeiden dat hij verantwoordelijkheden had.
P: Hij had vele miljoenen wezens of geïncarneerde individuen onder zijn gezag. Hij was toen een soort systeemvorst.
D: Ik probeer het te begrijpen. Jullie hebben eerder verteld dat er raden waren die over de verschillende universa gingen. Was het zoiets?

P: Niet op universeel niveau, maar op systeemniveau. Een systeem is een sub-eenheid van het universum.
D: Zoiets als een melkwegstelsel of een zonnestelsel?
P: Dat klopt. Een verzameling bewoonde planeten.
D: Had hij toen een fysieke vorm?
P: Dat is niet correct. Een systeemvorst zou zijn verantwoordelijkheden niet in fysieke vorm kunnen uitvoeren. Je moet namelijk het hele systeem overzien, of tegelijkertijd op verschillende plekken in het systeem zijn om te weten wat er in het hele systeem gebeurt. Het bewustzijn moet enorm en divers zijn, verspreid over het systeem, zodat iedereen in het systeem in contact kan zijn met de vorst.
D: Dat betekent dat hij tot een heel hoog niveau was gevorderd, of niet?
P: Dat klopt.
D: Ik probeer het te begrijpen, dus mijn vragen lijken misschien naïef. Er zijn raden voor de universa, en die raden bestaan weer uit vorsten over de verschillende systemen?
P: Er bestaan hiërarchieën die je kunt vergelijken met de regeringsniveaus in jullie wereld. Om te beginnen met mogelijk het laagste niveau – het hoofd van de huishouding. Die vervolgens verantwoordelijkheid aflegt aan het blokhoofd -als zoiets bestond- zoals in vele analoge bestaansvormen. Elk blok heeft iemand die verantwoordelijk is voor de veiligheid en het welzijn van degenen in dat blok. En die, op zijn beurt, verantwoordelijkheid aflegt aan de burgemeester of de stadsraad. Die vervolgens verantwoordelijkheid aflegt aan de provincie en de staat en het landelijk niveau. En dan aan het planetaire niveau, als je wilt.
D: En dan is er één die over een heleboel planeten of over een systeem gaat.
P: Dat klopt.
D: Zou hij dan direct verantwoording moeten afleggen aan de raad, of zit er nog iemand tussen?
P: Er zijn vele raden of veel verschillende niveaus. Het systeem legt verantwoording af aan datgene dat zich daarboven bevindt en zo verder. En degenen die eronder zitten leggen verantwoording af aan het systeem. Het is noch het hoogste, noch het laagste station.

D: *Oftewel, in die tijd had hij veel verantwoordelijkheid en kennis. En door deze te misbruiken, onthulde hij zaken die verboden waren. Klopt dat?*

P: Hij gaf informatie en energie aan een ras in een poging het bewustzijnsniveau van hun planeet omhoog te krijgen. De vorst vond dat het in die situatie zeer juist was om deze informatie te geven. Het was een unieke situatie, waar in zulke gevallen de regels meestal niet van toepassing waren.

D: *Het klinkt alsof hij de juiste redenen had.*

P: Dat klopt, er was geen kwaadaardige bedoeling. De regels werden zo echter verbroken tot ontzetting van de vorst. De informatie werd misbruikt en zorgde ervoor dat de vooruitgang die hij wilde bereiken werd vertraagd.

D: *Dus hij onthulde informatie aan hen waarvan hij dacht dat deze zou helpen bij de vooruitgang, de evolutie.*

P: We zouden niet zozeer informatie zeggen, maar energie. Er zijn veel soorten energie. Er werden specifieke soorten energie gegeven die, indien op de juiste manier gebruikt, zeker het ras vooruit zouden hebben gebracht. Het werk echter niet begrepen en misbruikt. En daardoor werd een terugval van de mensen veroorzaakt.

D: *Kun je iets preciezer zijn over wat voor soort energie het was?*

P: We zouden dit niet kunnen vertalen, want er zijn geen equivalenten in deze ervaringssfeer.

D: *Ik ben benieuwd hoe ze het hebben misbruikt.*

P: Zoals een energie kan worden misbruikt.

D: *Ik denk dat elke energie twee kanten heeft. En zij gebruikten het op de verkeerde manier?*

P: Dat klopt.

D: *Dus door ze de energie te laten gebruiken, gaf hij ze niet de kennis die erbij hoorde.*

P: De evolutie was niet ver genoeg gevorderd om deze energie te kunnen begrijpen. Het was een berekend risico.

D: *Is dit ook niet op onze planeet gebeurd? Ze nemen soms het risico en onthullen dingen voor ons, en onze vrije wil maakt er gebruik van?*

P: Dat klopt, want er zijn regels over welke energie op bepaalde momenten aan bepaalde individuen kan worden gegeven.

D: *Dit was een vergelijkbaar geval, maar hun vrije wil maakte het iets negatiefs.*
P: Dat klopt.
D: *Dan snap ik niet waarom het zijn schuld is.*
P: De regels werden verbroken. De regels gaven aan dat de mensen moesten worden tegengehouden totdat hun evolutie het gebruik van deze energie rechtvaardigde. De energie mocht niet worden gegeven tot de mensen het volledige potentieel ervan konden begrijpen. Dat was niet gebeurd.
D: *Maar blijkbaar hadden ze het op enig moment in de toekomst toch gekregen.*
P: Dat is zeer waarschijnlijk.
D: *Maar uit de verhalen die je me hebt verteld, blijkt dat dat in het verleden ook op aarde is gebeurd. Dingen werden op het verkeerde moment gegeven.*
P: We gaan hier niet tegenin, want het is in het hele universum bekend dat fouten nu eenmaal worden gemaakt.
D: *Maar in dit geval was het min of meer een straf dat hij uit die functie werd ontheven?*
P: We zouden niet straf zeggen, want dat is geen eerlijke weergave van de universele energie. Het individu moest ervaren waarom de regels er waren. En dit werd gedaan door de overtreder van de regels onder de energie te zetten, zodat hij het gebrek aan deze energie kon ervaren. En door de langzame ontwikkeling tot het punt waarop de energie werd teruggegeven, kon hij het geven en afnemen van de energie echt waarderen.
D: *Ik begrijp het. Je noemde het een terugval. In andere woorden, hij viel terug naar een lagere positie.*
P: We willen er geen waardeoordeel aan geven, want in jullie termen heeft "terugval" een negatieve bijbetekenis. Vanuit ons gezichtspunt is het een les of ervaring. Een zeer neutrale noodzakelijkheid die een extra ervaring is voor het individu. Fouten worden op vele niveaus gemaakt. En het begrip dat de wonden van die fout heelt, wordt verworven door wat je een "terugval" zou noemen.
D: *Dit is zo moeilijk te begrijpen, dat zelfs als iemand dat niveau heeft bereikt, het nog steeds mogelijk is fouten te maken en zo achteruit*

te gaan. Dan zijn er vele, misschien duizenden incarnaties nodig geweest om weer op dit punt te komen?
P: We zouden niet zeggen zoveel incarnaties. Een paar honderd is genoeg. De levens die jij hebt gezien en die zijn besproken vormen slechts een klein deel van de breedte aan ervaringen waar deze energie van heeft geleerd. Door diep in zijn ziel te graven heeft hij de beslissing genomen om naar deze planeet te komen in deze aardse vorm. Hij wist dat de ervaring vreemd, moeilijk en eenzaam zou zijn. Daarom wilde hij deze aardse incarnatie verlaten. Het is zo moeilijk voor deze hoge energieën om zich aan te passen omdat ze in de basis onschuldig en puur zijn. Ze zijn meer gewend aan de lichte kant en begrijpen of doorgronden de donkere kant van jullie wereld niet. Het vergt erg veel moed om het licht te verlaten en naar deze donkere wereld te reizen voor de missie, en ze verdienen onze liefde en respect.

D: *Dus nu krijgt hij deze informatie zodat hij kan leren de energie juist te gebruiken als hij deze ontvangt?*
P: De reden hiervoor is dat het nu tijd is om de energie terug te geven en dus moet hij zich bewust zijn van het doel ervan. Want als deze energie gewoon zou verschijnen, zou het lijken alsof het niet echt een doel had. Het zou lijken alsof het gewoon uit het niets kwam. Dus het moet bewust worden gemaakt waarom de energie wordt gegeven. En hij moet zich bewust blijven van de verantwoordelijkheid van het plaatsen van deze energie.

D: *Zo kan hij hem wijs gebruiken.*
P: Dat klopt. Dit is in grote liefde en universele harmonie bewerkstelligd. Iemand die zich in een fysieke sfeer zoals deze bevindt, krijgt niet vaak deze kans. Voor de evolutie van deze planeet is het echter zeer goed voor degenen die zo waardig zijn om dit te ontvangen en zo te gebruiken, omdat de doelen en behoeften van het universum in zijn geheel verder komen door het gebruik ervan.

D: *Moet hij deze energie op een bepaalde manier gebruiken?*
P: Hij zal behoorlijk vertrouwd en behendig worden met deze energie en weten hoe deze op de juiste manier en op het juiste moment moet worden gebruikt. Het zal hem het gevoel geven dat hij waarde toevoegt, iets dat hij erg heeft gemist in deze incarnatie.

D: *Dus als de tijd rijp is, zal hij worden geholpen zodat hij weet wat hij ermee moet doen?*
P: Dat klopt. Hij wordt zelfs op dit moment geholpen, want door deze sessies komt het bewustzijn terug.
D: *Ik heb vaak gedacht dat als we elkaar zo toevallig ontmoetten, dit zeker een doel had.*
P: Dat klopt. Het doel is voor jullie beiden. In het universum bestaat geen "toeval", zoals jullie het zouden noemen. Alles wat gebeurt, heeft een reden. Het was geen toeval. We zeggen je nu, zoon, dat je de cirkel hebt volbracht en op het punt bent gekomen waar je bent begonnen in jouw persoonlijke zwarte periode. Je hebt nu volledige teruggave verdiend van dat je werkelijk bent, en wat je zo graag wilt. Je hebt nu de keus om terug te keren naar deze kant om deze kracht te gebruiken op de manier die jij het beste vindt, of te blijven en deze krachten te gebruiken op jouw niveau op de manier die jij het prettigst vindt. Dit is helemaal jouw keus nu. We willen zeggen, ga mediteren en denk hierover na en kom bij ons terug op de manier die je eerder hebt geleerd. Je hebt onlangs een manier gekregen waarop je terug kunt naar dat hogere zelf en kunt communiceren met de energieën van het universum op een bewust niveau. Geef ons je antwoord op dat moment, zodat de beslissing wordt gemaakt op een bewust niveau. Want dit antwoord moet nu vanuit een bewust niveau worden bekeken. We willen tegen Philip zeggen dat als je ervoor kiest om op deze planeet te blijven, we later op het juiste moment meer informatie zullen geven, en meer instructies volgen. Probeer niet vooruit te denken wat dit zou kunnen zijn. Laat dat wat moet gebeuren gewoon gebeuren. Het pad dat je nu volgt is goed en je ontvangt later meer leiding. Als je wakker wordt, moet je hierover nadenken en de beslissing in bewuste staat nemen of je wilt blijven of weggaan. Volg gewoon het antwoord dat je van binnen voelt, want dat is de ware leermeester. Kies wijselijk, zoon, en weet dat er geen oordeel komt. Wat je ook kiest, dat zal de weg zijn die jij zult volgen. En tegen jou, Dolores, willen we zeggen dat we je aanmoedigen de informatie die je hebt gekregen te gebruiken. Er zijn geen beperkingen, anders was de informatie niet gegeven.

Op dat moment vertelde Phil dat het witte licht zich terugtrok en dat hij zich er weer van bewust was dat hij de doos met de fel glanzende steen in zijn handen had. Hij zag de gezichten van de piloot en de kleine grijze wezens en voelde een golf van liefde, geluk en tevredenheid uit hen stromen. Blijkbaar wisten ze dat hij eindelijk toegang had gekregen tot een aantal van de geheimen uit zijn verleden. Nadat de informatie was onthuld en hem was verteld de bewuste keus te maken, plaatste hij de steen terug en de lade ging weer terug in de doos. De buitenaardse piloot nam deze van hem aan en liet weten dat hij weer in hetzelfde vak aan boord van het schip zou worden verborgen waar Phil hem eeuwen geleden had geplaatst. Waar hij had liggen wachten totdat hij hem zich herinnerde en er toegang toe kreeg, en hier zou hij blijven totdat hij weer nodig was. Phil was zich ervan bewust dat de informatie die hij had gekregen maar een klein deel was van wat in de doos zat. Hij wist ook dat de rest waarschijnlijk nooit aan hem gegeven zal worden terwijl hij in dit leven is. Als hij de volgende fase bereikt (in welk toekomstig leven dan ook), zal het vrijkomen van meer informatie over zijn oorsprong en zijn lot in gang worden gezet.

Phil werd toen weer volledig bij bewustzijn gebracht en uit de bedachtzame blik in zijn ogen kon ik opmaken dat hij de komende dagen veel te overdenken zou hebben.

IN EERSTE INSTANTIE aarzelde ik om deze informatie in dit boek op te nemen, omdat ik bang was dat deze verkeerd opgevat zou worden en dat de lezer zou denken dat Phil aangaf dat hij op hetzelfde niveau was als God. Het werd echter duidelijk gemaakt dat het niveau van systeemvorst nog steeds ver onder dat opperste niveau was. Hij erkende en diende een hogere macht.

Ik denk dat deze informatie ons probeert te laten zien dat de mens niet de enige vorm is die een geest kan aannemen. Dat is alles wat we kunnen waarnemen met ons menselijke brein, maar het is te beperkt. Deze sessie liet zien dat je kunt evolueren (of terugvallen) naar een staat van pure energie die, zonder de fysieke beperkingen, ongelofelijke macht kan bereiken. Maar aangezien de ziel nog niet de ultieme staat van perfectie heeft bereikt, kan deze nog steeds een fout maken, zelfs in die vorm. En zelfs op dat niveau zijn de wetten van het universum nog steeds van toepassing. Als dit betekent dat je helemaal terug moet en overnieuw moet beginnen, maakt dat niet uit omdat de ziel en lessen eeuwig zijn, en tijd niet bestaat. Er bestaat alleen groei, leren, ervaren en de eeuwige zoektocht naar kennis. De mens moet zich dus realiseren dat hij meer is dan hij bewust waarneemt, dat hij meer is dan hij mogelijk kan waarnemen. Hij is onsterfelijk, en als onsterfelijke ziel zijn zijn uitzichten en ervaringen grenzeloos, volledig ongelimiteerd. Hij speelt het spel van het leven in de vorm of dimensie waarin hij deze aantreft. Totdat hij uiteindelijk, na een eeuwigheid, de gezochte perfectie bereikt en eindelijk terugkeert naar zijn bron. De ultieme bron van alles, de Schepper uit wie alles is voortgekomen. Laten we onze aardse blinddoeken afwerpen en ons inzicht laten stijgen. Dan zullen we ontdekken hoe klein en eng onze zelfopgelegde beperkingen in werkelijkheid zijn. Het universum is onze wereld en niets is onmogelijk.

HIERNA begon Phil op veel opmerkelijke manieren te veranderen. Dit gebeurt vaak met mensen met wie ik werk, vooral als we gedurende langere tijd sessies hebben. Ik kan het niet verklaren, want ik geef ze zeker geen suggesties die ervoor zouden zorgen dat ze hun leven veranderden. Het lijkt erop dat er iets gebeurt, misschien omdat ze meer openstaan en zich meer bewust worden van hun eigen onderbewustzijn, die gelijkstaat aan de "zachte, kleine stem" in ieder van ons. Ze raken meer afgestemd op hun eigen ware persoonlijkheid en ontdekken wat ze echt willen in het leven. Ze beginnen grote beslissingen te nemen en stevige beloftes te doen, waar ze daarvoor vaak in de war, onzeker en bang waren. De verandering leek in elk geval een verbetering te zijn. Ik hoop het in ieder geval wel, want ik zou niemand ten onrechte of onbewust op een negatieve manier willen beïnvloeden.

Phil was nog steeds dezelfde vriendelijke persoon, maar hij werd veel zekerder van zichzelf. Hij besloot dat hij geen eigen bedrijf in de garage van zijn ouders meer wilde en ging voor een elektronicabedrijf werken. Binnen een maand hierna kreeg hij een relatie met een aantrekkelijke jonge vrouw die op kantoor werkte. Totaal onvoorzien trok hij bij haar en haar kleine zoontje in. Dit paste allemaal totaal niet bij de Phil die ik had leren kennen. Hoewel ik verrast was, vond ik het prachtig. Het liet zien dat hij emotioneel groeide en volwassen werd. Hij liep niet langer weg voor emotionele situaties. Hij was bereid een gok te nemen, om zichzelf in de zeer kwetsbare positie te brengen om mogelijk pijn te worden gedaan. Hij was een verbintenis aangegaan met een ander menselijk wezen en aldus was hij een verbintenis aangegaan met het leven.

Hij sprak nu anders over zijn bestaan. "Er waren vroeger perioden in mijn leven dat ik eruit wilde stappen. Ik kon ze voorspellen, er was duidelijk een cyclus. Ze kwamen twee keer per jaar voor, in de lente en in de herfst. In die periodes voelde ik me alsof ik werd weggetrokken, een verlangen om naar huis te gaan, om weer daarheen te gaan. Het kon een paar dagen duren tot in het slechtste geval een aantal weken. Tijdens die periodes was ik vreselijk depressief, maar het kwam nooit zover als tot wat ik deed in Californië. Ik heb dat nooit meer gedaan. Maar nu het afgelopen jaar of zo heb ik mijn eigen emoties een soort van gestabiliseerd. De gevoelens en depressies lijken afgevlakt. Het lijkt erop dat ik er echt grip op heb gekregen en min of meer tevreden ben met hoe alles is. Ik heb de cycli geaccepteerd, de ups en de downs. Het lijkt dat ik er gewoon meer vrede mee heb. Ik zie ze nu zoals ze zijn."

Ik vroeg hem of hij dacht dat de dingen die we tijdens ons werk hadden ontdekt hem hadden geholpen.

"Ik denk het wel", antwoordde hij. "Het heeft ervoor gezorgd dat ik mijzelf vollediger en dieper ken. Ik zie nu dat er meer in mij omgaat dan ik me ooit echt heb gerealiseerd. En daar ben ik blij om, hoewel ik me niet alles volledig herinner. Alleen al het weten dat ik die dingen hem meegemaakt geeft me een tevreden gevoel."

"Denk je dat deze sessies hebben geholpen te verklaren waar die ongemakkelijke gevoelens vandaan kwamen?" vroeg ik.

"Ja, ik denk dat dat klopt. Ik denk dat het verklaart waarom ik het ongemak en de vervreemding voelde. Ik heb dezelfde hoge idealen voor mijzelf als voor andere mensen. En het ontmoedigt mij zeer als ik zie dat mensen bevooroordeeld zijn, kleinzielig, erg ... stelend en moordend en dodend, al die dingen die in de wereld gebeuren. Ik trok het me vroeger echt aan. En dat gebruikte ik als excuus om te zeggen, "ik wil hier niet zijn". Want dit is gewoon niet het soort wereld waarin ik wil leven. Ik wil iets wat meer ordelijk, schoon, stabiel, harmonieus is. Wat echt pijn deed, was dat ik ontdekte dat ik net zoals iedereen wilde zijn. En dus ging ik dingen doen die ik bij anderen niet leuk vond, om normaal te lijken. Ik had altijd het gevoel dat ik dat moest doen om erbij te horen. En dat maakte mijn gevoel van eenzaamheid en verwarring en frustratie alleen maar groter."

"Ja", reageerde ik sympathisch, "omdat je tegen je ware karakter in ging. Ik snap hoe dat tot frustratie leidt. Ik denk dat er veel mensen zijn, vooral tieners, die waarschijnlijk hetzelfde soort gevoelens hebben. En het is moeilijk om de vinger te leggen op wat het precies is als het zo vaag is."

"Ja, daar ben ik het mee eens. Het is niet iets dat naar voren komt en je een por geeft en om aandacht vraagt. Het is er gewoon en je bent je ervan bewust. Het is heel moeilijk te beschrijven, maar het is ook heel erg aanwezig. Ik denk dat ik bang was van mijzelf, bang omdat ik mijzelf niet kende. Ik was bang om iemand toe te laten omdat ik niet wist wat ik wilde. En ik denk dat ik ook bang was om pijn te worden gedaan. Maar nu begin ik mijzelf te begrijpen en ik begin te zien dat er wat dingen zijn die ik leuk kan vinden van mijzelf. Ik hoef niet bang te zijn of te denken dat ik anders of vreemd ben, want ik zie dat ik niet echt heel anders ben dan iemand anders. Mijn probleem was dat ik te veel verwachtte van het leven. Ik verwachtte dat het hier net zo zou zijn als daar. En ik was altijd teleurgesteld als ik zag dat het leven niet aan mijn verwachtingen voldeed."

"Maar dat wist je natuurlijk niet toen je die depressies had."

"Nee", antwoordde hij serieus. "Ik realiseer me dat nu, dat ik meer van dit leven verwachtte dan ik had moeten doen. Nu ik het weet, zijn de teleurstellingen veel makkelijker te verwerken omdat ze niet zo persoonlijk zijn. Ik heb ontdekt dat iedereen teleurstellingen voelt. Ik ben niet de enige. Dit is gewoon onderdeel van dit bestaan, onderdeel van het mens zijn. Als ik nu depressief word, duurt dat maar heel kort en is het helemaal niet erg omdat ik weet waar het vandaan komt. Ik weet nu dat alles goedkomt."

En wat wil je nog meer. Ik kan niet zeggen dat ik zelfs maar voor een deel verantwoordelijk ben voor wat er met Phil was gebeurd, want ik wist niet dat die veranderingen plaatsvonden. Ik wist niet eens iets van de problemen waar hij zijn hele leven mee te maken had gehad totdat hij ervoor koos mij in vertrouwen te nemen. Het leek erop dat het ontdekken van zijn buitenaardse erfgoed een heel positieve invloed had op hem. Ik denk dat hij met de kennis die hij heeft ontvangen van zijn onderbewustzijn vrede heeft gesloten met zichzelf en zo normaal zou moeten kunnen functioneren als mogelijk is in onze chaotische wereld. Als onze samenwerking hem heeft geholpen dit te bereiken, dan ben ik dankbaar voor de mogelijkheid.

OP EEN AVOND zat ik lui te kijken naar een sciencefiction film met het bekende "buitenaardsen nemen de wereld over" thema. Ineens was het alsof er een stem luid en duidelijk in mijn hoofd zei: "Waarom zetten ze ons zo neer? Dit brengt alleen maar meer angst in een wereld die al vol angst is. Wij zijn niet zo, dat hebben wij je laten zien. Laat de wereld alsjeblieft weten wie we echt zijn, hun broeders, hun hoeders en beschermers van de sterren. Wij hoeven deze planeet niet gewelddadig over te nemen. Hij is al van ons en is dat altijd geweest. We zijn hier vanaf het begin geweest, terwijl we verzorgden en opvoedden. Nu proberen we ervoor te zorgen dat jullie deze planeet niet vernietigen. Omdat deze planeet in de eerste plaats vrije wil heeft gekregen in haar levensstatuut, moeten jullie je eigen beslissingen kunnen nemen. Maar we kunnen niet passief toekijken hoe onze familie zichzelf en haar thuis vernietigt. De toestroom van nieuw bloed was het enig mogelijke antwoord. Als de invloeden vanaf de aarde niet te sterk zijn, zullen we niet falen. We zullen ons doel bereiken, niet om de planeet over te nemen, maar om deze te redden."

Ja, de buitenaardsen zijn hier, ze leven onder ons. Ze zijn hier op drie manieren: als geesten die in menselijke lichamen zijn geboren, als buitenaardse wezens die lichamen hebben gemaakt zodat ze zich ongezien onder ons kunnen begeven, en als bezoekers die in geheime bases wonen en observeren en toekijken. Ze zijn allemaal gekomen om ons van onszelf te redden.

Het zou zinloos zijn als mensen heksenjachten zouden houden om ze te vinden en ze aan te wijzen en te zeggen: "jij bent er één", tenzij ze bereid zijn ook naar zichzelf in de spiegel te kijken en te zeggen: "jij bent er één."

Want het zijn onze voorouders, onze familie. Hun bloed stroomt door de aderen van elk levend wezen op deze aarde. De meest recente zijn compleet met programmering en inprentingen van vorige levens en emoties gekomen om ze te helpen om te gaan met het leven in onze chaotische wereld. Ze vormen een toestroom van nieuw bloed dat niet gelooft dat angst en oorlog en vernietiging het antwoord zijn. Ze zijn geprogrammeerd met liefde, vrede en begrip. Ze zijn ook gevoeliger voor de emoties en gevoelens van anderen. Maar ze kennen zelden hun ware afkomst. Het stijgende aantal zelfmoorden onder tieners is het bewijs dat veel van deze vriendelijke nieuwkomers zich niet aan kan passen, hoe verheven hun bedoelingen ook waren toen ze zich vrijwillig aanmeldden voor dit werk. De manier van leven op deze planeet is gewoon te pijnlijk.

Aangezien het onmogelijk is sterrenmensen te onderscheiden en omdat maar zeer weinigen onder ons de reis van onze ziel kennen, heeft het geen zin je het af te vragen. We moeten gewoon proberen de overtuigingen en doelen van de sterrenmensen in ons leven op te nemen en hen te helpen onze planeet te redden.

Ja, de buitenaardsen zijn hier. Godzijdank zijn ze hier, want zonder hen zijn we verloren!

Over de schrijfster

DOLORES CANNON is geboren in 1931 in St. Louis, Missouri. Ze ging in Missouri naar school en woonde er tot haar huwelijk in 1951 met een marinier. De daaropvolgende 20 jaar reisde ze de hele wereld over als een typische echtgenote van een marinier en voedde haar kinderen op.

In 1968 werd ze voor het eerste geconfronteerd met reïncarnatie via regressietherapie met hypnose toen haar man, een amateur hypnotiseur, toevallig op een vorig leven stuitte van een vrouw met wie hij werkte en die een probleem had met haar gewicht. Destijds was het onderwerp "vorige levens" nog ongebruikelijk en er waren maar weinig mensen die zich ermee bezighielden. Ze raakte erdoor geïnteresseerd, maar moest het parkeren omdat haar gezinsleven voorrang had.

In 1970 werd haar man uit zijn dienst ontslagen als gehandicapte veteraan en ze trokken zich terug in de heuvels van Arkansas. Toen begon ze haar carrière als schrijfster en ging haar artikelen verkopen aan diverse tijdschriften en kranten. Toen haar kinderen hun eigen leven gingen leiden, werd haar interesse in regressietherapie via hypnose en reïncarnatie opnieuw aangewakkerd. Ze bestudeerde verschillende hypnosemethodes en ontwikkelde zo haar eigen unieke techniek die haar in staat stelde op de meest efficiënte manier informatie van haar cliënten te krijgen. Sinds 1979 heeft ze honderden vrijwilligers een regressie laten ondergaan en de informatie die hieruit voortkwam gecatalogiseerd. Ze noemt zichzelf regressietherapeut en paranormaal onderzoeker die "vergeten" kennis vastlegt. Ze heeft ook een aantal jaar gewerkt met het Mutual UFO Network (MUFON).

Ze heeft diverse boeken gepubliceerd, waaronder "Conversations with Nostradamus" (Gesprekken met Nostradamus) (3 delen) en "Jesus and the Essenes" (Jezus en de Essenen), dat is gepubliceerd door Gateway Books in Engeland. Ze heeft diverse andere boeken geschreven (nog te publiceren) over de meest interessante gevallen die ze is tegengekomen.

Dolores Cannon heeft vier kinderen en twaalf kleinkinderen die ervoor zorgen dat ze een goede balans moet vinden tussen de "echte" familiewereld en de "ongeziene" wereld van haar werk.

Als u met Dolores wilt corresponderen over haar werk, kunt u zich richten tot het volgende adres (sluit alstublieft een aan uzelf geadresseerde en van postzegels voorziene envelop in, zodat zij u kan antwoorden).

Dolores Cannon
Postbus 754
Huntsville, AR 72740-0754

Other Books by Ozark Mountain Publishing, Inc.

Dolores Cannon
A Soul Remembers Hiroshima
Between Death and Life
Conversations with Nostradamus,
 Volume I, II, III
The Convoluted Universe -Book One,
 Two, Three, Four, Five
The Custodians
Five Lives Remembered
Jesus and the Essenes
Keepers of the Garden
Legacy from the Stars
The Legend of Starcrash
The Search for Hidden Sacred
 Knowledge
They Walked with Jesus
The Three Waves of Volunteers and
 the New Earth
A Vey Special Friend
Aron Abrahamsen
Holiday in Heaven
James Ream Adams
Little Steps
Justine Alessi & M. E. McMillan
Rebirth of the Oracle
Kathryn Andries
Time: The Second Secret
Cat Baldwin
Divine Gifts of Healing
The Forgiveness Workshop
Penny Barron
The Oracle of UR
P.E. Berg & Amanda Hemmingsen
The Birthmark Scar
Dan Bird
Finding Your Way in the Spiritual Age
Waking Up in the Spiritual Age
Julia Cannon
Soul Speak – The Language of Your
 Body
Ronald Chapman
Seeing True

Jack Churchward
Lifting the Veil on the Lost
 Continent of Mu
The Stone Tablets of Mu
Patrick De Haan
The Alien Handbook
Paulinne Delcour-Min
Spiritual Gold
Holly Ice
Divine Fire
Joanne DiMaggio
Edgar Cayce and the Unfulfilled
 Destiny of Thomas Jefferson
 Reborn
Anthony DeNino
The Power of Giving and Gratitude
Carolyn Greer Daly
Opening to Fullness of Spirit
Anita Holmes
Twidders
Aaron Hoopes
Reconnecting to the Earth
Patricia Irvine
In Light and In Shade
Kevin Killen
Ghosts and Me
Donna Lynn
From Fear to Love
Curt Melliger
Heaven Here on Earth
Where the Weeds Grow
Henry Michaelson
And Jesus Said – A Conversation
Andy Myers
Not Your Average Angel Book
Guy Needler
Avoiding Karma
Beyond the Source – Book 1, Book 2
The History of God
The Origin Speaks

For more information about any of the above titles, soon to be released titles,
or other items in our catalog, write, phone or visit our website:
PO Box 754, Huntsville, AR 72740|479-738-2348/800-935-0045|www.ozarkmt.com

Other Books by Ozark Mountain Publishing, Inc.

The Anne Dialogues
The Curators
Psycho Spiritual Healing
James Nussbaumer
And Then I Knew My Abundance
The Master of Everything
Mastering Your Own Spiritual Freedom
Living Your Dram, Not Someone Else's
Sherry O'Brian
Peaks and Valley's
Gabrielle Orr
Akashic Records: One True Love
Let Miracles Happen
Nikki Pattillo
Children of the Stars
A Golden Compass
Victoria Pendragon
Sleep Magic
The Sleeping Phoenix
Being In A Body
Alexander Quinn
Starseeds What's It All About
Charmian Redwood
A New Earth Rising
Coming Home to Lemuria
Richard Rowe
Imagining the Unimaginable
Exploring the Divine Library
Garnet Schulhauser
Dancing on a Stamp
Dancing Forever with Spirit
Dance of Heavenly Bliss
Dance of Eternal Rapture
Dancing with Angels in Heaven
Manuella Stoerzer
Headless Chicken
Annie Stillwater Gray
Education of a Guardian Angel
The Dawn Book
Work of a Guardian Angel
Joys of a Guardian Angel
Blair Styra
Don't Change the Channel
Who Catharted
Natalie Sudman
Application of Impossible Things
L.R. Sumpter
Judy's Story
The Old is New
We Are the Creators
Artur Tradevosyan
Croton
Croton II
Jim Thomas
Tales from the Trance
Jolene and Jason Tierney
A Quest of Transcendence
Paul Travers
Dancing with the Mountains
Nicholas Vesey
Living the Life-Force
Dennis Wheatley/ Maria Wheatley
The Essential Dowsing Guide
Maria Wheatley
Druidic Soul Star Astrology
Sherry Wilde
The Forgotten Promise
Lyn Willmott
A Small Book of Comfort
Beyond all Boundaries Book 1
Beyond all Boundaries Book 2
Beyond all Boundaries Book 3
Stuart Wilson & Joanna Prentis
Atlantis and the New Consciousness
Beyond Limitations
The Essenes -Children of the Light
The Magdalene Version
Power of the Magdalene
Sally Wolf
Life of a Military Psychologist

For more information about any of the above titles, soon to be released titles, or other items in our catalog, write, phone or visit our website:
PO Box 754, Huntsville, AR 72740|479-738-2348/800-935-0045|www.ozarkmt.com

www.ingramcontent.com/pod-product-compliance
Lightning Source LLC
Chambersburg PA
CBHW050125170426
43197CB00011B/1726